어휘 공부만으로도 단기간 성적향상
경선식영단어로 토익 만점!

기출어휘는 물론 출제확률이 높은 어휘까지!
리딩 & 리스닝 어휘 완벽대비

연상법으로 암기하니 너무 재미 있었고 **경선식영단어 토익으로 어휘 공부만 했는데도** 리스닝이나, 독해, 문법 **점수까지 오르는 것을 경험**했습니다. 경선식영단어 토익을 만난 후 토익 만점을 받았습니다.

박은주 수강생

어휘 적중률 99%,
변함없는 토익 적중률 1위

토익 적중률

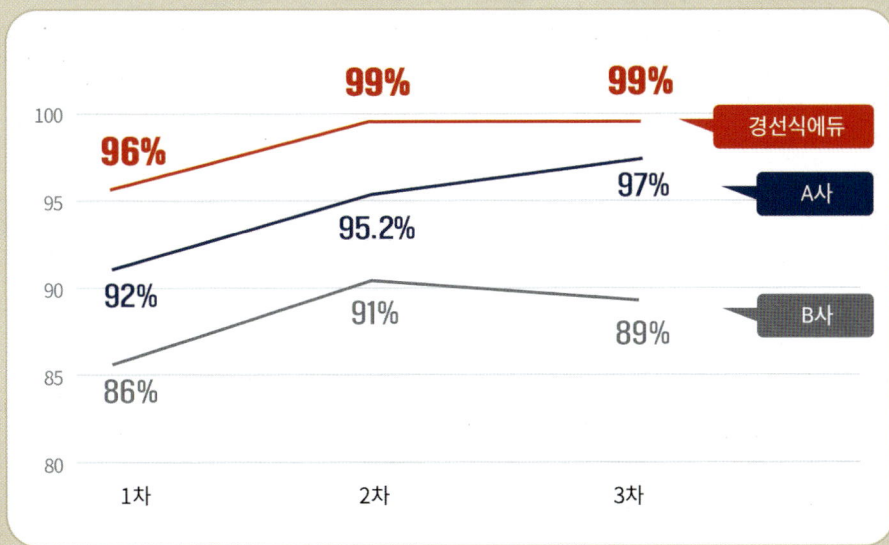

* 2018 하반기 시행 토익 정기평가시험 실제 RC문제 121개 단어 조사

단, 한달만에 225점 상승!

토익 샘플강의

온라인 강의로 한달 만에 225점 상승!

125점 향상	165점 향상	305점 향상	225점 향상
795점 → 920점	745점 → 910점	525점 → 830점	545점 → 770점
이명남	정주희	하정홍	조창윤

★ 더욱더 많은 성적향상 후기는 홈페이지에서 확인하세요

2,200 토익영단어 8일 완성

" **8일만에 2200개의 토익영단어를 암기했어요!** "

가장 큰 비결은 연상 암기법 그 자체였어요. 연결고리가 단어의 뜻을 생각하게 하는 매우 효과적인 단서가 되었습니다. 책만 보면서 공부하면 지루해지고 태만해지기 쉬운데, 강의를 활용하니 짧은 시간 내에 더욱 잘 집중할 수 있었어요. 또한 선생님께서 강조 포인트들을 잘 짚어 주셔서 더 효과적으로 암기 할 수 있었어요.

수강생 박민석

★ 더욱더 많은 성공후기는 홈페이지에서 확인하세요

 토익 6일 완성 이수정
 토익 7일 완성 손정민
 토익 8일 완성 이대욱
 토익 8일 완성 김은진

 토익 8일 완성 강모란
 토익 8일 완성 최민영
 토익 8일 완성 임승호
 토익 8일 완성 임효영

위 학생들은 초단기 완성 후 무작위 100단어 시험에서 100점을 받은 학생들입니다.

방송으로 검증된 해마학습법 암기효과

JTBC 알짜왕 장기기억 암기력 평균 10배 향상

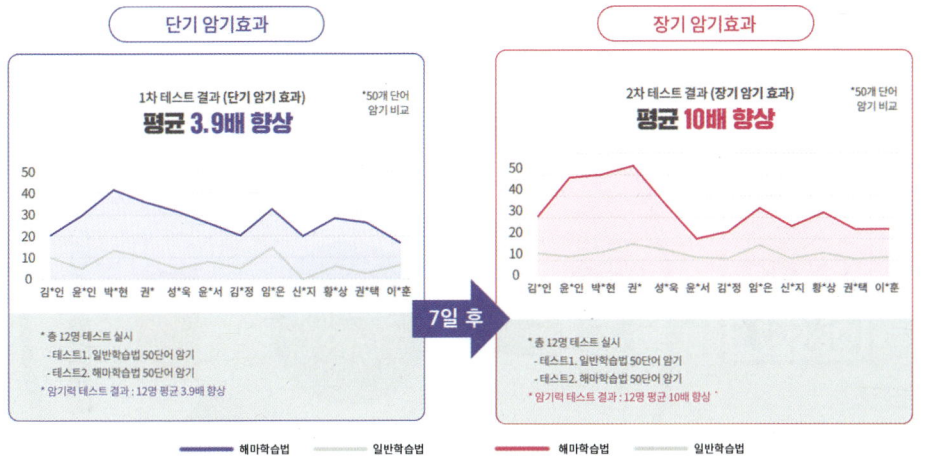

KBS 해피투게더 1시간 100단어 암기 전원성공

유재석&홍진경&조세호 100단어 시험 전원 100점!

경선식 선생님이 KBS 해피투게더 방송에 출연하여 1시간에 100단어 암기 강의를 하였습니다
초단기 해마학습법 강의로 100단어 암기! 암기 후 테스트 결과 모두 100점~

강의수강권부터 문화상품권까지~
100% 즉석당첨의 행운을 잡아라!

이벤트 참여방법
1) 큐알코드 인식
2) 이벤트 페이지 접속
3) 룰렛이벤트 응모하기 버튼만 누르면 끝!

큐알코드로
이벤트 바로가기

※ 상품은 사정에 따라 변경될 수 있습니다.
이벤트 관련 유의사항은 이벤트 페이지를
확인해주세요.

100% 증정 명예의전당 이벤트!
명예의전당에 이름을 올리면? 문화상품권 100% 증정!
토익영단어 초단기완성하고 문화상품권 받자!

이벤트 참여방법
1) 경선식에듀 이벤트 QR코드 스캔
2) 토익 명예의전당 등록!
3) 누구나 100% 증정!
   문화상품권 받기

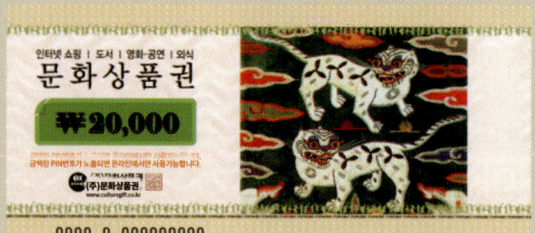

※ 본 이벤트는 내부사정에 따라 이벤트 기간 및 상품이 변경될 수 있습니다.

경선식 영단어

초스피드암기비법

新 TOEIC

경선식 영단어
초스피드암기비법 新TOEIC

펴낸날	2016년 7월 11일 (6판 25쇄)
펴낸곳	(주)도서출판 경선식에듀
펴낸이	경선식
마케팅	박경식
디자인	DOTS
주소	서울시 서초구 서초 중앙로 56(서초동) 블루타워 9층
대표전화	02-597-6582 팩스	02-597-6522
등록번호	제 2014-000208호
바코드	979-11-954950-4-7 [13740]

머릿말

"**경선식 영단어 초스피드암기비법**" **시리즈는** 360만 명 이상의 학생들이 경험을 하였을 정도로 그 암기효과는 이미 정평이 나 있습니다.
이 책은 기존의 토익 기출 어휘는 물론 최신 토익 기출 어휘까지 빠짐없이 넣으려고 노력했습니다. 그렇기 때문에 이 책은 토익 기출 어휘와 그 범위 내에 속하는 중요 어휘들로 구성되어 토익에 최적화된 책입니다. 시중에는 비슷한 어휘 구성의 책들이 사실 많이 있습니다. 토익 범위를 벗어난 책이 아닌 이상 어휘 구성에 있어서의 차이는 크지 않기 때문에 얼마나 효율적인 책으로 공부하는가가 더 중요할 것입니다.

"10분에 1000단어를 암기시켜준다"는 식의 다른 과대광고가 난무하고 있기 때문에 "5배 이상 빠르고 오래 암기시켜주는 해마학습법"이란 말은 그리 크게 와 닿지 않을 수 있습니다. 하지만 한 가지 약속드릴 수 있는 것은 국내에서 경선식만큼 단어를 빠르고 오래 암기시켜주는 강의나 기계는 없다는 것입니다.

"경선식 영단어 초스피드암기비법 TOEIC"을 통해 여러분은 하루 2시간씩만 공부해도 한 달 내에 이 책의 모든 어휘를 암기할 수 있을 것입니다.

아무리 좋은 땅을 갖고 있어도 그 땅을 일구고 씨를 뿌려 가꾸지 않으면 곡식을 얻을 수 없듯이 여러분의 최소한의 노력이 더해질 때 이 책은 더욱 빛을 낼 수 있을 것입니다.

큰 꿈을 가지고 도전하는 여러분의 아름다운 모습을 기대해 봅니다.

Heaven helps those who help themselves.

저자 경선식

목차

I. 단순 해마학습법 **01강 - 45강**　　5 P

II. 접두어 + 해마학습법 **46강 - 56강**　　311 P

III. 어근 + 해마학습법 **57강 - 67강**　　391 P

IV. 숙어 및 관용어 **68강 - 76강**　　471 P

부록　· 토익에 자주 나오는 혼동 어휘　　499 P
　　　· 중요 고등학교 기초 어휘　　519 P

이 책의 200% 활용법

1. 해마학습법의 원리를 이해하고 학습을 해야
최대의 효과를 볼 수 있습니다.

www.kssedu.com에서 "경선식 영단어 초스피드암기비법 TOEIC" 무료 샘플 강의를 꼭 들어보세요.

2. 책으로 혼자 공부하는 것보다는 강의를 듣는 것이
암기 속도와 암기 기간에 있어서 3배 이상 더 효과적입니다.

만약 책에 있는 단어 중 70% 이상 이미 확실하게 알고 있다면 모르는 단어들 위주로 책으로만 학습해도 됩니다. 단, "토익 출제 표현"과 "토익 출제 문제"는 반드시 확인하세요.

3. 연상법 설명을 이해하려고 하기보다는 뜻과 관련된 연상이
머리 속에 확실하게 박히도록 강하고 자극적으로 상상하세요.

4. 강의를 들은 직후 복습을 바로 하세요.

5. 복습할 때 한 단어에 많은 시간을 들이기보다는
빠르게 여러 번 반복해서 학습하는 것이 더욱 효과적입니다.

6. 적극적으로 선생님의 발음을 따라하고 행동과 표정까지 따라하면서
뜻과 관련된 연상과 그 느낌을 강하게 받아들여서 암기하세요.

7. 진도에 급급해서 단어를 대충 보지 말고 한 강씩 완전 정복한다는
생각으로 철저하게 암기하면서 진도를 나가세요.

8. 일주일에 하루는 한 주간 암기한 어휘를 빠르게 여러 번 반복 학습을
하여 모든 단어가 바로바로 뜻이 생각날 정도가 되도록 하세요.

9. "토익 출제 표현", "토익 출제 문제"는 꼭 숙지하도록 하세요.

I

단순
해마학습법
01강 - 45강

01강 toeic voca

jam
[dʒæm]

꼼짝 못하게 하다, 꽉 들어차다; (교통) 혼잡, (기계 등의) 막힘, 고장

> [잼 → 쨈] 쨈이 들어 있는 병 안에 파리들이 꽉 들어차 있고 쨈에 달라붙어 꼼짝 못하고 있는 모습

The street was **jammed** with people. 거리는 사람들로 꽉 차 있었다.

> ★ 토익 출제 표현
> 1. a traffic jam 교통 혼잡
> 2. be jammed 꽉 들어차다, 꼼짝 못하다

chill
[tʃil]

냉기, 한기; (흥분을) 식히다

> [칠(7)] 7도의 기온으로 쌀쌀한 느낌을 연상

There's a **chill** in the air this morning.
오늘 아침에는 공기가 차다.

> ★ 토익 출제 표현
> **Chill out!** 진정하십시오.

🔁 chilly 추운

donation
[dounéiʃən]

기부, 기증

> [도네이션 → 돈 내이션] "돈을 내어 기부하셔"라고 말하는 모습을 연상

> ★ 토익 출제 표현
> a blood donation 헌혈

> ★ 토익 출제 문제
> It seems appropriate that the 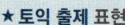 will be used to buy books for the library.
> 기부금은 도서관 장서를 사는 데 사용하는 것이 적절해 보인다.
> → **donation**(O), **donor**(X), **donate**(X)

🔁 donate 기부하다, 기증하다
donor 기증자, 기부자

contribution
[kàntribjúːʃən]

공헌, 기부, 기증

> [컨트리뷰션 → country(나라)에 부으셔] 나라(country)에 온 힘을 부어서 공헌하는 모습

Thank you for your **contribution**. 당신의 공헌[기부]에 감사드립니다.

> ★ 토익 출제 표현
> **contribute to ~** ~에 기여하다
> She **contributed to** the growth of the company.
> 그녀는 회사의 성장에 기여했다.

🔁 contribute 공헌하다, 기부하다

veterinarian
[vètərənέəriən]

수의사

[배터러내어리언 → 배 털어 내어리 언] 수의사가 소의 배를 털어서 새끼를 밖으로 빼내어리

The farmer called the **veterinarian** out to treat a sick cow.
그 농부는 아픈 소를 치료하기 위해 수의사를 불렀다.

designate
[dézignèit]

가리키다, 지적하다, 임명하다

[데지그네이트 → 돼지 그 내이트!] "돼지 그것으로 내놔!"하며 여러 돼지들 중에 하나를 지적하는 모습

Tom has been **designated** as captain of the team.
탐은 그 팀의 팀장으로 지명되었다.

★ 토익 출제 표현
1. **designated places** 지정 장소
2. **designated spots** 지정 장소

closely
[klóusli]

면밀히, 주의 깊게

[close(가까운) + ly(부사형 어미)] 어떤 것을 가까이 보면서 면밀히 조사하는 모습

The teacher tried to correct our homework **closely**.
선생님은 숙제를 면밀히 수정하려고 노력하셨다.

★ 토익 출제 표현
1. **watch closely** 면밀히 관찰하다
2. **listen closely** 주의 깊게 듣다

★ 토익 출제 문제
The policeman observed his behavior _____.
경찰에서는 그의 행동을 주시했다.
→ **closely**(O), **nearly**(X)

plumber
[plʌ́mər]

배관공

[플러머 → 풀러 뭐] 수도관 같은 무엇인가를 렌치(wrench)로 풀고 있는 배관공을 연상

I'll have the **plumber** fix it tomorrow.
내일 배관공을 시켜서 고치도록 하겠습니다.

🔲 plumbing 배관공사

agenda
[ədʒéndə]

협의사항, 안건

[어젠 더] "어젠 ~에 대해 협의했었는데 더 논의해 봅시다."라고 협의할 안건에 대해 말하는 모습

★ 토익 출제 문제
You all have a copy of the agenda for today's meeting.
여러분은 오늘 회의의 토의 사항을 기록한 서류를 한 장씩 모두 받으셨습니다.

souvenir
[sùːvəníər]

기념품

[수버니어 → 수건이여!] 관광지에서 기념품으로 관광지 그림이 그려진 수건을 사라며 "수건이여!"하고 소리치는 상인

The tourists are shopping for souvenirs.
관광객들이 기념품을 사려고 쇼핑 중이다.

appliance
[əpláiəns]

가전제품, 장치, 전기 기구

[어플라이언스 → 어, fly(비행) 안 써] 비행기가 이륙할 때 전자제품을 쓰면 비행(fly)에 방해가 되어 그러한 전자제품이나 기구를 안 써

★ 토익 출제 표현
1. home appliances 가정용품, 가전제품
2. office appliances 사무용품

promotion
[prəmóuʃən]

진급, 승진, (판매) 촉진

1. [pro(forward, 앞으로) 모션 → 앞으로 모셔] "저분의 지위를 앞으로 모셔라"하며 승진시키는 모습
2. [pro(forward, 앞으로) 모션 → 앞으로 모셔] 손님들을 앞으로 모셔놓고 상품을 홍보하여 판매를 촉진시키는 모습

She accused the government of not doing enough to promote economic growth.
그녀는 정부가 경제 성장을 촉진시키기 위해 충분히 일하지 않는다고 비난했다.

📖 promote 승진시키다, 촉진하다, 홍보하다
promotional 촉진 장려용의, 선전용의

★ 토익 출제 표현
1. promotional activities 홍보활동, 판촉활동
2. be in line for a promotion 곧 승진하게 되다

demotion
[dimóuʃən]

강등

[뒤 모션 → 뒤로 모셔] "이 사람을 저 뒷자리로 모셔라"하면서 과장 자리에서 대리 자리로 강등시키는 모습

He was **demoted** to the rank of ordinary soldier.
그는 일반 군인의 계급으로 강등되었다.

☞ demote 강등시키다, 좌천시키다

offer
[ɔ́ːfər]

(특별 가격인하·가격 세일 등에 대한) 제안, 제공; 제공하다

[옷 퍼] 옷을 그냥 퍼드릴 정도로 할인가격에 제공하는 모습

We're prepared to **offer** a special discount of 5%.
특별히 5%까지는 할인해 드릴 용의가 있습니다.

★ 토익 출제 문제
1. The installation would have cost you $19.95 a month with this promotional _____.
   그 설비는 이번 판촉 행사를 이용하시면 한 달에 19.95달러입니다.
   → **offers(O)**, suggestions(X), approaches(X)
   • promotional offer: 판매촉진을 위한 가격인하 제안(판촉 행사)
2. These magazines _____ us with lots of information.
   이 잡지들은 우리에게 많은 정보를 제공해 준다.
   → **provide(O)**, offer(X)
   • provide 사람 with something: ~에게 ~을 제공하다
     (offer는 'offer 사람 something' 형태로 with 없이 쓰인다.)

★ 토익 출제 표현
on offer 제공되는(이용할 수 있는, 살 수 있는), 할인 중인
The following is a list of courses currently **on offer**.
다음은 현재 수강 가능한 강좌들 목록입니다.
French wine is **on** special **offer** this week.
이번 주에는 프랑스산 포도주가 특가 판매되고 있습니다.

chore
[tʃɔːr]

(가정의) 허드렛일, 자질구레한 일

[초어 → 치워!] 집안의 자질구레한 잡동사니를 치우는 허드렛일

As a child, one of my **chores** was to feed the animals.
어렸을 때 내 잡일 중의 하나는 동물들에게 먹이를 주는 것이었다.

afford
[əfɔ́:rd]

(~을 살[할] 경제적·시간적) 여유가 있다

[a Ford] 포드 자동차 한 대를 살 수 있을 정도의 경제적 여유가 있는 모습

I can't **afford** to rent this car.
나는 이 차를 살 여유가 없다.

★ 토익 출제 문제
That store sells nice clothes, and they are very affordable.
저 가게는 좋은 옷을 파는데 가격이 아주 적당하다.

ⓐ **affordable** (가격이) 알맞은, 적당한

itinerary
[aitínərəri]

여정, 여행 스케줄

[이티 너러리 → 이티 넣어리] 영화 ET에서 아이가 ET를 자전거 바구니 안에 넣고 보름달이 뜬 하늘로 여행을 떠나는 장면

Please check your **itinerary** before departure.
출발 전에 미리 일정표를 확인하시기 바랍니다.

★ 토익 출제 표현
travel itinerary 여행 일정

quench
[kwentʃ]

(갈증을) 풀다, (불 등을) 끄다

[퀜치 → 캔 치이~] 음료수 캔을 치이~ 하고 따 마시며 갈증을 풀다

Water doesn't **quench** my thirst after playing tennis.
물로는 테니스 치고 난 후의 갈증이 풀리지가 않네요.

ⓐ **unquenchable** (불 등을) 끌 수 없는, 억누를 수 없는

arrange
[əréindʒ]

가지런히 하다, 배열하다, 예정을 세우다

1. [어레인지 → 오렌지] 과일 가게에 오렌지를 줄을 맞추어 가지런히 쌓아놓은 모습
2. 배열하다 → 날짜나 시간을 시간표에 가지런히 맞추다. 즉 예정 등을 세우다

He began **arranging** his belongings on the desk.
그는 그의 소지품들을 책상 위에 나열하기 시작했다.

★ 토익 출제 표현
1. **travel arrangement** 여행 준비
2. **be neatly arranged** 깔끔하게 정돈되어 있다
3. **flower arrangement** 꽃꽂이

ⓥ **rearrange** 재배열[재배치]하다

punctual
[pʌ́ŋktʃuəl]

시간을 지키는, 시간을 엄수하는

> [펑크츄얼 → 펑크 추월] 늦게 출발하여 약속을 펑크낼 것 같아 차를 추월해 가며 시간은 꼭 엄수하는 모습

Can you be **punctual** on your delivery date?
배달 날짜를 정확하게 맞출 수 있나요?

📖 punctuality 시간엄수

demand
[dimǽnd]

요구하다, 요청하다; 요구, 수요

> [디맨드 → 뒤 맨드(맨들다)] 지금 TV에 나오고 있는 음식을 뒤에(나중에) 맨들어달라고(만들어달라고) 엄마에게 요청하는 아이를 연상

She **demanded** that he return the books he borrowed from her.
그녀는 그가 그녀로부터 빌린 책들을 되돌려줄 것을 요구했다.

★ 토익 출제 표현
growing consumer demand 증가하는 소비자 수요

★ 토익 출제 문제
They demand that he _____ at once.
그들은 그가 즉시 떠날 것을 요구하고 있다.

→ **leave**(O), **leaves**(X)
• 명령(order) 충고(advise, recommend) 주장(insist) 요구(require, request, demand) 결정(determine, decide) 제안(suggest) 뒤의 that 절에서 '~해야 한다'는 의미가 들어가는 경우 ⟨(should +) 동사의 원형⟩ 형태를 쓴다.
(암기법: 명충(한 놈!) 주요결제(란 말이야!))

contaminate
[kəntǽmineit]

오염시키다

> [컨테미네이트 → 큰 때 미네이트] 목욕탕에서 큰 때를 밀어 욕탕 물을 더럽게 오염시키는 모습

Toxic wastes have **contaminated** the river in our neighborhood.
유독성 폐기물 때문에 우리 인근 지역의 하천이 오염되었습니다.

📖 contamination 오염

fee
[fi:]

수수료, 사용료, 입장료

> [피] 피 같은 내 돈이 수수료로 다 빠져나가네

Your late **fee** is 1,200 won. 연체료가 1,200원입니다.

★ 토익 출제 표현
1. delivery fee 배달료
2. late fee 연체료
3. admission fee 입장료
4. entrance fee 입회금, 입학금, 입장료

dense
[dens]

밀집한, 빽빽한

[댄스 → 댄스장] 나이트클럽에서 사람들이 꽉 들어차 밀집하여 춤을 추는 모습

The streets were covered in **dense**[thick] fog.
도로에는 짙은 안개가 깔려 있었다.

① density 밀도, 농도, 조밀도
densely 밀집하여, 빽빽이

durable
[djúərəbl]

오래 견디는, 내구력이 있는

[듀러블 → 드러블] 아주 오래 써서 드러워질 정도로 오래가는 물건 연상

This carpet is very **durable**.
이 카펫은 내구성이 아주 좋다.

① durability 내구성, 내구력, 영속성
duration 지속기간, 지속

★ 토익 출제 표현
1. a very **durable** material 매우 내구력이 있는 물질
2. **duration** of stay 체류기간

core
[kɔːr]

핵심, 중심

[코] 얼굴의 중심에 있는 코

English is a subject on the **core** curriculum.
영어는 핵심 교육과정에 들어 있는 과목이다.

freezing
[fríːziŋ]

몹시 추운; 결빙

[프리징 → 풀이 찡!] 풀이 찡! 하고 얼어버릴 정도로 몹시 추운

It's **freezing** in this room.
이 방은 너무 춥다.

① freeze 얼다, 얼리다, (임금, 가격 등을) 동결하다
frozen 언, 결빙한

★ 토익 출제 표현
freeze prices 물가를 동결하다

02강 toeic voca

cope
[koup]

맞서다, 대처하다

[코 프~] 두 마리의 소가 코를 프우~ 하면서 앞발로 땅을 차면서 맞서고 있는 모습

★ 토익 출제 표현

cope with ~ ~에 맞서다, 대처하다
We have to **cope with** the current financial difficulties.
우리는 지금의 재정난에 잘 대처해야 합니다.

share
[ʃɛər]

몫, 주식; 분배하다, 공유하다

[쉐어 → 세어] 돈을 세어서 똑같이 각자의 몫을 분배하는 모습

Our house isn't big enough for the children each to have their own room, so they have to **share** familiarly.
우리 집은 아이들 각자가 그들 자신의 방을 가질 수 있을 만큼 충분히 크지 않다. 그래서 그들은 친하게 같이 써야 한다.

★ 토익 출제 표현

1. **market share** 시장 점유율
2. **annual shareholders' meeting** 연례주주총회

🔳 shareholder 주주

power
[páuər]

전력, 전원

'힘'이란 뜻에서 전기의 힘

That machine consumes an enormous amount of **power**.
그 기계는 대단히 많은 전력을 소모한다.

★ 토익 출제 표현

1. **power supply** 전력 공급
2. **power plant** 발전소
3. **power tool** 전동공구

power outage
[páuər áutidʒ]

정전

[power(전력) + outage(정전)]

I heard about the big **power outage** that the storm caused.
폭풍 때문에 오랫동안 정전이 됐다고 들었어.

failure
[féiljər]

(기계 등의) 고장, 실패

[패일려 → 뺄려] "합격자 명단에서 뺄려(뺄래)"하며 불합격(실패)시키는 모습

★ 토익 출제 표현
1. **system failures** 시스템 고장
2. **power failure** 정전

🔁 fail 실패하다

awkward
[ɔ́ːkwərd]

서투른, 어색한

[옷 커두] 옷이 커두 왠지 어색해 보이고 일할 때 질질 끌려서 서투른 모습

He is still **awkward** at handling chopsticks.
그는 아직도 젓가락질이 서투르다.

organization
[ɔ̀ːrgənizéiʃən]

조직, 단체

[오거 나이 재이션] "이 단체에 들어오거든 나이를 재세요(측정하세요)." 회원의 나이로 자격을 제한하는 틴틴클럽과 같은 단체를 연상

There are more than thirty members in this **organization**.
이 단체는 회원이 삼십 명이 넘는다.

🔁 organize 조직하다, 계획하다, 정리하다
reorganize 재편성하다, 재조직하다

★ 토익 출제 표현
1. **organize a committee** 위원회를 조직하다
2. **organize one's thoughts** 생각을 정리하다

highly
[háili]

매우, 몹시

[high(높은) + ly(부사형 어미)] (어떠한 정도가) 높게 즉 매우

★ 토익 출제 표현
1. **highly valuable** 매우 값어치 있는
2. **highly qualified** 매우 자격이 갖추어진
3. **highly profitable** 매우 수익성 있는

★ 토익 출제 문제
It was a _____ successful project.
아주 성공적인 계획이었다.
→ **highly**(O), **high**(X)

diagnose
[dáiəgnòus]

진단하다

[die 어구 nose] 그 사람 die(죽었어)? 어구~ nose(코)로 숨 쉬는지 진단해봐!

Last fall I was **diagnosed** with lung cancer.
지난가을 나는 폐암으로 진단 받았다.

🔲 diagnosis 진단

diverse
[daivə́:rs]

다양한, 가지각색의

[다 입었으] 거리의 사람들이 가지각색의 옷을 다 입은 모습

Diverse opinions were expressed at the meeting.
회의에서 다양한 의견들이 나왔다.

🔲 diversity 다양함, 가지각색
　 diversify 다양화하다
　 diversification 다양(화)

lag
[læg]

뒤처지다; 지체, 지연

[래그 → leg(다리)] 아픈 다리를 이끌고 팀에 뒤쳐져서 따라가고 있는 모습

★ 토익 출제 표현
lag behind 뒤처지다
Many Korean firms **lag behind** badly in global competition.
많은 한국 기업들은 세계적인 경쟁에서 심하게 뒤떨어져 있다.

jet lag
[dʒet læg]

항공 여행에서 시차 때문에 오는 피로

[jet(제트기의) + lag(지체)] 제트기를 타고 해외로 가서 시간이 뒤쳐지는 시차 때문에 생기는 피로

Do you have much trouble with **jet lag**?
시차 병 때문에 고생을 많이 하십니까?

baggage
[bǽgidʒ]

(여행의) 수하물(= luggage)

[배기지 → bag(가방)이지] 여행할 때 가지고 가는 짐 즉 가방(bag)이지

My **baggage** has not arrived yet.
제 짐이 아직 도착하지 않았어요.

★ 토익 출제 표현
1. **missing baggage(luggage)** 유실 수화물
2. **carry-on baggage** 기내 휴대용 수하물
3. **check-in baggage** 탁송하물

blink
[bliŋk]

(눈 등을) 깜박이다, 반짝거리다

[불 링크 → 불 윙크] 번쩍이는 후래쉬 불에 눈이 부셔서 눈을 윙크하듯이 깜박이는 모습

The computer control started **blinking**.
컴퓨터의 제어장치가 깜박거리기 시작했다.

consign
[kənsáin]

탁송하다, 부치다, 맡기다

[con(큰) + sign(싸인)] 소포에 큰 싸인을 해서 부치는 모습

◻ consignment 위탁, 탁송, 위탁 화물

The goods have been **consigned** to you by air.
그 화물은 항공으로 당신에게 탁송되었다.

admit
[ədmít]

인정하다, 허가하다, 들어오게 하다

[어두 밑 → 어두운 밑으로] 천막 극장에서 일하는 사람이 친구를 천막의 어두운 밑으로 몰래 들어오게 하는 모습

What documents are required for **admission**?
입학에 필요한 서류는 무엇입니까?

★ 토익 출제 표현
1. the admission of aliens into a country 외국인 입국 (허가)
2. admission ticket 입장티켓

◻ admission 입장(료), 승인, 입학(허가), 입국(허가)

detail
[ditéil]

세부 사항, 상세한 설명; 상세히 말하다

[디테일 → 뒤 tail(꼬리)] 동물을 뒤의 꼬리(tail)까지 상세히 설명하는 모습

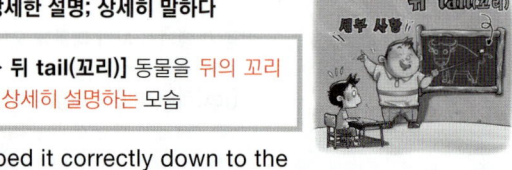

He described it correctly down to the smallest **detail**.
그는 그것을 정확하게 가장 작은 세부 항목까지 묘사했다.

★ 토익 출제 표현
1. detailed information 상세한 정보
2. in detail 상세히
I described my symptoms **in detail**.
나의 증상을 자세히 설명하였다.

◻ detailed 상세한, 정밀한

duplicate
n.a. [djúːplikət]
v. [djúːpləkèit]

복사, 사본; 이중의, 한 쌍의; 복사하다

[du(두 개) + pli(풀리) + cate] 원판에서 복사판이 풀리어 원판과 복사판이 두 개로 풀리는 모습

★ 토익 출제 표현

in duplicate 두 통으로
Turn in your resume **in duplicate**. 이력서를 두 통 제출하세요.
• turn in: 제출하다

bull/bear market

(주식 시장의) 상승/하락 장세

황소와 곰이 싸울 때 황소(bull)의 뿔처럼 치켜 올리듯 상승하는 모습과 곰(bear)이 위에서 내려치는듯 하락하는 것에 빗댄 표현

The longest and most famous **bull** market was in the 1990s.
최장기간으로 유명세를 치른 상승장은 1990년대에 있었다.

timely
[táimli]

적시의, 시기적절하게

[time(시간) + ly] 시간에 맞는, 또는 시간에 맞게

★ 토익 출제 문제

Please provide us with a revised sales forecast as soon as possible so that the required production and shipping adjustments can be made in a _____ manner.
적절한 시기에 생산과 출하에 필요한 조정을 할 수 있도록 판매 계획 수정안을 가능한 한 빠른 시일 내에 제출해주시기 바랍니다.

→ **timely**(○), timing(X), timed(X), time(X)
• in a timely manner: 적절한 시기에

반 untimely 때이른, 시기적으로 부적절한

petition
[pətíʃən]

청원, 탄원; 청원하다, 탄원하다

[피 티션] 자신의 억울함을 국회 앞에서 피 티겨가며 탄원하는 모습

a **petition** for tighter safety standards
더 엄격한 안전 기준을 요청하는 탄원서

strategy
[strǽtədʒi]

전략, 전술

[스트래터지 → 수풀에 터지] 수풀에 지뢰를 설치하여 터지도록 하는 함정 전술

■ **strategic** 전략상의, 전략상 중요한
strategically 전략상, 전략적으로

★ 토익 출제 문제
Five islands off the West Coast used to be <u>strategic</u> hot spots between Seoul and Pyongyang.
서해안의 5개 도서는 남북한 사이의 전략적 분쟁 지역이었다.

ventilation
[vèntəléiʃən]

통풍, 통풍장치, 환기

[벤틸레이션 → 팬티 내리션] 덥다고 팬티까지 내리고 엉덩이에 바람을 통하게 하는 모습

The **ventilation** system isn't working.
환기장치가 작동이 안 된다.

fix
[fiks]

고정시키다, 수리하다

[픽 쓰 → 픽 쓰러지다] 세워둔 탑 등이 픽 쓰러져서 다시 고정시켜서 수리하는 모습

★ 토익 출제 표현
1. **fixed price** 정가
2. **fix up** 완전히 수리하다, 개조하다
   We must **fix up** our house. 우리는 집을 완전히 수리해야 한다.

fixture
[fíkstʃər]

정착물, 설비

[fix(고정시키다) + ture(명사형 어미)] 고정되어 있는 물건

★ 토익 출제 표현
lighting fixture 조명 기구
The man is cleaning the **light fixture**. 남자가 조명 기구를 청소하고 있다.

apprehend
[æprihénd]

염려하다, 체포하다, 이해하다

1. [어프리핸드 → 엎으리 hand(손)] 경찰이 범인을 넘어뜨려 엎어놓고 손(hand)에 수갑을 채워 체포하는 모습과 범인이 감방에 갈 것을 염려하는 상황
2. [어프리핸드 → 어, 풀이 hand(손)] 어, (수학) 풀이가 손에 있으니 이해가 잘되네

The police have finally **apprehended** the killer.
경찰은 그 살인자를 마침내 체포했다.

I completely fail to **apprehend** why you're behaving like this.
나는 왜 당신이 이와 같이 행동하는지 도무지 이해할 수가 없습니다.

◼ apprehensive 염려하는
apprehension 염려, 체포, 이해

certify
[sə́:rtəfài]

증명하다, 보증하다

[certain(확실한)의 동사형] 확실하게 해주다 (ify는 동사형 어미)

Please **certify** your copy from your college.
출신 대학에서 서류 복사본의 증명을 받아 오세요.

certificate
[sərtífikeɪt]

증명서, 면허장; 자격증을 주다

[certain(확실한)과 관련하여 확실하게 해주는 것] 증명서, 면허장

★ 토익 출제 표현
1. gift certificate 상품권
2. a marriage certificate 혼인 증명서
3. a medical certificate 진단서

◼ certification (자격에 대한) 증명서

qualify
[kwάləfài]

자격을 주다, 권한을 주다

[퀄리 파이 → 권리 파이] 땅이 파이게 해도 된다는 권리를 주다. 광산 채굴권과 같은 권한을 주는 모습

He had every **qualification** for the job, except dialect.
그는 사투리를 제외하고는 그 직업에 대해 모든 자격을 갖추었다.

★ 토익 출제 표현
qualified applicants 자격을 갖춘 지원자

◼ qualification 자격 부여, 자격, 면허

contagion
[kəntéidʒən]

감염, 전염병

[큰 태전 → 큰 대전] 큰 대전 시내에 전염병이 쫙 퍼진 모습

The common cold is a **contagious** disease.
일반적인 감기는 전염병이다.

◼ contagious 전염성의

03강 toeic voca

sanitary
[sǽnətèri]

위생적인, 위생의

[새니 털이] 주방에서 쓰는 흰 모자를 가리키며 "한번 봐 봐, 머리털이 새니?"하며 아주 위생적이라고 손님에게 강조하는 주방장

🔁 sanitation 위생 시설, 위생 관리

Cholera thrives in poor **sanitary** conditions.
콜레라는 좋지 못한 위생 상태에서 창궐한다.

borrow
[bárou]

(물건 등을) 빌리다, 돈을 꾸다

[바로우 → 바로] "바로 돌려줄게"하며 무언가 빌리는 모습

★ 토익 출제 문제

She used to _____ money and not bother to pay it back.
그녀는 돈을 빌리고는 그것을 신경 써서 갚으려고 하지 않곤 했다.

→ **borrow**(O), lend(X), rent(X)
- lend: (작은 물건·돈 등을) 빌려주다
  rent: (부동산·차·큰 기계 등을) 임대하다, 임차하다

lease
[liːs]

(토지·건물 등의) 차용 계약, 임대차 (계약); 임대하다, 임차하다

[니 쓰] 니가 쓰고 나중에 되돌려 달라고 임대해주다

★ 토익 출제 문제

We could economize by _____ cars.
우리는 차를 임차함으로써 절약할 수 있었다.

→ **leasing** (O), lending (X)
- lease: (부동산·자동차 등을) 장기간 임대하다, 임차하다
  lend: (작은 물건·돈 등을) 빌려주다

bleach
[bliːtʃ]

표백하다; 표백제

[불리 치 → 불리 치약] 때를 불려서 치약으로 하얗게 표백하는 모습

This clothes needs to be **bleached**.
이 옷은 표백되어야 합니다.

compensation
[kàmpənséiʃən]

배상, 보상, 갚음, 보수, 급료

[캄펀 새이션 → 갚어 say션] "갚으라고 말하셔." 꿔준 돈을 갚으라고 말하는 모습

★ 토익 출제 표현
compensate A for B A에게 B를 보상하다
The victims are entitled to **be compensated for** their injuries.
피해자들은 그들의 부상에 대한 보상을 받을 권리가 있다.

▣ compensate 갚다, 배상하다, 보상하다

box office

매표소

[box(상자) + office(사무실)] 표를 팔기 위한 박스처럼 생긴 사무실

Tickets are available at the 15th Street Theater **box office**.
입장권은 15번가 극장 매표소에서 구입하실 수 있습니다.

identity
[aidéntəti]

신원, 정체, 동일성

1. [ID] 인터넷에서 쓰는 ID는 바로 신원을 뜻하는 identity의 약자
2. [아이 댄 터 티] 티가 아이의 싸이즈와 동일한지 아이에게 대보는 모습

You must confirm your **identity** with your signature.
당신은 서명을 하여 본인임을 확인해야 한다.

▣ identical 동일한, 일란성의
identify (신원을) 확인하다, 동일시하다
identification 신분증, 신원확인, 동일함

★ 토익 출제 문제
You need two forms of valid _____.
확실한 신분증명서가 두 가지 필요합니다.
→ **identification**(O), identity(X), identical(X)

budget
[bʌ́dʒit]

예산, 운영비, 경비

[버짓 → 벌지] 얼마를 벌어서 얼마를 쓸 것인가에 대한 예산안을 연상

The government needs to balance the budget each year.
정부는 해마다 예산의 균형을 맞출 필요가 있다.

trim
[trim]

(머리·잔디 등을 깎아) 다듬다, 정돈하다

[추림 → 추리는 것] 머리에 잔머리를 추려내어 다듬는 모습

She's busy **trimming** the garden hedge.
그녀는 정원 울타리를 다듬느라고 바쁘다.

apply
[əplái]

적용하다, 적용되다, 지원하다

> 1. [어, 풀라이!] 수학 문제를 공식을 적용해서 풀어보라고 하는 선생님
> 2. [어, 풀라이!] "이 회사 지원하려면 이 문제를 풀라이!"하며 입사 시험에 지원한 학생들에게 시험지를 주는 모습

I made up my mind to **apply** for a scholarship.
나는 장학금에 지원할 것을 결심했다.

> ★ 토익 출제 표현
> 1. **applicable job experience** 이전 업무 경험
> 2. **loan application** 대출 신청
>   If you want to borrow money, fill in this **loan application**.
>   대출을 원하시면 이 대출 신청서를 작성하세요.

> ★ 토익 출제 문제
> 1. Scientific discoveries are often _____ to industrial processes.
>   과학에서 발견된 것들은 종종 산업 공정에 응용된다.
>   → **applied**(O), **used**(X)
>   • 빈 칸에 used가 들어가면, 〈be used to+명사〉가 되어 〈~에 익숙해지다〉라는 의미가 된다.
> 2. **applicable** sales tax 적용할 수 있는(해당사항에 맞는) 물품 판매세
> 3. **applicant**(지원자), **application**(지원, 적용), **appliance**(장치, 설비, 전기 장치)를 구별하는 문제가 출제되었다.
> 4. **apply for** ~에 지원하다 **apply to** ~에 적용하다
>   'apply to'와 'apply for'에서 전치사를 구별하는 문제로 출제되었다.

🔲 **application** 적용, 지원
 applicant 지원자, 응모자
 applicable 적용[응용]할 수 있는, 들어맞는, 적절한

abundant
[əbʌ́ndənt]

풍부한

> [어번던트 → 어 번 돈 투성이다] 돈을 잘 벌어서 여기도 돈 저기도 돈 "어! 번 돈 투성이다"하며 사방에 돈이 풍부히 있는 모습

Our nation has **abundant** opportunities for well-educated young men and women.
우리나라는 잘 교육받은 젊은 남녀를 위한 기회가 풍부하다.

🔲 **abundance** 풍부함

oblige
[əbláidʒ]

어쩔 수 없이 ~하게 하다, 억지로 시키다, 의무를 지우다

> [어블라이지 → 업을 나이지] "너는 이제 동생을 업을 나이지?"하며 엄마가 동생을 업고 돌보라며 의무를 부여하는 모습

> ★ 토익 출제 표현
> **be obliged to** ~ 어쩔 수 없이 ~해야 하다
> I **was obliged to** comply with his request.
> 나는 그의 요청을 따라야만 했다.

🔲 **obligation** 의무, 책무
 obligatory 의무적인

persuade
[pərswéid]

설득하다, 설득하여 ~하게 시키다

[퍼스웨이드 → 버스 way다] 버스 전용차로로 달리는 자가용 운전자들에게 "이 길은 bus way다"라며 다니지 말라고 경찰이 설득하는 모습

★ 토익 출제 표현
1. persuasive evidence 설득력 있는 증거
2. persuasive argument 설득력 있는 주장
3. persuasive excuses 설득력 있는 변명

★ 토익 출제 문제
A trained lawyer can present argument persuasively.
훈련된 변호사는 설득력 있게 논증할 수 있다.

回 persuasive 설득력 있는
persuasively 설득적으로, 설득력 있게

dwell
[dwel]

살다, 거주하다

[두 well → 두 사람이 잘(well) 살다] 두 사람이 같이 잘 살고 있는 모습

She **dwelt** in remote parts of Asia for many years.
그녀는 수년 동안 아시아의 외딴 곳들에서 살았다.

attire
[ətáiər]

복장, 의복; 차려 입히다

[a(하나) + 타이어 → 하나의 넥타이여] 하나의 넥타이를 차려 입다

In general, formal **attire** is required to guests at national events in White House.
일반적으로 백악관에서의 국가 행사에서 손님들은 정장을 입는 것이 요구된다.

heavily
[hévili]

매우, 심하게

[heavy(무거운, 비중이 큰)의 부사형] 비중이 크게란 말은 심하게란 뜻

★ 토익 출제 표현
1. rain/snow heavily 비/눈이 매우 많이 오다
   It is **raining heavily**. 비가 매우 많이 온다.
2. heavily rely on ~ ~에 지나치게 의존하다
   Advertising **relies heavily on** temptation.
   광고의 성패는 전적으로 마음을 끄는 것에 달려 있다.

pause
[pɔːz]

멈춤, 중지; 잠시 멈추다, 중단하다

[포~즈] 사진기 앞에서 포즈를 잡고 잠시 멈추는 모습

After a short **pause**, they continued climbing.
잠깐 한숨 돌린 후 그들은 등산을 계속했다.

merge
[məːrdʒ]

합병하다

[머지?] 약장사 주변에 사람들이 많이 몰려있어 지나가는 사람들이 '뭐지?'하며 모여들어 하나씩 그룹에 합병되는 모습

Once **merged**, the company became the first in the vehicle industry.
합병되자마자 그 회사는 자동차 업계에서 1위가 되었다.

★ 토익 출제 표현
merger and acquisition 인수합병(M&A)

📖 merger 합병

announce
[ənáuns]

발표하다

[아나운서] 아나운서(announcer)는 뉴스를 발표하는 사람

It was **announced** that the Prime Minister would speak on television that evening.
수상이 그날 저녁 TV에서 연설할 것이라고 발표되었다.

📖 announcement 발표
announcer 아나운서

caution
[kɔ́ːʃən]

조심, 경계; 주의를 주다

[코션 → 꼬션] 길에서 낯선 사람이 꼬시는 것을 조심하라고 아이에게 말하는 엄마 연상

As it was her first offense, she was only given a **caution**.
그것은 그녀의 첫 번째 위반이었기 때문에 그녀는 경고만 받았다.

★ 토익 출제 문제
1. Use extreme caution when swimming in the ocean.
   바다에서 수영할 때는 세심한 주의를 기울여라.
2. He was cautioned against being late.
   그는 지각하지 말라고 주의를 받았다.
3. The expert are cautiously optimistic about our chances of success.
   그 전문가는 우리의 성공 가능성에 대해 조심스럽게 낙관하고 있다.

📖 cautious 조심하는, 경계하는
cautiously 주의 깊게, 조심스럽게

current
[kə́:rənt]

현재의, 유행하는; 흐름, 경향

[커런트 → 고런 투] 요즘은 모두 그런 투다, 즉 그런 투가 현재 유행이다

★ 토익 출제 표현
1. **currently closed** 현재 폐쇄 중인
2. **currently available** 현재 이용 가능한
   14 Cooking Kits **currently available**, and several more are being developed.
   현재 14가지 종류의 조리기구 세트가 판매되고 있으며 몇 가지를 더 개발 중에 있다.

파 currently 지금, 현재, 최근에

second hand

간접적인, 중고의

[second(두 번째) + hand(손)] 두 번째 손을 거치는

Secondhand smoking is a big health hazard.
간접흡연은 건강에 매우 해로워요.
That **secondhand** car cost me five thousand dollars.
그 중고차는 5천 달러가 들었다.

반 first-hand 직접, 직접적인

custody
[kʌ́stədi]

보호, 보관, 구류, 감금

[꺼 스터디] 공부 안하고 TV를 보고 있는 아이에게 "꺼 그리고 study 해!"하며 아이를 공부방에 감금하며 아이를 TV매체로부터 보호하는 모습

★ 토익 출제 문제
She was taken into custody around midday.
그녀는 정오쯤에 구속되었다.
• be taken into custody: 구금되다

파 custodian 관리인, 보관자
   custodial 보관의, 보호의

dose
[dous]

1회 복용량; 투약하다, 복용시키다

[도수] 알코올 도수에 따라 운전이 허용되는 복용량이 정해져 있다

The infant **dosage**: Must avoid dosing an infant under the age of 7 years.
소아에 대한 투여: 이 약은 7세 이하의 영 / 유아에게 투여하지 않는다.

파 dosage 투약(량), 복용량

affiliate
[əfílièit]

제휴하다, 가입시키다; 계열회사

[어필리에이트 → 업힐리 에잇!] 작은 회사가 큰 회사와 제휴하며 에잇! 하고 업히는 모습

A number of local groups want to **affiliate** with the union.
많은 지역 단체가 그 조합에 가입하고 싶어 한다.

파 affiliation 제휴, 관계

25

regulation
[règjuléiʃən]

규율, 규칙

[레귤레이션 → 내 규율 내이션] 내가 규율을 낼 테니 지켜라

How can I **regulate** the room temperature?
실내온도는 어떻게 조절합니까?

★ 토익 출제 표현
1. safety regulations 안전 규정
2. traffic regulations 교통 규칙
3. regular meeting 정기 회의
4. regular assessment 정기 평가
5. regular customer 단골 고객

■ regulate 규정하다, 조정하다
regular 정기적인, 규칙적인, 단골의
regularly 정기적으로

capacity
[kəpǽsəti]

능력, 용량, 수용력

[커 패 써티 → 큰 폐를 썼지] 마라톤 선수가 폐의 용량이 커서 그 능력을 썼지

It seems to be beyond his **capacity** to follow simple instructions.
간단한 지시를 따르는 것도 그의 능력을 넘어서는 것처럼 보인다.

★ 토익 출제 표현
1. storage capacity 저장 용량
2. expand the capacity 용량을 늘리다
3. be filled to capacity 꽉 차다, 초만원이다
   The bus was filled to capacity. 버스가 만원이었다.

cavity
[kǽvəti]

구멍, 충치

[캐버리] 땅을 캐버려서 구멍을 만드는 모습, 또는 충치 균이 치아를 움푹 파이게 캐버리는 모습

I have been using this brand of toothpaste for five years, and only had one **cavity**.
저는 5년 동안 이 상표의 치약을 사용해 왔습니다. 그래서 충치가 한 개 밖에 없습니다.

04강 toeic voca

severe
[sivíər]

엄격한, 심한, 격심한

[십이여 → 12시여] 밤 12시가 되서 들어오자 "지금이 밤 12시여!"하며 엄하게 야단치는 아버지 연상

★ 토익 출제 문제
He will be **severely** reprimanded for failing to do his duty.
그는 그의 의무를 다하지 못한 것에 대해 호되게 질책 받을 것이다.

🔁 severely 심하게, 엄하게

ratify
[rǽtəfài]

비준하다, 승인하다

[래터 파이 → letter(글자) 파이] 글자가 파인 도장을 찍어서 비준하는 모습

The decision will have to be **ratified** by the executive board.
그 결정은 중역 회의에서 비준되어야 할 것이다.

🔁 ratification 비준, 재가

shortly
[ʃɔ́ːrtli]

곧, 이내, 간략하게

[short(짧은) + ly] 시간적으로 짧게

They took off **shortly** after 8 a.m. 그들은 오전 8시 직후에 이륙했다.

★ 토익 출제 표현
1. shortly after ~ ~직후에
2. shortly before ~ ~직전에
3. will arrive shortly 곧 도착할 것이다

★ 토익 출제 문제
They also indicated that they anticipated openings _____.
그들 역시 곧 자리가 생길 것이라 말했습니다.
→ **shortly**(O), short(X)

fertile
[fə́ːrtl]

비옥한, 다산의

[퍼틸 → 퍼트릴] 땅이 비옥하여 씨를 잘 퍼트릴

The soil here is **fertile**.
이곳은 땅이 비옥하다.

🔁 fertility 비옥, 다산

form
[fɔːrm]

(기입) 양식, 서식, 모양, 형태

[폼] 어떤 사람의 폼이 멋있다고 할 때 폼은 그 사람의 모양이나 모습을 말한다. 또한 어떠한 형태를 갖춘 기입서 양식이란 뜻까지 암기하자.

★ 토익 출제 표현
1. application form 신청서, 지원서
2. registration form 숙박부, 등록양식

fill out the form
= fill in the form
= complete the form

(문서 등을) 기입하다

[fill(채우다) + out(완전히)] 완전히 빈 공간을 채우다 즉 기입하다
[fill(채우다) + in(안에)] 서류 안을 채우다 즉 기입하다

landfill
[lǽndfɪl]

(쓰레기) 매립지

[land(땅) + fill(채우다)] 땅을 (쓰레기로) 채운 곳

Gimpo's huge **landfill** receives garbage from nearly 20 million people every day.
김포의 거대한 쓰레기 매립지는 매일 2천만 명이 넘는 주민이 쏟아내는 쓰레기를 받고 있다.

opportunity
[àpərtjúːnəti]

기회

[아파트 너티 → 아파트 넣지] 아파트를 분양 받을 기회라며 서둘러 아파트 신청서를 넣는 아주머니 연상

★ 토익 출제 문제
1. The meeting will provide a good opportunity for us to make a decision.
   그 회의는 우리에게 결정을 내릴 좋은 기회를 만들어 줄 것이다.
2. The call came at an opportune moment for me.
   그 전화가 나를 위해 때마침 왔다.

🔲 opportune 적절한 시기의, 시기적절한
inopportune 시기가 나쁜, 부적당한

banquet
[bǽŋkwit]

연회, 축연

[뱅큇 → 방끗] 연회에서 돌아다니면서 방끗방끗 웃으며 인사하는 모습

We will close the seminar with a cocktail party and **banquet**.
이번 세미나는 칵테일 파티와 연회로 마치게 됩니다.

plummet
[plʌ́mit]

폭락하다, 수직으로 떨어지다

[풀러 밑] 상자의 밑을 풀러 내용물이 아래로 뚝 떨어지는 모습

House prices have **plummeted** in this area.
이 지역은 집값이 곤두박질쳤다.

disposal
[dispóuzəl]

처분, 처리

[디스포절 → this 포졸] "이것(this)은 포졸이 처리해라!" 사소한 문제라며 포졸에게 처리하라고 떠맡기는 사또 연상

★ 토익 출제 표현
1. **disposable** towel 1회용 타월
2. **disposable** income 가처분 소득(실소득)
3. **dispose of** ~ ~을 처분하다, 없애다
   After your picnic, please **dispose of** the trash.
   소풍이 끝나면, 쓰레기를 처리해 주세요.

ℿ dispose 처분하다
disposable 처분할 수 있는, 사용 후 버릴 수 있는

obstruct
[əbstrʌ́kt]

방해하다, 가로막다

[앞's 트럭 투!] 도로에서 앞의 트럭이 길을 막고 진행을 일부러 방해하는 모습

Conservatives have been **obstructing** reformation of the government for years.
보수주의자들은 수년 동안 정부의 개혁을 방해해 왔다.

★ 토익 출제 표현
1. **obstruct** a road 길을 막다
2. **obstruct** the light 채광을 막다

ℿ obstruction 방해, 장애, 방해물

alignment
[əláinmənt]

일렬정돈, 지지, 추종

[a + 라인(line) + ment] 한 라인(줄)으로 만들어 정돈하다
어떤 그룹과 한 줄에 서서 뜻을 같이 하다

ℿ align 일렬정돈하다, 지지하다

The waiter is **aligning** the menus. 웨이터가 메뉴판을 정렬하고 있다.

classify
[klǽsəfài]

분류하다, 등급으로 나누다

[class(부류, 학급, 계급) + ify(동사화 어미)] 학급별로 학생들을 분류하는 모습

The books in the library are **classified** according to subject.
도서관의 책들은 주제에 따라서 분류된다.

ℿ classification 분류

aid
[eid]

돕다; 도움

[애이드 → 애이즈] 애이즈에 걸린 불쌍한 사람을 사람들이 돈을 걷어 도와주는 모습

The concert was in **aid** of famine relief.
콘서트는 기아의 구제를 돕기 위한 것이었다.

★ 토익 출제 표현
1. **first aid** 응급처치
   She gave **first aid** to the patient. 그녀는 환자에게 응급처치를 했다.
2. **first-aid kit** 구급상자

conglomerate
[kənglámərit]

복합기업체, 대기업체

[con(큰) + glomer(글라머 → 글래머) + ate(먹다)] 큰 글래머 같이 덩치 큰 대기업이 중소기업을 먹어치우는 모습

The firm has been taken over by an American **conglomerate**.
그 회사는 미국 복합 기업에 인수되었다.

artificial
[à:rtəfíʃəl]

인조의, 인공의

[아트피셜 → 아토피셔] 아토피는 인공으로 만든 과자나 조미료를 많이 먹거나 또는 흙이 아닌 시멘트 같은 인공적인 재료로 만든 집에서 살 때 더 잘 걸린다.

He was born with only one ear, but surgeons have fitted him with an **artificial** one made of silicon.
그는 귀를 하나만 갖고 태어났다. 그러나 의사들은 그에게 실리콘으로 만들어진 인공 귀를 맞춰 주었다.

🔁 **artificially** 인위적으로

department
[dipá:rtmənt]

매장, 부서, 과

[de(down) + part(부분) + ment(명사형 어미)] 큰 조직 아래로 나누어져 있는 부분들

I'm in charge of the sales **department**.
저는 영업부장입니다.

★ 토익 출제 표현
1. **sales department** 영업부
2. **planning department** 기획부

immune
[imjúːn]

면역이 된, 면제된

[임문 → 입을 꼭 문] 전염병의 병균이 입에 들어가지 않게 입을 꼭 물고 있어 면역이 되는 모습

Stress can weaken your **immune** system.
스트레스는 면역 체계를 약화시킬 수 있다.

파 immunity 면역, 면제
immunize 면역시키다, 면제시키다

litigate
[lítigèit]

소송하다

[리티게이트 → 니 튀 gate(문)] 돈을 횡령한 은행원에게 '니 튀었지, 돈 가지고 문(gate)으로?'하며 경찰서로 끌고 가 소송하는 장면

In spite of its denials, the company is wholly responsible for the accident, and we are prepared to **litigate** if necessary.
회사의 부인에도 불구하고 그 회사는 그 사고에 전적으로 책임이 있다. 그리고 우리는 필요하다면 소송할 준비가 되어 있다.

파 litigant 소송 당사자, 소송 관계자
litigation 기소, 소송

instantaneous
[ìnstəntéiniəs]

순간적인, 즉석의

[인스턴테이니었으 → 인스턴트식의] 즉석의

She had an **instantaneous** certainty that it must have been Peter downstairs.
그녀는 Peter가 아래층에 틀림없이 있다는 순간적인 확신을 가졌다.

파 instantaneously 즉시, 순간적으로
instant 순간, 즉시, 인스턴트식품

free
[friː]

~이 없는, 무료의, 자유의

[-프리] 카페인이 없는 것을 카페인 프리, 주름(wrinkle)이 없는 것을 링클 프리라고 합니다

★ 토익 출제 표현
1. **free admission** 무료입장
2. **free delivery service** 무료 배송 서비스
3. **free of charge** 무료로
   The museum is **free of charge**. 그 박물관은 무료이다.

instruct
[instrʌ́kt]

가르치다, 교육하다, 통고하다, 알리다

[인스(in's, 안에서의) 트럭트 → 트럭 안에서] 트럭 안에서 자동차 운전 교육하는 모습

His sermon were **instructive** and cordial.
그의 설교는 교훈적이고 진심에서 우러나왔다.

파 instruction 명령, 가르침
instructive 교육적인, 교훈적인
instructor 교사, 지도자

smuggle
[smʌ́gl]

몰래 갖고 들어오다[나가다], 밀수입[수출]하다, 밀입국하다

> [스머글 → smog를] smog(연기, 스모그)를 이용하여 몰래 빠져나가거나 들어오다. 스모그 연기가 자욱하여 잘 안 보일 때 관리인을 피해 몰래 들어오는 모습

He attempted to **smuggle** jewels. 그는 보석을 밀수하려고 했다.

adolescence
[ӕdəlésns]

청년기, 사춘기

> [애덜래슨스 → 애들 lesson(수업)스] 학교에서 수업(lesson)을 듣고 있는 애들

🔳 adolescent 청년기의, 사춘기의

Adolescence is the state of being adult or fully grown up.
청년기란 성인이 되는 과정에 있거나 완전히 자라난 상태이다.

converter
[kənvə́:rtər]

변환기, 변화시키는 사람

> [콘 버터] 콘(corn, 옥수수)에서 기름을 짜고 굳혀서 버터로 변환하는 모습

🔳 convert 변하게 하다, 전환하다, 전향시키다

★ 토익 출제 표현

convert A into B A를 B로 변환하다, 전환하다
To **convert** dried peas and beans **into** an eatable food, they must first be soaked.
마른 완두콩과 일반 콩을 먹을 수 있는 식품으로 바꾸려면 우선 물에 푹 담가야 한다.

fiscal
[fískəl]

재정의, 회계의

> [피스컬 → 피서 칼] 피서 가려고 칼을 사람에게 들이대며 돈을 뺏는 것은 모두 재정적인 문제가 곤란해서, 즉 돈과 관련된 문제들이다.

★ 토익 출제 표현

1. **the fiscal year** 회계 연도
   It requires that you finalize your business plans for the following **fiscal year** in full consultation with us.
   당사와 충분히 협의를 거친 후 다음 회계 연도 업무계획을 작성하도록 되어 있습니다.
2. **fiscal operations** 회계 업무

downsizing
[dáunsàiziŋ]

규모 축소

> [down + size + ing] 사이즈를 아래로 낮추다

🔳 downsize 소형화하다, (구조조정 등으로) 축소하다

Our company is in the middle of **downsizing**.
우리 회사는 요즘에 구조조정 중이에요.

bush
[buʃ]

관목, 수풀, 덤불

[부쉬 → 부시럭] 덤불 속에서 어떤 동물이 있는지 부시럭거리는 소리가 나는 상황

a rose **bush** 장미 덤불
Don't beat around the **bush**. 숲 주변만 치지 마라. (요점을 말해라.)

📖 dramatic 극적인, 멋진

dramatically
[drəmǽtikəli]

극적으로, 눈부시게

[drama(극, 드라마)처럼] 극적으로

★ 토익 출제 표현
1. **dramatic scenery** 멋진 경치
2. **dramatic increase** 급격한 증가
3. **dramatic fall** 급격한 하락

★ 토익 출제 문제
The number of traffic accidents has _____ decreased.
교통사고 건수가 극적으로 감소했다.
→ **dramatically**(O), **numerously**(X)

05강

toeic voca

pave
[peiv]

(길을) 포장하다

[페이 부] 길의 페인 부분에 시멘트를 부어서 포장하는 모습

They **paved** the road with asphalt.
그들은 아스팔트로 그 도로를 포장했다.

ⓝ pavement 포장도로

hospitality
[hàspətǽləti]

환대, 친절히 접대함

[hospital(병원) + ity] 병원에서 환자들을 휠체어에 태워서 잘 모시고 들어가는 친절한 모습

hospitality industry 서비스업

★ 토익 출제 문제

I really appreciate the **hospitality** extended to us during our visit last week. 저는 지난주 우리가 방문했을 때 우리에게 베풀어진 환대에 정말로 감사하게 생각합니다.
• hospitality extended to ~: ~에게 베풀어진 은혜 (동사 extend와 어울려 사용)

ⓐ hospitable 대우가 좋은, 손님 접대를 잘 하는
ⓐ inhospitable 불친절한

prosecute
[prásikjù:t]

기소하다

[프로 시큐트] 프로가 시켜서 범행을 저질렀다며 그 프로 선수를 기소하는 모습

This store will go for the great expense, if necessary, to **prosecute** anyone who is caught shoplifting.
이 가게는 좀도둑을 고발하기 위해 필요하다면 큰 비용도 감수할 것이다.

rate
[reit]

(서비스에 대해 지불하는 단위당) 기준요금, 비율

★ 토익 출제 표현
1. base rate 기본요금
2. postal rate = postage 우편요금
3. exchange rate 환율
4. room rate(= room charge) 숙박료

curb
[kə:rb]

억제하다; (보도 가장 자리의) 연석

[커브] 커브 길에서 미끄러짐을 방지하기 위해 속도를 억제하는 모습과 커브 길에 놓여 있는 연석 연상

Our primary economic challenge is to **curb** inflation.
우리가 직면한 제1의 경제적 과제는 인플레 억제이다.

toll
[toul]

(도로나 다리 등을 이용할 때 내는) 통행 요금

[톨] 고속도로 톨게이트(toll gate)는 통행 요금을 내는 관문(gate)

★ 토익 출제 표현
1. **bridge toll** 다리 통행세
2. **toll road** 유료도로
3. **expressway toll** 고속도로 통행료

array
[əréi]

(군대를) 정렬시키다, 배열하다; 배열, 집합체

[어레이 → 어뢰 2] 어뢰를 하나(1) 둘(2) 잠수함에 배치하는 모습

A large number of magazines were **arrayed** on the shelf in the shop.
많은 잡지들이 상점 책꽂이에 진열되어 있었다.

★ 토익 출제 표현
an array of 다수의, 죽 늘어선
The festival consisted of **an array of** cultural and sports events.
이 축제는 다수의 문화와 스포츠 행사들로 구성되었다.

discern
[disə́:rn]

식별하다, 알아내다

[dis(this) + cern(son)] 이산가족 찾기에서 여러 청년 중에서 "이(this) 아들(son)이 내 아들이야!"하고 식별해 내는 어머니를 연상

파 discernible 식별할 수 있는, 보고 알 수 있는

I could just **discern** a figure in the darkness.
나는 어둠 속에 한 사람의 모습을 식별할 수 있었다.

occupy
[ɑ́kjupài]

점령하다, (공간을) 차지하다

[아큐 파이 → 아쿠! 파여 있네] 옛날 미국 서부의 광산을 서로 먼저 차지하려고 찾고 있는데 이미 누군가가 땅을 파놓아 점유한 것을 보고 "아쿠! 벌써 파여 있네"하는 모습

파 occupant 점유자, 거주자
occupancy 점유, 점거
preoccupy 선취하다, 미리 점령하다
occupied 거주하는, 사용되는
반 unoccupied (집 등이) 비어 있는, 사용되지 않는

The house had been left **unoccupied** for several years.
그 집은 여러 해 동안 사람이 살지 않았다.

★ 토익 출제 표현
be occupied 누가 있다
The bathroom**'s occupied**. 화장실에 누가 있다.

occupation
[àkjupéiʃən]

직업, 업무

[아쿠 pay션 → 아이쿠 pay(봉급) 하셔] 직업에 따른 업무를 했으니 pay(봉급)를 하라는 모습

★ 토익 출제 문제
Because he had a sedentary _____, he decided to visit a gymnasium weekly.
그는 앉아서 일하는 직업을 가지고 있었기 때문에 매주 체육관에 가기로 했다.
→ **occupation**(O), occupying(X), occupancy(X), occupant(X)

dock
[dak]

부두, 선착장

[닥 → 닻] 닻을 내리고 배를 정박하는 곳

The ships are next to each other at the **dock**.
부두에 배들이 나란히 정박해 있다.

extravagant
[ikstrǽvəgənt]

낭비하는, 도를 지나친

[extrava(엑스트라배) + gant(권투)] 엑스트라 주제에 대통령배도 아닌 엑스트라배 권투를 개최하는 낭비적이고 도를 넘는 모습

She's rather **extravagant** when it comes to buying perfume.
향수를 사는 문제에 이르면 그녀는 상당히 낭비벽이 있다.

instrument
[ínstrəmənt]

기구, 도구, 악기

[in's(안에) 트루먼트(뚫으 많다) → 안에 뚫은 구멍이 많다] 피리와 같은 악기에는 안에 뚫은 구멍이 많다. 그리고 안에 구멍을 뚫게 많을 때 쓰는 송곳과 같은 기구가 필요하다.

Which **instrument** do you play? 어떤 악기를 연주하십니까?
The lightning had damaged the plane's **instruments**.
번개가 그 비행기 장비에 손상을 주었다.

★ 토익 출제 표현
1. musical instrument 악기
2. play an instrument 악기를 연주하다

🔲 instrumental 기계의, 쓸모 있는, 도움이 되는

byproduct
[báiprὰdəkt]

부산물

[by(옆) + product(생산물)] 생산물 옆에 부가적으로 생긴 것

An increase in crime is one of the **byproducts** of unemployment.
범죄 증가는 실업 부작용의 하나이다.

congestion
[kəndʒéstʃən]

(교통) 정체, 혼잡

[컨제스쳔 → 큰 제스처] 교통이 꽉 막힌 4거리에서 큰 제스처를 취해 가며 호루라기를 불며 교통정리 하는 경찰 아저씨를 연상

★토익 출제 표현
traffic congestion 교통 정체
A sudden increase in the number of cars caused **traffic congestion** everywhere.
갑작스러운 자동차 수의 증가는 모든 곳에서 교통 정체를 일으켰다.

📖 congested (교통이) 혼잡한

flaw
[flɔ:]

결함, 흠

[풀로] 흠이 있는 부분을 풀로 붙이는 모습

This report is full of **flaws**.
이 보고서는 결점으로 가득하다.

inject
[indʒékt]

주사하다, 삽입하다

[in(~안에) 젝트(제트기)] 제트기처럼 앞이 뾰족한 주사기로 피부 안에 주사하는 모습

The nurse **injects** him with a painkiller twice a day.
간호사는 그에게 하루 두 번 진통제를 놓는다.

📖 injection 주사, 주입

quarterly
[kwɔ́:rtərli]

한 해 네 번의

[quarter(4분의 1) + ly → 4개를 나눈 것 중 1개] 1년에 4번

How's the **quarterly** report coming along?
분기 보고서는 어떻게 되어 가고 있어요?

committee
[kəmíti]

위원회

[com(together) 미티(미팅)] 같이 미팅하여 회의하고 있는 위원회

The **committee** consists of ten members.
그 위원회는 10명의 위원으로 구성된다.

skyrocket
[skáirà:kət]

(가격 등이) 치솟다

[sky(하늘) + rocket(로켓)] 하늘로 로켓이 쭉 올라가듯 가격 등이 치솟는 느낌으로 암기

Prices are **skyrocketing**. 물가가 하늘 높은 줄 모르고 치솟는다.

soar
[sɔːr]

(물가 등이) 폭등하다, 높이 치솟다, 날아오르다

[쏘어 → 쏘아!] 미사일을 쏘아서 하늘 높이 치솟는 모습

Rice production **soared** from 600,000 tons to 900,000.
쌀 생산은 6십만 톤에서 9십만 톤으로 치솟았다.

★ 토익 출제 표현
soaring prices 치솟는 물가

countermand
[kàuntərmǽnd]

취소하다, 철회하다

[카운터 맨드(만두)] 카운터에 가서 시켰던 만두를 취소하는 모습

The instruction was immediately **countermanded**.
그 지시는 즉각 철회되었다.

detriment
[détrimənt]

손해, 손상

[대츠리먼트 → 대출이 많다] 대출이 많아서 돈을 많이 떼여 손해를 보는 사람 연상

This taxation system will cause serious **detriment** to Korean economy. 이 세금제도는 한국 경제에 심각한 해를 가져올 것이다.

📘 detrimental 손해의, 유해한

concerned
[kənsə́ːrnd]

걱정스러운, 염려하는, 관계하고 있는

1. [컨 선드 → 큰 son(아들)두] 큰 아들두 걱정된다, 군에 간 큰 아들을 걱정하며 애태우는 어머니 연상
2. [컨선드 → 큰 손두] 이 사건에 경제계의 큰 손도 관계하고 있다

★ 토익 출제 문제
1. He refused to answer questions <u>concerning</u> his wage.
   그는 그의 임금에 관한 질문에 대답하기를 거절했다.
   • questions concerning ~: ~에 관한 질문 (question과 함께 자주 출제)
2. I'm concerned _____ the continuing pollution of the environment.
   나는 계속되는 환경오염이 걱정스럽다.
   → **about** (O), **with** (X)
   • be concerned about ~: ~에 대해 걱정하다
3. The government is chiefly concerned <u>with</u> controlling inflation.
   정부는 주로 인플레이션을 통제하는 데 관심이 있다.
   • be concerned with ~: ~에 관계가 있다, ~에 관심이 있다
4. What is your prime <u>concern</u> these days?
   요즘 당신의 주된 관심사는 무엇입니까?
   • prime concern: 주된 관심사

📘 concern 염려하다, ~에 관계하다; 염려, 관심
concerning ~에 관하여

ingredient
[ingríːdiənt]

(원료·혼합물의) 성분, 원료

[in(~ 안에) 그리(구리) + dient] 합금된 금속 안에 구리 성분이 들어 있다

Mix all the **ingredients** in a bowl. 사발 안에 있는 모든 재료들을 섞어라.

narrowly
[nǽrouli]

가까스로, 아슬아슬하게, 좁게

[narrow(좁은) + ly(부사형 어미)] 좁은 가능성으로

The car **narrowly** missed a cyclist.
그 자동차가 자전거 탄 사람을 간신히 피했다.

acid
[ǽsid]

신, 산성의

[애시드] 액, 시다!

A lemon is an **acid** fruit. 레몬은 신 과일이다.

★ 토익 출제 표현
acid rain 산성비

scheme
[skiːm]

계획, 사업 계획

[스키임] 이번 주말의 계획은 '스키 타러 가는 것임(스키임)'

The **scheme** failed. 계획은 실패했다.

vacancy
[véikənsi]

결원, 공석, 비어 있음, 빈 방

[베이컨씨 → 베이컨(비타민) C] 베이컨에는 비타민 C가 비어 있다(없다)

There is a **vacancy** for a shop assistant.
가게 종업원 자리가 하나 났다.

amuse
[əmjúːz]

재미나게 하다, 즐겁게 하다

[어뮤즈 → 어, 무주] 어, 무주 리조트다! 무주 리조트에서 재미나게 노는 모습

He **amused** the children with jokes.
그는 농담으로 아이들을 재미나게 해줬다.

파 amusement 즐거움, 오락
　amusing 재미있는, 즐거운

★ 토익 출제 표현
amusement park 놀이공원

blend
[blend]

혼합하다, 섞다

> **[블렌드 → 불 낸다]** 철판구이 위에 고기와 야채를 섞어서 그 위에 불을 내어 볶고 있는 모습

Add the sugar and **blend** well.
설탕을 넣고 잘 섞으세요.

06강 toeic voca

convey
[kənvéi]

나르다, 운반하다, (의사를) 전달하다

[컨베이 → 큰 배이] 큰 배로 화물을 운반하는 모습

The goods are usually **conveyed** by sea. 그 화물은 보통 배로 운반된다.

★ 토익 출제 표현
The following information should be conveyed to the employees.
다음의 정보는 직원들에게 전달되어야 한다.

파 conveyance 운반, 수송

costume
[kάstju:m]

의복, (무대) 의상

[카스튬 → 가수 춤] 가수가 춤을 추기 위해 화려하게 입은 의상 연상

The play was memorable for its beautiful **costume**.
그 연극은 그 아름다운 의상 때문에 기억에 남을 만했다.

crosswalk
[krɔ́:swɔ̀:k]

횡단보도

[cross(가로질러) + walk(걷다)] 도로를 가로질러 걷는 횡단보도

People are busy crossing at a **crosswalk**.
사람들은 횡단보도를 바삐 건너고 있다.

claim
[kleim]

요구하다, 청구하다, 주장하다; 청구, 요구, 지급 요구, (기탁물의) 인도 요구

[클 내임(name) → 크게 이름을 부르다] 자신의 담 밑에 다른 사람이 주차해놓고 이름을 남겨두자 그 사람 이름을 크게 부르며 빨리 나오라고 하는 모습 즉 땅 임자가 자신의 땅에 대한 권리를 요구하려고 하는 모습

He **claimed** that he found the money in the forest.
그는 숲에서 돈을 발견했다고 주장했다.

★ 토익 출제 표현
1. (baggage) claim area 수하물 찾는 곳
2. claim check 수하물표
3. claim a refund 환불을 요구하다

edge
[edʒ]

모서리, 가장자리

[애 찌 → 애가 찌이다] 애가 식탁이나 책상 모서리 등에 찌여서(부딪혀서) 울고 있는 모습

The tree stands on the **edge** of a cliff.
그 나무는 벼랑 끝에 서 있다.

cutting edge
[kʌ́tiŋ edʒ]

최첨단의

[cutting(절단, 예리한) + edge(모서리)] 예리한 모서리, 즉 첨탑의 가장 끝의 예리한 모서리처럼 가장 높은 수준에 있는

She is always on the **cutting edge** of fashion.
그녀는 항상 유행의 첨단을 걷는다.

major
[méidʒər]

주요한, 대다수의; 전공; 전공하다

[메이저] 미국 야구 메이저 리그에서 메이저는 '주요한'의 뜻이며 마이너 (minor) 리그에서 minor는 '중요치 않은, 작은 편의, 소수의'란 의미

★토익 출제 문제
_____ of the local population depend on fishing for their income.
그 지역 주민들 대부분은 수입원을 어업에 의존하고 있다.
→ **Most**(O), **Majority**(X)
- most of the ~: ~의 대다수 (most 앞에 관사가 붙지 않는다.)
  the majority of ~: ~의 대다수 (앞에 관사 the가 있다는 점에서 'most of ~'와 구별하자.)

ⓝ majority 대다수, 대부분
minority 소수, 소수 민족

bustle
[bʌsl]

북적대다

[버슬 → 버스를] 아침 출근 버스를 탔을 때 북적대는 모습

This used to be a **bustling** town, but a lot of people have moved away over recent years.
이곳은 북적대는 마을이었는데 많은 사람들이 최근에 이사가 버렸다.

quality
[kwáləti]

질, 소질, 품질

[컬러(color, 색깔) 티(티셔츠)] 티셔츠의 칼라를 이리저리 비교하며 티셔츠의 질을 따지는 손님 연상

This product is the best in **quality**. 이 제품은 품질 면에서 최고입니다.

★토익 출제 표현
quality control 품질관리

quantity
[kwántəti]

양

[퀀터 티 → 큰터 티] 티의 크기 즉 양을 따지는 손님 연상

Police found a large **quantity** of drugs in his possession.
경찰은 그가 소유하고 있는 많은 양의 마약을 발견했다.

bankbook
[bǽŋkbùk]

통장 (= passbook)

[bank(은행) + book(책)]

You should keep your **bankbook** in a safe place.
통장은 안전한 곳에 보관해야 한다.

analyze
[ǽnəlàiz]

■ analysis 분석, 분해
analytic 분석적인

분석하다, 분해하다, 검토하다

[애 널 나이 즈 → 애 날 나이 즈] 임신한 아내가 애를 나이가 몇 살에 날 것인가 날짜를 계산하며 분석해보는 모습

I'll **analyze** the problem and see what's wrong.
그 문제점을 분석하여 무엇이 잘못된 것인지 알아보겠다.

emergency
[imə́:rdʒənsi]

비상사태; 비상용의, 긴급한

[임머! 전시 → 임마! 전시!] 전쟁이 나자 군인들에게 "임마, 지금은 전시야!" 하며 긴급히 출동하라는 모습

How will disabled people escape in an **emergency**?
비상시 장애인들은 어떻게 피신할 것인가?

★ 토익 출제 표현
1. **emergency exit** 비상구
2. **emergency room** (병원의) 응급실

suitable
[sú:təbl]

■ suit 어울리다, 적합하다;
신사복 한 벌

적당한, 어울리는, 알맞은

[숯터불 → 숯 타 불] 숯이 불에 잘 탄다. 불에 태우기에 적당하고 잘 어울리는 숯

Short skirts don't really **suit** me. 미니스커트는 나에게 정말로 안 어울려.

teller
[télər]

은행 창구직원

[tell(말하다) + er(~사람)] 은행에서 손님의 요구나 질문에 말해주는 사람

He's handing the money to the **teller**.
그는 은행 창구직원에게 돈을 건네고 있다.

income
[ínkʌm]

수입, 소득

[in(~안에) + come(오다) → 집안으로 들어오는 돈] 아버지가 월급 봉투를 들어 보이며 집안으로 행복하게 들어오는 모습

His expenses exceed his **income** by far.
그의 지출은 수입을 훨씬 초과하고 있다.

★ 토익 출제 표현
income tax return 소득세 신고

sweep
[swi:p]

청소하다, 쓸다

[스윕 → 수위~입] 수위 아저씨가 학교에서 청소하고 있는 모습

I **swept** the room with the broom. 비로 방을 쓸었다.

bruise
[bru:z]

타박상, 멍

[부루즈 → 불어줘] 멍이 들어 아픈 곳을 엄마에게 호~ 하고 불어달라고 하는 모습

She has a **bruise** on her knee because she fell down yesterday.
그녀는 어제 넘어져서 무릎에 멍이 들었다.

urgent
[ə́:rdʒənt]

긴급한, 절박한

[어 전투!] "어, 전투가 일어났다!"하며 긴급히 출동하는 군인들 연상

This is an extremely **urgent** matter.
이것은 시간을 다투는 문제예요.

★ 토익 출제 표현
1. **urgent matter** 긴급 사항, 위급 사항
2. **call an urgent meeting** 긴급회의를 소집하다

🔲 urgency 긴급, 급박한 일
　urgently 긴급히

interest
[íntərəst]

이자, 이익

'관심, 흥미'란 뜻에서 요즘은 모든 사람의 관심과 흥미를 끄는 게임 사업 등이 많은 이익을 낸다는 느낌으로 암기

The **interest** rate has dropped suddenly.
이자율이 갑자기 떨어졌다.

turbulent
[tə́:rbjulənt]

(날씨가) 사나운, 난기류의, 격동하는

[터뷸런트 → 더 불 런트] 바람이 더 불어서 날씨가 험악한 모습

On my way to Busan, I encountered a **turbulent** storm.
부산으로 가는 길에 나는 사나운 폭풍을 만났다.

participate
[pa:rtísipèit]

(행사 · 모임 등에) 참여하다

[파티시 베이트] 파티를 할 시에는 날 빼지 말라고 하며 꼭 참석하겠다는 모습

> ★ 토익 출제 문제
> 1. Union leaders have called for the active _____ of all members in the day of protest.
>   노조 지도자들은 시위하는 날에 모든 노조원들의 적극적인 참여를 요청해 왔다.
>   → **participation**(O), **participant**(X)
> 2. She never _____ in any of our discussions.
>   그녀는 결코 우리의 어떠한 토론에도 참여하지 않는다.
>   → **participates**(O), **attends**(X)
> - participate in ~: ~에 참가하다
> - attend는 타동사로 뒤에 전치사의 도움 없이 바로 목적어를 취한다.
> - 자동사로 착각하기 쉬운 타동사: attend(~에 참석하다) discuss(~을 토론하다) resemble(~을 닮다) mention(~에 대해 말하다) become(~에 어울리다) marry(~와 결혼하다) reach(~에 도착하다) enter(~에 들어가다)
> 암기방법: 토론회에 참석하여 토론하다가 (자신과) 닮은 사람에게 말을 건네다가 서로 잘 어울려서 결혼하고 신혼여행지 호텔에 도착하여 들어가는 모습을 차례로 연상
> 1) I will arrive in Seoul tomorrow morning. (O)
> 2) I will reach at Seoul tomorrow morning. (X)
> 3) He enters into the room. (X)
> 4) I will marry with her. (X)
> 5) They had better discuss about the problem. (X)
> 6) This suit becomes to you. (X)
> 7) You resemble with your father. (X)
> 8) He mentioned about religion. (X)
> 9) Over two hundred people attended at the funeral. (X)

📖 participant 참가자
participation 참가, 가입

proficient
[prəfíʃənt]

숙달된, 능숙한

[프로 피션트] 프로 체조선수가 다리를 쫙 피는 능숙한 모습

I can make myself understood in French, but I wouldn't say I am really **proficient** in the language.
나는 프랑스어로 의사소통 할 수 있다. 그러나 나는 그 언어에 능숙하다고는 말할 수 없다.

correspond
[kɔ̀:rəspánd]

부합하다, 일치하다, 교신하다, 서신 왕래하다

[코러스판드 → 코러스 반드(반드시)] 코러스는 반드시 가수의 음조에 부합하고 일치해야 하기 때문에 서로 싸인을 주고받으며 화음을 맞추는 모습

★ 토익 출제 문제
The business correspondence on this matter should be sent to Portugal plant.
이 문제에 대한 사업통신문(사업서안)이 포르투갈 공장으로 보내져야만 한다.

ⓟ correspondence 일치, 조화, 통신, 서신 왕래
correspondent 일치하는, 상응하는; 특파원, 통신자

avalanche
[ǽvəlæntʃ]

눈사태

[애벌랜 취~ → 애 벌린 취~] 애가 입을 벌리고 재채기를 취~ 하자 그 소리에 산에서 눈이 와르르 내려앉는 눈사태를 연상

Several skiers were buried in the avalanche.
스키 타던 사람들이 눈사태 속에 매몰되었다.

installment
[instɔ́:lmənt]

분할 불입, 월부, (월부 등의) 1회분

[인수 탈 먼트 → 인수 탈 먼쓰(month)] 집을 월세로 인수하고 달마다 돈을 탈

He will pay you back on the installment plan.
그는 할부로 돈을 갚을 거야.

optimist
[áptimist]

낙관주의자, 낙천가

[앞팀이스트] 시합 전에 우리가 지금 앞서고 있는 팀이라고 낙관하는 사람 연상

You have to be a born optimist to be able to do this job and not despair.
당신은 절망하지 않고 이 일을 할 수 있는 타고난 낙천가임에 틀림없다.

ⓟ optimism 낙천주의
optimistic 낙관적인

pessimist
[pésimist]

염세가, 비관론자

[패씨미스트] "나를 패 씨!"하며 자신은 죽어도 마땅하다며 자신을 패 죽이라고 비관하는 사람 연상

ⓟ pessimism 염세관, 비관론
pessimistic 염세적인, 비관적인

The pessimists among us can see no sign of economic recovery in the near future.
우리 중에서 비관론자들은 가까운 미래에 경제적 회복의 기미를 볼 수 없다.

toeic voca

gross
[grous]

총계의, 엄청난

[그럴 수 → 그럴 수가] 이번 달 가계지출의 엄청난 총계에 '그럴 수가!' 하며 놀라는 모습

The **gross** weight of the product is three tons.
상품의 총중량은 3톤이다.

★ 토익 출제 표현
1. **gross profit** 총수익
2. **gross income** 총소득, 총수입

drip
[drip]

(물방울이) 뚝뚝 떨어지다

[드립 → 두 잎] 두 개의 잎사귀에서 이슬이 뚝뚝 떨어지는 모습

Water drops **dripped** down from the umbrella onto his shoulder.
물이 우산에서 그의 어깨로 뚝뚝 떨어졌다.

brainstorm
[bréinstɔ̀ːrm]

반짝이는 아이디어, 영감

[brain(뇌) + storm(폭풍)] 뇌에서 폭풍이 일듯이 반짝이는 영감이 스치는 모습

ⓟ brainstorming 브레인스토밍
(회의에서 각자 의견을 제출하여 최선책을 결정하는 일)

The **brainstorming** process is the necessary before writing the actual essay.
진짜 에세이를 쓰기 전에, 아이디어 정리를 하는 절차는 필수적이다.

probe
[proub]

조사하다; 시험, 조사

[프로브 → 풀어봐!] 경찰이 가방을 조사하려고 가방을 풀어보라고 하는 모습

The official inquiry will **probe** into alleged corruption within the Defence Ministry.
그 공식적인 심의가 국방부 내에서 주장되고 있는 부패를 조사할 것이다.

shortage
[ʃɔ́ːrtidʒ]

부족, 결여

[short(짧은) + age] 옷감의 길이 등이 짧아서 부족한

There is a **shortage** of good carpenters, which is causing a real problem to builders.
훌륭한 목수들이 부족해서 건축업자들에게 심각한 문제를 일으키고 있다.

flexible
[fléksəbl]

구부릴 수 있는, 융통성 있는

[플랙서블 → 풀랬어 불] 플라스틱을 불에 달구어 풀리게 하면 딱딱하던 것이 구부리기 쉬워지죠? 즉 구부리기 쉽게 하려면 불에 풀리게 하랬어

Monetary policy was controlled primarily through the **flexible** use of both open market operations and adjustment in the discount rate.
금융정책은 주로 공개시장 정책과 할인율 조정의 두 가지 융통성 있는 사용을 통해 조절 되었다.

★ 토익 출제 표현
flexible working hours 탄력적인 근무 시간

반 inflexible 구부러지지 않는, 융통성 없는

asset
[ǽset]

재산, 자산

1. 증권회사인 '미래 애셋'이란 이름은 미래의 자산을 만들어주는 회사란 취지가 아닐까요?
2. [애 셋] 옛말에 자식이 재산이란 말이 있듯이 애를 세 명이나 가진 아줌마를 보고 그 애 셋이 재산이라고 하는 모습

The oil resources have been proved that it is a great **asset** in the country.
석유 자원은 그 나라의 커다란 자산임이 증명되었다.

browse
[brauz]

(물건 등을 보며) 돌아다니다

[브라우즈 → 브라우스] 브라우스를 사려고 백화점에서 여기저기 옷을 보고 다니는 여자

They are **browsing** in the bookstore.
그들이 서점에서 이것저것 구경하고 있다.

familiar
[fəmíljər]

친한, 친근한, 잘 알고 있는, 정통한

[familiar → family여] 우리는 친한 family(가족)여, 가족끼리 서로 친한 모습

파 familiarity 친함, 친근함, 친교
familiarly 친하게, 익숙하게
familiarize 익숙하게 하다

★ 토익 출제 표현
be familiar with ~ ~에 정통하다, ~을 잘 알다, ~에 익숙하다
By now, you will **be familiar with** the layout of the house.
지금쯤이면 당신이 그 집의 구조에 익숙할 것이다.

workforce
[wə́:rkfɔ̀:rs]

노동력, 전 종업원

[work(노동) + force(힘)] 노동력

Singapore attracts foreign investors by advertising its educated **workforce**.
싱가포르는 교육받은 노동력을 선전함으로써 외국 투자자들을 유혹한다.

quarantine
[kwɔ́:rənti:n]

검역소; (전염병 때문에) 격리하다

[쿼런틴 → 커튼] 커튼으로 막아서 환자를 격리시키는 모습

The Apollo 11 astronauts were **quarantined** when they returned to the Earth.
아폴로 11호 비행사들은 그들이 지구로 귀환했을 때 격리되었다.

add
[æd]

더하다, 합치다, 추가하다

[애두 → 애두 더해야죠!] 애를 데리고 버스에 올라타는 아주머니가 아이의 요금은 내지 않자 기사 아저씨가 "애두 합해야죠!"하며 소리치는 모습

Her answers to his questions have only **added** to his confusion.
그의 질문에 대한 그녀의 대답들은 그의 혼란스러움만 가중시켰다.

★ 토익 출제 표현
1. at an additional cost 추가 비용을 내고
2. in addition 게다가

📖 addition 합, 첨가, 덧셈

diameter
[daiǽmitər]

직경, 지름

[다이애미터 → 다이아 미터] 다이아몬드의 지름이 몇 미터인가 지름을 재는 모습

Its **diameter** might have been about twenty feet.
그것의 지름은 약 20피트 정도였을 것이다.

sultry
[sʌ́ltri]

무더운, 찌는 듯이 더운

[설트리 → 쌀 트리(tree)] 무더운 지역에서는 쌀이 잘 자라서 벼가 나무처럼 크게 잘 자라죠? 나무처럼 큰 쌀이 자라는 더운 나라를 연상

It was so hot and **sultry** that day.
그 날은 너무 뜨겁고 찌는 듯하였다.

wipe
[waip]

닦다, 씻다

1. [와이프 → wife(부인)] 와이프를 위해 남편이 방을 닦다, 씻다
2. 차의 와이퍼(wiper)가 앞 유리를 닦다, 씻다

★ 토익 출제 표현
wipe off 닦아내다
Please **wipe off** the table. 테이블 좀 닦아주세요.

rigorous
[rígərəs]

가혹한, 엄격한

[리거러스 → 니 걸었으] 엄격한 아버지가 귀가 시간이 늦었다면서 문을 걸고서 "니 걸었어, 못 들어와!"할 정도로 엄격한 모습

□ rigor 엄격, 엄함
　rigorously 엄격하게, 가혹하게

She was punished with unusual **rigor**.
그녀는 보통 이상으로 가혹하게 벌을 받았다.

vulnerable
[vʌ́lnərəbl]

상처받기 쉬운, 피해를 입기 쉬운

1. [벌너러 불 → 발라라 불] 태양 불에 그을려 화상을 입기 쉽다며 썬텐 크림을 바르라고 하는 모습
2. [벌너러 불 → 발넣어라 불에] 불 속에 발을 넣으면 상처받기 쉽겠죠?

□ invulnerable 상처 줄 수 없는, 불사신의

Aviation as an industry is untypically **vulnerable**.
산업으로서의 항공은 비전형적으로 취약합니다.

genius
[dʒíːnjəs]

천재

[지녔으] 천재는 높은 IQ나 재능을 지녔어

From the age of three, she started to show signs of **genius**.
3살 때부터 그녀는 천재적인 조짐을 보이기 시작했다.

decade
[dékeid]

10년

[대 케이드 → 大 케잌두] 설립 10주년이 되서 큰 케잌두 사고 파티를 여는 모습

I spent that **decade** traveling abroad on various assignments.
나는 그 십 년을 여러 가지 일로 해외를 여행하면서 보냈다.

utility
[juːtíləti]

(수도 · 전기 · 가스 등의) 공익사업, 유용, 도구

[유(you) 틸러티 → 당신이 튄다] 어떤 농구팀에서 한 선수를 보고 감독이 "당신은 우리 팀에서 튀는 선수입니다"라며 유용한 선수라고 하는 모습

Sensible **utilization** of the world's resources must be given priority.
세계 자원의 분별 있는 이용이 우선되어져야 한다.

★ 토익 출제 표현
1. (public) utility bill = (public) utility charge = (public) utility rate 공공요금
2. water utility rate 수도요금
3. utility company (전기 · 수도 · 가스 등을 공급하는) 공익 사업체
4. no utilities included 공과금별도
5. public utilities (전기 · 가스 등의) 공공 서비스 (업체)

派 utilize 이용하다
utilization 이용

endow
[indáu]

기부하다, 부여하다

[인다우] 거지가 돈을 인다우(이리 다우) 하고 손을 내밀자 돈을 거지에게 기부하는 모습

She's **endowed** with intelligence as well as good looks.
그녀는 잘 생긴 외모 뿐 아니라 지성도 갖추고 있다.

派 endowment 기부, 기증, 기부금, 자질, 재능

barren
[bǽrən]

불모의, 불임의, 농작물이 나지 않는

[배란] 배란이 안 되어서 불임인 모습

We drove through a **barren**, rocky landscape.
우리는 불모의 자갈이 많은 풍경을 지나서 달렸다.

formal
[fɔ́ːrməl]

공식적인, 형식적인

1. [form(형태) + al(형용사형 어미) → 형태가 짜여있는] 틀에 맞추어 있는
2. [폼을 → 폼을 중요시하는] 실질적인 내용보다는 폼인 형식에 맞추는

There are **formal** procedures for cooperation.
공식적인 협력 과정들이 있다.

★ 토익 출제 표현
1. formal business attire 정장차림
2. an informal gathering 격식을 차리지 않는 모임

派 informal 비공식적인

delay
[diléi]

연장하다, 늦추다; 연기

[de(뒤) + lay(놓다, 두다) → 뒤에 두다] 할 일을 뒤로 밀어두고 연기하는 모습

Try and persuade them to **delay** some of the changes.
변화들 중 몇몇을 연기하게끔 그들을 설득하고 노력해봐라.

advertise
[ǽdvərtàiz]

광고하다, 선전하다

[애두봐 타이즈] TV의 타이즈 광고를 애두 열심히 보고 있는 모습

We decided to **advertise** our car in the local newspaper.
우리는 지방 신문에 우리의 차를 광고하기로 결정했다.

◉ advertisement(= ad) 광고

lower
[lóuər]

(가격·양 등을) 낮추다; (가격 등이) 보다 싼

[low(낮은)의 파생어]

★ 토익 출제 표현
1. **a lower price** 더 낮은 가격
2. **lower the price** 가격을 낮추다
They are going to **lower the price** of the newspapers.
그들은 신문 가격을 내릴 예정이다.

swamp
[swamp]

(물이) 휩쓸다, 침수시키다; 늪

[swam 프 → swim(수영하다) 프우~] 침수된 마을에서 프우~ 하며 수영해서 빠져 나오는 모습

A big wave **swamped** the boat. 큰 파도로 보트가 물에 잠겼다.

wrinkle
[ríŋkl]

주름; 구겨지다

[륑클 → 윙크를] 윙크를 하면 눈가에 생기는 주름 연상

They tried to iron the **wrinkles** out.
그들은 그 주름을 다리미로 없애려고 했다.

volunteer
[vàləntíər]

지원자; 자진하여 하다

[발런 티어 → 발로 튀어 (나오다)] "~할 사람 있습니까?"하고 묻자 자진하여 발로 박차고 튀어나오는 사람 연상

Teaching literacy to adults using **volunteers** began in 1963.
지원자를 이용해 성인에게 읽고 쓰기를 가르치는 것이 1963년에 시작되었다.

◉ voluntary 자발적인
voluntarily 자발적으로

argue
[á:rgju:]

논쟁하다, 주장하다

[아규 → 아구] 아구(아가리)를 벌려가며 논쟁하는 모습

It is **arguable** that we would be just as efficient with fewer staff.
우리가 더 적은 수의 직원으로 지금처럼 능률적으로 일을 할 수 있다는 것은 논란의 여지가 있다.

★ 토익 출제 문제

His extreme antipathy to dispute caused him to avoid _____ discussions with his friends.
그는 논쟁을 극도로 싫어했기 때문에 친구와의 논쟁적인 토론은 피하였다.

→ **argumentative**(O), **arguable**(X)

📖 argument 논쟁
argumentative 논쟁적인, 논쟁을 좋아하는
arguable 논증할 수 있는, 논의의 여지가 있는

eminent
[éminənt]

뛰어난, 저명한

[애미 넌트 → 애미가 더 나은] 율곡의 애미인 신사임당이 자식보다 더 나은, 즉 더욱 뛰어난

The committee has 10 members and each is **eminent** in his or her particular field.
그 위원회는 10명의 회원들로 구성되어 있고 각각은 그들의 특정 분야에서 뛰어난 사람들이다.

balance
[bǽləns]

잔고, (차감)잔액, 거스름돈, 균형

[밸런스] 원래 가격과 밸런스를 맞추고 난 나머지 금액 즉 거스름돈이나 잔액

I am making only a partial payment at the present time and will pay off the **balance** in installments.
지금 일부분만 지불하고 나머지는 분할로 갚겠습니다.

Could you check my **balance**, please?
내 잔고가 얼마인지 좀 알아봐 주시겠습니까?

local
[lóukəl]

지방의

[로우컬 → low(아래의) 컬(call, 전화)] 아래 지방에 전화하다

★ 토익 출제 표현

local time 현지 시간

★ 토익 출제 문제

She graduated the _____ high school in 1988.
그녀는 1988년에 그 지방의 고등학교를 졸업했다.

→ **local**(O), **locally**(X)
• high school은 복합명사이므로 그것을 수식하는 형용사가 와야 한다.

📖 locally 지역적으로, 장소로 보아

08강 toeic voca

launch
[lɔːntʃ]

(일 등을) 착수하다, (신제품을) 출시하다, (로켓 등을) 쏘아 올리다

[런취 → long~ 치이~] 로켓을 쏘아 올릴 때 길게 연기를 치이익~ 하면서 날아가는 모습 또한 처음에 쏘아 올리거나 배를 진수시키는 것과 같이 뭔가를 처음 시작하는 의미로도 암기

They hoped to **launch** the first submarine within two years. 그들은 2년 내에 첫 번째 잠수함을 진수시키기를 희망했다.

★ 토익 출제 표현
1. **launch an investigation** 조사에 착수하다
2. **launch a campaign** 캠페인을 시작하다

global
[glóubəl]

지구의, 세계적인

[글러벌 → 굴러 ball(공)] 구르는 공 같은 지구를 연상

globe 구, 공, 지구
globalization 세계화

Pollution is a threat to the **global** environment.
공해는 세계 환경을 위협하고 있다.

victim
[víktim]

희생, 희생자

[빅팀 → big team(큰 팀)] 큰 팀의 희생양이 된 작은 팀의 패한 모습

The law prevents newspapers and television from naming **victims** of rape.
그 법은 신문이나 텔레비전에서 강간 희생자들의 이름을 밝히지 못하도록 했다.

guilty
[gílti]

유죄의, (과실 등을) 저지른

[길 튀 → 길에서 튀다] 뺑소니 차량이 죄를 저지르고 길로 튀는 모습

She must have done something wrong because she's looking so **guilty**, not innocent. 그녀는 뭔가 잘못을 했음에 틀림없다. 왜냐하면 그녀는 무죄가 아닌 죄를 지은 것처럼 보인다.

innocent
[ínəsənt]

무죄의, 순진한, 순결한

[이너슨트 → 인어 선t] 인어가 처음으로 세상에 나와 때 묻지 않은 순진한 모습으로 서있는 모습

Several **innocent** bystanders were injured in the explosion.
몇몇 무고한 구경꾼들은 폭발에 의해 상해를 입었다.

innocence 무죄, 결백, 순수

surgeon
[sə́ːrdʒən]

외과 의사

[썰 전] 뼈나 살을 칼이나 톱으로 썰며 수술하는 사람

He has an appointment to see the jealous **surgeon**.
그는 그 시기심 많은 외과 의사와 만날 약속이 있다.

★ 토익 출제 표현
1. **plastic surgery** 성형수술
2. **undergo surgery** 수술을 받다

🔲 surgery 수술
　surgical 외과의, 수술의

habitat
[hǽbitæt]

(동식물의) 서식지, 거주지

[해빛 태트 → 햇빛 따뜻] 햇빛이 따뜻하게 비치는 아늑한 동물들의 서식지를 연상

The moth has nearly died out because its **habitat** is being destroyed. 그 나방은 그 서식지가 파괴되고 있어서 거의 멸종되었다.

🔲 habitation 거주, 주소

deteriorate
[ditíəriərèit]

(질·가치 등이) 떨어지다, 나빠지다

[디티어리어레이트 → 뒤 튀어(리어) rate(등급)] 주가가 뒤로 튀어서 등급이 떨어진 모습

The situation is bound to **deteriorate**. 상황은 나빠지게 되어 있다.

deal
[diːl]

다루다, 처리하다, 거래하다; 거래

카드놀이나 증권에서의 딜러(dealer)란 카드나 증권을 취급하며 처리하는 사람을 말합니다.

★ 토익 출제 문제
1. The problem can be <u>dealt</u> with. 그 문제는 처리될 수 있다.
　• deal with ~: ~을 처리하다
2. He was a _____ in antiques. 그는 골동품 상인이었다.
　→ **dealer**(O), **dealership**(X)

🔲 dealer 상인, 취급자, 판매업자
　dealership 판매권, 판매 대리점

measure
[méʒər]

측정하다; 치수, 조치

1. [매 줘] "줄자로 허리를 매 줘" 허리를 줄자로 측정하는 모습
2. [매 줘] 상처가 난 부위를 붕대로 매주며 조치를 취해주는 모습

There is no way of **measuring** the damage done to morale.
사기에 끼쳐진 피해를 측정하는 방법은 없다.

★ 토익 출제 표현
1. **take measures** 조치를 취하다
2. **take precautionary measures** 예방책을 세우다

associate
[əsóuʃièit]

교제하다, 관계하다, 연합시키다

[어소시에이트 → 어서 오십시오] 친구들을 초대하고서 손님을 맞으며 "어서 오십시오" 인사하며 교제하는 모습

I don't want my son to **associate** with such an ignoble girl.
나는 내 아들이 그렇게 비천한 여자와 사귀는 것을 원하지 않는다.

⋈ association 연합, 조합, 교제

distinguish
[distíŋgwiʃ]

구별하다, 두드러지게 하다

[디스(this) 팅기쉬] 이것이 무리들 중에 튕겨져 나와 다른 것보다 두드러져 보인다

The photograph was poor and few details could be **distinguished**. 그 사진은 조잡해서 세부적인 것은 거의 구분될 수 없었다.

★ 토익 출제 표현
distinguish A from B A를 B와 구별하다

⋈ undistinguished 두드러지지 않는, 평범한
distinct 별개의, 구분되는, 뚜렷한

finance
[fáinæns]

재정, 재무, 자금

[파이낸스] 파이낸스 회사는 돈을 관리하는 금융회사라는 뜻

The **finance** committee controls the school's budget.
그 재정위원회는 그 학교의 예산을 조절한다.

★ 토익 출제 표현
1. **financial aid** 학자금 지원, 재정 지원
2. **financial difficulties** 재정난
3. **financial institution** 금융 기관
4. **financial market** 금융 시장

⋈ financial 재정상의, 금융상의

survey
[sərvéi]

조사하다; 조사

[써뵈이 → 써봐이!] 여론 조사하러 다니면서 질문에 답을 써보라는 모습

Many of the listeners **surveyed** said that they were not satisfied with the programmes that the radio station was broadcasting. 조사를 받은 청중의 다수는 라디오 방송국에서 방송중인 프로그램에 만족하지 않는다고 말했다.

trend
[trend]

경향, 유행, 추세

[추렌드 → 추랜다] "춤을 이렇게 추랜다 그게 요즘 젊은이들 유행이래"하며 요즘 추세를 따르며 춤을 추라고 하는 모습

I can't keep up with all the latest music **trends**; they come and go so rapidly.
나는 가장 최근의 음악 경향을 모두 따라잡을 수는 없다. 그들은 왔다가 그렇게 빨리 가버린다.

respect
[rispékt]

면, 사항, 점; 존경하다

'존경하다'란 뜻에서 '나는 어떤 사람을 ~면이나 ~한 점에서 존경한다'는 느낌으로 암기

In this **respect** we are very fortunate.
이런 점에 있어서 우리는 아주 운이 좋다.

★ 토익 출제 표현
1. **in all respects** 모든 면에서
2. **in this respect** 이러한 점에 있어서

threat
[θret]

위협, 협박

[쓰렛] 쓰레빠(슬리퍼)를 질질 끌며 다니는 깡패들이 돈 내놓으라며 협박하는 모습

I'm not taking any notice of his **threats**; he can't do anything.
나는 그의 위협에 전혀 개의치 않는다. 그는 어떤 것도 할 수 없으니까.

ⓟ threaten 협박하다, 위협하다

account
[əkáunt]

계산, 계산서, (예금) 계좌; 설명하다

1. [a(하나) count(세다)] 선생님이 하나하나 세면서 덧셈 계산을 설명하는 모습
2. [a(하나) count(세다)] 자신의 계좌에 있는 금액을 하나하나 세보는 모습

I need to draw some money out of my **account**.
나는 내 계좌에서 약간의 돈을 찾아야 한다.
• draw: (은행 계좌에서) 돈을 찾다

★ 토익 출제 표현
1. **account holder** 예금주
2. **account number** 계좌번호
3. **bank(ing) account** 계좌
4. **savings account** 보통예금
5. **account for~:** ~를 설명하다
   can you **account for** your absence last Friday?
   지난 금요일 당신의 결석을 설명해줄 수 있습니까?
6. **take into account** ~을 고려하다, 참작하다
   We will **take** your personal aptitudes and abilities **into account**.
   우리는 당신의 개인적 적성과 능력을 참작할 것입니다.

open[close] an account

예금 계좌를 개설[해지]하다

I would like to **open an account** with this bank.
이 은행에 계좌를 개설하고 싶습니다.

entail
[intéil]

수반하다, (비용 등을) 부과하다

[인테일 → 잉 tail(꼬리)] 잉 뱀이 꼬리(tail)를 수반하며 지나가네, 잉 집을 샀더니 세금이 꼬리(tail)처럼 부과되어 따라 오네

This job **entails** a lot of hard work.
이 직업은 수많은 힘든 일을 수반한다.

Opening new factories usually **entails** extra costs until operations are running smoothly.
새 공장들을 여는 것은 운영이 원활하게 될 때까지 보통 추가 비용이 수반된다.

means
[mi:nz]

부, 재산, 수단, 방법

[미인s → 미인들] 미인들은 자신의 미를 수단으로 하여 모델이나 탤런트가 되어 부를 얻는다

He has the **means** to be able to buy half the houses in the street if he wanted to.
그는 만약 원한다면 그 거리의 집들 중의 반을 살 수 있을 정도로 재산을 갖고 있다.

★ 토익 출제 표현
1. **by means of** ~ ~에 의하여
   We express our thought **by means of** words.
   우리는 말을 사용하여 우리의 생각을 표현한다.
2. **by no means** 결코 ~않다(never)
   He is **by no means** poor; in fact, he's rich.
   그는 결코 가난하지 않다. 사실인즉, 그는 부자다.

warehouse
[wéərhàus]

창고, 도매점

[ware(제품) + house] 하드웨어와 같은 제품을 보관하는 집

The **warehouse** stores 50 tons of rice.
그 창고는 쌀이 50톤 들어간다.

overtake
[óuvərtèik]

따라잡다, 앞지르다, (폭풍우 · 불행 등이) 닥쳐오다, 덮치다

[over(~위에) + take(취하다, 잡다) → ~ 위를 취하다, 덮치다] 도둑의 위로 점프해서 위에서 잡으면서 따라잡는 모습

These figures could be **overtaken** by the end of the year.
연말쯤이면 이들 수치를 추월할 수 있을 것이다.

embark
[imbá:rk]

싣다, 승선시키다, 적재하다, 착수하다

1. [임박] 시간이 임박하여 승객들을 승선시키다
2. [임박] 시간이 임박하여 바로 착수하다

Passengers should **embark** early. 승객들은 일찍 배를 타야 합니다.

★ 토익 출제 표현
1. embark on ~ ~에 착수하다
   Last spring biochemist Shannon W. Lucid **embarked on** a mission of profound historical significance.
   지난봄 생화학자인 Shannon W. Lucid는 심오하고 역사적으로 중요한 임무에 착수했다.
2. embarkation card 출국 신고서
3. disembarkation card 입국 신고서

embarkation 승선, 탑승, 출국
disembarkation 입국

violation
[vàiəléiʃən]

위반, 침해

[바위 all 네이션] 데모할 때 바위를 모든 시위대가 던져 내어 법률을 위반하는 모습

He claimed that the way he'd been treated was a gross **violation** of his civil rights.
그는 자신을 대하는 방식이 자신의 민권에 대한 엄청난 침해였다고 주장했다.

violate 위반하다, 침해하다

clearly
[klíərli]

분명히, 명백히

[clear(분명한, 명백한)의 부사형]

★ 토익 출제 문제
Speak <u>clearly</u> so that the audience can understand you.
청중이 당신의 말을 알 수 있도록 똑똑히 말하시오.

actually
[ǽktʃuəli]

실제로, 사실은, 참으로

[액추얼리 → 액, 추워리] 여자친구에게 잠바를 벗어주고는 안 춥다고 하더니 액취! 하며 실제로는 추워하는 모습

Actually, I'm busy at the moment. Can I phone you back?
사실은 내가 지금 바쁘니 나중에 다시 전화 걸어도 되겠습니까?

actual 실제적인

vocation
[voukéiʃən]

천직, 직업

[보케이션 → 부엌에 있션(있어)] 나는 식당 부엌에 있션(있어), 즉 주방장이 천직, 직업

He regards the teaching profession as a **vocation**.
그는 교직을 천직으로 여긴다.

vocational 직업의

degree
[digríː]

정도, 학위, 등급

[D그리] 그림을 D학점 정도로 그린, 즉 D등급 정도로 그린 모습

The work interested him to such a **degree** that he thought about nothing else.
그 일은 그가 그 밖의 다른 생각을 하지 않을 정도로 그의 흥미를 끌었다.

fair
[fɛər]

공평한, 공정한; 박람회

1. 페어플레이(fair play)란 정정당당한, 공정한 경기를 의미하죠?
2. 웨딩페어(wedding fair), 베이비페어(baby fair)에서 fair는 박람회를 의미한다.

It wouldn't be **fair** to disturb the children's education at this stage.
이 단계에서 아이들의 교육을 방해한다는 것은 공정하지가 않을 것이다.

반 unfair 불공정한, 부당한, 불공평한
fairly 공정히

★ 토익 출제 표현
1. career fair 취업박람회
2. job fair 취업박람회

feed
[fiːd]

먹이를 주다, 음식을 먹이다; 먹이

[feed-food] 음식을 주다

Garbage was carefully saved and **fed** to the pig.
쓰레기들이 조심스럽게 모아져서 돼지에게 먹여졌다.

flood
[flʌd]

홍수, 범람; 범람시키다

[플러드] 홍수가 나서 댐의 수문을 활짝 풀러두 넘쳐흐르는 강물 연상

After the river **flooded** this summer, it took weeks for the water level to subside again.
올 여름 그 강이 범람한 후 수위가 다시 가라앉는 데 몇 주가 걸렸다.

face
[feis]

직면하다, ~을 향하다; 얼굴, 표면

1. 얼굴을 목적지를 향해 돌리다 → ~을 향하다
2. 얼굴을 어떤 상황에 내민다 → 직면하다

★ 토익 출제 문제
Many developed countries are faced with financial crises.
많은 선진국들이 재정 위기에 직면해 있다.
• be faced with ~: ~에 직면하다

toeic voca

expendable
[ikspéndəbl]

소모해도 좋은, (병력·자재 등이) 희생될 수 있는

[expend(소비하다) + able(~할 수 있는)] 소비해도 될 정도로 보존 가치가 없는

If you go on a healthy diet, you may be able to burn off **expendable** calories.
만약 당신이 건강 다이어트를 하면, 당신은 소비해도 좋은 칼로리를 태워 없앨 수 있을 것이다.

🔲 expenditure 소비

addict
v. [ədíkt] n. [ædikt]

중독시키다, 탐닉하다; 중독자

[어딕투 → 어딨지?] 마약에 중독 된 사람이 손을 부르르 떨면서 애타게 마약을 찾으며 '어딨지? 대체 어디다 두었지?' 하는 모습

She has been **addicted** to heroin since 14.
그녀는 14살 때부터 헤로인에 중독 되어왔다.

🔲 addiction 중독, 탐닉, 몰입
addictive 중독성의, 습관성의

disturb
[distə́:rb]

방해하다

[디스(this) + 터부(taboo, 금기)] 이것은 금기(taboo)시 하는 것이니 하지 말라며 하려고 하는 것을 방해하는 모습

★ 토익 출제 문제
The newly introduced corporate policy states that smoking in the building is no longer allowed because it is _____ to others.
새로 도입된 회사 정책에는 건물 내 흡연이 타인들을 방해하므로 더 이상 허락되지 않는다고 명시되어 있다.

→ **disturbing**(O), disturbance(X), disturbed(X)

🔲 disturbing 방해하는
disturbance 방해, 교란
disturbed 방해받는

paycheck
[péitʃèk]

급료, 봉급

[pay(지불하다) + check(수표)] 급료로 지불할 수표의 액수

I think there was a mistake in my last **paycheck**.
지난번 급료에 착오가 있었던 같습니다.

appeal
[əpí:l]

호소하다, 간청하다

[어필 → 업힐] "엄마 제발 업어주세요"하며 업힐 것을 간청하는 아이를 연상

He was **appealing** for funds to build a new school.
그는 새로운 학교를 지을 자금을 간청하고 있었다.

cultivate
[kʌ́ltəvèit]

경작하다, 기르다

[컬 티 베이트 → 칼 tea 베이트] 칼로 tea(차)를 베다. 차를 경작하여 칼로 베어서 수확하는 모습

파 cultivated 경작된, 교양 있는
cultivation 경작, 양성, 수양

Only 1 percent of the **cultivated** area was under irrigation.
경작된 지역의 단지 1 퍼센트만이 관개가 되었다.

cancel
[kǽnsəl]

취소하다, 중지하다

[캔슬 → 캔 술] 맥주 술 한 캔. 맥주 캔을 마시고 운전하다 걸려서 면허가 취소되는 모습

The travel brochure said we were free to **cancel** at any time.
여행안내 책자에는 우리가 언제든지 자유로이 취소할 수 있다고 쓰여 있었다.

★ 토익 출제 표현
a cancellation charge 위약금
There will be **a cancellation charge** if you cancel the contract.
계약을 해지하면 위약금을 물게 됩니다.

wrap
[ræp]

싸다, 포장하다; 싸개, 덮개

[랩] 음식을 싸는 랩

Wrap the glasses in plenty of tissue paper before you put them in the box.
그들을 박스에 넣기 전에 많은 화장지로 그 잔들을 싸라.

tidy
[táidi]

단정한, 말쑥한, 깔끔한

[타이 뒤] 와이셔츠를 입은 후 타이(넥타이)로 뒷마무리를 깔끔하게 한 모습

Her room is neat and **tidy**.
그녀의 방은 깔끔하고 말끔하다.

amalgamate
[əmǽlgəmèit]

합병하다

[애 몰고 메이트] 애들을 한데 몰고 줄로 메어서 한 곳에 모으는(합병하는) 모습

Several colleges were **amalgamated** into a new university.
몇몇 단과대학이 통합하여 새 종합대학을 만들었다.

complex
a. [kəmpléks]
n. [kámpleks]

복잡한, 복합(체)의; 복합체, 종합빌딩

[껌 풀랬으] 머리에 복잡하게 얽힌 껌 풀랬어

This system has a very **complex** network.
이 시스템은 아주 복잡한 조직으로 되어 있다.

★ 토익 출제 표현
1. a sports complex 스포츠 단지
2. a shopping complex 쇼핑 단지

🅟 complexity 복잡성

stir
[stə:r]

휘젓다, 흔들다, 움직이다, (마음을) 휘젓다

[스터 → 수(水) 떠] 물에서 떠오르려고 팔을 마구 휘젓는 모습

There was a particular passage which always **stirred** him profoundly.
그를 항상 심오하게 동요시켰던 특별한 구절이 있었다.

existing
[igzístiŋ]

현존하는, 기존의, 현행의

[exist(존재하다)의 형용사형]

No changes need be made to the **existing** rules.
기존 법규에 변화가 가해질 필요가 없다.

★ 토익 출제 표현
1. existing products 기존 제품
2. existing equipment 기존 설비

capture
[kǽptʃər]
🅟 captive 포로의, 사로잡힌; 포로
captivate 마음을 사로잡다, 매혹하다

사로잡다, 체포하다, 획득하다

[캡처] 동영상을 캡쳐한다는 것은 부분을 사로잡아 뽑아낸다는 의미

The artist **captured** the girl's personality in his photograph.
그 예술가는 그의 사진에서 그 여자의 개성을 포착했다.

dip
[dip]

담그다, 적시다

[딥 → deep(깊은)] 물속 깊이 무엇을 담그는 모습

Originally, matches were narrow strips of wood of which tips were **dipped** in kerosene.
원래 성냥은 그 끝이 등유에 담가진 얇은 나무 조각이었다.

drizzle
[drízl]

이슬비; 이슬비가 내리다

[들이 줄] 들(들판)이 줄줄 내리는 이슬비로 가득한 모습

It had been **drizzling** all day.
하루 종일 비가 뿌렸다.

recipient
[risípiənt]

받는 사람, 수령인; 받는

[reci(receive: 받다) + pient] 받는 사람

They would become the **recipients** of much criticism, in time. 그들은 조만간 많은 비난을 받을 것이다.

remind
[rimáind]

생각나게 하다, 상기시키다

[re(again) + mind(마음)] 다시 마음에 떠올리게 하다

★ 토익 출제 표현
1. **remind A of B** A에게 B를 생각나게 하다
   The picture **reminds** me **of** my old friends.
   그 사진을 보면 옛 친구들이 생각난다.
2. **remind A to** 동사원형 A에게 ~할 것을 상기시키다
3. **be reminded to** 동사원형 ~할 것을 잊지 않도록 주지 받다

reminder
[rimáindər]

회상물, 생각나게 하는 사람[것], 독촉장

[re(again) + mind(정신) + er(~하는 사람, 것)] 다시 머리 속에 생각나게 하는 것

Yes, thanks for the **reminder**. 알겠습니다. 상기시켜 주셔서 감사합니다.

★ 토익 출제 문제
The sound of the bell served as a _____ that I had an appointment at six.
그 벨소리는 내가 6시에 약속이 있다는 것을 상기시켜주었다.
→ **reminder**(O), remainder(X), remembrance(X)

remembrance
[rimémbrəns]

기억, 추억

[remember 의 명사형]

I have no **remembrance** of it.
나는 그것을 조금도 기억하지 못한다.

64

remainder
[riméindər]

나머지, 잔여, 남은 날짜, 남은 양

[remain(남다) + er] 남겨진 것

★ 토익 출제 표현
1. We trust you will settle the _____ by paying in monthly installments.
   귀사가 월별 할부로 잔액을 정산해주시리라 믿습니다.
   → remainder(O), remaining(X), remained(X)
2. This efficient production pattern served the nation well throughout the remainder of the year.
   이 효과적인 생산 패턴은 그 해의 나머지 시간 내내 그 나라에 매우 도움을 주었다.
   • throughout the remainder of 기간: 일정 기간의 남은 시간 내내

concise
[kənsáis]

간결한, 명료한

[컨사이스 → 큰 사이즈] 큰 싸이즈의 것을 작은 싸이즈로 더욱 간결하게 만드는 모습

파 concisely 간결하게, 명료하게

Make your answers clear and **concise**.
당신은 답변을 명료하고 확실하게 하세요.

pollution
[pəlú:ʃən]

오염

[펄 누션 → 펄펄 누셔] 오줌을 강에다가 펄펄 누셔서 강물을 오염시키는 사람들 연상

파 pollute 오염시키다
   pollutant 오염 물질

The factory is **polluting** the river.
그 공장이 강을 오염시키고 있다.

destroy
[distrói]

파괴하다

[디스트로이 → this 뚫어이] 이것을 뚫어서 파괴하라

파 destructive 파괴적인
   destruction 파괴

Modern weapons have very high **destructive** force.
현대 무기들은 매우 높은 파괴력을 지니고 있다.

detour
[dí:tuər]

우회하다

[디투어 → 뒤 tour(여행하다)] 뒤로 돌아서 여행하다

We had to make a **detour** round the floods.
우리는 범람지역을 둘러서 우회해야 했다.

climate
[kláimit]

기후

[클라 이 밑 → 큰 일 나 이 밑(으로 들어와)] 천둥이 치고 폭풍우가 치는 기후를 가진 나라에서 외국인이 위험하게 뛰어다니자 처마 밑에서 사람들이 벼락 맞으면 큰일이 난다고 이 밑으로 들어오라고 소리 지르는 모습

When we retire, we're going to move to a warmer **climate**.
우리는 은퇴할 때 더 따뜻한 기후로 이사할 것이다.

raise
[reiz]

(돈을) 마련하다, (문제·요구·항의를) 제기하다, (위로) 들어올리다, 기르다; 상승, 인상

raise는 '들어올리다'란 기본적 의미에서 팔을 들어 올려 의문을 제기한다는 의미와 돈을 모아 금액을 끌어올린다는 의미가 된다.

We've decided to **raise** money to support our company's basketball team.
우리 회사의 농구팀을 후원하기 위해 자금을 마련하기로 했습니다.

★ 토익 출제 표현
1. **get a raise** 봉급이 오르다
2. **fund-raising** 자금 마련, 모금 활동
3. **raise funds** 기금을 모금하다, 자금을 마련하다
   The concert will **raise funds** for research into AIDS.
   그 콘서트로 에이즈 연구 기금을 조성할 것이다.

★ 토익 출제 문제
You have _____ a very good question.
당신은 아주 좋은 질문을 하셨습니다.
→ **raised** (O), **made** (X), **lifted** (X)

treaty
[tríːti]

조약, 협정

[트리 티 → tree(나무) tea(차)] 나무와 차를 서로 교환하자는 국가 간의 무역 협정 연상

The **treaty** on European union had called for the creation of a single currency by 1999.
유럽 연합에 관한 조약은 1999년까지 단일 통화의 창조를 요구했다.

devote
[divóut]

헌신하다, (노력·시간 등을) 바치다, 쏟다

[디보트 → 뒤 보트] 배가 가라앉자 구명보트에 여자와 아이들을 태우고 남자는 보트를 뒤로 하고 헌신하는 모습

She has **devoted** all her energies to the care of homeless people. 그녀는 모든 에너지를 집이 없는 사람들을 돌보는 데 쏟았다.

📖 **devotion** 헌신

motivate
[móutəvèit]

동기를 부여하다, 자극하다

[motive(동기, 모티브)의 동사형]

Today's customers are hard to reach and even harder to **motivate**.
오늘날에는 소비자들에게 접근하기가 어려울 뿐만 아니라 구매 동기를 부여하는 것은 더욱 힘듭니다.

★ 토익 출제 표현
a highly motivated executive 매우 의욕적인 경영자

🔲 motivated 의욕적인

staggering
[stǽgəriŋ]

깜짝 놀라게 할, 어마어마한, 비틀거리는

[수태거링 → 수 때거리] 깡패의 수가 많아 떼거리로 몰려오자 깜짝 놀라서 다리가 비틀거릴 정도로 놀라는 모습

It is a **staggering** amount of money.
이것은 엄청난 거액이다.

🔲 stagger 비틀거리다

option
[ápʃən]

선택권, 선택사항

[압션-옵션] 컴퓨터나 가전제품 등을 살 때 선택사항을 옵션이라고 하죠?

What **options** do I have with my stock dividends?
주식 배당금을 어떤 식으로 사용할 수 있죠?

🔲 optional 임의의, 선택의, 강제가 아닌

register
[rédʒistər]

등록하다, 기재하다

[래지 스터 → 내지 스타] 영화 스타를 뽑는 영화사에 지원서를 내어 등록하는 모습

Students have to **register** for the new course by the end of April.
학생들은 4월말까지 새로운 과정에 대해 등록을 해야 한다.

🔲 registration 등록, 기입

10강 toeic voca

positive
[pázətiv]

긍정적인, 확신하고 있는

> [파저 TV → 빠져 TV] EBS 교육방송이라면 TV에 빠져 사는 것도 긍정적이라고 생각하는 부모 연상

He was **positive** that he had seen it in the newspaper.
그는 신문에서 그것을 봤다는 것을 확신했다.

★ 토익 출제 표현
1. **positive response** 긍정적인 반응
2. **positive review** 긍정적인 검토

emigrant
[émigrənt]

파 emigrate 이민을 가다
  emigration 이주
  migrate 이주하다
반 immigrant 이민, 이주자
  immigrate 이민을 오다
  immigration 이주, 입국신고

(다른 나라로 가는) 이민, 이주자; 이주하는, 이민의

> [에미 그런트 → 애미가 그런 투] 애미의 말투가 그런 투는 이민을 왔기 때문에 옛 고향의 말투가 남아서 그런 투다

Jim's depression began shortly after his daughter's **emigration**.
짐의 우울증은 그의 딸의 이민 후에 바로 시작되었다.

drudgery
[drʌ́dʒəri]

고된 일, 하기 싫은 일

> [드러저리 → 들어 저리] 하기 싫은 일거리를 들어서 저리로 갖다 놓으라고 하는 모습

A fitness program doesn't need to be **drudgery**.
헬스 프로그램은 힘들고 단조로울 필요는 없다.

preserve
[prizə́:rv]

파 preservation 보호, 보존

보존하다, 유지하다, 보호하다

> [프리저브 → 풀이 접으] 풀이집을 보다가 다음을 위해 그 페이지를 접어서 보존하는 모습

Salt is used to **preserve** food. 소금은 음식물을 보존하는 데 사용된다.

alive
[əláiv]

파 live 살아 있는, 생방송의, 생중계로, 실황으로

살아 있는

> [어 live! → 어 살았다!] 자신이 어떤 사고 후에 살아났음을 기뻐하며 "어 살았다!" 소리 지르는 모습

★ 토익 출제 문제
The concert was a _____ performance. 그 콘서트는 라이브 공연이었다.
→ **live** (O), **alive** (X)
• alive는 명사를 수식하는 한정적 용법으로는 쓰이지 못하고 서술적 용법으로만 쓰인다.

takeover
[téikòuvər]

(회사의 지배 · 관리 등의) 인수, 취득

[take(취하다) + over(위의)] 윗사람의 것을 자신이 받아서 취하는 것

Hostile **takeovers** are difficult in Europe, especially in Germany. 적대적 인수는 유럽 특히 독일에서는 실행하기 어렵다.

cutback
[kʌ́tbæk]

축소, 삭감

[cut(자르다) + back(뒤로)] 잘라서 (수나 양이) 뒤로 줄어들도록 하다

The closure of the Manchester printing factory is the company's biggest single **cutback** so far.
맨체스터 인쇄 공장의 폐쇄는 지금껏 그 회사의 가장 커다란 유일한 생산 축소이다.

attendance
[əténdəns]

출석

[attend(출석하다)의 명사형]

There are also prizes for perfect **attendance** and getting to school on time. 지각하지 않고 개근한 경우에도 상이 있습니다.

effective
[iféktiv]

효과적인, 효력 있는

[이펙티브 → 이 팩 TV] 이 화장품 팩(머드팩)이 TV 효과를 봤다. 그래서 잘 팔린다.

★토익 출제 표현
1. **secondary effect** 부수적 효과/영향
2. **go/come into effect** 실시되다, 발효되다
   Before the treaty could **go into effect**, it had to be ratified by the president.
   조약이 효력을 갖기 전에 대통령의 비준이 있어야만 했다.
3. **have an effect on~** ~에 영향을 미치다
   The radiation leak has **had a** disastrous **effect** on the environment. 그 방사능 누출은 환경에 재앙적인 영향을 가져왔다.

★토익 출제 문제
1. Successful economists must be able to understand the _____ of world events on national economies.
   성공적인 경제학자들은 세계 사건들이 국가경제에 끼치는 영향을 이해해야만 한다.
   → **effect** (O), **affect** (X)
   • affect(~에 영향을 미치다)는 동사이고 effect(효과, 영향)는 명사이고 effective(효과적인)는 형용사이다. 각각의 품사 차이를 확실히 익혀두자. 또한 effect가 동사로 사용되면 affect와는 달리 '(변화 등을) 가져오다/초래하다'란 뜻이 된다.

 effect 효과, 영향
effectual 효과적인
effectively 효과적으로

anniversary
[ænivə́:rsəri]

기념일

[애니 벌써리 → 아니 벌써리] "아니 벌써 너의 생일(기념일)이 됐어?" 하며 벌써 1년이 지나 다시 생일이 찾아온 것에 놀라는 모습

Tomorrow is the thirtieth **anniversary** of the revolution.
내일은 그 혁명의 30번째 기념일이다.

observe
[əbzə́:rv]

관찰하다, (규칙 등을) 준수하다

1. [어부 저브(잡으)] 어부가 고기를 잡으려고 낚시찌의 움직임을 열심히 관찰하고 있는 모습
2. [어부 저브(잡으)] 연평도 어부들이 북한 한계선을 침범하지 않고 규정된 지역에서 고기를 잡으며 규칙을 준수하는 모습

Astronomers **observed** the beginning of a new star.
천문학자들이 별의 탄생을 관찰했다.
We expect all players to show complete **observance** of the rules of the game.
우리는 모든 선수들이 그 경기의 규칙에 대한 완전한 준수를 보여주기를 기대한다.

★ 토익 출제 표현
1. **observe the rules** 규칙을 준수하다
2. **supervisors who observe employees** 직원들을 주시하는 관리자들
3. **in observance of ~** ~을 준수하여
   In observance of Jewish law, he ate no pork.
   유대 법을 준수한 그는 돼지고기를 먹지 않았다.

🔁 observance 준수
　observation 관찰

rummage
[rʌ́midʒ]

뒤지다, 샅샅이 찾아내다

[러미지? → 놈이지?] "니가 그 놈이지?" 하며 경찰이 용의자를 샅샅이 뒤지는 모습

She **rummaged** through all the drawers, looking for a pen.
그녀는 펜을 찾아서 모든 서랍을 샅샅이 뒤졌다.

partial
[pá:rʃəl]

부분적인, 편파적인, 불공평한

[part(부분)의 형용사형] '한 부분만 편들다'라는 의미에서 '편파적인'의 뜻이 나왔다.

The reporting in the paper is entirely **partial** and makes no attempt to be objective.
신문의 기사는 완전히 편파적이고 객관적으로 하려는 시도도 하지 않았다.

★ 토익 출제 표현
partial payment 부분 지급

🔁 impartial 공평한

filter
[fíltər]

여과기; 거르다

[필터] 연기를 거르는 담배 필터나 물을 거르는 정수기 필터

This is an air **filter**.
이것은 공기 정화 장치이다.

term
[tə:rm]

기간, 학기, 용어, (계약·지불 등의) 조건

1. [텀 → 틈] 시간의 틈(기간, 학기) → 처음 학기 때 용어를 배우는 것
2. [텀] 지불금을 약간의 틈을 두고 할 것을 조건으로 하는 계약

My record has improved this **term**.
이번 학기에 성적이 향상되었다.

★ 토익 출제 표현

terms and conditions 계약 등의 조건
All the **terms and conditions** are laid out in the contract.
모든 계약 조건들은 계약서에 제시되어 있습니다.

profession
[prəféʃən]

직업

[프로 패션] 패션에 있어서 프로이기 때문에 패션에 관한 직업을 갖고 있는 모습

파 professional 직업의, 전문적인; 전문가
professionally 전문적으로, 직업상

★ 토익 출제 표현

1. **professional achievement** 직업상의 업적
2. **a professional translator** 전문적인 통역인
3. **professionals of the academic community** 학계의 전문가들

meal
[mi:l]

식사, 한 끼니(분)

[밀~] 밀 죽으로 식사를 하는 모습

I really enjoyed the **meal**.
잘 먹었습니다.

quota
[kwóutə]

(수출입) 할당량, 할당

[코우터 → 쿼터(quarter: 4분의 1)] 네 명에게 각각 할 일의 4분의 1씩을 할당하는 모습

After much discussion, production **quotas** for all divisions were agreed upon.
충분한 토론 끝에, 각 부서별 생산 할당량이 결정되었다.

fit
[fit]

~에 알맞다, (치수·타입 등이) 들어맞다; 적합한 것[사람]

[핏 → 핏자국] 방에 남겨진 핏자국하고 용의자의 피의 혈액형이 딱 들어맞는 모습

He was wearing pajamas which did not **fit** him.
그는 그에게 맞지 않는 파자마를 입고 있었다.

★ 토익 출제 표현
1. **an excellent fit for the job** 그 일의 최적임자
2. **best fit** 가장 적합한, 가장 잘 맞는
   Please recommend someone who **best fits** the position.
   그 자리에 어떤 인물이 합당할지 추천해 주세요

seating
[síːtiŋ]

좌석 수, 좌석 배열

[seat(앉히다) + ing] 앉히는 좌석의 수나 배열

★ 토익 출제 문제
The stadium has a _____ capacity of 50,000.
그 스타디움은 5만 명을 수용할 수 있다.
→ **seating** (O), **seat** (X)
• a seating capacity는 '좌석 수, 수용력'을 seat은 '한 개의 좌석'을 뜻한다.

agreeably
[əgríːəbli]

📖 agree 동의하다
　 agreement 동의
📕 disagree 반대하다

기분 좋게, 기꺼이

[agree(동의하다)의 부사형] 동의하는 마음으로 즉 쾌히, 기꺼이

The day passed **agreeably**.
그 날은 기분 좋게 지나갔다.

tariff
[tærif]

관세

[태리프 → 때리쁘(리다)] 관세를 얻어맞았다란 말이 있듯이 관세를 어떤 물건에 때려쁘리는 모습

Unless Japan eliminates those unfair **tariffs**, the U.S. will impose sanctions.
일본이 그 부당한 관세들을 철폐하지 않으면, 미국은 제재 조치를 취할 것이다.

customs
[kʌ́stəmz]

세관

관습이란 custom의 의미에서 입국 시 자신이 입국하는 나라에 세금을 내는 것이 모든 나라의 관습이라고 연관시켜서 암기

May I see your passport and **customs** declaration form, please? 여권과 세관신고서를 보여주시겠습니까?

> ★ 토익 출제 표현
> 1. go through customs 세관을 통과하다
> 2. customs official 세관원
> 3. customs declaration form 세관신고서

election
[ilékʃən]

선거

[일 냈션] 선거에서 1번 후보에 표를 써서 냈어

We **elected** him as our representative.
우리는 그를 우리의 대표자로 선출했다.

■ elect 선출하다, 선거하다

fine
[fain]

벌금; 벌금을 부과하다

[파인] 다른 차를 부딪쳐서 범퍼가 푹 파인 것에 대한 벌금을 받는 모습

He was **fined** 100 dollars for a parking fine.
그는 주차 위반으로 100달러의 벌금에 처해졌다.

> ★ 토익 출제 표현
> parking fine 주차 위반 벌금

allege
[əlédʒ]

■ allegation 근거 없는 주장
alleged 근거 없이 추정된, 단정된
allegedly 주장하는 바에 따르면

우기다, (증거 없이) 주장하다

[얼레지 → 열레지] 증거도 없으면서 열 내며 강하게 주장하는 모습

Mr. Smith is **alleged** to have been the center of an international drugs ring.
Smith씨는 국제 마약 조직의 중심에 있어왔다고 주장되고 있다.

approval
[əprúːvəl]

■ approve 승인하다, 인정하다
■ disapprove 찬성하지 않다, 불만을 보이다

허가, 허락

[어프루벌 → 앞으로 벌] "앞으로 벌을 주도록 하세요"하고 학부모가 선생님에게 자기 자식을 벌줘도 된다고 허락하는 모습

I don't **approve** of smoking in public places.
나는 공공장소에서 담배 피는 것을 인정 못한다.

frequent
[fríːkwənt]

자주 일어나는, 빈번한

[풀이 컨트 → 풀이 크는 투] 풀이 자르면 또 크고 자르면 또 크듯이 자주 크는 투, 즉 자주 일어나는 모습

Earthquakes are **frequent** in Japan. 지진은 일본에서 자주 일어난다.

★ 토익 출제 표현
1. **frequent** customer 단골손님
2. **frequent** flyer (비행기) 단골 고객

[ ] frequency 자주 일어남, 빈번, 주파수, 진동수
frequently 빈번히, 자주

departure
[dipáːrtʃər]

출발

[뒤 빠쳐] 뒤에 학생 한명을 빠쳐버리고(빼트리고) 출발 해버리는 모습, 즉 마지막 학생이 막 달려서 출발하는 버스를 따라가는 모습

What is the **departure** time of the flight to New York?
뉴욕 행 비행기의 출발 시간은 언제입니까?

[ ] depart 출발하다
[ ] arrival 도착

locate
[lóukeit]

(~의 위치를) 알아내다, ~을 위치시키다

1. [로케이트 → 로케트] 북한에 위치한 로케트 미사일 위치를 첩보위성으로 찾아내는 모습
2. [로케이트 → 로케트] 로케트 미사일을 휴전선 가까이 위치시키는 모습

Where is Home Appliances **located**?
가정 용품 매장이 어디인지 말씀해 주시겠어요?

★ 토익 출제 표현
1. **strategic location** 전략적인 위치
2. **convenient location** 편리한 위치
3. **conveniently located** 편리하게 위치한
   Public beach accesses are **conveniently located** at cross streets and there are plenty of parking areas near the ocean.
   대중 해수욕장에의 접근로는 교차로에 편리하게 위치해있고, 해변 근처에 주차공간도 많다.

[ ] location 위치
    relocate (공장 등을) 이전하다

onset
[ánset]

습격, 발병, 개시

[온 셋!] "적이 온다 하나 둘 셋!"하고 습격하는 모습

There are usually several years between exposure to the virus and the **onset** of illness.
보편적으로 바이러스에 대한 노출과 질병의 발병 사이에는 몇 년의 기간이 있다.

district
[dístrikt]

구역, 지역, 지방

[디 스트릭트 → 뒤 street] 뒷거리의 깡패 집단 구역

This **district** is mainly residential. 이 지역은 대부분 주택가이다.

★ 토익 출제 표현
commercial district 상업지구

dreary
[dríəri]

음산한, 지루한, 울적한

[드리어리 → 드리우리] 그림자가 음산하게 드리우리

Everywhere looked so grey and **dreary** in the rain.
모든 곳이 비속에서 너무 우중충하고 음산하게 보였다.

delivery
[dilívəri]

배달, 출산, 발표

[deliver(배달하다)의 명사형] 아이를 엄마 뱃속에서 세상 밖으로 배달한다는 의미에서 출산이란 뜻이 있고 어떤 사항을 사람들에게 배달한다는 뜻에서 발표라는 뜻으로도 사용된다.

Recipient must be home at time of **delivery**.
수령인은 배달 시간에 집에 있어야 합니다.

★ 토익 출제 표현
1. **by express delivery** 빠른우편으로
2. **delivery charge** 배달료
3. **a delivery room** 분만실

11강 toeic voca

recommend
[rèkəménd]

추천하다, 천거하다

[래커 맨드 → 내꺼 맨들어 준 곳이야] 친구가 자신의 멋진 옷을 만든 가게를 추천해주는 모습

Can you **recommend** any reasonably-priced hotels in Seoul? 서울에서 적정한 가격의 호텔을 추천해줄 수 있습니까?

★ 토익 출제 표현
1. **be highly recommended** 강력히 추천되다
2. **be strongly recommended** 강력히 추천되다
3. **on the recommendation of ~** ~의 추천에 따라, ~의 권고에 따라
   The child was taken away from its parents **on the recommendation of** social workers.
   사회복지사의 권고에 따라 그 아이를 부모와 떼어놓았다.

n. recommendation 추천, 권장

compulsory
[kəmpʌ́lsəri]

강제적인, 의무적인

[컴펄소리 → 껌 팔 소리] 지하철에서 "껌 사!"하며 강제로 껌 파는 소리 연상

After 1850, a lot of states in America began to pass the **compulsory** school attendance law.
1850년 후에 미국의 여러 주에서는 의무 교육법을 통과시키기 시작했다.

workload
[wə́:rklòud]

표준 작업량, 업무량

[work(일) + load(짐)] 해야 할 일, 즉 짐이 되는 일의 양

She has a heavy **workload** at the moment and is stressed out. 그녀는 현재 업무량이 많아 아주 스트레스를 받고 있다.

eventually
[ivéntʃuəli]

결국, 드디어

[이벤 츄얼리 → 이번엔 추워리] 썰렁한 친구가 이번엔 정말 재미있는 이야기를 해주겠다고 했더니 결국은 이번에도 또 추워질 정도로 썰렁한 얘기를 하는 모습

★ 토익 출제 문제
He worked so hard that <u>eventually</u> he made himself ill.
그는 너무도 열심히 일해서 결국 병이 들었다.

fireworks
[fáiərwəːrks]

불꽃놀이

[fire(불) + work(일)] 불로 하는 일

A **fireworks** display and open-air concert has been planned for the bicentennial celebrations.
200주년 경축행사를 위해 불꽃놀이와 야외 연주회가 계획되었다.

landslide
[lǽndslàid]

산사태

[land(땅) + slide(미끄러지다)] 땅이 미끄러지는 것

Each year, **landslides** cause extensive damage to property, and they occasionally result in loss of life.
매년, 산사태는 엄청난 재산 피해를 가져오고, 때로는 인명손실을 가져온다.

bulletin
[búlitin]

회보, 학보

[불리 틴(teen, 10대)] 10대들이 하고 싶은 말을 마음대로 불어버리는 신문

They're posting the notices on the **bulletin** board.
그들은 게시판에 공지 사항을 게시하고 있다.

★ 토익 출제 표현
bulletin board 게시판, 공고판

destination
[dèstənéiʃən]

목적지, 목적, 목표

[대스터 nation → 대스타 nation(나라)] "나의 목표는 우리나라에서 대스타가 되는 거야"하며 스타를 목표로 하는 모습

We'll be at the **destination** soon.
곧 목적지에 도착할 겁니다.

seal
[siːl]

봉인; 봉인하다

[실] 실로 꿰매서 입구를 봉인하는 모습

Please put them in here and **seal**.
그것들을 이 곳에 넣고 봉해 주십시오.

board
[bɔːrd]

판자, 위원회; 승선하다, 타다

1. [보드] 스키장에서 타는 보드는 판자로 만든 것, 또한 판자로 만든 게시판
2. 자신의 명패(직위를 나타내는 판자)를 앞에 두고 회의하는 것, 즉 위원회
3. 나룻배에 올라타기 위해 배와 육지에 놓은 판자 위로 걸어서 승선하는 모습

Passengers are waiting to **board**.
승객들이 탑승을 기다리고 있다.

> ★ 토익 출제 표현
> 1. **board of directors** 이사회
> 2. **board room** 임원실, 회의실
> 3. **board a flight/bus** 비행기/버스에 타다
> 4. **boarding pass** 탑승권
> 5. **boarding area** 탑승장
> 6. **on-board** 기내의, 선(船)내의, 승선한, 탑승한
>   I want to carry my bag **on-board** with me.
>   가방을 기내에 들고 가고 싶네요.

markedly
[máːrkidli]

현저하게, 눈에 띄게

mark(표시)를 해두어 눈에 띄게

I expect you to offer a **markedly** different approach.
나는 당신이 뚜렷이 다른 방법을 제시하기를 기대합니다.

corporation
[kɔ̀ːrpəréiʃən]

주식회사, 법인

[cor(together) 퍼레이션 → 같이 퍼레이션] 여러 주주들이 같이 일해 돈을 퍼내는 주식회사

> ★ 토익 출제 문제
> He runs a trading _____.
> 그는 무역회사를 운영한다.
> → **corporation** (O), **corporate** (X)

🔸 **corporate** 법인의, 회사의

exigency
[éksidʒənsi]

긴급사태, 위급함

[엑시 전시] 전쟁이 일어나 현재 전시라고 긴급하게 방송하는 아나운서 연상

The government was compelled by military **exigency** to introduce many reforms.
정부는 군사 긴급사태로 인해 많은 개혁을 도입해야 했다.

🔸 **exigent** 위급한, 급박한

reasonable
[ríːzənəbl]

합리적인, (가격 등이) 비싸지 않은, 적절한

[reason(이유) + able(~할 수 있는)] (그럴만한) 이유가 있을 수 있는, 즉 사리에 맞게끔 행동하는

There was no **reasonable** explanation for her decision.
그녀의 결정에 대한 어떠한 합리적인 설명도 없었다.

★ 토익 출제 표현
1. **reasonably priced** 적당하게 가격이 매겨진, 저렴한
2. **at reasonable rates** 적절한(저렴한) 가격으로
   I bought a computer **at reasonable rates**.
   나는 적절한 가격으로 컴퓨터를 샀다.

🔹 reasonably 사리에 맞게, 합리적으로

sewage
[súːidʒ]

하수, 하수 오물

[수(水) 위 쥐] 물위에 쥐가 돌아다니는 하수 오물을 연상

The latest version contains funds for such programs as youth summer jobs, child immunizations and **sewage** treatment plants.
최신 예산안은 청소년 여름 일자리, 어린이 예방 주사, 하수처리장 등과 같은 계획을 위한 기금을 포함하고 있다.

🔹 sewer 하수도, 하수구

available
[əvéiləbl]

(사물이나 서비스 등을) 이용할 수 있는, 시간적 여유가 있는

[어 배 일러블 → 어 배 일루와블(일루 와봐)] 강을 건너야 하는데 마침 사용할 수 있는 배가 떠있어서 "어! 배야, 일루 와봐" 하는 모습

More information becomes **available** through the use of computers.
컴퓨터의 사용을 통해 더 많은 정보가 이용 가능하게 되었다.

★ 토익 출제 문제
1. Are you available now? 지금 시간 있으세요?
2. I'm afraid he's not available now.
   죄송합니다. 지금 그는 전화를 받을 수 없는데요.
3. The professor is available for consultation from 9 to 12 every morning.
   교수님은 매일 오전 9시에서 12시까지 면담에 응하실 수 있습니다.
4. On the twenty-third, economy class is completely booked and only first class is available.
   23일에는 일반석이 만원이고 일등석밖에는 없습니다.
5. We don't have any rooms available. (= We have no vacancy.) 빈방이 없는데요.
6. It is now available for $ 115. 지금은 115달러에 구입할 수 있습니다.

🔹 avail 쓸모 있다, 유용하다, 도움이 되다

reciprocal
[risíprəkəl]

상호간의, 보답의

[이씨 브로커] 브로커 이씨가 서로를 연결시켜 주고 돈을 보답으로 받는 모습

There is a **reciprocal** relation between goals and data.
목표와 데이터 사이에 상호간의 관계가 있다.

▣ reciprocate 주고받다, 답례하다

significant
[signífikənt]

중요한, 상당한

[sign(싸인, 서명) + ificant] 빚 보증서류 등에 함부로 싸인하면 안 되듯이 sign은 중요하다는 느낌으로 암기

★ 토익 출제 표현
1. a significant transformation 상당한 변화
2. a significant amount of money 상당한 액수의 돈

★ 토익 출제 문제
The number of people who smoke is increasing significantly, so cancer will soon be the most common cause of death.
담배를 피우는 사람의 수가 현저히 늘고 있다. 그러므로 암은 곧 가장 흔한 사인이 될 것이다.

▣ significance 중요, 중요성
significantly 현저하게, 중요하게

embassy
[émbəsi]

대사관

[엠버씨] 엠버라는 미국 사람 이름에 ~씨라는 말이 붙어 엠버씨는 미국인으로 대사관에서 근무한다는 느낌으로 암기

I visited the Korean **Embassy** in London.
나는 런던의 한국대사관을 방문했다.

unwillingly
[ʌnwílinli]

마지못해

[un(not) + will(~할 것이다) +ing(형용사형 어미) + ly(부사형 어미)] ~하려고 하지 않는 듯이

He consented **unwillingly**. 그는 마지못해 승낙했다.

▣ willing 기꺼이 ~하는

overprice
[òuvərpráis]

과하게 값을 매기다

[over(~을 넘어서) + price(값을 매기다)]

The food was good but, I have to say, I think it's terribly **overpriced**.
음식은 괜찮았는데 가격이 너무 비싸더라고요.

name
[neim]

이름을 붙이다, 임명하다, 가리키다

name이 '이름'이란 명사 이외에 동사로도 쓰인다는 것을 알아두자

★ 토익 출제 문제
Mr. Kim was <u>named</u> to serve as a new ambassador to the United States. 김 선생님은 신임 주미 대사로 임명되었다.

dimensions
[diménʃənz]

넓이, 용적, 규모

[디멘션스 → 뒤 맨션(mansion, 대저택)s] 뒤땅에 맨션을 짓기 위해 넓이와 규모를 재는 모습

The **dimensions** of the boxes should not exceed 8×8×4.2.
상자의 크기는 8×8×4.2를 넘지 않게 해주십시오.

■ dimension 치수, 차원

partition
[pa:rtíʃən]

칸막이, 분할; 분할하다, 나누다

[part(부분) + ition] 부분으로 나누다

The country was **partitioned** by the occupying powers.
그 나라는 점령군에 의해 분할되었다

recover
[rikʌ́vər]

회복하다, 되찾다

[re(again) + cover(덮개)] 다시 덮개가 덮이다 → 상처난 부위에 다시 딱지덮개가 생겨나 회복하는(아무는) 모습

I hope he will **recover** soon.
나는 그가 곧 회복되기를 바란다.

★ 토익 출제 표현
1. recovery room 병원의 회복실
2. economic recovery 경제 회복

■ recovery 회복

recycle
[ri:sáikl]

재생하여 이용하다, 재활용하다

[re(again, 다시) + cycle(순환)] 다시 순환시키다, 즉 재활용하다

Companies are now trying to **recycle** their waste or find other ways of disposing of their byproducts.
회사들은 이제 폐기물을 재생이용하거나 부산물을 처리하는 다른 방법을 찾느라 애쓰고 있다.

■ recycling 재활용

sanctuary
[sǽŋktʃuəri]

피난처, 은신처, 성역

[쌩크 추어리 → 쌩쌩 부는 바람이 추어리] 쌩쌩 부는 바람이 추워서 따뜻한 남쪽으로 피난 가는 모습

He found a **sanctuary** in a church, escaping from the enemy.
그는 적으로부터 달아나 교회에서 피난처를 찾았다.

replace
[ripléis]

~을 대신하다, 대체하다, 제자리에 도로 놓다

1. [re(again) + place(장소)] 다시 장소를 채우다 → 대체하다
2. [re(back) + place(장소)] 장소에 되돌려 놓다 → 제자리에 놓다

Mr. Kim will **replace** me in export services.
미스터 김이 저를 대신해 수출업무를 담당할 것입니다.

★ 토익 출제 표현
find replacement for 사람 ~을 대신할 사람을 찾다

▥ replacement 교체, 교체할 사람[물건]

plague
[pleig]

역병, 전염병

[플래이그 → 플래그(flag, 깃발)] 옛날 전염병이 도는 지역에는 붉은 깃발(flag)을 달아서 다른 사람들로 하여금 들어오지 못하도록 했었는데 그 전염병을 알리는 깃발을 연상

an outbreak of **plague** 역병의 발발

bother
[báðər]

괴롭히다, 걱정하다; 성가심

[바더 → 받어] 술 받어! 술을 못 마시는 친구에게 억지로 술을 받으라며 괴롭히고 친구는 어떻게 해야 하나 걱정하다

I'm sorry to **bother** you, but could you tell me the way to the station?
귀찮게 해서 죄송합니다만 역으로 가는 길을 좀 알려주세요.

consume
[kənsúːm]

소비하다, 다 써버리다, 소모하다

[컨숨 → 큰 숨] 물건 사기를 아까워하는 구두쇠가 비싼 물건을 큰 숨을 한 번 내쉬고 "에잇, 그냥 사버리자"하며 덥석 사버리는(소비하는) 모습

The car **consumes** a lot of fuel.
그 차는 연료가 많이 든다.

▥ consumption 소비, 소모
consumer 소비자

currency
[kə́:rənsi]

통화, 화폐

[커런 씨 → 커다란 씨앗] 원시시대 과일을 먹고 남은 씨앗을 이용해 돈으로 사용하던 시대를 연상

The **currency** of Korea is won.
한국의 통화는 원화이다.

★ 토익 출제 표현
1. **currency exchange** 환전
2. **currency exchange rate** 환율

alien
[éiljən]

외국의, 이질의; 외계인

[에어리언] 영화 '에어리언'은 우주괴물에 관한 이야기

When I first went to New York, everything was felt **alien** to me.
내가 처음 뉴욕에 갔을 때 모든 것이 나에게 낯설게 느껴졌다.

summary
[sʌ́məri]

요약; 요약한

[써 머리] 머리말 즉 핵심 되는 말만 써서 요약한 것 연상

I will **summarize** these opinions to her, adding my own comments.
나는 내 자신의 논평을 더해서 그녀에게 이러한 의견을 요약해줄 것이다.

📖 summarize 요약하다
sum 합, 합계; 합계하다

12강 toeic voca

lavish
[lǽviʃ]

아끼지 않는, 후한

[래 비쉬 → 내 BC] 내 BC카드로 긁어! 하며 아끼지 않고 퍼주는 모습

He was **lavish** in his praise for her paintings.
그는 그녀의 그림에 대해 아주 후하게 칭찬했다.

prosper
[práspər]

번영하다, 번창하다

[프라스 퍼 → 쁘라스(plus, +) 퍼] 돈을 담고 거기에 쁘라스로 더 담고 또 퍼 담을 정도로 번영하는 나라 연상

The business is **prospering**.
사업이 번창하고 있다.

★ 토익 출제 표현
a prosperous business 번창하고 있는 사업

파 prosperity 번영, 번창, 행복
prosperous 번영하는, 순조로운

resource
[ríːsɔːrs]

자원

[re(강조) 소스(썼어) → 다시 썼어] 자원은 재활용해야 하기 때문에 자원을 다시 썼어

The company lacks the financial **resources** to invest in new technology.
그 회사는 새 기술에 투자할 재정 자원이 부족하다.

★ 토익 출제 표현
1. **allocate resources** 자원을 분배하다
2. **human resources department** 인사부

hazard
[hǽzərd]

위험

[해저두 → 해가 졌어두] 요즘 밤거리는 깡패들 때문에 해가 저두(저물어두) 위험하죠?

The insurance company rejected his application for the accident insurance because of his **hazardous** occupation.
그 보험회사는 그의 위험한 직업 때문에 재난 보험에 대한 그의 신청을 거절했다.

파 hazardous 위험한

security
[sikjúərəti]

안전, 보증

[씨큐러 티 → 씻그라 티] "화학 공장에서 일하고 난 뒤 입은 티를 잘 씻그라!"하며 화학 약품으로부터 안전을 유지하라며 안전 수칙을 말해 주는 공장장을 연상

★ 토익 출제 표현
1. **securely fastened** 단단하게 조여진
2. **securely attached** 튼튼하게 부착된
3. **security office** 경비실

🅟 secure 안전한; 안전하게 하다
securely 안전하게, (벨트 등이) 단단하게, 튼튼하게

drought
[draut]

가뭄

[들 아웃] 들이 가뭄이 들어 모두 아웃된(죽은) 상태를 연상

In recent years, **drought** has damaged the harvest, increasing the amount of grain the country needs to import.
최근 몇 년 동안 가뭄이 수확물에 피해를 입혀서 그 나라가 수입해야 할 곡물의 양을 증가시켰다.

swift
[swift]

신속한, 눈 깜짝할 사이의

[스위프트 → 수위부터] 아파트에 화재가 나자 현관 바로 앞에 있는 수위부터 신속하게 튀어나오는 모습

The official response was **swift**.
공식적인 조치는 신속했다.

🅟 swiftly 신속히, 빨리

excel
[iksél]

능가하다, ~보다 낫다

[excellent(아주 훌륭한)의 동사형]

The firm **excels** at producing cheap radios.
그 회사는 값싼 라디오 생산에 있어서 탁월하다.

bargain
[báːrgən]

싼 물건, 특가품, 거래

우리가 흔히 말하는 바겐세일(bargain sale)은 가격 할인을 해서 물건을 싸게 판매(염가 판매)하는 것을 말한다.

an unequal **bargain** 불공평한 거래

★ 토익 출제 표현
1. **buy at a bargain** 싸게 사다
2. **It's a bargain!** 정말 싸다

cozy
[kóuzi]

아늑한, 안락한

[코~지] 아늑한 담요에서 아기가 코~하고 잠자지

He took me to a warm and **cozy** room.
그는 나를 따뜻하고 아늑한 방으로 데려갔다.

- cozily 아늑하게
- coziness 아늑함

eternal
[itə́ːrnəl]

영원한, 끝없는

[이 터널] 끝없이 긴 터널을 지날 때 이 터널이 영원히 지속될 것 같은 느낌으로 암기

The company is engaged in the **eternal** search for a product that will lead the market.
그 회사는 시장을 이끌 생산품에 대한 영원한 탐구에 종사하고 있다.

- eternity 영원, 영구

stock
[stak]

주식, 저장, 가축

1. [스탁] (코)스탁과 같은 주식
2. [수탉] 수탉과 같은 가축 연상

We are planning to list our **stock** in the Korea Stock Exchange market. 우리 회사는 주식을 한국증권거래소에 상장할 예정이다.

★ 토익 출제 표현
1. **in stock** 재고로 있는
2. **out of stock** 재고가 떨어진
3. **stock market** 주식 시장

- stockholder 주주

attorney
[ətə́ːrni]

변호사

[어터니 → 어떠니?] 친구가 실수한 것인데 "그러면 좀 어떠니?"하며 친구를 변호하는 모습

You have the right to an **attorney**.
당신은 변호사를 선임할 권리가 있습니다.

device
[diváis]

장치, 궁리, 계획

[뒤 바위 쓰] 뒤뜰에 있는 바위를 쓸 수 있는 방법을 고안하고 궁리하는 모습

The rescuers used a special **device** for finding people trapped in the collapsed buildings.
구조대원들은 무너진 건물 속에 갇힌 사람들을 찾는 데 특별한 장치를 사용했다.

- devise 고안하다, 발명하다

debate
[dibéit]

논쟁하다, 토론하다

[뒤 배 이트 → 뒤에 배 있다] 뒷 배가 있으니 그것을 타자는 사람과 지금 서둘러서 배를 타자는 사람이 서로 논쟁하며 싸우는 모습

The **debate** was about how to keep pets.
토론은 애완동물을 키우는 방법에 관한 것이었다.

★ 토익 출제 표현
open a debate 토론을 시작하다

relieve
[rilí:v]

구제하다, 안도케 하다, (고통·부담 등을) 덜어주다

[re(again) + lieve → 다시 live(살다)] 다시 살게 목숨을 구제해 주는 모습

Ⓝ relief 구제, 구원, (고통·곤궁 등의) 제거

That medicine acts fast to **relieve** pain.
이 약은 통증을 없애는 데에 빠른 효과를 보인다.

habitual
[həbítʃuəl]

습관적인, 상습적인, 타고난

[habit(습관)의 형용사형]

He's a **habitual** liar. 그는 상습적인 거짓말쟁이다.

cash
[kæʃ]

현금; 현금으로 바꾸다; 현금으로 지불하는

cash는 현금이란 명사 이외에도 동사나 형용사로 회화에서 자주 쓰인다.

★ 토익 출제 표현
1. **I would like to cash this check, please.**
   이 수표를 현금으로 바꾸고 싶은데요.
2. **This is a cash purchase.** 이것은 현금으로 지불하겠습니다.
3. **Cash or charge?**
   현금으로 지불하실 건가요 아니면 신용카드로 지불하실 건가요?
4. **pay in cash** 현금으로 지불하다 (전치사 in을 쓰는 것에 주의)

negotiate
[nigóuʃièit]

협상하다, 협정하다

[니고시에이트 → 니 꼬시 에잇!] 니를(너를) 협상하여 꼬실거야

Ⓝ negotiation 협상, 교섭
negotiator 협상자

The envoy succeeded in **negotiating** British entry into the European Community.
그 특사는 영국이 유럽 연합에 가입하는 것을 협상하는 데 성공하였다.

thrift
[θrift]

검소, 절약

1. [쓰리프트 → 수리부터] 고장 난 물건은 버리지 않고 일단 수리부터 하고 보는 절약하는 모습
2. [쓰리(three, 3)프트 → 3명부터] 화장실 물을 세 명이 일을 본 후에야 내릴 정도로 물을 아껴 쓰는 모습 즉 3명부터 물을 내리는 모습

They have plenty of money now, but they still tend to be **thrifty**.
그들은 지금 많은 돈을 가지고 있다. 그러나 그들은 여전히 검소한 경향이 있다.

🔲 thrifty 검소한, 검약하는

breakthrough
[bréikθrù]

돌파구, (문제를 헤쳐 나가는) 방법, 진척, 발전

[break(부수다) + through(통하다)] 난관을 부수어 길을 통하게 하다

Scientists are hoping for a **breakthrough** in the search for a cure for the disease.
과학자들은 그 질병의 치료 방법을 찾을 돌파구를 기대하고 있다.

slovenly
[slʌ́vənli]

꾀죄죄한, 너절한, 단정치 못한

[슬로븐리 → 술로 부었니] 꾀죄죄한 모양에 술 냄새까지 푹푹 풍기는 친구에게 "너 몸에 술로 부었니?"하며 피하는 모습

Such **slovenly** work habits will never produce good products.
그렇게 깔끔하지 못한 일 처리 습관으로는 결코 좋은 상품을 생산해내지 못할 것이다.

overcharge
[óuvərtʃɑ̀rdʒ]

과잉청구; 과잉청구하다, 바가지를 씌우다

[over(~이상으로) + charge(청구; 청구하다)]

The taxi driver tried to **overcharge** me.
택시 기사가 나에게 바가지를 씌우려 했다

lofty
[lɔ́:fti]

높은, 고상한, 고결한

[로프 티 → 높은 티] 학식이나 인품이 높은 티가 나는

I like this **lofty** style of the editorial of the newspaper.
나는 그 신문 사설의 이렇게 고상한 스타일을 좋아한다.

satisfy
[sǽtisfài]

만족시키다

[새 티s 파이(빨리)] 새 티(티셔츠)들로 빨리 아이들을 만족시켜줘야지

★ 토익 출제 표현
1. satisfaction with~ ~에 대한 만족
2. be satisfied with~ ~에 만족하다
3. with satisfaction 만족하여

★ 토익 출제 문제
They reached a _____ compromise.
그들은 만족할 만한 타협을 보았다.
→ **satisfactory** (O), **satisfied** (X)
- satisfied는 보통 사람을 주어로 하여 그 사람의 만족한 상태를 뜻하고 satisfactory는 어떤 상황이나 결과 등을 주어로 하여 만족스럽다는 뜻이다.

ⓝ satisfaction 만족
   satisfied 만족한
   satisfactory 만족스러운

(telephone) directory
[diréktəri]

전화번호부

[대렉터리 → 뒤에 털이] 전화번호를 찾기 위해 전화번호부 뒤에 나와 있는 것까지 다 털어 찾아보는 모습

Did you look it up in the **telephone** directory?
그것을 전화번호부에서 찾아 보셨나요?

signify
[sígnəfài]

표시하다, (자신의 견해 등을) 알리다

[sign(싸인) + ify] 손가락 싸인으로 알리는 투수를 연상

The number 30 on a road sign **signifies** that the speed limit is 30 miles an hour.
도로 표지판에 쓰여 있는 숫자 30은 제한 속도가 시속 30마일이라는 것을 표시한다.

ⓝ signification 의미, 표시, 표명

urbane
[əːrbéin]

도시적인, 세련된

[urbane-urban(도시의)]

John Herschel was an **urbane**, kindly and generous man.
John Herschel은 세련되고 친절하고 관대한 사람이었다.

vague
[veig]

모호한, 희미한

[베이그 → (칼에) 베이고] 칼에 베이고 난 후 피를 많이 흘리고 정신이 몽롱해져 눈에 보이는 것들이 모두 희미하고 모호해 보이는 모습

His speeches are always too **vague**.
그의 연설은 항상 너무 모호하다.

ⓐ vaguely 모호하게, 막연히

assertion
[əsə́ːrʃən]

주장, 단언

[어서 션하게(시원하게)] 우물쭈물하지 말고 자신의 의견을 어서 시원하게 주장하라고 하는 모습

John **asserted** that she was innocent.
John은 그녀가 무죄라고 주장했다.

- assert 주장하다, 단언하다
  assertive 단정적인, 단호한, 고집하는
  assertively 단호히

alter
[ɔ́ːltər]

바꾸다, 수정하다

[all(모두) + ter → 모두 터] 모두 터서(틀려서, 망쳐서) 수정하고 바꾸는 모습

America should radically **alter** its traditional economic policy.
미국은 전통적 경제 정책을 근본적으로 수정해야 한다.

- alteration 변화, 수정, 변경

assemble
[əsémbl]

모으다, 조립하다, 모이다

[어, 쎔블 → 어, 쎈 불] 추운 겨울 여러 개의 난로 중에 가장 쎈 불로 사람들이 모이는 모습

When the fire alarm rang we **assembled** outside the emergency exit. 소방 경보가 울렸을 때 우리는 비상구 밖에 모였다.

★ 토익 출제 표현
1. **assembly line** 조립라인
2. **assembly plant** 조립공장

- assembly 집회, 모임, 조립

13강 toeic voca

journey
[dʒə́ːrni]

여행, 여정

[저어 니 → 니가 저어] 배를 타고 여행하면서 노를 니가 저으라고 건네는 모습

It is a long and painful **journey**.
그것은 길고 고통스러운 여행이다.

fuel
[fjúːəl]

연료, 에너지

[퓨얼 → 피울] 석유 연료에 불을 피우는 모습

There is neither **fuel** nor food in the house.
집에는 어떠한 연료도 음식도 없다.

efficient
[ifíʃənt]

효과 있는, 능률적인, 실력 있는

[잎이 션트] 효험 있는(효과 있는) 약초 잎이 시원하게 병을 낫게 했다

★ 토익 출제 표현
1. **efficiency wages** 능률급
2. **energy efficiency** 에너지 효율성
3. **office efficiency** 사무 효율성
4. **fuel-efficiency** 연료 효율, (자동차의) 연비
5. **a fuel-efficient car** 연료 효율성[연비]가 좋은 차

🔲 efficiency 능률, 효율
efficiently 효율적으로, 능률적으로

dump
[dʌmp]

(쓰레기를) 내버리다, 와르르 쏟아버리다

[덤프 트럭] 모래나 쓰레기 등을 버리는 트럭

He came in with four shopping bags and **dumped** them on the table.
그는 네 개의 쇼핑백을 가지고 들어와서는 테이블에 쏟아버렸다.

latest
[léitist]

최신의, 최근의

[late의 최상급 형태] 역사에 있어서 가장 늦은 시간이란 최근이죠?

Have you heard the **latest** news about Pam and Patrick? They're getting divorced.
Pam과 Patrick에 관한 최근의 소식을 들어봤니? 그들이 이혼할 거래.

overseas
[òuvərsíːz]

해외의, 해외로

[over(~을 넘어) + sea(바다)] 바다 저 너머 해외로

Is it possible to send money **overseas**?
해외로 송금할 수 있습니까?

★ 토익 출제 표현
1. **overseas** department 해외 담당 부서
2. **overseas** work experience 해외 근무 경험

commission
[kəmíʃən]

수수료(커미션)

[커미션] 우리가 흔히 말하는 그 커미션

You get 10% **commission** on everything you sell.
당신은 판매하는 모든 물건에 대해 10 퍼센트의 수수료를 받습니다.

drug
[drʌg]

약, 제약, 마약

[들어 그 → 그거 잘 들어] 그 약이 그 병에 잘 듣는다고 말하는 모습

He was arrested on **drug** charges.
그는 마약 혐의로 체포당했다.

anemia
[əníːmiə]

빈혈, 빈혈증(= anaemia)

[어, 님이여] 빈혈로 님에게 쓰러지며 "어, 님이여 어지럽사와요"하며 안기는 모습

After a lengthy examination, she was found to be suffering from **anaemia**.
긴 검사 후에 그녀는 빈혈로 고통 받고 있음이 밝혀졌다.

📖 anaemic(= anemic) 빈혈의

nutrition
[njuːtríʃən]

영양물, 영양물 섭취

[뉴 츄리션 → new(새) tree(나무)셔] 죽어가는 나무에 링거를 꼽고 영양분을 주어 새 나무(new tree)처럼 생생해지고 파릇파릇해진 모습

Good **nutrition** is essential if patients are to make a quick recovery.
만약 환자들이 빠른 회복을 하려고 한다면 좋은 영양이 필수적이다.

📖 nutritious 자양분이 있는, 영양이 되는

inform
[infɔ́:rm]

알리다, 통보하다

[information(정보)의 동사형]

★ 토익 출제 문제
1. You should be in the habit of making an <u>informed</u> decision.
   당신은 정보에 근거한 결정을 하는 습관을 가져야 한다.
   - an informative book [film, lecture, brochure]:
     유익한 책 [영화, 강연, 안내책자]
2. The documentary was very <u>informative</u>.
   그 다큐멘터리는 매우 교육적이었다.
3. I _____ him that I would attend it with pleasure.
   나는 그에게 기꺼이 참석할 것이라고 알려 주었다.
   → **informed** (O), **explained** (X)
   - inform 사람 + of ~: ~에게 ~을 알리다
   - inform 사람 + that절: ~에게 ~을 알리다
   - explain은 4형식으로 쓰이지 않는 동사로 〈explain (to 사람) that절〉과 같이 사람 앞에 to를 반드시 써주어야 한다.

파 informed 정보에 근거한, 소식에 밝은
informative 유익한 정보를 주는, 지식을 주는

welfare
[wélfɛər]

복지, 번영, 행복, 건강함

[well(잘, 좋은) 패여 → 좋은 패거리여] 복지 국가의 잘사는 패거리 (국민)들 연상

The police are very concerned for the **welfare** of the missing child. 경찰은 행방불명된 아이의 복지에 대해 매우 염려한다.

domestic
[dəméstik]

가정의, 국내의

[더메스틱 → 담에서 틱!] 담벼락 위에서 틱! 하고 가정 내로 들어오는 도둑 연상

The **domestic** market is still depressed.
국내 시장이 여전히 침체되어 있어요.

★ 토익 출제 표현
domestic line 국내선(↔ international line 국제선)

dye
[dai]

염료, 물감; 염색하다

[다이 → die] 염색약을 먹고 죽으려고 하는 모습

My hair's getting greyer every day. Maybe I should **dye** it.
흰 머리가 점점 많아져요. 아무래도 염색을 해야겠어요.

auction
[ɔ́ːkʃən]

경매(하다)

[옥션] 인터넷 경매 싸이트인 옥션

I sold the bike at **auction**.
나는 경매로 자전거를 팔았다.

steer
[stiər]

~의 키를 잡다, 조종하다

[스 티어 → 슥 튀어] 자동차의 운전대를 얼른 쥐고 슥 튀어버리는 은행 강도 연상

Our garage door isn't very wide and it's quite difficult to **steer** the car through it.
우리 차고 문은 매우 넓지 않다. 그래서 그것을 통과해서 차를 조정하는 것은 꽤 어렵다.

★ 토익 출제 표현
steering wheel 운전대, 핸들

plead
[pliːd]

탄원하다, 변호하다

[풀리ed → 풀리게 하다] "내 자식 좀 풀리게 해 주세요"하며 정부에 탄원하는 어머니 연상

He was on his knees, **pleading** for mercy.
그는 자비를 탄원하면서 무릎을 꿇었다.

plea 탄원, 청원, 변명

ecology
[ikálədʒi]

생태학, 환경

1. [eco(생태, 환경을 뜻하는 접사) + ology(학문을 뜻하는 접사)]
2. [이(이과) 칼러지(college 대학)] 대학의 이과에서 배우는 생물이나 환경 등과 관계된 생태학을 연상

Chemical compounds in the factory's sewage system have changed the **ecology** of the whole area.
그 공장 하수 처리 시스템 속의 화학 물질들이 그 지역 전체의 생태계를 변화시켰다.

★ 토익 출제 표현
ecologically friendly automobiles 친환경 자동차들

ecological 생태학의
ecologically 생태학적으로

affection
[əfékʃən]

사랑, 애정

[a(하나) 패션] 한 가지 패션에만 애정을 갖고 그것만 계속 입는 모습

Parents have **affection** for their children.
부모는 자식들에게 애정을 품는다.

workmate
[wə́:rkmèit]

직장동료(= workfellow)

> classmate는 class(학급)에서의 친구, workmate는 work(일, 직장)에서의 친구

They called a lightning strike to protest about the dismissal of a **workmate**.
그들은 직장 동료의 해고에 항의하기 위해 전격적으로 파업을 소집했다.

homage
[hámidʒ]

존경, 경의; 경의를 표하다

> [hom(home) + age(나이)] 집에서 나이든 분에게 존경하여 섬기는

The young soldiers gathered to pay **homage** to the new heroes.
젊은 군인들은 새로운 영웅들에게 존경을 표하기 위해 모였다.

defect
[dí:fekt]

결점, 결함

> [디 팩! 트 → 뒤 팩! 트] 중고차가 뒷부분이 팩! 하고 튀어져서 결함이 있는 모습

I bought these shoes cheaply because they have slight **defects**.
나는 그들이 약간의 결함이 있어서 이 신발들을 값싸게 샀다.

★ 토익 출제 표현
1. **a mechanical defect** 기계적 결함
2. **a defective product** 결함 있는 제품

📚 defective 결함 있는

embarrass
[imbǽrəs]

당황하게 하다, 난처하게 하다

> [잉, 배렸으] 소개팅 자리에서 음식을 쏟아 상대편 옷을 배려놓고 당황해하는 모습

He was highly **embarrassed** by this confession.
그는 이 고백에 매우 당황했다.

📚 embarrassment 난처, 당황

narrate
[nǽreit]

설명하다, 이야기하다

> 전시회 등에서 제품을 설명하는 나레이터 모델(narrator model)이란 제품 등을 설명해 주는 모델이란 뜻

The feminine story was **narrated** in the film.
그 여성의 이야기는 영화에서 이야기되었다.

📚 narrative 이야기
   narration 서술, 이야기함
   narrator 해설가, 이야기하는 사람

phase
[feiz]

단계, 국면, 양상, 상태

> [페이즈 → 페이(pay) 주~] 내가 한 달간 일을 했으니 이번에는 당신이 나에게 페이(pay, 봉급)를 줄 단계야 페이 주~

We're entering a new **phase** in international relations.
우리는 국제 관계에 있어서 새로운 국면으로 들어가고 있다.

> ★ 토익 출제 문제
> The first phase of the project was completed without mishap.
> 프로젝트의 1단계는 무사히 끝났다.

potent
[póutnt]

강력한, 유력한

> [포텐트 → 대포 튼튼] 튼튼한 대포를 갖고 있을 정도로 강력한

Do **potent** drugs work on the common cold?
강한 약들이 일반 감기에 효과가 있나요?

contraband
[kántrəbænd]

밀수, 밀수품

> [컨트러밴드 → 겉으로 반 듯] 겉으로는 반듯한 상자에 마약을 숨겨서 밀수를 하는 모습

We opened the container to discover it filled with **contraband**.
컨테이너를 열자 밀수품들이 쏟아져 나왔다.

brunch
[brʌntʃ]

아침과 점심 식사 사이에 먹는 것

> [breakfast + lunch]

I was hungry since I had such a small **brunch**.
아침 겸 점심이 부실해서 그런지 배가 고팠다.

fare
[fɛər]

(교통수단의) 운임, 요금

> [패어!] 식사를 하고 요금을 내지 않고 몰래 빠져나가는 빈대떡 신사를 잡아서 주인이 종업원들보고 "패버려!, 패어!"하고 요금 때문에 패는 모습

Train **fares** are going up again, enormously.
열차 운임이 다시 엄청나게 오를 것이다.

> ★ 토익 출제 표현
> 1. **airfare** 항공운임
> 2. **railroad fare** 철도 운임
> 3. **bus fare** 버스 요금
> 4. **one-way fare** 편도 요금
> 5. **round-trip fare** 왕복 요금

audit
[ɔ́:dit]

회계감사; (회계) 감사하다

[오딧!] "어디 있어? 어디?"하며 회계감사 나온 사람이 회장장부를 내놓으라고 호통 치는 모습

The company has an **audit** at the end of each financial year.
그 회사는 매 회계연도 말에 회계감사를 받는다.

controversy
[kántrəvə̀:rsi]
- controversial 논쟁의 여지가 있는
  controvert 다투다, 논쟁하다
- incontrovertible 논쟁의 여지가 없는, 확실한

논쟁, 토론

[컨트러 벌씨 → 겉으로 벌 씹은] 겉으로 벌 씹은 얼굴로 서로 논쟁하는 모습

Abortion is a highly **controversial** subject.
낙태는 대단히 논쟁을 불러일으키는 주제이다.

execute
[éksikjù:t]

(직무 등을) 실행하다, 수행하다, 처형[사형]하다

[엑서 큐! t → 애써! 큐! t] 배우에게 애써서 맡은 배역을 잘 수행하라고 큐! 싸인을 보내는 감독 연상(사형 집행 씬을 찍으며 큐를 내는 모습)

Although the original idea was good, its **execution** has produced a disappointing result.
비록 원래의 생각이 좋긴 했지만 그것의 수행은 실망스러운 결과를 낳았다.

- execution 실행, 집행
  executive 간부, 경영진; 실행의

★ 토익 출제 표현
chief executive officer 최고경영자(CEO)

circulate
[sə́:rkjulèit]

돌다, 순환하다

[circul(circle 원) + ate(동사형 어미)] 원 주위를 돌다, 순환하다

Money **circulates** among people.
돈은 돌고 돈다.

- circuit 순회, 회로, 우회

14강 toeic voca

debt
[det]

빚, 채무

[대 트 → 大 투자] 증권에 너무 크게 투자해서 빚더미에 허덕이는 사람

You must pay the interest which has accrued on your **debt** as well as the principal sum.
당신은 원금뿐만 아니라 빚에 붙은 이자도 지불해야 한다.

🔲 indebted 빚을 지고 있는, 은혜를 입은

contemplate
[kántəmplèit]

심사숙고하다, 깊이 생각하다

[칸 텀 플래이트 → 간딴 플래이트] 수학문제를 더욱 간단하게 풀겠다며 풀이방법을 깊이 생각하는 모습

The consequences of nuclear war are too awful to **contemplate**.
핵전쟁의 결과는 생각만 해도 너무 끔찍하다.

dedicate
[dédikèit]

헌납하다, 헌신하다

[대디 캐이트 → dead(죽은) 캐다)] 죽은 시신을 캐내서 병원에 실험용으로 헌납하는 모습

She **dedicated** herself to the anti-nuclear movement.
그녀는 반핵 운동에 헌신했다.

🔲 dedication 헌납, 봉헌
dedicated 헌신적인

★ 토익 출제 표현
a dedicated doctor 헌신적인 의사

endeavor
[indévər]

노력; 노력하다

[인대 붜 → 인대가 부어] 축구 선수나 운동 선수들이 인대가 부어오를 정도로 열심히 노력하는 모습

He **endeavored** to adopt a positive but realistic attitude.
그는 적극적이지만 현실적인 태도를 수용하려고 노력했다.

suction
[sʌ́kʃən]

빨아들임, 흡입

[썩 션] 쏙! 션(하게) 쓰레기를 빨아들이는 진공청소기 연상

Vacuum cleaners work by **suction**.
진공청소기는 빨아들임으로써 작동을 한다.

booklet
[búklit]

소책자, 팸플릿

[book(책) + let] pamphlet과 같이 let이 붙은 형태

The organization has produced a **booklet** to help small investors.
그 기구는 소액 투자자들을 돕기 위해 책자를 출판했다.

closet
[klázit]

벽장

[close 짓 → 닫을 수 있게 짓다] 벽에 문을 열고 닫을 수 있게 지어 놓은 것

He is putting his clothes in the **closet**.
그는 옷들을 벽장에 넣고 있다.

copyright
[kápiràit]

저작권, 판권

[copy(복사) + right(권리)] 책을 복사해서 팔 수 있는 권리

His work is no longer protected under **copyright**.
그의 작품은 더 이상 저작권의 보호를 받지 않는다.

laundry
[lɔ́:ndri]

세탁소, 세탁물

[론드리 → 넌더리] 쌓여있는 세탁물에 넌더리를 내는 주부 연상

She put the **laundry** into the washing machine.
그녀는 세탁물을 세탁기에 넣었다.

> ★ 토익 출제 표현
> 1. laundry machine 세탁기
> 2. hang out laundry 빨래를 널다

garage
[gərá:dʒ]

차고, 주차장, 차량 정비소

[거라지 → 거 large(큰)] 대저택에 놀러가서 차가 10대나 있는 차고를 보고 "거 large(크다)하네"라고 감탄하는 모습

The car is in the **garage**.
그 차는 차고에 있다.

sweeping
[swí:piŋ]

포괄적인, 광범위한

[수위 핑] 수위가 제자리에서 핑 돌며 전 범위를 모두 감시하는 모습

He made a **sweeping** statement on the current situation.
그는 현재 상황에 대해 포괄적으로 말했다.

sculpture
[skʌ́lptʃər]

조각

[스컬프쳐 → 슥 칼 붙여] 슥 칼로 깎이고 붙이고 한 조각

★ 토익 출제 문제
The gallery has the world's largest collection of sculptures by Henry Moore.
그 화랑은 세계에서 가장 많은 Henry Moor의 조각품들을 갖고 있다.

🔲 sculptor 조각가

actuate
[ǽktʃuèit]

작동시키다, 행동하게 하다

[act(활동) + uate] 활동하게 하다

He was **actuated** solely by greed.
그는 전적으로 탐욕 때문에 행동했다.

career
[kəríər]

직업, 경력

커리어 우먼(career woman)이란 직업의 경력을 갖고 있는 여성, 즉 직장여성이죠?

I took this new job because I felt that the **career** prospects were much better.
나는 그 직업의 전망이 훨씬 더 좋다고 느꼈기 때문에 이 새로운 직업을 택했다.

reduce
[ridjúːs]

줄이다, 감소시키다

[리듀 스 → 니두 쓰] 돈을 "니두(너두) 쓰고 니두 쓰고…"하면서 나누어주면서 있는 돈이 줄어드는 모습

Giving up smoking **reduces** the risk of heart disease.
담배를 끊으면 심장병 위험이 줄어든다.

🔲 reduced 할인한, 축소한
　 reduction 축소, 삭감, 할인

★ 토익 출제 표현
at reduced prices 할인된 가격으로

upheaval
[ʌphíːvəl]

대변동, 격변

[up 히벌 → 위로 힙을(히프를)] 힙(히프)를 위로 들고 방귀를 너무 세게 '뽕'하고 뀌어 사방이 진동하고 대변동이 일어나는 모습

Algeria has been going through political **upheaval** for the past two months.
알제리는 지난 2개월간 정치적 격변을 겪어 왔다.

nearby
[nìərbái]

인근의, 가까운 곳의

[near(가까운) + by(옆에)] 가까이 옆에

Is there anywhere else **nearby** that might still be open?
이 근처에 문을 연 다른 곳이 있을까요?

marvel
[máːrvəl]

놀라운 일; 놀라다

[마블 → 마비를] 온 몸을 마비를 시킬 정도로 놀라운 일

We've achieved some **marvelous** results with this drug, but it won't be suitable for all patients.
우리는 이 약에 대해 약간의 경이로운 결과를 얻었다. 그러나 그것은 모든 환자에게 적용되지는 않는다.

🔲 marvelous 놀라운, 믿기 어려운

thoroughly
[θə́ːrouli]

완전히, 철저하게

[써러울리 → 쓸어울리] 철저하게 싹 쓸어버릴리

I was **thoroughly** exhausted after walking ten miles.
나는 10마일을 걷고 난 후에 완전히 지쳤다.

★ 토익 출제 표현
1. be thoroughly explained 자세히 설명되다
2. be thoroughly cleaned 철저히 세척되다
3. read contracts thoroughly 계약서를 철저히 읽어보다

digest
[didʒést, daidʒést]

소화하다, 간추리다

잡지 중에 'Reader's Digest'는 독자들을 위한 요약판이란 의미의 이름입니다. 즉 소화시키고 난 후의 간략한 내용

Certain people find that they cannot **digest** meat easily.
어떤 사람들은 그들이 고기를 잘 소화시키지 못한다는 것을 깨닫는다.

🔲 digestion 소화

rational
[rǽʃənl]

합리적인, 이성적인

[래이셔널 → 내 쉬어 널] 화가 나서 이성을 잃은 너에게 숨을 크게 내 쉬고 이성적으로 행동하라고 하는 모습

From an objective viewpoint, his argument was far from being **rational**.
객관적으로 볼 때 그의 주장은 전혀 이치에 맞지 않았다.

🔲 rationalism 합리주의
🔲 irrational 불합리한, 분별없는

conduct
v. [kəndʌ́kt]
n. [kɑ́ndʌkt]

행동하다, 지도하다; 행위, 지도

[큰 덕t] 큰 덕이 있는 행동을 하거나 큰 덕으로서 아래 사람을 다스리는 모습

We have been **conducting** a survey of the region.
우리는 그 지역에 대한 조사를 수행해 오고 있다.

★ 토익 출제 표현
1. **conduct a survey** 조사하다
2. **conduct research** 조사하다, 연구하다
3. **conduct inspections** 검사하다

★ 토익 출제 문제
The company is conducting consumer research.
그 회사는 소비자 조사를 진행하고 있다.

🔁 conductor 지휘자, 지도자, 경영자

momentarily
[mòuməntérəli]

잠깐, 금방

[moment(순간, 잠시) + ary(형용사형 어미) + ly(부사형 어미)]

She was **momentarily** frozen by the sight.
그 광경을 보고 그녀는 순간적으로 몸이 얼어붙었다.

openly
[óupənli]

터놓고, 드러내 놓고, 솔직하게

[open(열려진) + ly(부사형 어미)] 마음을 열고

The men in prison would never cry **openly**.
교도소 내의 그 남자들이 결코 드러내 놓고 울지는 않을 것이다.

broad
[brɔːd]

폭넓은, 포괄적인, 폭이 넓은

[부~ road] 길 한 번 넓다

★ 토익 출제 문제
You should _____ your knowledge by traveling more.
당신은 더 많은 여행을 하여 지식을 넓혀야 한다.
→ **broaden** (O), **multiply** (X)

🔁 broaden 넓히다, 확장하다

consolidate
[kənsɑ́lidèit]

합병하다, 통합하다

[con(together) 살리 데이트] 두 회사가 '같이 살리'하며 어려운 경제 사정 때문에 합병하는 모습

The company has been expanding enough recently; I think that now is the time to **consolidate**.
그 회사는 최근 충분히 확장되고 있다; 지금이 합병할 시간이라고 나는 생각한다.

🔁 consolidation 합동, 합병, 강화

drastic
[dræstik]

대폭적인, 과감한, 철저한

[드래스 틱!] 옷장에 있는 드레스를 틱! 하고 찢어버리고 청바지와 티셔츠 등으로 패션을 과감하고 철저하게 바꾸는 모습

A strike is usually resorted to only when less **drastic** measures fail.
덜 과감한 조치가 실패할 때 보통 파업에 의지한다.

hazy
[héizi]

흐릿한, 모호한, 안개 낀

[해 지 → 해 지다] 해가 져서 어두워 모든 물체가 잘 안보이고 흐릿한 모습

There remained only the **haziest** memories of that childhood birthday party.
그 어린 시절 생일 파티에 대한 가장 희미한 기억만이 남았었다.

mounting
[máuntiŋ]

증가하는, 오르는

[마운팅 → mountain(산)] 산을 오르는 모습에서 올라가고 있는 상황을 연상

★ 토익 출제 문제

As profits turned into **mounting** losses, Pan Am began selling its assets in an effort to stay solvent.
이윤이 커져가는 손실로 바뀌자, 팬암은 도산을 막기 위한 노력의 일환으로 자산을 팔기 시작했습니다.

回 mount (산·말 등에) 오르다, 증가하다, 늘다

landmark
[lǽndmàːrk]

경계표, 획기적인 사건; 획기적인

[land(땅, 육지) + mark(마크, 자국)] 땅에 자국이나 흔적을 남길만한 획기적인 사건

The judge made two **landmark** decisions.
그 판사는 두 개의 획기적인 결정을 했다.

milestone
[máilstòun]

(돌로 된) 마일 표, 이정표, (역사·인생 등의) 획기적인 사건

[mile(마일) + stone(돌)] 돌에 몇 마일인가를 새기듯 인생에 새길 만큼 획기적인 사건

Marian Anderson's first performance at Metropolitan Opera House was a **milestone** in American music history.
Metropolitan Opera House에서의 Marian Anderson의 첫 연주는 미국 음악사에 있어서 하나의 획기적인 사건이었다.

physician
[fizíʃən]

내과 의사, 의사

[피 직 션 → 피 찍 션] 수술할 때 피가 찍 하고 나오는 것을 썩션하는 의사의 모습

★ 토익 출제 표현

Consult with your _____ about your health.
담당 의사와 네 건강에 대해 상담해 봐라.

→ **physician** (O), **physics** (X)
- physics는 '물리학'이란 뜻이며, physicist는 '물리학자'란 뜻이다.

rapid
[rǽpid]

빠른

[래피드 → 내 피도] 수혈이 급한 친구를 위해 내 피도 수혈하라고 빠르게 달려오는 친구 연상

His response to the accusation was **rapid**.
비난에 대한 그의 응답은 신속했다.

🔁 rapidly 빠르게

contrary
[kántrəri]

반대의; 정반대

[컨 트러리 → 큰 틀어리] 크게 방향을 틀어서 반대로 가는 모습

★ 토익 출제 표현

1. **on the contrary** 그와 반대로
   There was nothing ugly about her dress; **on the contrary**, she had a certain private elegance.
   그녀의 드레스에는 보기 흉한 어떠한 것도 없었다; 반대로 그녀는 특유의 우아함을 가졌다.
2. **to the contrary** 그와 반대의, 그와 반대로
   There is no evidence **to the contrary**.
   그와 반대의(그렇지 않다는) 증거는 없다.
3. **contrary to ~** ~에 상반된
   This is **contrary to** what I expected.
   이것은 내가 예상했던 것과 반대이다.

15강 toeic voca

clearance
[klíərəns]

재고정리(판매)

[clear(깨끗이 치우다) + ance] 창고를 치워 비우는 것

They are having a **clearance** sale.
점포정리 세일을 하고 있어요.

★ 토익 출제 표현
clearance sale 재고정리(점포정리) 판매

hostage
[hástidʒ]

인질, 저당, 담보

[하수 튀지] 인질로 잡힌 사람이 하수구로 튀어서 도망가는 모습

They were held **hostage** by the enemy.
그들은 적에 의해 인질로 붙들려 있었다.

remedy
[rémədi]

치료, 구제책

[래머디 → 내 머리] "내 머리 고쳐줘!" 피가 흐르는 머리를 감싸고 병원으로 들어가 고쳐달라고 소리치는 모습

Efficacious herbal **remedies** exist for headaches and migraines. 두통과 편두통에 효과적인 약초 치료가 존재한다.
We have no **remedy** at law. 우리는 법적으로는 구제 방법이 없다.

notice
[nóutis]

통지, 통보, 주의; 알아차리다

1. [너 티스 → 너 튀스] 많은 사람들 중에 너는 튀기 때문에 내가 금방 알아차리지
2. note와 관련된 말로 글로 적어서 통지하는 모습

★ 토익 출제 문제
1. In case you want to quit, give me two weeks' **notice**.
   그만 두기를 원한다면 2주전에 미리 알려줘.
   • give two weeks' notice: 2주 전에 통보하다
   • until further notice: 추후 통지가 있을 때까지
2. We will _____ you of our decision right away.
   저희의 결정을 즉시 귀사에게 알려 드리겠습니다.
   → **notify**(O), **announce**(X)
   • notify 사람 + that절/of ~: ~에게 ~을 통지하다
   • announce (to 사람) + that절: ~에게 ~을 발표하다

noticeable 주목할 만한, 현저한
notify 통지하다, 통보하다
notification 통지
note 주목하다, 적다; 메모

obstacle
[άbstəkl]

장애, 방해

[앞's 태클] 축구에서 태클로 앞을 가로막아 공격을 방해하는 모습

Eventually they surmounted all the **obstacles** and made the project very successful.
결국 그들은 모든 장애를 극복하였고 그 프로젝트를 성공하게 만들었다.

discriminate
[diskrímineit]

차별대우하다, 식별하다

[디스(this) 크리이네 이트] 여러 크림 중에서 맛을 보고 '이 크림이네'하며 자신이 좋아하는 크림을 식별해 내는 어린이를 연상

This is unjust **discrimination** against female workers.
이건 여직원들에 대한 부당한 차별이야.

📖 discrimination 구별, 식별, 차별

meet
[mi:t]

(필요 · 요건 등을) 충족시키다

meet이 만나다란 뜻으로 쓰이는 것은 다 알 것이다. 어떤 요건이나 필요가 meet의 목적어로 오면 그 요건이나 필요 등을 만나게 하다 즉 필요한 것이 있으면 만나게 한다는 것은 "그러한 필요한 사항을 충족시키다"란 뜻이 된다.

These people now have services and support groups to **meet** their needs. 이제 이들 곁에 자신들의 필요를 충족시켜 주기 위한 서비스 업체와 지원 단체들이 있습니다.

★ 토익 출제 표현
1. meet the needs 필요를 충족시키다
2. meet the requirements 요건을 충족시키다
3. meet customer demand 소비자의 요구를 만족시키다
4. meet a deadline 마감기일을 맞추다
5. meet standard 기준에 부합하다

surge
[sə:rdʒ]

쇄도하다, 급증하다

[썰지 → 쓸지] 파도가 싹 쓸어버리듯이 쇄도하는 모습

The number of orders for computer-controlled robots has **surged**.
컴퓨터로 조절되는 로봇의 주문량이 쇄도했다.

opening
[óupəniŋ]

개시, 개장, 취직자리, 공석, 결원

open이 열다, 열리다란 뜻으로 어떤 행사의 뚜껑을 여는 것은 그 행사를 시작하는 것을 의미하고 상점이나 지점을 연다는 것은 그것의 개장을 의미하고 또한 자리가 열려 있다는 뜻은 그 자리가 비어 있는 공석이란 뜻이 된다.

★ 토익 출제 표현
1. **a job opening** 결원, 취직자리
2. **opening ceremony** 개막식
3. **the opening of a new branch** 새로운 지점의 개설
   • opening이 공석, 결원을 뜻할 때는 가산명사가 되기 때문에 반드시 부정관사를 앞에 쓰거나 복수형태로 사용된다는 점도 알아두자.

關 open 개점하다

medicine
[médisin]

약

[매디 신 → 뼈매디가 시린] 뼈매디가 시린 데 먹는 약을 달라는 할머니 연상

The **medicine** worked on me instantly. 약이 먹자마자 효력을 나타냈다.

medical
[médikəl]

의학의, 의약의

[medi(매디) + cal(칼) → 마디 칼] 손 마디와 뼈 마디를 칼로 자르며 수술하는 의학에 관계된 모습

Today I took a **medical** checkup. 오늘은 병원에서 건강 검진을 받았다.

★ 토익 출제 표현
1. **medical record** 진료 기록
2. **medical care** 의료 행위
3. **medical facilities** 의료시설

deny
[dinái]

부인하다

[디(뒤) 나이 → 뒤로 나이를 숨기다] 술집에 들어간 고등학생이 나이 검사하는 종업원에게 자기는 고등학생이 아니라며 부인하는 모습

Green **denied** doing anything illegal.
Green은 불법적인 어떤 것을 한다는 것을 부인했다.

★ 토익 출제 문제
Her son denied ＿＿＿＿ his hands.
그녀의 아들은 손 씻는 것을 거부했다.
→ **washing** (O), **to wash** (X), **wash** (X)
• deny는 뒤에 동명사만을 목적어로 취한다.
• 동명사만 목적어로 취하는 동사: stop, finish, avoid, mind, deny, enjoy
• 암기법: (to부정사와의 만남을) 그만두고(stop) 끝내고(finish) (다시 만나달라는 to부정사를) 피하고(avoid) 꺼리고(mind) 부인하고(deny) 동명사만이 즐긴다(enjoy)!

關 denial 부인

adore
[ədɔ́:r]

숭배하다

[어도어 → 아더왕] 원탁의 기사에 나오는 아더왕이 발코니에 서있고 성 앞에서 백성들이 숭배하는 모습

Let us **adore** God for all his works.
신이 만든 모든 것에 대해 신을 경배합시다.

파 adorable 사랑스러운, 매력적인
adoration 숭배, 사랑, 흠모

annual
[ǽnjuəl]

1년의, 해마다의

[애뉴얼 → 애 누얼] 1년이 되었는데도 애가 누워서 일어서지도 못한다고 걱정하는 부모 연상

You will receive **annual** salary increments every September.
당신은 매년 9월에 연례적인 봉급 인상을 받게 될 것입니다.

★ 토익 출제 표현
1. **annual leave** 연차 휴가
2. **annual growth rate** 연간 성장률

파 annually 매년, 1년에 한 번씩

contestant
[kəntéstənt]

경쟁자, 적, 경기 참가자

[contest(경쟁, 경기, 콘테스트) + ant(~사람)]

The take was shared equally by the two **contestants**.
수익은 두 경쟁자가 똑같이 나눠 가졌다.

issue
[íʃu:]

문제, 논점, 발행물; 발행하다

[이슈 → 있슈?] "어떤 문제라도 있슈?" 사회적 이슈화된 기사들을 발행하는 모습

Don't worry about who will do it; that's just a side **issue**.
누가 그것을 할 것인가는 걱정하지 마라; 그것은 부가적인 문제이니까.

★ 토익 출제 표현
current issue 현안

must-see
[mʌ́stsi:]

(경치·연예 등) 꼭 봐야 하는 것

If you go to Washington D.C, the Kennedy Center is a **must-see**. 워싱턴 D.C에 가면 케네디 센터는 필수죠.

discontinue
[dìskəntínju:]

중단하다

[dis(not) + continue(계속하다)] 중단하다

If payment is not received by the due date, service will be automatically **discontinued** until payment is made.
요금을 기한 내에 납부하지 않으면 요금을 납부하실 때까지 자동적으로 서비스가 중지됩니다.

complain
[kəmpléin]

불평하다

[컴(큰) 플레인(plane, 비행기) → 큰 비행기] 큰 비행기가 이착륙하는 마을에서 주민들이 시끄럽다고 불평하는 모습

We've received a **complaint** from one of our listeners about offensive language.
우리는 무례한 언어에 대해서 우리의 청취자 중의 한 명으로부터의 항의를 받았다.

🔲 complaint 불평, 항의

irrelevant
[iréləvənt]

부적절한, 관계없는

[ir(not) + relevant(관계있는, 적절한)] 관계없거나 적절하지 못한

★ 토익 출제 표현
the relevant documentation 관련된 서류

★ 토익 출제 문제
The evidence was dismissed as being _____ to the case.
그 증거는 그 사건과 관계없는 것으로서 기각되었다.
→ irrelevant (O), irregular (X), irrespective (X)
• irrelevant to~: ~에 관계없는

🔲 relevant 관계있는, 적절한

irrespective
[irispéktiv]

상관없는, 관계없는

[이리 스 펙 티브(TV)] 이리가 팩! 하고 집안으로 들이닥쳐도 상관하지 않고 TV에 빠져있는 사람 연상

★ 토익 출제 표현
irrespective of ~에 관계없이(= regardless of)
The legislation must be applied **irrespective of** someone's ethnic origins. 법률은 사람들의 인종적 태생과 관계없이 적용되어야 한다.

consequence
[kánsikwèns]

결과, 중요성

[컨시퀀스 → 큰 씨 컷수] 큰 씨를 심었더니 크게 컸다며 원인에 맞는 결과가 생긴 모습 그래서 처음부터 큰 씨를 심는 것이 중요하다고 하는 모습

The government's refusal to put enough money into health care has had disastrous **consequences**.
건강관리에 충분한 돈을 쓰는 것에 대한 정부의 거절은 재앙적인 결과를 가져왔다.

🔲 consequently 결과적으로, 따라서

investment
[invéstmənt]

투자

[in(안에) 베스트 먼트 → in(안에) best 많다] 우리 회사 안에 best(최고의) 인재들이 많으니 투자하세요

The company has made **investments** in recent years to improve the plant's efficiency.
그 회사는 최근에 그 공장의 효율을 높이기 위해 투자를 했다.

🔲 invest 투자하다

commercial
[kəmə́ːrʃəl]

상업상의, 통상의

1. [카(car) 뭐 셜 → 차 뭐 살 (겁니까?)] 자동차를 파는 외판원이 책자를 보여주면서 어떤 차를 살 것이냐고 손님에게 상업 행위를 하는 모습

What do you think of the **commercials** broadcast on Korean television? 한국의 TV에서 방영하는 광고에 대해 어떻게 생각하세요?

★ 토익 출제 표현
1. **commercial break** 광고방송 시간
   The movie on TV continued after the **commercial break**.
   TV 속 영화는 광고가 나간 후에 계속되었다.
2. **commercial district** 상업지구

🔲 commerce 상업, 통상, 교역

remove
[rimúːv]

옮기다, 이전하다, 제거하다

[re(again) + move(이동하다)] 다시 이동시켜서 옮기거나 제거하다

This mixture can **remove** stains from metal.
이 혼합물은 금속으로부터 얼룩을 제거할 수 있다.

🔲 removal 이동, 이전, 제거

injure
[índʒər]

손상시키다, 해를 주다

[인줘!] 도둑이 칼로 해를 입히려고 하자 '칼 인줘!'하며 뺏으려하는 경찰을 연상

The earthquake killed 24,000 people and **injured** 77,000.
그 지진은 24,000명을 죽이고 77,000명에게 상해를 입혔다.

🔲 injurious 해로운, 유해한
injury 상해, 손상

dish
[diʃ]

요리, 음식

dish의 뜻으로 '접시'가 있는데 접시 위에 있는 '요리'로 암기

Rice makes an excellent complement to curry **dish**.
밥은 카레 요리와 훌륭하게 어울린다.

★ 토익 출제 표현
signature dish 요리사의 가장 유명한 요리, 간판요리
Barbecued lobster is a **signature dish** of that restaurant.
랍스터구이는 그 레스토랑의 간판 요리예요.

merchant
[mə́ːrtʃənt]

상인

[뭘 천트] "뭘 찾으세요?"하고 묻는 상인 연상

Honest **merchants** do not swindle their customers.
정직한 상인은 고객들을 속이지 않는다.

figure
[fígjər]

숫자, 인물, 그림; 계산하다

[피겨] 피겨스케이팅에서 선수의 인물과 연기를 숫자로 계산하여 점수를 매기는 심판 연상

I envied her slim **figure** and burnished skin.
나는 그녀의 날씬한 몸매와 매끄러운 피부가 부러웠다.

★ 토익 출제 표현
1. **sales figures** 매출액
2. **historical figures** 역사적 인물, 위인

struggle
[strʌ́gl]

분투하다, 고투하다, 싸우다

[스트러글 → 수 트럭을] 수많은 트럭을 이용해서 사막에 아주 큰 건물을 지으려고 열심히 분투하는 트럭 운전사들을 연상

The firm is **struggling** for survival.
그 회사는 생존을 위해 몸부림치고 있다.

toeic voca

agent
[éidʒənt]

대리인, 대행자

[에이전트 → A전투] A전투, B전투, C전투 등에 장군이 직접 나가지 않고 대리인을 보내서 싸우게 하는 모습

★ 토익 출제 표현
1. **travel agency** 여행사
2. **trade agency** 무역회사

📖 agency 대리점, 중개, (정부의) 기관

range
[reindʒ]

범위, 영역, 구역; ~의 범위에 걸치다

[레인 지 → rain(비) 地(지, 땅구역)] 비가 오는 구역을 일기예보에서 알려주는 모습

This plant **ranges** from Canada to Mexico.
이 식물은 캐나다에서부터 멕시코에 걸쳐 분포하고 있다.

boost
[buːst]

증가하다, 북돋우다; 상승, 증대

[부스 투(two)] 신문 판매 부수가 두(two) 배로 증가하다

The government is studying new plans to **boost** the economy. 정부는 새로운 경기 부양책을 검토 중이다.

spot
[spɑt]

장소, 지점

[스팟 → 쑥밭] 쑥밭이 된 어떤 장소 연상

Where's the favorite honeymoon **spot** in Thailand?
태국에서 가장 인기 있는 신혼여행지가 어딥니까?

revenue
[révənjùː]

수입, 소득

[레브뉴 → 내 버뉴?] "내가 1년에 얼마나 버뉴?"하고 사장이 회계 담당원에게 자신의 수입을 묻는 모습

Labor-saving machinery will bring more **revenue** to farmers. 노동력을 절감하는 기계류는 농부들에게 더 많은 수입을 가져다 줄 것이다.

fiber
[fáibər]

섬유, 섬유질

[화이버 → 미에로 화이바] 섬유 음료

I hope to see our recent efforts in the glass **fiber** area bear fruit soon.
유리섬유분야에 있어, 최근 우리가 기울였던 노력이 조만간 성과를 거두게 되기를 바랍니다.

aware
[əwéər]

~을 알고 있는

[어, 외워] 어, 그것 외워서 알고 있어 난

★ 토익 출제 표현
1. **be aware of ~** ~을 알고 있다, ~을 알아차리다
   The bank **is** not **aware of** your divorce.
   은행에서는 당신의 이혼에 대해 알고 있지 않던데요.
2. **be aware that**절 ~을 알고 있다.
   Are you **aware that** you are irritating me?
   당신은 당신이 나를 짜증나게 하고 있다는 것을 알고 있습니까?
   • 'be aware of'에서 전치사 of가 쓰인다는 점과 'be aware of that'은 틀리다는 것을 명심하자.

🔲 awareness 인식, 알고 있음

legacy
[légəsi]

유산, 유증

[래거씨 → 내꺼야 씨] 유산이 서로 내꺼라고 싸우는 모습

All I've got is the little **legacy** my Aunt left.
내가 가진 것이라곤 나의 아주머니께서 남겨주신 작은 유산뿐이다.

ethnic
[éθnik]

민족의, 인종의

[애쓰닉] 독립 운동가들이 민족을 위해 애쓰닉 (애쓰는 모습)

The factory's workforce reflects the **ethnic** mix from which it draws its labor. 그 공장의 전 종업원은 노동자를 끄는 민족적 혼합을 반영한다.

official
[əfíʃəl]

공식적인, 공무적인; 공무원, 관리

[offic + cial → office(사무실) cial] 사무실에서 하는 일과 관련된, 즉 공무적인

There is to be an **official** inquiry into his nationality.
그의 국적에 관한 공식적인 조사가 있어야 한다.

★ 토익 출제 문제
Our store will **officially** open next week.
우리 가게는 다음 주 공식적으로 개점할 것입니다.
• officially open: 공식적으로 개점하다

🔲 officially 공식적으로, 공무상

ultimate
[ʌ́ltəmət]

궁극적인, 최후의

[얼티미트 → 얼 팀 있트(어느 팀 있다)] 토너먼트 경기에서 '최후에는 어느 팀이 있을까?'하고 최후의 승자를 추측하는 모습

Management must take **ultimate** responsibility for the late delivery. 배달 지연에 대해서는 경영진에서 최종적인 책임을 져야 한다.

🔲 ultimately 궁극적으로

lament
[ləmént]

슬퍼하다, 애도하다

[러멘트 → 로맨틱한] 로맨틱한 슬픈 영화를 보고 우는 모습

The poem opens, **lamenting** the death of a young man.
그 시는 한 젊은 남자의 죽음을 애도하며 시작된다.

🅐 lamentable 슬픈, 슬퍼할, 가엾은

offspring
[ɔ́ːspriŋ]

자식, 자손

[off(떨어져서) + spring(스프링, 용수철)] 토끼 자식들이 엄마 배속에서 스프링처럼 통통 튀어나오는 모습

How do parents pass genes on to their **offspring**?
어떻게 부모들이 그들의 자식들에게 유전자를 전할까?

wide
[waid]

넓은

와이드 TV란 모니터가 넓은 TV를 말함

★ 토익 출제 문제
1. He is <u>widely</u> admired for the elegance of his writing.
   그 남자는 우아한 글로 널리 칭송을 받고 있다.
   • be widely admired: 널리 존경 받다
   • be widely used: 널리 사용되다
   • be widely advertised: 널리 광고되다
2. The magazine covers a ＿＿＿ range of audience.
   그 잡지는 독자층이 넓다.
   → **wide** (O), high (X), open (X)
   • a wide range of: 광범위한, 폭넓은

🅐 widely 널리, 크게
   width 넓이
   widen 넓히다
   widening 확대, 확장

fantasy
[fǽntəsi]

환상, 백일몽

[환타지] 우리가 환타지라고 쓰는 말

Steve's favorite **fantasy** was about owning a big house and a flashy car.
스티브가 가장 좋아하는 환상은 큰 저택과 번쩍번쩍하는 차를 갖는 것이다.

mature
[mətjúər]

성숙한

[머 추워 → 뭐가 추워?] 떨고 있는 아이들 앞에서 "뭐가 춥다고 그래?"하며 성숙된 모습을 보여주는 성인을 연상

Now that you have passed your teens, be more **mature**.
너 10대를 지났으니 좀 더 성숙해져라.

🅐 maturity 성숙
🅐 immature 성숙하지 못한

complimentary
[kàmpləméntəri]

칭찬하는, 무료의

[com(together) 풀러 먼(지) 털이] 아이들이 가게의 쌓여있던 물건을 같이 풀러서 먼지도 털어주자 주인이 칭찬하며 물건을 무료로 주는 모습

He paid her a **compliment** by saying her cake was the best he had ever eaten.
그는 그녀가 만든 케익이 그가 먹어본 것 중에 최고라고 말하며 그녀를 칭찬했다.

He sent me a couple of **complimentary** tickets for the concert. 그는 나에게 두 장의 음악회 무료 티켓을 보냈다.

★ 토익 출제 문제
We offer a _____ continental breakfast.
컨티넨탈식 아침 식사가 무료로 제공됩니다.
→ **complimentary** (O), **complementary** (X)
 · complementary: 서로 보완하는, 보완적인
 · complimentary service: 무료 서비스
 · continental breakfast: 아침에 간단하게 먹는 식사로 토스트 몇 조각과 커피, 주스 정도로 이루어지는 식사를 말함

🔲 compliment 칭찬, 찬사; 칭찬하다,

deposit
[dipázit]

맡기다, 공탁하다, 예금하다; (은행) 예금, 계약금

[디파짓 → 뒤 빠짓] 뒷주머니에 두면 빠질까봐 지갑을 잠시 친구에게 맡기고 달리기 시합에 나가는 모습

I had to **deposit** 10% of the price of the house.
나는 집값의 10%를 계약금으로 주어야 했다.
I'd like to **deposit** 5 dollars. 5달러를 예금하고자 합니다.

aptitude
[ǽptətjùːd]

솜씨, 기능, 소질

[앞터튜드 → 앞다투다] 기능공 대회에서 1등을 하려고 서로 솜씨를 발휘하며 앞을 다투는 모습

My daughter is showing an **aptitude** for math.
내 딸은 수학에 재능을 보이고 있다.

commute
[kəmjúːt]

통근하다

[커무트 → 꺼물트] 매일 버스로 출근하여 버스의 시커먼 연기에 얼굴이 꺼멓게 변한 사람 연상

Many inhabitants in London **commute** by British Rail.
런던의 많은 주거민들은 British Rail (영국 국영 철도)로 통근한다.

★ 토익 출제 표현
1. **commuter train** 통근 열차
2. **local commuters** 지역 출퇴근자들

🔲 commuter 정기 통근자; 통근자의

compact
a. [kəmpǽkt, kάmpækt]
n. [kάmpækt]

소형의; 계약

[콤팩트] 콤팩트 디스크(작은 소형의 디스크) 100만장 판매 계약을 맺다

What a **compact** office! How did you fit so many books into such little space? 정말 작은 사무실이구나! 어떻게 너는 그렇게 작은 공간에 그렇게 많은 책들을 넣을 수가 있었니?
They made a **compact** not to reveal any details.
그들은 어떠한 사항도 누설하지 않기로 계약했다.

pile
[pail]

쌓다, 축적하다; 쌓아올린 더미

[파일 → file(화일)] 서류 파일을 책상 위에 산더미처럼 쌓아놓은 모습

We've **piled** up quite a bit of cash in our savings account. 저축통장에 돈이 꽤 모였어요.

accuracy
[ǽkjurəsi]

정확, 정확도, 올바름

[애큐러시 → 애꾸 역시] 과녁을 맞출 때 한쪽 눈을 감고 애꾸로 조준하여 정확히 맞추는 모습 "애꾸로 했더니 역시 정확해!"

The computer can predict changes with a surprising degree of **accuracy**.
컴퓨터는 놀라울 정도의 정확도로 변화들을 예언할 수 있다.

🔲 accurate 정확한, 올바른
　accurately 정확하게
🔲 inaccurate 부정확한

★ 토익 출제 표현
inaccurate information 부정확한 정보

loan
[loun]

융자, 대출

[로운 → 논] 자식 공부시키려고 논을 저당 잡히고 대출을 받는 농부 연상

The rate of interest on a car **loan** is 10%.
자동차 대출 금리는 10퍼센트입니다.

mortgage
[mɔ́:rgidʒ]

저당, 담보; 저당 잡히다

[모기지 → 목이지] 자신의 목을 가리키며 "이게 내 목이지? 이걸 저당잡고 약속할 테니 돈 좀 꿔 줘!"하며 목숨을 담보로 하는 모습

If you fail to repay the **mortgage**, the bank will repossess your house.
만약 당신이 그 저당을 갚지 못한다면 은행은 당신의 집을 압류할 것이다.

★ 토익 출제 표현
mortgage loan 주택 담보 대출

deplane
[diːpléin]

비행기에서 내리다

[de(down) + plane(비행기)] 비행기에서 아래로 내리다

Please make sure to take all your personal belongings with you as you **deplane**.
비행기에서 내리실 때 여러분의 개인 소지품들을 꼭 가져가십시오.

hardly
[háːrdli]

거의 ~않다

[hard(어려운) + ly → 어렵게 한다] 뭘 해달래도 어렵게 해준다는 것은 거의 ~하지 않는다는 의미

★ 토익 출제 문제
1. There is little to motivate these kids to work _____ at school.
   이 아이들이 학교에서 열심히 공부하도록 동기를 부여하는 것이 거의 없다.
   → hard(O), hardly(X)
   • hard: 열심히, 단단히 hardness: 단단함 hardship: 고난, 역경
2. Traditional Korean wooden houses are hardly ever built these days.
   한국의 전통적인 목조가옥은 요즘 좀처럼 세워지지 않고 있다.
   • hardly ever: 좀처럼 ~하지 않다

skeptical
[sképtikəl]

회의적인, 의심 많은

[스캡티클 → 수캐 티끌] 경찰견인 수캐가 작은 티끌까지도 의심하며 냄새 맡는 모습

He is **skeptical** about the project.
그는 그 프로젝트에 회의적이다.

condiment
[kándimənt]

양념, 조미료

[칸디먼트 → 간 뒤 만두] 간(양념)을 뒤에 넣는 만두국의 양념을 연상

Mustard is used as a **condiment**. 겨자는 양념으로 쓴다.

compartment
[kəmpáːrtmənt]

(짐)칸, 구획

[컴파트먼트 → 칸 part(부분) 많다] 칸으로 나누어진 부분들이 많은 짐칸들을 연상

My bag doesn't fit in the overhead **compartment**.
제 가방은 머리 위 선반에 맞지 않아요.

★ 토익 출제 표현
overhead compartment(= overhead bin, overhead rack)
비행기 좌석 위에 있는 짐칸

radical
[rǽdikəl]

근본적인, 급진적인, 철저한

[레디컬 → ready 칼] 칼을 쓸 준비가 된 사소한 잘못을 한 사람이나 작은 흠도 칼을 써서 제거하여 근본적인 원인을 없애는 철저한 사람 연상

We need a **radical** change in the taxation system.
조세 제도상의 근본적인 변화가 필요합니다.

📖 radically 근본적으로, 완전히

exception
[iksépʃən]

예외

[except(~을 제외하고)의 명사형]

★ 토익 출제 문제

_____ the exception of John, everyone passed th exam.
John을 제외하고는 모두가 시험에 합격했다.

→ **With** (O), **For** (X)
 • with the exception of ~: ~을 제외하고
   with very few exceptions: 거의 예외 없이

warrant
[wɔ́:rənt]

보증; 보증하다

[워런트 → 어른 투] 청소년이 핸드폰이나 비싼 물건을 살 때는 어른 둘이 꼭 보증을 해주어야 한다며 보증해줄 어른을 데리고 오라는 모습

I **warranted** that he would surmount the obstacle.
나는 그가 그 장애를 극복할 것이라고 보증했다.

★ 토익 출제 표현
under warranty 보증기간 중인
The machine is still **under warranty**.
이 기계는 아직 보증 기간이 끝나지 않았다.

📖 warranty 보증(서)

17강 toeic voca

celebrity
[səlébrəti]

명성, 유명인, 명사

[셀레브러티 → 설레부렸어] 인기 가수와 같은 유명인을 만나서 마음이 설레 부렸어(설레였어)

A lot of **celebrities** were at the benefit concert.
자선 공연에 유명 인사들이 많이 참석했다.

repair
[ripéər]

고치다, 수선하다; 수선

[re(back) + pair(페어) → 패인 곳을 다시 복원하다] 가구나 차 등의 움푹 패인 곳을 다시 원래대로 고치는 모습

The landlord promised to **repair** the roof before we moved in. 집주인은 우리가 이사 들어가기 전에 지붕을 고쳐 주겠다고 약속했다.

★ 토익 출제 표현
1. **auto repair shop** 자동차 정비소
2. **under repair** 수리 중인
   The hotel is currently **under repair**. 그 호텔은 현재 보수 중이다.

barter
[bɑ́:rtər]

물물교환하다, 교역하다; 물물교환

[바터 → 받어!] "이거 받고 니꺼 줘"하며 물물교환하는 모습

Years ago, hunters **bartered** furs for guns.
수년 전에 사냥꾼들은 동물의 털가죽과 총을 물물교환했다.

drawback
[drɔ́:bæk]

결점, 장애

[들어 + 백 → 들어 bag(가방)] 다리에 장애가 있어 가방을 들어주는 모습

The main **drawback** to such a holiday is the cost.
그러한 휴가의 주된 결점은 비용이다.

enterprise
[éntərpràiz]

기업, 기업체

[enter(들어가다) + 프라이즈(prize. 상)] 대학 졸업하고서의 가장 좋은 상은 기업에 들어가는 것, 즉 상을 받은 것처럼 들어가는 곳은 기업체

圖 enterprising 기업적인, 진취적인

Small **enterprises** play a significant role in the life of our communities.
소규모의 기업들은 우리 지역사회 생활에서 중요한 역할을 한다.

book
[buk]

예약하다, (장부에) 기입하다

1. [책(장부)에 써놓다] 호텔이나 식당의 시간과 좌석 등에 대한 약속을 책(장부)에 기입해서 예약을 받는 모습
2. 너무 인기가 있어 품절된 책(book)을 미리 사기로 예약하는 모습

She'd **booked** a table for four at their favorite restaurant.
그녀는 그들이 가장 좋아하는 식당에 4명을 위한 자리를 예약했다.

★ 토익 출제 표현
1. **book a room/table/ticket** 방/테이블/티켓을 예약하다
2. **booked up** 예약이 모두 된, 예매가 매진된
   All flights to Seoul are **booked up** for today.
   오늘 서울행 비행기는 모두 예약이 끝났습니다.

receptive
[riséptiv]

reception 환영회, 접대, 응접, (호텔 등의) 접수대
receptionist 접수계원

잘 받아들이는, 감수성이 예민한, 이해가 빠른

[receive(받다)의 형용사형]

a **receptive** person/mind/attitude/audience
수용적인 사람/마음/태도/청중

discharge
[distʃáːrdʒ]

(짐을) 내리다, 배출하다, 해고하다, 퇴원하다, 석방하다

1. [디스 차지 → this(이것 이 사람)을 차지] 트럭에서 짐을 차서 내리는 모습. (짐을) 내리다
2. 회사에서, 병원에서, 형무소에서 각각 사람을 차서 밀어내는 모습 → 해고하다, 퇴원하다, 석방하다

He had been **discharged** from the army after having malaria. 그는 말라리아에 걸린 후 군대에서 제대 조치되었다.

★ 토익 출제 문제
The government decided to _____ the rice in stock.
정부는 보유미를 방출하기로 결정했다.

→ **discharge** (O), **displace** (X)
- displace: 바꾸어 놓다, 추방하다, 대신하다

improve
[imprúːv]

improvement 향상, 개선

개선하다, 진보시키다

[im(in) 푸르부 → ~안을 풀르다] 컴퓨터 안의 나사를 풀러 안을 **upgrade**(개선하는) 모습

These houses have been **improved** by the addition of bathrooms. 이 집들은 욕실을 추가함으로써 개선되었다.

crop
[krap]

농작물, 수확

[크라압 → 빨리 크라! 압!] 농작물이 얼른 크라고 압! 하고 기합을 넣어주는 농부를 연상

A scarecrow keeps the birds away from **crops**.
허수아비는 새들이 농작물에 다가가지 못하도록 쫓아준다.

ecosystem
[iːkousìstəm]

생태계

[에코(echo메아리) + system] 산에서 메아리가 들리는 것은 나무들의 생태계가 존재하기 때문이다, 즉 에코가 있게 하는 시스템은 생태계이다

Overfishing is damaging the delicate marine **ecosystem**.
물고기 남획이 섬세한 해양 생태계를 손상시키고 있다.

commodity
[kəmádəti]

상품, 일용품, 필수품

[커 마더(mother) 티 → 큰 어머니의 티] 몸집이 크신 어머니들을 위한 티라며 그 상품을 파는 모습

Garlic is an important **commodity** in the East.
마늘은 동양에서 중요한 일용품이다.

cling
[kliŋ]

달라붙다, 매달리다, 고수하다 (cling—clung—clung)

[클 링 → 큰 링] 큰 링이 귀에 대롱대롱 매달려 있는 모습

The smell of smoke **clings** to my clothes for a long time.
담배 연기는 오랫동안 내 옷에 배어서 없어지지 않는다.

policy
[páləsi]

정책, 방침, 보험, 증권

1. [팔러 시] 보험설계사들이 보험을 팔러 시 전체를 돌아다니는 모습
2. [팔러 시] 서로의 영역이 있기에 보험을 팔 때 시를 벗어나지 말아야 한다는 정책과 방침

The rice price is kept high in Korea by the government's **policy**. 한국에서는 정책적으로 쌀 가격을 높게 유지시키고 있습니다.

★ 토익 출제 표현
1. return policy 환불 정책
2. insurance policy 보험 증권

electronically
[ilektránikəli]

온라인으로, 컴퓨터 통신망으로

[electron(전자) 상으로]

Money transfers between banks are done **electronically** and could therefore be instantaneous.
은행 간 송금은 온라인으로 이루어지기 때문에 즉각적으로 된다.

temporary
[témpəreri]

일시적인, 임시의, 한때의

[템(ten, 10) 퍼러리 → 10대일 때만 일시적으로 퍼러리] 아이들이 머리에 파란색 물을 들이고 다니는 것은 모두 10대일 때만의 일시적인 행동이다

She's a **temporary** resident.
그녀는 일시적인 거주자이다.

> ★ 토익 출제 표현
> 1. be temporarily out of stock 일시 품절이다
> 2. be temporarily suspended 당분간 중단되다
>   Their work **was temporarily suspended**.
>   그들의 작업이 잠시 중단되었다.

▣ temporarily 일시적으로, 잠시

oversee
[òuvərsí:]

감독하다, 내려다보다

[over(~위에서) + see(보다)] 위에서 아래 직원들을 내려다보며 감독하는 모습

A team leader was appointed to **oversee** the project.
그 사업을 감독하도록 팀장이 임명되었다.

coordinate
[kouó:rdənèit]

조정하다, 조화시키다

가수나 연예인들의 코디네이터(coordinator)란 의상, 화장, 구두 등을 조화롭게 맞추어 주는 사람

▣ coordinator 조정자, 진행 담당자

We must **coordinate** our efforts to help the flood victims.
우리는 수해 피해자들을 돕기 위해 협력해야 한다.

overpass
[óuvərpæs]

육교, 고가도로

[over(위로) + pass(통과하다)]

There is no **overpass** along this street.
이 거리에는 육교가 없다.

divide
[diváid]

나누다, 쪼개다, 분할하다

> [디 바이드 → 뒤 바위두] 어떤 사람이 힘자랑을 하며 뒤에 있는 바위도 주먹으로 쪼개는 모습

Economically, the world is **divided** into two main groups.
경제적으로 세계는 두 개의 주요 그룹으로 나누어진다.

> ★ 토익 출제 표현
> 1. divide A into B   A를 B로 분할하다, 나누다
> 2. be divided into ~   ~로 나눠지다

eliminate
[ilímineit]

제거하다, 배제하다

> [일리미네이트 → 1,2 미내 te] 하나 둘 모두 낭떠러지로 밀어서 없애는 모습

The police have **eliminated** two suspects from their inquiry. 경찰은 두 명의 용의자를 수사에서 배제했다.

check in

체크인하다

> [check하고(조사하고) in(안으로) 들어가다] 숙박료, 인원 등을 조사하고 호텔 안으로 들어가는 모습

I'd like to **check in**, please. 투숙하려고 합니다.

check out

체크아웃하다, 책을 대출하다

> [check하고(조사하고) out(밖으로) 나오다]

What can I do to **check out** this book?
이 책을 대출 받으려면 어떻게 해야 하나요?
What time do we have to **check out**?
몇 시에 체크아웃 해야 합니까?

absorbing
[əbsɔ́:rbiŋ]

마음을 빼앗는, 열중시키는

> [업! 서빙] 써빙 보는 여자를 보자마자 '업!' 하며 놀라고 마음을 빼앗기는 모습

I was utterly **absorbed** in what I was doing.
나는 내가 하고 있는 일에 완전히 몰두했다.

> ★ 토익 출제 표현
> be absorbed in ~   ~에 몰두하다, 마음을 빼앗기다

📖 absorb 열중시키다, 흡수하다

consider
[kənsídər]

숙고하다, 고찰하다, 고려하다

> [큰 시 더] 언어영역 선생님이 이 시는 비중이 큰 시이니까 더 고찰하고 숙고하라고 말하는 모습

Do you **consider** him as a friend or a colleague?
너는 그를 친구로 여기니 아니면 그냥 동료로 여기니?

> ★ 토익 출제 표현
> **consider A as B** A를 B로 간주하다

> ★ 토익 출제 문제
> 1. We have no doubt that the new plant will bring us _____ profits within a few years.
> 몇 년 이내에 새 공장이 우리에게 상당한 이익을 안겨다 주리라는 것은 의심치 않습니다.
> → **considerable** (O), **considerate** (X)
> 2. The proposals are still under **consideration**.
> 그 제안들은 아직도 고려 중이다.
> • under consideration: 고려 중인

📖 **considerable** 중요한, 고려할 만한, 상당한
considerate 분별력 있는, 사려 깊은
considerably 상당히, 꽤, 무시하지 못할 정도로
consideration 고찰, 고려

fraud
[frɔːd]

사기, 사기꾼

> [풀어두 → 풀어두다] 수갑에서 탈출하는 마술사는 원래 수갑을 풀어두고 묶인척하는 사기꾼

I'm accusing him of **fraud**. 저는 그를 사기로 고발할 겁니다.

accord
[əkɔ́ːrd]

일치, 합의; 조화하다, 조화시키다, (칭찬 · 허가 · 명예 등을) 주다

> [a(하나의) + cord(코드)] 전기 코드와 콘센트가 서로 조화롭게 딱 맞는 모습

I rewrote the article because it didn't **accord** with our policy. 나는 그것이 우리의 정책과 일치하지 않기 때문에 그 기사를 다시 썼다.
He had loved her and he had been, **accordingly**, good to her. 그는 그녀를 사랑했다. 따라서 그는 그녀에게 잘 해 주었다.

> ★ 토익 출제 표현
> 1. **according to** ~ ~에 따라, ~에 따르면
> **According to** the weather forecast, the weather will improve soon. 일기 예보에 따르면, 날씨가 곧 좋아질 것이라고 한다.
> The charges vary **according to** the type of call you make.
> 요금은 거시는 전화 종류에 따라 다릅니다.
> 2. **in accordance with** ~ ~에 따라서, ~에 일치하여
> You should have said something else that was more **in accordance with** the time and place.
> 때와 장소를 가려서 거기에 어울리는 다른 표현을 썼어야 했어요.

📖 **accordance** 일치, 조화
accordingly 따라서(앞뒤가 일치하여), 그러므로

feature
[fíːtʃər]

~을 대서특필하다, ~을 주된 특징으로 하다, 주연시키다, 특징을 이루다; 특집기사, 용모, 특징

> 1. [피쳐 → 픽쳐(picture: 그림, 사진)] 신문 기사에 유명인을 크게 사진으로 찍어 그 사람을 주연으로 하여 대서특필한 모습
> 2. [피쳐 → 삐쳐] 저 사람은 삐쳐있는 얼굴 모양이 특징이다.

His eyes are his most striking **feature**.
그의 눈이 그의 이목구비에서 가장 두드러진다.

> ★ 토익 출제 문제
> The front page **featured** an air disaster.
> 1면은 비행기 사고를 대서특필했다.

monetary
[mánətèri]

화폐의, 금전상의, 재정상의

> [머니(money) +tary] 돈의

The **monetary** unit of Japan is the yen.
일본의 화폐 단위는 '엔'이다.

negative
[négətiv]

부정적인, 부정의, 소극적인

> [내거티브 → 내가 TV?] "내가 TV에 나와? 흥 어림없지"하며 자신은 못생겨서 TV에 나올 수 없다고 부정적으로 생각하는 모습

We received a **negative** answer to our request.
우리는 우리 요청에 대한 부정적인 대답을 받았다.

■ negatively 부정적으로

affirmative
[əfə́ːrmətiv]

긍정적인, 확언적인

> [어퍼머티브 → 어, 퍼머 TV] "어, 혹시 퍼머하면 TV에 나올 수도 있겠는 걸"하며 자신이 퍼머를 하면 외모가 더 나아져서 TV에 나올 수 있겠다고 긍정적으로 생각하는 모습

I showed her the **affirmative** nodding of my head.
나는 그녀에게 긍정적인 끄덕임을 보여주었다.

■ affirmatively 긍정적으로

metro
[métrou]

지하철

> [메트로 → 밑으로] 밑으로 다니는 것

> ★ 토익 출제 표현
> **metro station** 지하철역
> He drove me to the **metro station**. 그는 나를 지하철역까지 태워다 주었다.

18강 toeic voca

appoint
[əpóint]

지명하다, 임명하다, (시간·장소 등을) 지정하다

[어, point(점, 뾰족한 끝)] "어, 나를 뾰족한 손가락 끝으로 지명하네"하며 지명당하는 모습

If he didn't have a secretary to remind him, he wouldn't keep any of his **appointments**.
만약 그에게 상기시켜줄 비서가 없었다면 그는 어떠한 약속도 지키지 않을 것이다.

★ 토익 출제 표현
make[fix, arrange] an appointment with ~와 약속하다

▣ appointment 지정, 임명, 약속

amount
[əmáunt]

양, 총계; 총계가 ~에 이르다

[어마 운트] 어마어마한 양(총계)

a large **amount** of money 막대한 금액

brief
[bri:f]

간결한, 잠시의; ~에게 간단히 설명하다, 브리핑하다

회사 등에서 브리핑(briefing)한다는 말을 많이 들어보셨죠? 브리핑이란 간단한 요약 보고를 뜻합니다.

▣ briefing 요약보고
  briefly 짧게, 간단히

His answer was **brief**. 그의 대답은 간결했다.

elastic
[ilǽstik]

탄력 있는, 신축성 있는

[일래스 틱 → 일어슬래 틱] 오뚜기가 쓰러지자 "일어설래!"하며 틱! 하고 탄력 있게 일어서는 모습

A lot of sports wear is made of very **elastic** material.
많은 스포츠 의류는 매우 탄력 있는 물질로 만들어진다.

utmost
[ʌ́tmòust]

최대의, 최고의; 최대한도

[어트 most → 아따 most 하네] "아따 최고네!"

Learning is of the **utmost** importance.
배우는 것이 최고로 중요하다.

★ 토익 출제 문제
We have done our <u>utmost</u> to make the process.
우리는 발전하기 위해 최선을 다해왔다.
• do one's utmost: 최선을 다하다(= do one's best)

accountable
[əkáuntəbl]

책임이 있는

[어카운터블 → 어, 카운터 불] 카운터에 불 난 것에 대해 카운터를 지키던 종업원이 책임이 있다고 하는 모습

He is **accountable** for ruining other people's possessions.
그는 타인의 개인 재산 파손에 대한 책임이 있다.

🔲 accountability 책임, 의무

chief
[tʃiːf]

우두머리, 장관, 상사; 최고의, 주요한

[치프 → 찌프] 전쟁 영화에서 보면 대장은 앞에 찌프차에 멋있게 타고 가고 군인들은 뒤에 트럭에 잔뜩 실려서 따라가죠? 찌프차에 타고 있는 우두머리 연상

The U.S. **chief** negotiator said he hoped the meeting would pave the way for the next round of nuclear talks in Pyongyang.
미국 측 수석대표는 그 회담이 평양에서의 차기 핵 회담 개최를 가능하게 하기를 희망한다고 말했다.

collision
[kəlíʒən]

충돌

[컬리전] 차가 가로수에 걸려 충돌하는 모습

Three people were killed in a **collision** between a bus and a car.
버스 한 대와 승용차 한 대가 충돌하여 세 사람이 사망했다.

🔲 collide 부딪치다, 충돌하다

shelf
[ʃelf]

선반

[쉘프 → self] 식당에서 물과 컵은 선반에 있으니 셀프로 떠다 먹으라고 선반 위에 '물은 SELF SERVICE'라고 써놓은 모습

A large number of magazines were arrayed on the **shelf** in the shop.
많은 잡지들이 상점 책꽂이에 진열되어 있었다.

challenge
[tʃælindʒ]

도전하다; 도전, 힘든 일

미국의 챌린저호는 우주에 도전하는 우주선이란 뜻

> ★ 토익 출제 표현
> 1. **challenging job** 도전적인 직업
>   He resigned in order to take a more **challenging job**.
>   그는 좀 더 도전적인 직업을 갖기 위해 사임했다.
> 2. **challenging project** 어려운 프로젝트

🔲 challenging 도전적인, (흥미롭기도 하며) 힘든

cab
[kæb]

택시

[캡(cap 모자)] 자가용 위에 모자를 쓴 것처럼 TAXI라는 간판을 쓰고 다니는 택시를 연상

Grab a **cab** and come right over here.
택시를 잡아타고 이쪽으로 곧장 오십시오.

headquarters
[hédkwɔ̀:rtərz]

본사, 본부

[head(머리) + quarters(막사)] 사람에게 중요한 것이 머리 부분이듯이 막사나 어떠한 기지에 있어서 머리 역할을 하는 본사, 본부

The company's **headquarters** is in Seoul.
그 회사의 본부[본사]는 서울에 있다.

combination
[kàmbənéiʃən]

결합, 배합, 조합

1. 콤비(단짝)는 원래 combination을 뜻한다.
2. 콤비네이션 피자는 여러 가지 내용물 등을 배합해서 만든 피자

★ 토익 출제 표현
1. **combined experience** 결합된 경력
2. **combined efforts** 결합된 노력
   Success was achieved by the **combined efforts** of the whole team. 팀 전원의 합치된 노력으로 성공이 이뤄졌다.
3. **in combination with ~** ~와 더불어, ~와 결합하여
   The firm is working on a new product **in combination with** several overseas partners.
   그 회사는 몇몇 해외 파트너들과 공동으로 새 제품을 구상하고 있다.

📘 combine 결합시키다, 합병시키다

administer
[ədmínistər]

경영하다, 관리하다, 다스리다

[ad(to) + minister(장관)] 장관에게 나라의 일을 다스리게 하거나 관리하게 하다

The economy has been badly **administered** by the notorious government.
경제는 그 악명 높은 정부에 의해 형편없이 관리되어 왔다.

📘 administration 경영, 관리, 행정

lawsuit
[lɔ́:su:t]

소송, 고소

[law(법) + suit(소송, 고소)]

Our company is facing a **lawsuit**. 우리 회사는 소송에 휘말렸다.

guarantee
[gærəntíː]

보증, 개런티(최저 보증 출연료); 보증하다

1. [개런티] 개런티로 얼마를 받았다고 할 때 보증된 출연료를 개런티 라고 하죠?
2. [개런 티 → 계란 티] 계란을 안전하게 티에 감싸서 배달해주겠다며 안전을 보증해 주는 주인아저씨 연상

★ 토익 출제 문제
1. There is no guarantee of work after training.
   교육이 끝난 후에 일자리에 대한 보장은 없다.
2. Wealth is no guarantee of happiness.
   부(富)가 행복을 보장해 주지는 않는다.
   • A is no guarantee of B: A가 B를 보증해 주지는 않는다

respective
[rispéktiv]

파 respectively 각각, 제각기
respectful 존중하는, 공손한, 예의바른

각자의, 각각의

respect(존경하다)의 파생어로 저마다 존경하는 사람들은 제각각이라는 느낌으로 암기

He drove them to their **respective** homes.
그는 그들을 각자의 집까지 태워다 주었다.

panic
[pǽnik]

공포, (경제) 공황

[패닉?] 사람을 야구 방망이로 사정없이 패는 모습을 보고 "헉, 사람을 어떻게 저렇게 패니?"하며 공포에 질리는 모습

The thought of flying fills me with **panic**.
비행기를 탄다는 생각을 하면 겁이 난다.
The **panic** has pulled down the prices of stocks.
공황으로 주가(株價)가 하락했다.

operate
[ápərèit]

파 operation 수술, (기계 등의) 운전, 작업
operational 작동하는, 운전 중인, 경영상의

수술하다, (기계·장치 등을) 운전하다, 조종하다

[아퍼레잇 → 아퍼? 에잇!] 찢어진 상처가 아프다고 하니까 의사가 "아퍼?" 하고 묻더니 에잇! 하고 레이저를 조종하여 아픈 부위를 수술하는 모습

Repairing a watch is a very delicate **operation**.
시계를 고치는 것은 매우 섬세한 작업이다.

★ 토익 출제 문제
We expect that this nuclear plant will be fully _____ next winter. 우리는 이 원자력 발전소가 내년 겨울에는 완전히 가동되기를 기대한다.
→ **operational** (O), **operation** (X)

usher
[ʃər]

(극장·교회 등의) 안내인, 수위, 접수원; 안내하다

[어셔 → 어서옵셔!] 문 앞에서 "어서옵셔!" 하며 안내하는 수위나 안내인을 연상

I was **ushered** in and then the interview started.
나는 안으로 안내되었고 그러자 면접이 시작되었다.

cooperation
[kouɑ̀pəréiʃən]

협력, 협동

[코아퍼레이션] 코를 맞대고 협력하다보니 코가 아퍼(레이션)

Only **cooperation** will give you a sure warrant of success.
단지 협력만이 너에게 확실한 성공의 보증을 줄 것이다.

★ 토익 출제 표현
1. **in cooperation with~** ~와 협력하여
   This is a report produced by the government **in cooperation with** the chemical industry.
   이것은 정부와 화학 업계가 협동하여 만든 보고서이다.

Ⓥ cooperate 협력하다, 협동하다
cooperatively 협력하여, 협동하여

ascribe
[əskráib]

~의 탓으로 돌리다

[어스크라이브 → 어서 끄라이! 브] "어서 TV를 끄라이! 저놈의 TV 때문에 네가 성적이 그 모양이지!"하며 성적의 원인을 TV로 돌리는 모습

It is wrong to **ascribe** all that has happened simply to the war.
발생했던 모든 것을 단지 전쟁 탓으로 돌리는 것은 잘못이다.

★ 토익 출제 표현
ascribe A to B A를 B의 탓으로 돌리다

spontaneous
[spantéiniəs]

자발적인, 자연적인, 무의식적인

[스폰테니어스 → 습한 ten(10)분이었어] 습한 한증막에서는 10분 지나면 모두 자발적으로 나오게 되어 있어.

They made a **spontaneous** offer of assistance.
그들은 자발적으로 지원을 제의했다.

Ⓥ spontaneously 자발적으로, 자연히, 자연스럽게

sue
[suː]

고소하다

[슈우] 자동차가 속도를 위반하고 '슈우~'하고 달리는 것을 보고 고소하는 모습

She's **suing** for a divorce. 그녀는 이혼 소송 중이다.

Ⓥ suit 소송, 고소

yield
[jiːld]

생산하다, (결과·이익 등을) 가져오다, 양보하다

1. [이일드 → 일들 해!] 일을 해서 물건을 빨리 생산해내라며 소리치는 공장장 연상
2. [일들 해] "노동쟁의 그만하고 이제 회사에 우리가 양보하고 일들 하자"하고 양보하는 노조 연상

The talks with management failed to **yield** any results.
경영자 측과의 회담은 어떠한 결과도 산출하지 못했다.

They were forced to **yield** some of their lands during the war. 그들은 전쟁 동안에 그들 땅의 일부를 양보해야 했다.

★ 토익 출제 표현
yield big profits 큰 이익을 내다

illustrate
[íləstrèit]

설명하다, 예증하다, 그림 등을 넣다

[일러 스트레이트 → 일러 straight] 직접 일러주며 설명하다

This latest conflict further **illustrates** the weakness of the UN. 이 최근의 투쟁은 UN의 약점을 더욱 예증한다.

illustration 설명, 예증, 도해

encounter
[inkáuntər]

(우연히) 만나다, 마주치다, (위험·곤란 등에) 직면하다

[잉 카운터] 식당에서 밥을 먹고 돈을 안내고 도망 나가다가 카운터에서 주인을 만나자 "잉, 카운터에서 만나다니"하며 곤란에 직면하는 모습

I've never **encountered** a situation like that before.
전에는 그런 일이 저한테 한 번도 없었어요.

duty
[djúːti]

의무, 임무, 세금

[듀티 → 두시] 새벽 두시에 자고 있는 군인을 깨워 임무 교대하자고 하면서 "야 두티야"하며 혀 짧은 소리로 임무를 교대할 시간이라며 두시를 알리는 모습

I'm off **duty** today. 나는 오늘 비번이다.
He's on **duty** now. 그분은 지금 근무 중이십니다.
Do I have to pay **duty** on the camera I bought here?
여기서 구입한 카메라의 세금을 지불해야 합니까?

★ 토익 출제 표현
1. **the duties associated with a job** 직업과 관련된 업무들
2. **one's primary duty** ~의 주요 업무
3. **off duty** 비번의
4. **on duty** 당번인, 근무 중인
5. **duty-free** 면세의
6. **duty-free shop** 면세점

author
[ɔ́:θər]

저자, 작가

[오 써 → 오~ 써주세요!] 유명 작가에게 글 좀 써달라고 애원하는 모습

The copy of the novel I bought was signed by the **author**.
내가 산 소설은 저자에 의해 싸인 받았다.

📖 authorship 원작자, 출처

obvious
[ábviəs]

명백한, 명확한

[앞 비었으] 극장에서 앞좌석이 모두 비어서 화면이 명확하게 보이는 모습

They do have a small child, and so for the **obvious** reason, they need to find work as soon as possible.
그들은 어린 자녀를 갖고 있다. 그러한 명백한 이유로 그들은 가능한 한 빨리 일자리를 찾아야 한다.

ban
[bæn]

금지령, 금지; 금지하다

[밴 → 뺀] 영화의 외설적인 장면을 빼라고 해서 뺀, 즉 금지된 장면을 뺀 모습

The treaty **bans** all nuclear tests.
그 조약은 모든 핵실험을 금지시킨다.

refrain
[rifréin]

그만두다, 삼가다, 참다, 자제하다

[리프 rain → 이프(if) rain] 만약(if) 비(rain)가 오면 경기를 그만둔다.

★ 토익 출제 표현

refrain from~ ~을 삼가다
They both **refrained from** direct association with the president.
그들은 둘 다 사장과의 직접적인 교제를 삼갔다.
• refrain은 자동사이기 때문에 from과 함께 쓰여야 목적어를 취할 수 있다.

proportion
[prəpɔ́:rʃən]

비율, 비, 비례, 균형, 몫

[프로 포션 → 프로(%) 퍼션] 논의 주인이 하인들에게 일의 실적이 몇 프로인가에 따라 비례해서 쌀을 퍼주는 모습

Sunday magazines always include a high **proportion** of advertisements for cars.
일요 잡지들은 항상 높은 비율의 자동차 광고를 포함한다.

19강 toeic voca

embrace
[imbréis]

포옹하다, 받아들이다

[임브래이스 → 이불에 있오] 이불에서 부부가 껴안고 있는 모습. 또한 사람뿐만 아니라 어떤 사물이나 상황을 껴안는다는 것은 받아들이는 것을 뜻한다.

When he **embraced** her, he was paralyzed with fright.
그가 그녀를 안았을 때 그는 두려움으로 마비되었다.

serious
[síəriəs]

진지한, 중대한, 심각한

[쉬어리 없오 → 쉬는 것 없어] 두 사람이 쉬지도 않고 몇 시간이나 진지하게 대화하는 모습

★토익 출제 표현
take ~ seriously ~을 심각하게 받아들이다
Don't **take** it **seriously**. I was just joking.
심각하게 받아들이지 마세요. 단지 농담입니다.

□ seriously 진지하게, 진정으로

gourmet
[gúərmei]

미식가, 식도락가

[gour(구워) + met(매이 → 매일)] 미식가는 매일 맛있는 것을 구워먹죠?

Have you been to that new **gourmet** restaurant? 그 새로운 맛집에 가봤니?

assortment
[əsɔ́ːrtmənt]

구색, 구비

[어소트먼트 → 어 솥두 많다] 그릇가게에 가니 여러 가지 많은 솥이 구색을 갖추고 있는 모습

We have quite an **assortment** of stuffed animals and dolls.
우리는 봉제 동물과 인형들을 골고루 갖추고 있다.

□ assorted 다양한
　assort 분류하다

initial
[iníʃəl]

처음의; 머리문자

[이니셜] 이름의 앞 글자만 따서 적은 것을 이니셜이라고 하죠? 즉 맨 앞에 있는 글자에서 처음이라는 의미도 연상하세요.

After the **initial** shock I began to accept the situation.
처음의 충격 후에 나는 그 상황을 받아들이기 시작했다.

★토익 출제 표현
1. lose the initiative 주도권을 잃다
2. take the initiative 선수를 치다, 솔선해서 하다

□ initiate 시작하다
　initially 처음에, 초기에
　initiative 선도, 주도권; 선도적인

gather
[gǽðər]

모으다, 모이다

[개 더 → 개 더 모아!] 개장사가 길거리의 개를 더 모으고 있는 모습

She sat before the interview, trying to **gather** her thoughts.
그녀는 인터뷰 전에 생각을 모으며 앉아 있었다.

privilege
[prívəlidʒ]

특권

[프리빌리지 → free 빌리지] 어떤 기업에게 은행에서 돈을 자유롭게 (freely) 빌릴 수 있는 특권을 정부가 주는 모습

She has diplomatic **privilege**, so she cannot be prosecuted in the normal way.
그녀는 외교적 특권을 갖고 있다. 그래서 그녀는 평범한 방법으로 기소될 수 없다.

drift
[drift]

표류하다, 떠가다

[두 리프트] 스키장에서 두 개의 빈 리프트가 줄에 매달려 떠가는 모습

She watched the boat **drift** farther and farther away.
그녀는 그 배가 점점 더 멀리 떠내려가는 것을 보았다.

grant
[grænt]

승인하다, 허가하다; (연구비나 장학금 등의) 보조금

[그랜 투 → 그래라는 투] 뭐든지 그렇게 하라는 투로 "그래"하고 승인해주는 투로 말하는 모습

★ 토익 출제 표현
take it for granted that ~ ~을 당연한 것으로 여기다(승인된 것으로 여기다)
We **take it for granted that** knowledge advances rapidly.
우리는 지식이 급속도로 발전하는 것을 당연한 것으로 여긴다.

decease
[disíːs]

죽음, 사망

[디시스 → 뒈졌으] '죽었다'를 '뒈졌다'고 하죠?

Upon my **decease**, my children will inherit everything.
내가 죽자마자 나의 아이들은 모든 것을 물려받을 것이다.

🔲 **deceased** 사망한

authority
[əθɔ́ːrəti]

권위, 권력, 당국, 관계자

[오~ 써라 티] 오~ 네 마음대로 써라(사용해라) 하며 무엇에 대한 허가권을 갖고 있는 티를 내는 권력 기관을 연상

★ 토익 출제 표현
1. **written authorization** 서면 승인
2. **an authorized service center** 공인된 서비스 센터
3. **unauthorized reproduction** 불법 복제

★ 토익 출제 문제
We need it urgently to get the export license from the government _____.
정부 당국으로부터 수출허가서를 받기 위해 그것이 급히 필요합니다.
→ **authorities** (O), **authorization** (X), **authorship** (X)

파 authorize 권위(권한)을 부여하다
authorization 권한 부여, 인증, 허가서
authorized 공인된
unauthorized 공인되지 않은, 불법의

peer
[piər]

응시하다; 동료

1. [피여!] "여기에 피여!"하며 핏자국을 자세히 응시하는 형사 연상
2. [피여!] 서로의 피를 잔에 부어 서로 마시며 "피여!"하며 형제를 맹세하는 동료들을 연상

She gets on well with her **peer** group.
그녀는 또래 집단과 잘 지낸다.

accidentally
[æksədéntəli]

우연히, 뜻하지 않게

accident(사고, 사건, 우연)의 파생어로 사고나 사건이 뜻하지 않게 발생했다는 느낌으로 함께 암기

The remark slipped out quite **accidentally**.
그 말은 우연히 새어나갔다.

potential
[pəténʃəl]

잠재력이 있는, 가능성이 있는

[포텐셜 → 포 ten(10) 셀] 포가 터질 잠재력(가능성)을 갖고 있어 멀리서 10을 세며 안전을 확인하는 모습

All 95 countries are customers or **potential** customers of the United States.
95개의 모든 나라들은 미국의 고객이거나 잠재적인 고객이다.

★ 토익 출제 표현
a potential customer 잠재적인 고객

oppose
[əpóuz]

반대하다, 대항하다

[어포즈 → 엎어주] "그 법안을 엎어주세요!"라고 외치며 법안 상정을 **반대하는** 모습

In both debate and discussion, **opposing** ideas are presented in an attempt to persuade people.
토론과 토의에서, 사람들을 설득하기 위한 시도에서 반대 의견들이 제시된다.

■ opponent 반대자, 적수, 상대
opposition 반대, 저항
opposite 반대편의, 맞은편의, 상반되는; 정반대

prudent
[prú:dnt]

신중한, 조심성 있는

[푸르던 투 → 풀던 투] 시험장에서 토익 문제를 **풀던 투**로 **신중한 투**로 임하는 모습

Since he had a reputation for being a **prudent** businessman, his bankruptcy came as quite a surprise.
그는 주의 깊은 사업가란 평판을 가지고 있었으므로 그의 도산은 꽤 놀랍게 느껴졌다.

emphasize
[émfəsàiz]

강조하다

[엠퍼 사이즈 → 엠프 싸이즈] **싸이즈가 큰 엠프**로 강렬히 얘기하며 **강조하는** 모습

★ 토익 출제 문제
1. Korea should place more emphasis on economic stability rather than on high growth.
   한국은 경제 성장보다는 경제 안정에 중점을 두어야 한다.
   • place an emphasis on ~: ~에 강조를 두다
2. He was emphatic that I go with him.
   그는 내가 그와 함께 가야 한다고 강조했다.
   • be emphatic that ~: ~을 강조하다

■ emphasis 강조
emphatic 강조하는, 단호한

brutal
[brú:tl]

야만적인, 잔인한, 미개한

[부르틀 → 부르르 떨] 야만적이고 잔인한 살인자를 보고 모두가 **부르르 떠는** 모습

The man was punished for his **brutal** act.
그 사람은 그의 야만적인 행동에 대해 벌을 받았다.

■ brutality 야만성, 잔인성

terrestrial
[təréstriəl]

지구상의, 육지의

[터(땅) + restrial] **터(땅)의**

The plant is found in the Antarctic and grows in the harshest **terrestrial** conditions on our planet.
그 식물은 남극에서 발견되고 지구상에서 가장 거친 육지 환경에서 자란다.

responsibility
[rispὰnsəbíləti]

책임, 의무

[니 스판서 빌러티 → 니 스판서(스폰서)가 빌어! 티] "너의 스폰서가 책임이 있으니까 와서 빌어!"하는 모습

★ 토익 출제 문제
1. Who is responsible for this terrible situation?
   이 끔찍한 상황에 대해 누가 책임이 있는가?
   • be responsible for ~: ~에 대해 책임이 있다
2. Those who are _____ for this crime will be severely punished.
   이 범죄에 책임 있는 사람들은 엄한 처벌을 받을 것이다.
   → **responsible** (O), **responsive** (X), **responsibility** (X)
   • responsive는 respond(대답하다, 반응하다)의 형용사형으로 '대응하는, 바로 반응하는'을 뜻한다.

형 responsible 책임이 있는

indicate
[índikèit]

지시하다, 가리키다, 암시하다

[인디 케이트] 인디안 말의 뜻을 캐면서 그 말이 무엇을 나타내는가를 알려고 하는 모습

★ 토익 출제 문제
1. There is every _____ that the recession is ending.
   불경기가 끝나가고 있다는 모든 조짐이 있다.
   → **indication** (O), **show** (X)
   • show는 감정이나 의사를 보여주는 것을 의미한다.
   Excessive show of affection may spoil your child.
   지나친 애정 표현은 당신의 아이를 망칠지도 모른다.
2. A lack of appetite may be indicative of a major mental or physical disorder.
   식욕 감퇴는 심각한 정신적 또는 육체적 병에 대한 암시일지 모른다.
   • be indicative of ~: ~을 나타내다, 암시하다
   • economic indicator: 경제 지표

명 indication 지시, 표시, 조짐
   indicative 나타내는, 암시하는
   indicator 지표, 지수

article
[ά:rtikl]

(신문·잡지 등의) 기사, 논설, 물품

1. [아, 티끌] 친구가 자신이 신문에 나왔다는 얘기에 찾아보니 한 구석에 티끌만큼 이름만 나와서 "아, 티끌만큼 나온 기사 가지고서 자랑하기는"하는 모습
2. [아, 티끌] 자신에게 귀한 물품이 있다길래 봤더니 티끌만큼 있어서 "아, 티끌만큼 있는 것 가지고 자랑하기는"하는 모습

Tim finished reading the **article** and set the paper on the desk. Tim은 그 기사를 읽는 것을 끝내고 신문을 책상 위에 놓았다.
He was ordered to pay for or replace the **articles** he had stolen. 그는 그가 훔친 물건을 보상하던지 대체하던지 하라고 명령받았다.

escalate
[éskəlèit]

증가시키다, 오르다

[에스컬레이터] 백화점의 에스컬레이터(escalator)로 암기

There is a danger that the conflict might **escalate** to a nuclear confrontation. 그 분쟁이 핵전쟁으로 발전될지도 모를 위험이 있다.

convict
[kənvíkt]

유죄를 입증[선고]하다

[큰 빅트 → 크게 비틀어라!] 사또가 죄인이 유죄라며 "주리를 크게 비틀어라!"하며 유죄를 선고하는 모습

🅟 conviction 유죄판결, 확신, 신념

He has twice been **convicted** of robbery.
그는 강도질로 두 번 유죄를 선고받았다.

nominate
[námənèit]

(후보자로) 지명하다, 임명하다

[노미네이트] 아카데미 시상식에 노미네이트되었다 즉 지명되었다

🅟 nominal 이름뿐인, 명목상의
nomination 지명, 추천, 임명
nominee 지명[임명]된 사람

Although Mr. Anderson is the **nominal** head of the group, the power is all in the hands of Sue, the treasurer.
비록 Anderson 씨가 그 그룹의 명목상 회장이지만 권력은 모두 회계 담당자인 Sue의 손에 있다.

accustom
[əkʌ́stəm]

익히다, 습관 들게 하다, 익숙해지다

[ac(to) + custom(관습, 풍습)] 관습이 되는 쪽으로 가져가다

★ 토익 출제 표현

be accustomed to ~ing ~에 익숙하다
I **am** not **accustomed to being** interrupted.
나는 방해받는 데 익숙하지 않다.
• accustomed와 함께 쓰이는 to는 전치사로 뒤에 동사의 원형이 아닌 동명사나 명사가 온다는 점을 명심하자.

requisite
[rékwəzit]

필요조건, 필요물; 필요한

[require(요구하다, 필요로 하다)의 파생어]

🅟 requisition 요구, 요청

You have to give the **requisite** amount of notice to get your money back.
당신이 돈을 도로 찾기 위해서는 필요한 만큼의 통지를 해주어야 한다.

coerce
[kouə́ːrs]

강요하다, 강제하다

[코 얼쓰] 소의 코를 뚫어서 얼~쓰!하며 강제로 끌고 가는 모습

We were **coerced** into signing the contract.
우리는 강제로 그 계약서에 서명해야 했다.

🔲 coercive 강제적인

attentive
[əténtiv]

주의 깊은, 경청하는

[어텐티브 → 어 ten(10) TV] 10여 명의 사람이 TV 앞에 몰려서 TV를 주의 깊게 경청하는 모습

★ 토익 출제 표현
1. **attentive to ~** ~에 경청하는
2. **pay attention to ~** ~에 주의하다
3. **catch one's attention ~** ~의 주의를 끌다
4. **call attention to ~** ~에 대해 남의 주의를 환기시키다
   She **called** their **attention to** the lack of proper facilities.
   그녀는 적절한 설비가 없다는 데에 그들의 관심을 촉구했다.

🔲 attention 주의, 주목, 경청

finalize
[fáinəlàiz]

마무리하다, 결정짓다

[final(마지막의) + lize(동사화 어미)] 마지막으로 하다

We can well understand your strong desire to **finalize** the agreement at the earliest possible date.
가능한 한 가장 빠른 시일 내에 계약을 마무리짓고자 하는 귀하의 강한 바람을 저희들도 잘 알고 있습니다.

apparent
[əpǽrənt]

분명한, 명백한, 외관상의

[어, parent! → 어, 부모임이 분명해] 저 아이와 같이 가는 두 사람은 외관상으로 볼 때 아이와 너무나 닮아서 부모임이 분명해.

It was becoming increasingly **apparent** that he judged properly. 그가 적절히 판단했다는 것이 점점 분명해지고 있었다.

🔲 apparently 명백히, 언뜻 보기에, 외관상으로는

presume
[prizúːm]

짐작하다, 추측하다

[프리줌 → 풀이 줌(쥠)] 풀이를 보지 않으려고 꼭 쥐고 먼저 답을 추측해 보는 모습

I **presume** that they're not coming, since they haven't replied to the invitation.
나는 그들이 초대에 답하지 않았기 때문에 오지 않을 것이라고 생각한다.

🔲 presumably 아마

20강 toeic voca

timid
[tímid]

겁 많은, 소심한

[티미드 → 팀이다!] 경기를 하기도 전에 "어, 상대 팀이다!"하며 상대팀을 두려워할 정도로 겁 많고 소심한 모습

겁 많은(cowardly), 소심한 반: audacious

- intimidate 겁을 주다, 협박하다
- timidity 겁 많음, 소심

The novice player is usually **intimidated** by the tennis champion's reputation. 그 초보 선수는 보통 그 테니스 챔피언의 평판에 겁을 먹는다.

toxic
[táksik]

유독한, 중독성의

[톡식 → 톡 (쏘고) 시큼하다] 냄새가 톡 쏘고 시큼한 유독성 물질을 연상

- intoxicate 취하게 하다, 중독시키다

Fumes from an automobile are **toxic**. 자동차 배기가스는 유독하다.

expert
[ékspə:rt]

전문가, 숙련가; 숙련된

[엑스퍼트 → x 퍼뜩] x를 구하는 문제를 보자마자 퍼뜩 풀어버리는 수학의 전문가 연상

★ 토익 출제 문제
Which do you think is better, through lawyers or by the _____ of both companies?
변호사에게 의뢰하는 것이 좋습니까, 아니면 양측 회사의 전문가가 맡는 것이 낫겠습니까?
→ **experts** (O), **expertise** (X)

- expertise 전문 기술, 전문가의 의견

blur
[blə:r]

희미해지다, 흐리게 하다

[불러 → 떠나는 엄마를 불러] 저 멀리 배를 타고 희미해져 가는 엄마를 아기가 애타게 부르는 모습

- blurry 더러워진, 흐릿한, 뿌연

Fog **blurred** our view of the hills. 안개 때문에 언덕이 잘 보이지 않았다.

infection
[infékʃən]

전염, 감염

[in(~ 안에) + 펙션(→ 패션)] 외국의 청바지 패션이 우리나라 안으로 들어와 여러 사람에게 감염되듯이 퍼지는 모습

an **infected** wound 감염된 상처

★ 토익 출제 표현
be highly **infectious** 전염성이 매우 강하다

ᴅ **infectious** 전염성의, 전염되기 쉬운
infect 감염시키다, 전염시키다

deliberate
a. [dilíbərət] v. [dilíbərèit]

신중한, 고의의; 숙고하다

[딜리 붜 리트] 손님이 뜨거운 물에 딜까봐 찻잔에 물을 신중히 붓는 모습과 고의로 디게(데게) 하려고 붓는 모습

I'm sure he says these things **deliberately** to annoy me.
나를 성가시게 하기 위해 그가 일부러 이런 말을 하는 게 틀림없다.

ᴅ **deliberately** 일부러, 심사숙고하여

carefree
[kέərfrì:]

걱정 없는, 마음 편한

[care(걱정) + free(~ 없는, 자유로운)] 걱정 없이 자유로운

People always tend to look back on their childhood as a **carefree** time.
사람들은 항상 그들의 어린 시절을 근심 없던 시절로 떠올리는 경향이 있다.

confer
[kənfə́:r]

협의하다, 의논하다

[con(together) + 퍼] 사람들이 모여서 함께 의견을 머리 속에서 퍼내어 협의하는 모습

★ 토익 출제 표현
conference room 회의실
They had an executive meeting in the **conference room**.
회의실에서 간부 회의가 열렸다.

ᴅ **conference** 회의, 협의

capricious
[kəpríʃəs]

변덕스러운

[커프리셔스 → 가쁘리셨으] 마음이 갈대와 같은 여자가 내게 돌아오더니 또 가쁘리셨어

Because he is **capricious**, we cannot predict what course he will follow at any moment.
그가 변덕스러워서 우리는 어떠한 순간에도 그가 어떤 과정을 따를 것인가 예측할 수 없다.

chef
[ʃef]

요리사

[쉐프] 쉐프(요리사)는 한국말화되어 자주 쓰인다.

The **chef** served me some vegetables on the side.
요리사는 내게 곁들이 음식으로 야채를 내놓았다.

engage
[ingéidʒ]

관여하다, 종사하다, 약속하다

[인게이지 → 인게하는 거지?] "돈을 주었으니 그 마약을 내게 인계하는 거지?"라고 말하며 마약 거래에 관여하고 종사하며 약속을 받아내는 모습

★ 토익 출제 표현
1. **be engaged in** ~ ~에 종사하다, ~에 관여하다, ~에 몰두하다
   He **is engaged in** foreign trade. 그는 해외 무역에 종사하고 있다.
2. **engage in** ~ ~에 종사하다, ~에 몰두하다
   I have no time to **engage in** gossip. 나는 잡담에 끼어들 시간이 없다.

派 engagement 약혼, 약속, 계약

breakdown
[bréikdàun]

고장, 파손, 붕괴, 몰락

[break(깨지다) + down(밑)] 깨져서 밑으로 가라앉다. 즉 파괴되는 것

Our truck had a **breakdown** on the highway.
우리 트럭은 고속도로에서 고장이 났다.

party
[páːrti]

일행, 파티, 모임

[파티] 파티에 모인 일행

How many do you have in your **party**? 일행이 몇 분이세요?

limit
[límit]

한계, 극한; 한정하다, 제한하다

[리밑 → 니 밑] "니 밑으로는 못 들어와 매진이야." 극장표를 구하는 줄에서 한계가 지어지는 모습

Marsha's tolerance reached its **limit**.
Marsha의 인내심이 한계에 달했다.

★ 토익 출제 표현
off limits 출입 금지된
That place is **off limits** to minors. 저곳은 미성년자 출입 금지입니다.

派 limitation 한정, 제한, 극한

enormous
[inɔ́:rməs]

엄청난, 막대한

[이노머스 → 2 넘었어] 두(2) 개가 넘을 정도로 엄청 많은

The results of the election show the country's **enormous** will for change. 선거의 결과는 국민의 엄청난 변화 의지를 보여주고 있다.

testify
[téstəfài]

증언하다, 증명하다

[test(테스트) + ify(동사화 어미)] 테스트 하는 것, 즉 뭔가 시험해서 유죄 또는 무죄임을 증명하는 것

No one expected him to **testify** against his former employer.
그가 자기의 옛 고용주에게 불리한 증언을 하리라고는 그 누구도 예상하지 못했다.

testimony
[téstimòuni]

증거, 증명

[테스티모니 → 테스트 뭐니?] "테스트가 뭐니?" "어떤 사실을 증명하기 위해 하는 것이지."

回 testimonial 증명서, 추천장; 증명의

His **testimony** shook my conviction of his innocence.
그의 증언으로 그가 무죄라는 나의 확신이 흔들렸다.

contrast
n. [kántræst]
v. [kəntrǽst]

대조, 대비; 대조하다, 대조를 이루다

1. [칸트래스트 → 권투 last(마지막에)] 권투 시합 해설자가 마지막에 홍 코너와 청 코너에 있는 두 선수를 대조하는 모습
2. [contra(against) + st] 서로 대항하는 것끼리 대조를 이루다

It is interesting to **contrast** the two writers.
그 두 작가를 대조하는 것은 흥미로운 일이다.

★ 토익 출제 표현
1. by contrast 그에 반해서, 그와 대조적으로
2. in contrast 대조적으로

carpenter
[ká:rpəntər]

목수, 목공

[카펜터 → 까페 터] 까페로 쓸 터에 나무기둥을 박고 까페 건물의 기초공사를 하고 있는 목수 연상

回 carpentry 목수일, 목공품

The **carpenters** have finished their work.
목수들이 일을 끝마쳤다.

pulse
[pʌls]

맥박, 파동, 진동

[펄 스 → 팔 속] 팔을 슥 걷고 맥박을 재는 한의사 연상

The doctor took her **pulse** and looked worried.
의사가 그녀의 맥박을 짚어보고는 걱정하는 것처럼 보였다.

conserve
[kənsə́ːrv]

보존하다, 보호하다

[컨서브 → 큰 서부] 미국의 큰 서부지역에 예전 인디언 마을이나 자연 환경을 국립공원화하여 보존하는 모습

It is important to **conserve** energy. 에너지를 보존하는 것은 중요하다.

★ 토익 출제 표현
1. the conservation of wildlife 야생 동물 보호
2. the conservation of energy 에너지 보존

conservation 보존, (자연 환경) 보호

customary
[kʌ́stəmèri]

관례적인

[custom(관습, 관례) + ary(형용사형 어미)]

It is **customary** to bargain in Korean traditional markets.
한국의 전통시장에서 값을 깎는 것은 관례적이다.

dispute
[dispjúːt]

논쟁하다, 토의하다

[디스 퓨트 → this(이거) 피우트(피웠어)] 담배를 끊기로 한 남편이 핀 담배꽁초를 보이며 "이거(this) 피웠지?"하는 부인과 논쟁하는 모습

There has been much **dispute**, and the question is certainly not yet settled.
많은 논쟁들이 있어왔고 그 문제는 확실히 아직 해결되지 않았다.

refuse
[rifjúːz]

거절하다, 거부하다

[리퓨즈 → 니 피우즈?] "니 담배 피우지?"하고 담배를 건넬 때 싫다고 거절하는 모습

He asked me to give him another loan, but I **refused**.
그는 나에게 또 다른 대부를 해달라고 요구했지만 나는 거절했다.

extra
[ékstrə]

추가의, 가외의

[엑스트라] 영화에 나오는 엑스트라 배우들은 주연이나 조연이 아닌 추가적으로 투입되는 배우들

The company compensated her for **extra** work.
회사는 그녀의 초과 근무에 대해 보수를 지불했다.

★ 토익 출제 표현
1. **extra charge** 추가요금, 할증요금
2. **at no extra charge** 추가요금 없이

float
[flout]

(물위나 공중에) 띄우다, 뜨다

[플로우 트 → flow(흐르다) 뜨] 흐르는 물위에 뜨다

a **floating** boat in the ocean 대양에 떠 있는 배 한 척

🔲 floating 유동적인, 물 위에 떠있는

landscape
[lǽndskèip]

풍경, 경치

[land(육지) + scape('경치'를 뜻하는 접미사 ex. seascape 바다 경치)] 육지의 경치

landscape painting 풍경화

🔲 landscaper 정원사

prior
[práiər]

~보다 먼저의, ~보다 중요한, 우선하는

[pri(pre : before) + or(비교형 어미)] ~보다 더 먼저의

★ 토익 출제 표현
1. **prior engagement** 선약
2. **highest priority** 급선무
3. **prior to ~** ~에 앞서, 먼저
   You have to get health insurance **prior to** enrollment.
   등록하기 전에 의료보험에 가입해야 합니다.

🔲 priority 우선권, 우선해야 할 일, 상위
prioritize 우선순위를 매기다

questionably
[kwéstʃənəbli]

의심스럽게, 수상하게

[question(질문, 의심, 의문) + able + ly] 의문이 들 수 있게

It is **questionable** whether this report is true.
이 보도가 사실인지 의심스럽다.

🔲 questionable 의심스러운

extreme
[ikstríːm]

극도의, 최대의, 최고의, 과격한

[**ex**(out) 트림] 트림이 몸속에서 맨 꼭대기의 목구멍까지 올라 **밖으로**(ex) 나오는 모습

★ 토익 출제 문제
The items are packed with _____ care.
그 물품들은 아주 조심해서 포장된다.
→ **extreme** (O), **outstanding** (X), **excessive** (X)
- with extreme care: 세심하게, 아주 조심해서
- excessive: 지나친, 과다한, 엄청난

📖 extremely 극단적으로, 매우
extremity 끝, 극한, 극도

beforehand
[bifɔ́ːrhænd]

(정해진 때보다) 이전에, 미리

[**before**(미리) + **hand**(손)] 미리 손을 쓰듯이 사전에 ~한다는 느낌으로 암기

He rehearsed the interview in his mind **beforehand**.
그는 미리 마음속으로 면접 예행연습을 했다.

lift weights

역기를 들다

[**lift**(들어올리다) + **weights**(역기, 무거운 것)]

I exercise by **lifting weights** and jogging.
나는 역도와 조깅으로 몸을 단련시킨다.

21강 toeic voca

accommodate
[əkámədèit]

편의를 제공하다, 숙박시키다, 수용하다

[어커머데이트 → 어 컴온(come on) 데이트] 여관 앞을 지나는 연인에게 여관 주인이 "어이, 컴온 여기서 데이트해 숙박시켜줄게"하며 손짓하는 모습

We always try to **accommodate** our clients with financial assistance if necessary.
우리는 항상 필요시 고객에게 재정적 도움의 편의를 제공하려고 노력한다.

★ 토익 출제 문제
The first refugee camp, which will **accommodate** about 500 people, will operate like a dormitory.
5백여 명을 수용하게 될 첫 번째 난민 보호시설은 합숙소 형태로 운영될 예정이다.

⑪ accommodations 숙박시설

assault
[əsɔ́ːlt]

습격하다, 공격하다; 습격

[어 쏠 트] 어! 미사일을 쏘네(공격하네)

The banks of the river gave way and the raging flood **assaulted** the village.
제방이 붕괴되어 성난 물결이 마을을 (순식간에) 덮쳤다.

overall
[óuvərɔ̀ːl]

전반적인, 총체적인; 전반적으로

[over(~에 걸쳐서) + all(모두)] 모든 상황에 걸쳐서

The **overall** situation is good, despite a few minor problems.
사소한 문제점들이 있긴 하지만 전반적인 상황은 괜찮다.

promising
[prámisiŋ]

유망한, 전망이 좋은

[promise(약속하다) + ing] 미래에 성공할 것을 약속하고 있는

The program trains **promising** young performing artists.
그 프로그램 과정은 유망한 젊은 공연 예술가들을 양성합니다.

facility
[fəsíləti]

쉬움, 설비, 편의 시설

[퍼 씰러 티 → 퍼서 씻어 티(셔츠)] 물을 아무나 퍼서 티를 씻고 빨래하라고 마을에서 마련한 공동우물과 같은 편의 시설 연상

⑪ facile 손쉬운, 편리한
   facilitate (일을) 용이하게 하다, 쉽게 하다

★ 토익 출제 표현
1. production facility 생산 설비
2. facility expansion 시설 확장

subsidiary
[səbsídièri]

자회사; 종속적인

[섭시 디에리 → 삽시(다) 뒤에(리)] "뒤에 따라다니며 삽시다"하며 큰 회사에 종속해서 사는 자회사

One of our **subsidiary** companies was a security company.
우리의 자회사 중에 하나는 경비 회사였다.

pharmacy
[fáːrməsi]

🔲 pharmacist 약사
pharmaceutical 제약의, 약학의

약국

[파머씨] 약국의 약사 중에 파마한 아주머니들이 많습니다. 파머를 한 ~씨는 약국에서 일한다고 연상

Where is the nearest **pharmacy**? 제일 가까운 약국이 어디에요?

charge
[tʃɑːrdʒ]

(책임·세금·요금 등을) 지우다, 청구하다; 책임, 비난, 죄, 요금, 비용

1. [차지] 이 부대를 네가 차지해라(맡아라), 한 부대를 차지해서 책임 지는 모습
2. [차지] 못된 놈이라고 비난하면서 발로 차지
3. [차지] 저녁 요금은 네 차지야

The boss asked him to take **charge** of the office for a few days while she was away.
사장은 그녀가 없는 며칠 동안 사무실을 책임지라고 그에게 요구했다.

★ 토익 출제 표현
1. **Cash or charge?** 현금이요, 외상(신용카드, 개인수표)이요?
2. **service charge** 봉사료, 팁(tip)
3. **extra charge** 추가요금

★ 토익 출제 문제
1. I'm in charge of South American sales.
   저는 남미 지역 판매를 맡고 있습니다.
   • be in charge of ~: ~을 책임지다, ~을 맡고 있다
2. The museum is free of charge. 그 박물관은 무료이다.
   • free of charge ~: 공짜로, 무료로
3. Mr. Brown, who will take charge of the final inspection before shipment?
   Brown 씨, 선적하기 전에 최종 검품을 누가 책임지죠?
   • take charge of ~: ~을 책임지다, 떠맡다

display
[displéi]

전시하다; 전시, 디스플레이

[디스(this) 플래이] 묶여져 있는 이것을 풀어서 모두에게 드러내 보이겠다고 하는 모습

A collection of family photographs is currently on **display** in the hall. 가족사진 모음이 현재 홀에 전시되어 있다.

aboard
[əbɔ́ːrd]

배로, 배에, 승선하여, (배·열차·버스·비행기를) 타고

[어, 보드] 스키장에서 어, 보드를 타고

When all the passengers were **aboard**, the door slammed shut. 승객들이 모두 탑승하자 문이 쿵 닫혔다.

apt
[æpt]

~하기 쉬운, ~하는 경향이 있는

[앱 트] 요즘은 혼자 있을 때는 스마트폰 앱을 하는 경향이 있다

★ 토익 출제 표현
be apt to do ~하는 경향이 있다, ~하기 쉽다
Parents **are apt to** expect too much of their children.
부모는 자식에게 지나치게 기대하기 쉽다.

bedding
[bédiŋ]

침구

[bed(침대) + ing]

I've laid out **bedding** for you. 방에 잠자리를 봐 놨어요.

biology
[baiálədʒi]

📖 biological 생물학의
biologist 생물학자

생물학

[bio(life) + ology('~학, ~론'을 의미하는 접미어)] 생명체에 대한 학문

I study **biology** in college. 나는 대학에서 생물학을 전공한다.

allot
[əlát]

📖 allotment 할당, 분배
allotted 할당된, 부여된

할당하다, 분배하다

[얼랏 → a lot(많은)] 많이 있으므로 여러 사람에게 나누어 주는 모습

The Ministry of Culture will be **allotted** about $6 million less this year. 문화부는 올해 약 6백만 달러 적게 할당받을 것이다.

capable
[kéipəbl]

~할 수 있는, 유능한

[케이퍼블 → K(케이) 뽑을] 이 일을 할 수 있는 유능한 사람 K를 뽑을

★ 토익 출제 표현
be capable of ~ ~할 수 있다
This quarter's profits show he **is capable of** running a firm.
이번 분기의 수익은 그가 회사를 경영할 능력이 있다는 것을 보여준다.

capital
[kǽpətl]

수도, 대문자, 자본; 자본의, 주요한

1. [cap(head를 뜻하는 어근) + ital] 나라의 머리 부분에 해당되는 수도
2. [cap(head) + ital] 영자신문의 머리글자는 대문자로 씁니다.
3. 자본을 빌려주는 현대캐피털, 동양캐피털 업체

The **capital** of France is Paris. 프랑스의 수도는 파리이다.
They lacked the **capital** to develop the business.
그들은 사업을 확장할 자본금이 부족했다.
Language is a **capital** instrument in communication.
언어는 의사소통하는 데 주요한 도구이다.

conceited
[kənsí:tid]

자만심에 찬, 우쭐거리는

[컨시티드 → 큰 씨티(city)다] 도시 쥐와 시골 쥐 이야기에서 서울 쥐가 "이 곳이 큰 씨티(city)다"라고 말하며 우쭐거리는 모습

He's a **conceited** young man who believes he's always right about everything.
그는 모든 면에서 자신이 항상 옳다고 믿는 자만심에 찬 젊은이이다.

ⓝ conceit 자만, 자부심

breathtakingly
[bréθtèikiŋli]

깜짝 놀랄만하게, 숨막힐 정도로

[breath(숨) + take(잡다) + ing + ly] 숨을 잡아서 못 쉬게 할 정도로

The view was **breathtakingly** beautiful.
그 광경은 숨이 막힐 정도로 아름다웠다.

★ 토익 출제 표현
breathtaking view 숨이 멎을 듯한 광경

recruit
[rikrú:t]

신병, 신입사원 모집; 신입 회원을 모집하다

[re(again) + crew(승무원)] 승무원을 다시 모집하다

We are determined to **recruit** more teachers.
우리는 더 많은 선생님들을 모집하기로 결정했다.

flourish
[flə́:riʃ]

번창하다

1. [플러리쉬] 웅크리지 말고 풀러서 뻗어나가라!
2. [flour(flower 꽃) + ish] 개업식에 번창하라고 꽃(화환)에 '번창을 기원합니다'라고 써서 보내는 것을 연상

Few businesses are **flourishing** in the present economic climate. 현재의 경제 환경에서는 번창하는 사업이 거의 없다.

contrive
[kəntráiv]

고안하다, 연구해 내다, (이벤트·상황 등을) 꾸미다

> [컨투라이브 → 권투 라이브] 까페에서 라이브 공연하듯 손님을 끌어 모으기 위해 권투를 까페 등에서 라이브로 하는 이벤트를 꾸미는 것을 고안해내는 상황 연상

The scientist wants to **contrive** a new machine for calculation.
그 과학자는 계산을 위한 새로운 기계를 고안하길 원한다.

📖 contrivance 고안, 발명품

hold
[hould]

열다, 개최하다, ~을 담다, 수용하다

> hold의 기본적인 뜻인 유지하다란 뜻에서 어떤 제한된 곳에 얼마만큼의 사람이나 물건을 유지한다는 것은 그만큼 수용한다는 의미로 생각하여 암기하자.

The shelf is too weak to **hold** all those books.
그 선반은 그 책들을 모두 지탱하기에는 너무 약하다.

★ 토익 출제 표현
hold an annual event 연례행사를 열다

following
[fálouiŋ]

~후에, 다음의, 다음에 오는

> [follow(뒤따르다) + ing] 어떤 시기에 뒤따라서, 즉 ~후에

It rained on the day we arrived, but the **following** day was sunny.
우리가 도착한 날에는 비가 왔지만, 그 다음날은 맑았다.

neat
[ni:t]

산뜻한, 말쑥한

> [니트] 봄에 산뜻한 니트를 입은 말쑥한 모습

His room was always **neat**.
그의 방은 항상 깔끔했다.

domain
[douméin]

영토, 구역, (활동·연구 등의) 분야, 범위

> 1. 인터넷의 한 영역인 인터넷 도메인
> 2. [도 매인] 충청도, 경상도처럼 도로 매여 있는 구역 연상

Tom is a specialist in the **domain** of chemical engineering.
Tom은 화학공학의 분야에서 전문가이다.

value
[vǽljuː]

가치, 값어치, 진가

1. [벨(bell)루] 가치 있는 보석을 누가 훔쳐 갈까봐 보안장치를 해 놓아서 건들면 벨(bell)이 삐삐 하고 울 정도로 벨루 보호하는 가치 있는 것 연상
2. [밸루 가치가 없어!] 금은방 주인이 다이아를 이리 저리 보고서 "밸루(별로) 가치가 없군"하는 모습

Property **values** have fallen since the plans for the airport were published. 공항에 대한 계획이 발표된 이래로 재산 가치가 떨어졌다.

★ 토익 출제 표현
1. **valuable items** 귀중품
2. **face value** 액면가, 드러난 가치
   Don't just take her offer at **face value**.
   그녀의 제안을 액면 그대로 받아들여서는 안 된다. (그 의미를 생각해라.)
3. **market value** 시장가치, 시가
   The **market value** of this house is about one billion won.
   이 집은 시가로 10억 원 정도 한다.

📖 valuable 가치 있는, 값비싼, 귀중한
valuables 귀중품

reside
[rizáid]

살다, 거주하다

[니 자이드 → 니(너) 자 이드] 여기서 너 자라, 즉 여기서 살아라

He **resides** here in Seoul. 그는 여기 서울에 살고 있다.

📖 resident 거주자
residence 주거, 거주

aim
[eim]

겨누다, 목표 삼다, ~할 작정이다; 목적

[애임 → 목표는 애임] 게슬러가 윌리엄 텔에게 "네가 쏴야할 목표는 사과를 얹고 있는 애임"하며 애를 가리키는 모습

The talks are **aiming** at a compromise.
그 회담은 타협을 목적으로 하고 있다.

📖 aimless 목적 없는

appreciate
[əpríːʃièit]

평가하다, 진가를 인정하다, 감사하게 생각하다

[엎으리시 에잇] 산삼 비슷한 것을 발견하고 자세히 평가해 본 후 산삼의 진가를 인정하고 나서 몸을 "엎으리시 에잇!"하며 몸을 엎드려 산신령에게 감사하게 생각하는 모습

I **appreciate** you making the effort to come.
힘들여 와주셔서 감사합니다.

★ 토익 출제 표현
be appreciative of ~ ~을 감사히 여기다
They **were** very **appreciative of** all the kindness they had received. 그들은 그들이 받은 모든 친절함에 매우 감사하게 생각했다.

📖 appreciation 진가에 대한 인식, 감상, 감사
appreciative 감상할 줄 아는, 감사하는

crucial
[krúːʃəl]

결정적인, 아주 중요한

[끄루셜 → 끄르셔] 보물섬 소설에서 보물 상자를 마침내 발견하여 상자를 끌르는 아주 중요한 순간의 긴장감을 연상

The scientist had to exercise great care at that **crucial** stage of his experiment.
그 과학자는 자신이 하던 실험의 중요한 단계에서 매우 신중을 기해야 했다.

evolve
[ivάlv]

진화하다, 발전하다

[이발브 → 2 밟어] 2등을 밟고 1등으로 올라서며 발전하는 모습

Each school must **evolve** its own way of working.
각 학교는 고유의 운영 방식을 발전시켜야 한다.

파 evolution 진화, 발전, 전개

immense
[iméns]

광대한, 끝없는, 거대한

[이멘쓰 → 이만큼] "당신을 이멘~쓰(이만큼) 사랑한다"라고 말할 때의 이만큼

Once progress has been made, the gains are likely to be **immense**.
일단 진전이 되면 그 이익은 막대할 것 같다.

★ 토익 출제 표현
immensely difficult 엄청나게 어려운

파 immensely 엄청나게, 대단히

rural
[rúərəl]

시골의, 농촌의

[루럴 → 누럴] 농촌의 벼가 익어서 누런 들판을 연상

A **rural** life is usually more peaceful than the one in the city.
시골 생활은 보통 도시 생활보다 더 평화롭다.

22강 toeic voca

accomplish
[əkámpliʃ]

이루다, 성취하다

[어 com(together) 풀리쉬 → 어, 같이(together)하니 풀리시내]
어떤 어려운 문제를 같이 풀어서 해결하는(성취하는) 모습

The students **accomplished** the numerous task in less than ten minutes. 그 학생들은 10분 안에 많은 일을 해냈다.

★ 토익 출제 표현
an **accomplished** musician 재능 있는(숙달된) 음악가

[a.] **accomplished** 완성된, 재능 있는, 숙달된

install
[instɔ́ːl]

(장비·장치 등을) 설치하다, 장치하다

[ins(in, ~안에) + tall(키가 큰)] 방 안에 키가 큰 크리스마스 트리를 설치하는 모습

Some workers will come to **install** the new security system this afternoon.
오늘 오후에 새 보안 시스템을 설치하러 인부들이 올 것입니다.

[n.] **installation** 장치, 시설, 설비

attach
[ətǽtʃ]

붙이다, 첨부하다, 소속시키다

[어, 땠지] "어, 이거 네가 땠지? 다시 붙여 놔!"하며 떼어낸 스티커를 다시 붙이라고 하는 모습

★ 토익 출제 표현
1. **attached** file 첨부된 파일
2. **attached** schedule 첨부된 일정표
   · connected schedule이라고 표현하지 않는다.
3. **attach** A to B A를 B에 붙이다
   I **attached** a photo **to** my application. 나는 내 지원서에 사진을 붙였다.

[n.] **attachment** 부착

grip
[grip]

꽉 잡다; 장악, 파악

[그립 → 그립다] 그리워했던 애인이기에 보내지 않으려고 꽉 잡고 놓지 않는 모습

Terror has **gripped** the city for days.
며칠 동안 공포감이 그 도시를 사로잡았다.

casualty
[kǽʒuəlti]

사상자, 부상자, 불상사

[캐주얼 티] 사상자들을 위해 무덤을 캐주는 모습

Casualties from the fighting are being treated in a nearby hospital.
그 싸움에서의 사상자들은 가까운 병원에서 치료 받고 있다.

peculiar
[pikjú:ljər]

독특한, 고유의, 특별한, 기묘한

[피큘리어 → 피클이어?] 시골사람이 피자와 피클을 먹어보고는 시큼하고 독특한 맛을 보고 "이게 피클이여?"하며 독특하고 기묘하다는 듯한 모습

n peculiarity 특색, 특성

This type of building is **peculiar** to our country.
이런 형태의 건물은 우리나라 특유의 것이다.

colleague
[káli:g]

(주로 관직·교수·공무 등 직업상의) 동료

[colleag(college, 대학) 그 → college 그 놈이군] 길에서 옛날 같은 대학의 동료를 우연히 보고서는 "어이, 옛날의 그 대학교(college) 그놈이지?"하며 반가워하는 모습

He is a **colleague** from work. 그는 회사 동료입니다.

undertake
[ʌ̀ndərtéik]

떠맡다, 책임을 맡다, 착수하다

[under(~아래에) + take(취하다) → 밑에서 취하다] 아랫사람이 자신이 그 일을 취하겠다며 떠맡는 모습

It's the largest survey ever **undertaken**.
그것은 이제껏 착수되어진 것 중 가장 큰 조사이다.

match
[mætʃ]

경기, 시합, 경쟁 상대, 조화; ~와 조화하다, 맞추다

1. [매치] '타이틀 매치'란 타이틀 획득을 위해 경쟁 상대끼리의 경기란 의미
2. '매치가 잘 된다'는 '조화가 잘 된다'란 의미

We found a paint which is a perfect **match** for the gorgeous curtains we already have.
우리는 우리가 이미 가지고 있는 화려한 커튼에 완벽히 어울리는 페인트를 발견했다.

★ 토익 출제 표현
a product that **matches** the description 설명에 부합하는 제품

address
[ədrés]

연설하다; 주소, 연설

[어, 드레스] "내일 연설인데 어, 드레스 뭘 입지?"하고 말하며 연설할 것을 걱정하는 모습

Who gave the opening **address**? 누가 개회사를 했습니까?

productivity
[pròudʌktívəti]

생산성

[produce(생산하다)의 명사형]

finished **product** 완제품

★ 토익 출제 문제
We must increase the _____ of labor.
우리는 노동 생산성을 높이지 않으면 안 된다.
→ **productivity** (O), **product** (X), **productive** (X)

📖 product 제품
productive 생산적인, 다산의, 풍요한

delicate
[délikət]

섬세한, 민감한, 미묘한

[델리 cat(고양이)] 고양이에게 손을 대자 민감하게 반응하며 확 덤비는 모습

Ripe peaches have **delicate** skins which are easily bruised. 익은 복숭아는 쉽게 멍이 드는 섬세한 껍질을 가지고 있다.

singular
[síŋgjulər]

뛰어난, 단일의

[singul(single: 하나의) + ar] 유일하게 뛰어난

She was a woman of **singular** beauty.
그녀는 뛰어난 미녀였다.

📖 singularity 특이함, 단독, 단일
singularly 이상하게, 유별나게

spine
[spain]

척추, 등뼈

[스파인 → 쑥 파인] 사람의 쑥 파인 등 부분의 척추를 연상

The lower part of her **spine** was crushed in the accident.
그녀의 척추 아랫부분은 그 사고에서 으스러지고 말았다.

infancy
[ínfənsi]

유년, 초기

[in(~안에) 펀 씨] 산모의 배 안에서 펑! 하고 뛰쳐나오는 씨(아기)를 연상

Infant mortality has decreased considerably in recent years. 유아 사망률은 최근에 상당히 줄어들었다.

📖 infant 유아, 소아; 유아의

branch
[bræntʃ]

가지, 지점

[브랜치 → 불엔 치~] 가지는 불에 넣으면 치~하고 잘 탄다. 그리고 여러 가지처럼 본사에서 뻗어 나온 지점들

★ 토익 출제 표현
branch office 지점
Staff are now being recruited for the new **branch office**.
새 지사에서 근무할 직원을 모집하는 중이다.

admonish
[ədmάːniʃ]

훈계하다, 혼내다

[어드 많이 쉬 → 어디 이렇게 많이 쉬를 해?] 이불에다가 많이 오줌을 싼 아이에게 "어디 이렇게 많이 쉬를 해?" 하며 아이를 혼내는 모습

圖 admonition
 (= admonishment) 훈계

The dentist **admonished** me against eating candy if I wanted to keep my teeth.
그 치과의사는 만일 내 치아를 보존하고자 한다면 사탕을 먹지 말라고 나에게 훈계하였다.

rigid
[rídʒid]

엄격한, 완고한, 단단한

[리지드 → 니 져두] "니가 져두 내가 가만 안 둘 거야!" 하며 시합 전에 엄하게 명령하는 감독님을 연상

The school has **rigid** regulations.
그 학교는 엄격한 교칙을 가지고 있다.

feedback
[fíːdbæk]

반응, 상호작용, 응답, 피드백(출력신호를 입력 측에 되돌림)

[feed(먹이를 주다, 공급하다) + back(뒤로, 되돌아)] 공급한 것에 대해 되돌아오는 것

Give me some **feedback**. 조언을 바랍니다.

★ 토익 출제 문제
We're getting a lot of **feedback** from our customers.
고객들로부터 여러 가지의 반응이 들어오고 있습니다.

mindful
[máindfəl]

주의 깊은, 마음에 두는, 잊지 않는

[mind(마음, 정신) + 풀(full: 가득한)] 정신을 가득 채운 상태

They were **mindful** of the guide's warning.
그들은 안내인의 경고를 염두에 두었다.

圖 mindfully 주의 깊게

neutral
[njúːtrəl]

- neutrality 중립, 중립성
  neutralize 중립시키다, 중화하다
  neutrally 중립적으로

중립의, 중립국의, 중성의

[누 트럴 → 누가 트러두(틀어도)] TV 채널을 갖고 둘이서 싸울 때 어떤 채널을 누가 틀어도 상관없다는 듯 중립을 지키는 삼자를 연상

The conflict was resolved with the help of a **neutral** mediator. 분쟁은 중립적인 중재자의 도움으로 타개되었다.

neglect
[niglékt]

- negligent 태만한, 등한시하는
  negligence 태만, 무시
  negligible 무시해도 좋은, 하찮은

(의무 등을) 게을리 하다, 무시하다; 태만, 무시

[니글 넥트 → 니 글 냈다] 글짓기 숙제를 게을리 해서 친구가 써놓은 글을 대신 내며 "내가 니 글을 냈다"하는 태만한 모습

It was mother's **neglect** of her infant that caused its death. 그 아이의 죽음을 초래한 것은 아이 엄마의 소홀함이었다.

temperate
[témpərət]

- intemperate 무절제한, 자제심이 없는
  temperament 기질, 성질

온화한, 온건한

[temperate-temperature(기온)] 기온이 온화한 모습

She spoke in a **temperate** manner. 그녀는 온화한 태도로 말을 했다.

differ
[dífər]

다르다

[different(다른)의 동사형]

Although our looks **differ**, we are both physically attractive. 비록 우리의 외모는 다르지만 우리는 둘 다 육체적으로 매력적이다.

complicated
[kámpləkèitid]

- complication 복잡, 복잡한 문제

복잡한, 어려운

[컴플리케이티드 → 껌 풀리 케이티드] 머리에 붙은 껌을 풀어서 캐내기가 여간 복잡하고 어려운 일이 아니죠?

The price structure is **complicated**. 가격 구조는 복잡하다.

beverage
[bévəridʒ]

음료, 음료수

[배버리지] 위에 나쁜 탄산음료를 너무 많이 마셔 배를 버리는 모습

The meal includes dessert as well as a **beverage**. 그 식사에는 음료수뿐만 아니라 디저트도 포함되어 있다.

aspire
[əspáiər]

열망하다, 갈망하다

[어스(어서) 파이어] 사막에서 목이 타 들어갈 정도로 갈증을 느끼는 사람이 물이 나올 길 갈망하며 우물을 파며 마음속으로 "어서 우물이 파이어!"하고 물을 열망하는 모습

He **aspires** to be the president of the company.
그는 회사의 사장이 되기를 열망한다.

📖 aspiration 열망, 갈망

accuse
[əkjúːz]

고발하다, 비난하다

[어큐즈 → 억 키우즈] 정치인이 비자금으로 억원을 몰래 키우고(모으고) 있다고 고발하는 모습

★ 토익 출제 표현

accuse A of B B에 대해 A를 비난하다, 고발하다
Are you **accusing** me **of** lying?
당신은 내가 거짓말한다고 비난하는 것인가?
• 전치사 of에 주의하자.

📖 accusation 고발, 비난

quote
[kwout]

인용하다, (가격·시세 등을) 부르다, 견적하다; 견적(액)

1. [코우트 → 꼬투] 라이벌 정치인끼리 상대방의 말을 인용하면서 그 것에서 꼬투리를 잡는 모습
2. [코우트 → 코트(coat)] 손님에게 코트 가격의 견적을 내는 모습

The pious man is always **quoting** from the Bible.
그 독실한 사람은 항상 성경에서 인용하곤 한다.

★ 토익 출제 문제

As we have a few strong competitors in our home market, we must request you to quote us the lowest possible prices.
국내시장에 몇몇의 강력한 경쟁상대가 있기 때문에 귀사에서도 최저의 견적가격을 내 주셔야만 되겠습니다.

📖 quotation 인용

trigger
[trígər]

방아쇠; 야기하다

[트리거 → 트리(tree, 나무) 거(걸다)] 나무에 고무줄을 걸어 새총을 만든 후 방아쇠를 당기는 모습. 그리고 방아쇠를 당겨 살인 사건과 같은 큰일을 야기하다

The small protest **triggered** a mass demonstration.
그 작은 항의가 거대한 시위를 야기시켰다.

surmise
[sərmáiz]

추측하다, 짐작하다

[서마이즈 → 설마 이즈] 설마하며 짐작하는 모습

From the looks on their faces, I **surmised** that they had had an argument.
그들의 얼굴 표정을 보고 나는 그들이 말다툼을 했다고 추측했다.

idol
[áidl]

우상

[아이들 → 아이돌] 아이돌 가수와 같이 팬들이 우상으로 섬기는 사람

The ancient people of this area worshipped a huge bronze **idol** in the shape of an elephant.
이 지역의 고대 사람들은 거대한 코끼리 모양의 청동 우상을 숭배했다.

🔲 idolize 우상화하다, 우상으로 만들다

assist
[əsíst]

돕다, 원조하다

축구나 농구에서 슛을 넣는 것을 돕는 것을 '어씨스트'라고 합니다.

The company needs more financial **assistance** from the government. 그 회사는 정부로부터 더 많은 재정적 도움을 필요로 한다.

★ 토익 출제 문제
1. If you have a project we can assist with, please call us at 532-6682 for a consultation.
   만약 당신이 우리가 도울 수 있는 프로젝트를 갖고 있다면 상담을 위해서 532-6682로 우리에게 전화 주세요.
   • assist with: ~을 돕다
2. She assisted her brother with his lesson.
   그녀는 자기 남동생의 학과 공부를 도왔다.
   • assist A with B: A에게 B를 도와주다

🔲 assistant 조수; 보조의
   assistance 거듦, 보조

moderately
[mɑ́dərətli]

알맞게, 적당히

[마더리틀리 → 마더(mother)리 틀리] 엄마(mother)가 끓인 국은 간이 적당하고 알맞게 되어 내가 끓인 짠 국과는 역시 틀리다

It's not a **moderate** price for such a clumsy car.
그렇게 볼품없는 차에 대해 그것은 적당한 가격이 아니다.

🔲 moderate 알맞은, 적당한, 온건한
   moderator (토론 등의) 사회자, 중재자

infrastructure
[ínfrəstrʌ̀ktʃər]

(수도·전기·학교 등과 같은) 사회 기반 시설, 하부구조

[infra(under) + structure(구조)] 사회 하부구조를 뒷받침하는 시설

The question is whether the **infrastructure** is ready for it.
문제는 하부구조를 갖추고 있느냐는 것이다.

23강 toeic voca

eligible
[élidʒəbl]

적격의, 적임의, ~할 자격이 있는

[엘리 저 ilbe(~할 수 있는)] 엘리라는 저 사람이 그 일을 할 수 있을 것이라고 말하는 모습 즉 엘리가 그 일에 적임이라고 하는 모습

★ 토익 출제 문제

Deciding who is eligible for school athletic teams is not within the jurisdiction of the Student Council.
누가 학교 육상팀에 적격인지를 결정하는 것은 학생회 권한 밖의 일이다.
• be eligible for + 명사: ~에 적격이다, 적임이다, ~에 대한 자격이 있다
  be eligible to + 동사: ~할 자격이 있다, 적임이다

 eligibly 적임으로

jeopardy
[dʒépərdi]

위험

[재퍼디 → 자빠디(자빠지다)] 할머니가 빙판 위에서 자빠지는 위험한 상황 연상

The lives of thousands of birds are in **jeopardy** as a result of the oil spillage.
그 기름 유출의 결과로 수 천 마리의 새들의 생명이 위험에 처해 있다.

 jeopardize 위태롭게 하다
  jeopardous 위험한

proponent
[prəpóunənt]

제안자, 변호자, 지지자

[propose(제안하다) + ent(~사람)] 어떤 사항을 제안하고 그것을 지지하는 사람

Portillo is one of the leading **proponents** of capital punishment. Portillo는 사형의 주도적 지지자들 중 한 사람이다.

★ 토익 출제 표현

submit a proposal 제안서를 제출하다
He **submitted a proposal** to build more office accommodation.
그는 더 많은 사무실 시설을 짓기 위한 제안서를 제출했다.

 proposal 계획, 제안, 안

modesty
[mádəsti]

겸손, 정숙, 적당

[마더스티 → 마, 뒤's 튀!] "야 임마, 뒤로 튀어 물러나!"라며 앞에 자꾸 나서며 잘난 척 하는 친구에게 나서지 말고 뒤로 물러나라고 소리치며 겸손하라고 하는 모습

The physician was very **modest** about the success of his research. 그 의사는 그의 연구의 성공에 대해 매우 겸손했다.

 modest 겸손한, 정숙한, 적당한
  modestly 겸손하게

withdraw
[wiðdrɔ́ː]

철회하다, 철수하다, (은행에서 돈을) 인출하다

[with(~을 가지고, 뒤로) + draw(끌어당기다)] 앞에 놓인 돈이나 무기 등을 가지고 끌어당겨 뒤로 물러나다

🔲 withdrawal 물러남, 철수, 인출

George went to the bank to **withdraw** some money.
George는 약간의 돈을 인출하기 위해 은행으로 갔다.

adopt
[ədápt]

채택[채용]하다, 받아들이다, 양자[양녀]로 삼다

[어답투 → 오답두] 시험에서 문제를 잘못 출제하여 오답도 답으로 채택하기로 한 상황 연상

🔲 adoption 채택, 채용, 양자[양녀]로 삼음

Which proposal do you think will be **adopted**?
어느 안이 채택이 될 것 같습니까?

adapt
[ədǽpt]

적응시키다, 순응시키다, 각색하다

adapter(어댑터, 개작자)는 우리가 전압을 바꾸어 쓸 때 알맞은 전압으로 적응시키는 기계입니다. 그리고 소설을 연극에 맞게 적응시키는 것이 바로 각색하는 것입니다.

This machine has been specially **adapted** for use under water. 이 기계는 물속에서 사용할 수 있도록 특별히 고안되었다.

> ★ 토익 출제 표현
> **highly adaptable** 쉽게 적응하는
> be **highly adaptable** to economic change
> 경제 변화에 매우 쉽게 적응하다

🔲 adaptation 적응, 개작
adaptable 쉽게 적응하는

scatter
[skǽtər]

흩뿌리다, 뿌리다, 흩어지다

[스 캐터 → 슥 깨트려] 유리를 슥 깨트려 산산이 뿌리는 모습

I **scattered** grass seed all over the lawn.
나는 잔디 씨를 잔디밭 전체에 흩뿌렸다.

thrive
[θraiv]

번영하다, 무성해지다

[쓰라이 부 → 부를 쓰라이] 너무나 번영하여 자신이 모은 부를 마음대로 쓰라고 돈을 뿌리는 모습

His business **thrived** before the war.
그의 사업은 그 전쟁 전에 번창했다.

separate
v. [sépərèit] a. [sépərət]

분리하다, 가르다; 분리된, 따로따로의

[새퍼레이트 → 새파란 사과] 덜 익은 새파란 사과를 빨간 사과에서 분리해내는 모습

What we achieve together is more important than what we can do **separately**.
우리가 함께 이루는 것은 우리가 각각 할 수 있는 것보다 더 중요하다.

⊞ separately 따로따로, 개별적으로

★ 토익 출제 표현
be ordered separately 따로따로 주문되다

exceptional
[iksépʃənl]

매우 뛰어난, 예외적인

except(~을 제외하고)와 관련된 말로 평범한 것을 제외하고 예외적인, 매우 뛰어난

She's an **exceptional** expert on computer technology.
그녀는 매우 뛰어난 컴퓨터 전문가이다.

premium
[príːmiəm]

할증금, 보험료; 뛰어나게 우수한, 고가의

[프리미엄] 아파트 매매가에 프리미엄이 붙었다고 할 때 쓰는 말에서 프리미엄은 액면 초과액을 뜻한다. 그리고 뛰어나게 우수하여 프리미엄이 붙는다.

The airplane passenger had to pay a **premium** for a seat by a window. 그 항공기 탑승객은 창가 쪽 좌석에 할증금을 내야 했다.
The annual **premium** is now due. 연간 보험료 만기가 이제 다 되었다.

poise
[pɔiz]

균형을 유지하다; 균형, 안정

[포이즈 → 포즈] 포즈를 취하며 균형 잡는 모델 연상

The rock was **poised** on the edge of the cliff.
그 바위는 절벽의 끝자락에 균형을 유지하고 있었다.

purchase
[pə́ːrtʃəs]

사다, 구입하다, 획득하다; 구매, 구입

[팔 쳤으] 애인에게 진열장에 있는 예쁜 물건을 사달라며 애인의 팔을 툭툭 치는 모습

★ 토익 출제 문제
All returns or exchanges must be made within 21 days of purchase and must be accompanied by the original sales receipt.
반품이나 교환은 구입 후 21일 이내에 해야 하며, 반드시 영수증 원본을 지참해야 한다.
• within ~ days of purchase: 구입일로부터 ~일 이내에

acknowledge
[əknálidʒ]

인정하다, 승인하다, (편지·지불 등에 대한) 도착[수령]을 알리다

1. [어쿠 knowledge] "어쿠 그 지식이 맞아요"하며 상대방이 옳다고 인정하는 모습
2. 편지나 물품 등에 대한 도착을 승인한다는 뜻에서 그것에 대한 사실을 알리다.

She **acknowledged** that she had been wrong.
그녀는 자신이 잘못했다는 것을 인정했다.
We are writing to **acknowledge** receipt of your order No. 111. 귀 주문 111호를 받았음을 알려드립니다.

diploma
[diplóumə]

졸업증서, 수료증

[디플로우머 → 디뿔(D⁺) 넘어] 대학에서 평균 학점이 D⁺가 넘어야 졸업증서를 받는 것으로 암기

Anyone with a high-school **diploma** or higher may apply to the company.
고졸 이상의 학력을 가진 자는 누구나 입사 지원이 가능합니다.

vehicle
[víːikl]

운송 수단, 차량

[비이클 → 비이킬] 차량이 온다고 비키라고 하는 모습

The number of thefts of motor **vehicles** rose by a third last year. 자동차 절도의 수가 지난해 3분의 1 증가했다.

firm
[fəːrm]

회사, 상사; 단단한, 확실한

1. 법률회사를 로펌(law firm)이라고 하죠?
2. [펌 → 펑 펑] 단단하게 굳은 떡을 떼어내려고 바닥에 펑 펑 내던지는 모습

🔁 firmly 확고히, 단단히
infirmity 허약, 병약
(in이 not의 의미)

I can't understand its **firm** conception.
나는 그것의 확실한 개념을 이해할 수 없다.

bias
[báiəs]

성향, 편견, 선입견

[바이어스 → buyers(사는 사람들)] 두 상점이 나란히 있을 때 buyer들이 한 상점에만 몰려서 치우쳐 있는 모습

🔁 biased 치우친, 편중된
🔁 unbiased 편견 없는

Reporters must be impartial and not show political **bias**.
보도 기자들은 공정해야 하고 정치적 선입견을 보여서는 안 된다.

defiance
[difáiəns]

반항, 무시, 도전

[디파이언스 → 뒤 빨리 안서?] 두목에게 반항하며 뒤에 누워있는 부하에게 두목이 "너 뒤에 빨리 안서?"하며 화내는 모습

★ 토익 출제 문제
The last scene in the movie defies description.
그 영화의 마지막 장면은 형언할 수 없을 정도로 훌륭하다.
- defy description: 이루 다 말할 수 없다

🔲 defy ~에 도전하다, 반항하다
defiant 도전적인, 반항적인

afflict
[əflíkt]

고통을 주다, (병마 등이) 괴롭히다

[어플릭트 → 아플릭투] "너는 이제 아플리(아플거야)!"하며 악마가 고통을 주며 침을 투! 하고 뱉는 모습

The teacher was afflicted by the fact that several students failed to pass the entrance examination.
선생님은 몇몇 학생들이 그 입학시험에 떨어졌다는 사실로 괴로워했다.

🔲 affliction 고통, 괴로움, 고난

chaos
[kéias]

무질서, 대혼란

1. [케이아스 → 깨였으] 무질서와 대 혼란 속에서 거리의 모든 유리가 깨져 있는 모습
2. [카오스] 카오스 이론

The advocates of anarchy are ignoring the chaos such a form of government will bring with.
무정부주의 신봉자들은 그러한 형태의 정부가 가져올 무질서를 무시하고 있다.

🔲 chaotic 혼돈된, 무질서의, 혼란한

wake-up call

모닝콜

[wake up(깨다, 일어나다) + call(전화)]

Can I have a wake-up call tomorrow at 8:30?
내일 아침 8시 30분에 모닝콜을 좀 걸어주시겠어요?

vigor
[vígər]

활력, 정력

[비거 → bigger(더 커지다)] 기죽었던 남자가 정력을 얻어 더 커지는 모습

He is vigorous in spite of his old age.
그는 노령에도 불구하고 정정하다.

🔲 vigorous 정력적인, 원기 왕성한
vigorously 원기 왕성하게

invigorate
[invígərèit]

기운을 돋우다, 고무하다

[**in**(강조) + **vigor**(bigger: 더 큰) + **ate**] 완전히 더 커지라고 줄어든 남자에게 용기를 주는 모습

While controlling social unrest, they are also trying to **invigorate** the economy.
사회적 불안을 조절하면서 그들은 또한 경제를 일으키려고 노력하고 있다.

inaugurate
[inɔ́:gjurèit]

개업하다, 취임하다, 창립하다, 개통하다

[이노규래이트 → 인나그래이!t(일어나그래이!)t] 망해가는 기업을 빨리 일어나키래이!(개업하거나 새롭게 시작 하그래이!)

★ 토익 출제 표현
inaugural ceremony 취임식

★ 토익 출제 문제
An air route has been _____ between the two countries.
항공로가 두 나라 사이에 개설되었다.
→ **inaugurated** (O), **invented** (X)

ⓝ inauguration 개업, 창립, 취임
inaugural 취임의

heedless
[hí:dlis]

조심성 없는, 주의력 없는

[히들리스 → 휘둘렀어] 아이가 조심성 없게 칼을 함부로 휘두르는 모습

He drove **heedlessly**, ignoring the warnings placed at the side of the road.
그는 도로변에 놓인 위험 경고를 무시하고 조심성 없게 운전했다.

ⓝ heed 주의하다, 조심하다
heedful 주의 깊은

allure
[əlúər]

유혹하다, 꾀다; 유혹, 매력

[얼 누어 → 어서 누워] 거북이가 토끼에게 누웠다 달려도 경주에서 자신을 이길 수 있다며 "어서 누워!" 하며 유혹하고 꾀다

He's an excellent actor, but he doesn't have sexual **allure** that the role requires.
그는 훌륭한 배우이다. 그러나 그는 그 역할이 필요로 하는 성적 매력을 갖고 있지 않다.

lure
[luər]

유혹하다, 부추기다; 유혹, 미끼

[루어 → 누워!] 거북이가 토끼에게 누웠다 달려도 경주에서 자신을 이길 수 있다며 누워!" 하며 유혹하고 꾀다

She was **lured** into the job by the offer of a high salary.
그녀는 높은 봉급을 제안받고 그 일자리에 끌렸다.

incur
[inkə́ːr]

(비용・위험・좋지 않은 일 등을) 초래하다, 발생시키다

[**in**(안에서) **커**] 염증을 내버려 두었더니 몸 안에서 종양으로 커져서 암을 초래하는 상황 연상

Users of services need to know about the costs that they will **incur**. 이 서비스의 이용자들은 어떠한 비용을 초래할 것인지를 알 권리가 있다.

★ 토익 출제 표현
be incurred 발생되다
No charge will **be incurred**. 비용은 발생하지 않을 것입니다.

exemplary
[igzémpləri]

모범적인, 본보기의, 훌륭한

[exemplary-example(예, 본보기)]

The punishment was **exemplary**. 그 처벌은 본보기였다.

deficient
[difíʃənt]

부족한, 불충분한

[디피션트 → 뒤 피션(피우션)트] 담배가 부족해서 한 개비를 피울 때도 뒷부분까지 피는 모습

▥ deficit 부족, 적자
  deficiency 부족, 결핍

Her diet is **deficient** in protein. 그 여자의 식단은 단백질이 부족하다.

accountant
[əkáuntənt]

회계사, 경리

[**a**(하나) + **count**(세다) + **ant**] 돈을 하나하나 세는 사람

The **accountant** described his work to the sales staff. 회계사는 자신의 업무를 영업 사원들에게 설명해 주었다.

★ 토익 출제 표현
1. **accounting department** 회계부
2. **accounting firm** 회계법인

publish
[pʌ́bliʃ]

발표하다, 공표하다, 발행하다, 출판하다

[퍼 불리 쉬] 정보를 퍼서 사람들에게 불어버리는(발표하는) 모습

The school yearbook will be **published** soon. 학교 졸업 앨범이 곧 출판될 것이다.

★ 토익 출제 표현
publishing house 출판사

maintenance
[méintənəns]

관리, 유지

[메인티넌스 → 매일 티(tea) 넣었어] 매일 티(tea, 차)에 비타민을 넣어서 건강을 유지하고 관리하는 모습

Her job provided a mere **maintenance**.
그녀의 직업으로는 겨우 생계를 유지할 수 있을 뿐이었다.

★ 토익 출제 표현
1. building maintenance 건물 유지관리
2. car maintenance 자동차 정비

maintain
[meintéin]

유지하다, 관리하다, 주장하다

[메인테인 → 매일 (차에) 태운] 매일 학교까지 아이를 태워줘야 한다고(그러한 상태를 꾸준히 유지해야 한다고) 어머니가 아버지에게 주장하는 모습

They **maintain** that peaceful co-existence is not possible.
그들은 평화로운 공존이 불가능하다고 주장합니다.
The government struggled to **maintain** law and order.
정부가 치안을 유지하기 위해 고투했다.

24강 toeic voca

immediate
[imíːdiət]

즉시의, 당장의

[이미디어트 → 이미 뒤 있트(있다)] 칼로 내려치는 순간 홍길동이 즉시 뒤로 돌아 이미 적의 뒤에 있는 모습

The medicine showed its effect **immediately**.
그 약은 즉시 약효를 나타냈다.

★ 토익 출제 표현
1. **immediate** supervisors 직속상사
2. **immediately** upon arriving 도착 즉시
3. the room **immediately** left to the elevator
   승강기 바로 왼쪽에 있는 방
4. **immediately** after ~ ~직후 (= directly after)
Immediately[Directly] **after** the incident, the police rushed to the spot. 사고 직후 경찰은 그 장소로 급히 달려갔다.

▣ immediately 곧, 즉시, 바로 가까이에

suspicious
[səspíʃəs]

의심스러운, 의심쩍어하는

[서스 피셨으 → 서서 피셨으] 경찰이 범인이 담배를 서서 피운 것 같다는 의심을 갖고 담배꽁초를 조사하는 모습

I am **suspicious** of the government's intentions.
나는 정부의 의도를 의심한다.
• be suspicious of ~ ~을 의심하다

▣ suspect 의심하다, 혐의를 두다; 용의자
 suspicion 의심, 혐의

dignity
[dígnəti]

존엄, 위엄, 근엄

[디 그너 티 → the 근엄 티] 근엄한 티를 내는 사람 연상

Several foreign **dignitaries** attended the opening ceremony. 몇몇 외국인 고위 인사가 개회식에 참석했다.

▣ dignify 위엄 있게 하다, 위엄을 갖추다
 dignitary 고위 인사, 고관

misgiving
[misgívin]

의심, 걱정, 불안

[미스(믿수?) + giving(주는)] 적진에 협상을 하러 간 장군에게 적장이 술잔을 건네자 "당신이 주는(giving) 술을 어떻게 믿수?" 하며 독이라도 탄 것인지 의심, 걱정, 불안해하는 모습 연상

My only **misgiving** is that we might not have enough time to do the job properly.
나의 유일한 염려는 우리가 그 일을 제대로 수행할 충분한 시간이 없을지도 모른다는 것이다.

▣ misgive 공포(의심, 걱정 등)를 일으키다

settle
[sétl]

자리 잡다, 정착하다, 해결하다

[새 틀] 재개발 지역에 살고 있던 사람들에게 정부가 새로운 (집)틀을 마련해 주어 해결해주는 모습

It took the insurance company months to **settle** my claim.
보험회사가 내 청구를 해결하는 데 몇 달이 걸렸다.

★ 토익 출제 표현
settle a dispute 분쟁을 해결하다

ⓝ settlement 정착, 해결, 결정

athlete
[ǽθliːt]

운동선수

[애쓸리t] 올림픽에 우승하려고 운동선수들이 열심히 애쓸리

He was a deliberate **athlete** and an severe coach.
그는 신중한 운동선수이며 엄한 코치였다.

ⓐ athletic 운동 경기의, 체육의

belonging
[bilɔ́ːniŋ]

소지품, 소유물

[빌 농 잉!] 농에 숨겨놓았던 나의 소지품들이 잉, 없어졌어, 도둑놈이 싹 비웠군

He had taken some valuables **belonging** to another person. 그는 다른 사람의 소유인 귀중품을 가져갔다.

ⓥ belong ~에게 속하다, 소속되다

handout
[hǽndàut]

유인물; 나눠주다

[hand(손) + out] 손으로 안에 있는 것을 밖으로 나눠주다

Now, please look at page one of the **handout**.
자, 이제 나눠 드린 자료의 첫 페이지를 보세요.

liable
[láiəbl]

~하기 쉬운, 자칫하면 ~하는, 책임져야 할

[라이 able → 나이 able(~할 수 있는)] 나이가 되면 담배 피우기도 쉽고 많은 책임도 져야 하죠? 즉 성인이 되면 ~하기 쉬운 반면 책임도 져야 한다고 연상

★ 토익 출제 표현
1. **be liable to** ~ ~하기 쉽다, ~에 대한 의무(책임)가 있다
   We're all **liable to** make mistakes when we're tired.
   우리는 모두 피곤하면 실수하기 쉽다.
2. **be liable for** ~ ~에 대한 책임이 있다
   He declared that he was not **liable for** his wife's debts.
   그는 아내의 부채에 대한 법적 책임이 없다고 주장했다.

stern
[stə:rn]

엄격한, 단호한

[스턴 → stone(돌)] 사람이 돌처럼 단단하고 부드럽지 못한

That teacher is too **stern** with the students.
그 선생님은 학생들을 너무 엄하게 대한다.

graduate school

대학원

[graduate(대학 졸업자) + school] 대학 졸업생들이 다니는 학교

I'm planning to go to **graduate school**.
나는 대학원에 들어갈 계획이야.

undergraduate
[ʌ̀ndərgrǽdʒuət]

대학 학부 재학생; 대학생의

[under(~아래의) + graduate(졸업자)] 아직 졸업하지 못한 대학생들

The most important thing about a person's **undergraduate** program is to get good grades.
학부경력과 관련해 가장 중요한 점은 학업성적이 좋아야 한다는 것이다.

exhibit
[igzíbit]

전시하다, 보이다

[이 그지 빛] 골목에 누워있는 이 그지(거지)를 조명 빛으로 비추어 사람들에게 보이는 모습

The photographs will be **exhibited** until the end of the month. 그 사진들은 이 달 말까지 전시될 것이다.

★ 토익 출제 표현
photo exhibition 사진 전시회

📖 exhibition 전시, 전시회
exhibitor (전시회의) 출품자

oversight
[óuvərsàit]

간과, 실수, 감독, 감시

[over(~넘어서) + sight(봄)] ~위를 그냥 넘어서 보거나 위에서 바라보며 감독함

An **oversight** in proofreading often results in printed errors. 교정에 있어서의 소홀은 종종 인쇄 실수로 이어진다.

overt
[ouvə́:rt]

명백한, 공공연한

[오버트 → 오바이트] 오바이트하면 전에 뭘 먹었는지 명백하게 알 수 있죠?

Such an **overt** action of hostility can only lead to war.
그러한 명백한 적대적인 행동은 전쟁으로 이어질 수밖에 없다.

jewel
[dʒúːəl]

보석

[주얼 → 보석을 주울] 거리에서 보석을 줍는 모습

Thieves stole $70,000 worth of gold **jewelry** in an armed raid on a jeweler's shop.
도둑들이 무장한 채로 보석 가게에서 7만 달러 가치의 금 보석을 훔쳤다.

🔲 jewelry 보석류

aisle
[ail]

(극장·열차·비행기 등의 안쪽의) 통로, 복도

[아일] 아이를 안전하게 창가보다는 통로 쪽 좌석 안쪽에 앉히는 모습

Your seat number is 12-F. It is right over there, on the **aisle**. 손님 좌석이 12-F석이군요. 저쪽 통로 좌석입니다.

> ★토익 출제 표현
> **aisle seat** 통로 좌석(↔ window seat 창가 좌석)
> Would you like a window seat or an **aisle seat**?
> 창가 쪽 좌석으로 하시겠습니까, 통로 쪽 좌석으로 하시겠습니까?

withstand
[wiðstǽnd]

저항하다, 견디다

[with(같이) + stand(서 있다)] 노동조합원들이 모두 함께 손을 맞잡고 같이 서서 경찰에 저항하며 끝까지 버티는 모습

The old man's heart isn't strong enough to **withstand** a long journey. 그 노인의 심장은 오랜 여행을 견딜 만큼 튼튼하지 못하다.

laboratory
[lǽbərətɔ̀ːri]

연구소, 실험실

1. [labor(노동하다) atory] 열심히 노동하듯이 연구하는 연구소 연상
2. [래버러(내 벌어) 터리 → 내가 벌어 털어 넣으리] 내가 번 돈을 모두 털어서 연구소에 다 쏟아 부었다

Scientists develop new products in the **laboratory**.
과학자들은 연구실에서 신제품을 개발한다.

foster
[fɔ́ːstər]

조장하다, (관계 등을) 증진시키다, 양육하다

[포스터(poster)] 불조심 포스터로 화재에 대한 경각심을 조장하다

These activities are intended to **foster** children's language skills. 이 활동의 목적은 아이들의 언어 기능을 발전시키는 데 있다.

> ★ 토익 출제 문제
> The new President will _____ positive international relations.
> 신임 대통령은 긍정적인 국제 관계를 증진시킬 것이다.
> → **foster** (O), enlarge (X), arise (X)
> • enlarge는 사물의 크기나 범위 등을 확대하는 것을 의미하고 arise는 자동사로 뒤에 목적어를 취할 수 없다.

extant
[ékstənt]

현존하는

[엑 스턴트] "엑! 스턴트맨이 살아 있네" 불 속에서 뛰쳐나오는 스턴트맨이 살아 있다고 (현존한다고) 소리치는 모습

Medieval customs are **extant** in some parts of Europe. 유럽 몇몇 지역에서 중세의 관습들이 현존한다.

leak
[liːk]

(기체 · 액체의) 누출, (비밀의) 누설; (물 · 공기 등이) 새다, 누설되다

[리크 → 이크!] 여러 사람 앞에서 자기도 모르게 방귀가 새어나와 이크! 하며 놀라는 모습

This cup is **leaking**. 컵이 새는군요.

merchandise
[méːrtʃəndàiz]

상품, 제품

[멀천 다이즈 → 뭘 찾지요? 다있습니다] 가게에서 손님에게 뭘 찾고 있는지 물은 후 자신의 가게에는 모든 상품이 다 있다고 말하는 주인 연상

Shoppers complained about poor quality **merchandise** and high prices. 고객들은 좋지 않은 품질의 상품과 높은 가격에 관해 불평했다.

staff
[stæf]

직원, 참모, 간부

[스태프] 텔레비전이나 영화에서 '스탭진들이 ~했다'하고 하듯이 스탭은 직원이나 간부를 말합니다.

Why is the company reducing **staff**? 회사가 감원하는 이유가 뭐예요?

modify
[mádəfài]

변경하다, 수정하다

[마! 더 파이 → 임마! 더 파이게 해!] 건설 설계의 깊이를 수정하여 더 파야한다고 하는 모습

The landlady has **modified** the terms of lease.
집주인 여자는 임대 조건을 변경했다.

Ⓟ modification 수정, 고치기

prodigious
[prədídʒəs]

거대한, 엄청난

[프로 디져스(뒤졌으)] 유명한 프로선수가 뒤졌다는(죽었다는) 엄청난 뉴스

He had a **prodigious** appetite for both women and drink.
그는 여자와 술에 대한 엄청난 욕구를 갖고 있었다.

Ⓟ prodigy 놀라운 일, 기이한 현상

volition
[voulíʃən]

의지, 결단력

[보울리션 → 벌리션(입을 벌리셔)] 독립투사가 비밀을 감춘 채 의지력 있게 입을 벌리지 않자 "입을 벌리셔!"하며 소리치는 일본군을 연상

Little did I dream that he would apply to our company of his own **volition**. 그가 자발적으로 우리 회사에 지원할 것은 꿈도 꾸지 않았다.

overlook
[òuvərlúk]

내려다 보다, 못 보고 지나치다, 대충 보다

[over(~위에) + look(보다) → 위에서 보다] 위에서 내려다보다 또는 위를 슬쩍 보고 지나가다. 즉 아래 깊숙이 보지 못하고 겉만 봐서 못 보고 지나치다

Our hotel room **overlooked** the harbor.
우리 호텔 방은 항구가 내려다 보였다.

mimic
[mímik]

흉내 내는, 모방의; 모방자

[미믹 → 미미] 미미 인형은 사람을 똑같이 모방한 거죠?

She was **mimicking** the various people in our office.
그녀는 우리 사무실에서 여러 사람을 흉내 내는 중이었다.

suffice
[səfáis]

충분하다

[sufficient(충분한)의 동사형]

His salary will not **suffice** for a family of four.
그의 월급으론 4식구를 부양하기 힘들다.

Ⓟ sufficiency 충분, 족함, 넉넉함
  sufficient 충분한, 넉넉한

astounding
[əstáundiŋ]

깜짝 놀라게 하는, 놀랄만한

[어스타운딩 → 어서 따운돼!] "어서 따운 돼!"라고 방망이로 갑자기 뒤에서 때려 깜짝 놀라게 하는 모습

Sandy was **astounded** at her brother's news.
Sandy는 그녀 오빠의 소식에 깜짝 놀랐다.

💡 astound 몹시 놀라게 하다

content
n. [kántent]
a. [kəntént]

내용물, 차례, 목록; 만족한

1. [컨 텐트 → 큰 텐트] 산 속의 웬 큰 텐트 안에 어떤 내용물이 있는지 궁금해서 들여다보는 모습
2. [컨텐트 → 큰 텐트] 작은 텐트에서 자다가 큰 텐트에서 자니 편하다고 하면서 만족해하며 흐뭇하게 웃으며 자는 모습

The **content** of the box must be listed on the customs form. 상자 안의 내용물은 세관 심사 서류에 반드시 기재되어야 한다.

★ 토익 출제 표현
be content with ~ ~에 만족하다
He **was contented with** a low salary.
그는 낮은 급료에도 만족했다.

💡 contentment 만족

destiny
[déstəni]

운명

[대스터니 → 대스타이니] "너의 운명은 대스타이니 곧 유명해 질꺼야" 하며 도사가 대스타가 될 운명을 예언해주는 모습

She was **destined** to be a great singer from childhood.
그 여자는 어릴 때부터 위대한 가수가 될 운명이었다.
• be destined to: ~ 할 운명이다

💡 destine 운명짓다, 예정해 두다

25강 toeic voca

candidate
[kǽndidèit]
후보자, 지원자

[캔디 + date(데이트)] 만화 주인공 캔디와 데이트하려고 길게 줄서있는 지원자들을 연상

The **candidate** swore that he would develop this barren area.
그 후보는 이 황량한 지역을 개발할 것을 맹세했다.

★ 토익 출제 표현
a candidate for the position 그 직책에 지원한 사람

charity
[tʃǽrəti]
자비, 자선 (단체)

[체리 티 → 체리 tea(티, 차)] 추위에 떨고 있는 거지에게 뜨거운 체리 차를 끓여서 주는 자선행위를 연상

The old man contributed all his property to **charity**.
그 노인은 자신의 전 재산을 자선 단체에 기부했다.

📘 **charitable** 자비로운

consecrate
[kánsikrèit]
신성하게 하다, 바치다

[칸시크레이트 → 간 씻그레이 트] 간을 깨끗이 씻어서 신께 바치는 모습

Inside the cathedral, a thousand white candles were burning for the **consecration** of the new bishop.
성당 안에서 천여 개의 하얀 초가 새 주교의 신성식(카톨릭의 예식)을 위해 타고 있었다.

acquit
[əkwít]
무죄방면하다, 석방하다

[억 + quit(그만하다, 멈추다)] 억 원을 주니 형을 멈추고 풀어주는 모습

He was **acquitted** for lack of evidence.
그는 증거 불충분으로 무죄방면되었다.

accumulate
[əkjúːmjulèit]
축적하다, 쌓다, 모으다

[어큐뮬레이트 → 억 금을 네이트(내었다)] 억대의 금을 모은 후 자선 단체에 내었다

As people **accumulate** more wealth, they tend to spend a greater proportion of their incomes.
사람들은 더 많은 부를 모을수록 수입의 더 큰 비율을 쓰는 경향이 있다.

📘 **accumulation** 축적

solitude
[sάlətjùːd]

고독, 외로움

[soli(solo, 혼자의, 솔로) + tude] 혼자 있음

They searched for a place where they could live in **solitude**. 그들은 단독으로 살 수 있는 장소를 찾았다.

☐ solitary 혼자의, 단독의, 독방의

rush
[rʌʃ]

돌진하다, 쇄도하다, 서두르다

1. [러시 → 러시아] 나폴레옹이 러시아를 향해 군대를 이끌고 돌진하던 모습
2. 러시 아워(rush hour)란 사람들이 도로에 한꺼번에 쇄도하는 시간을 말함

Don't **rush** me. I won't be long. 재촉하지 말아요. 오래 걸리지 않을 거예요.

★토익 출제 표현
1. **rush delivery** 긴급배달
2. **be in a rush** 서두르다
You don't need to **be in a rush**. 서두를 필요가 없다.

scan
[skæn]

자세히 조사하다

[스캔] 사진을 스캔 받아서 확대하며 정밀하게 조사하는 모습

I was **scanning** the rows with binoculars.
나는 쌍안경으로 그 줄들을 자세히 조사하고 있었다.

hesitation
[hèzətéiʃən]

주저, 망설임

[해지 때이션] '계약을 해지하면 계약금을 떼일'텐데 하며 했던 계약을 해지할까 말까 망설이는 모습

They stood in **hesitation** on the doorstep, each looking very nervous. 그들은 각자 매우 긴장한 것처럼 보였고 현관 계단에 서 있었다.

☐ hesitate 망설이다
  hesitant 주저하는

infringe
[infríndʒ]

위반하다, 침해하다

[in(~안에) 뿌린 쥐] 방 안에 뿌린 쥐가 모든 가정용품과 식품을 갉아먹으며 침해하는 모습

I think your machine **infringes** on my patent, so I am intending to sue.
나는 당신의 기계가 나의 특허를 침해한다고 생각하므로 고소할 작정이다.

solution
[səlúːʃən]

해결

[솔 누션] 비린내가 나는 음식에 향긋한 솔잎을 넣어서 비린내를 해결하는 모습

When you finish doing the crossword, the **solution** is on the back page.
당신이 그 크로스워드 퍼즐을 끝내고 나면, 해답은 뒤 페이지에 있다.

🔲 solve 풀다, 해석하다

conflict
n. [kánflikt] v. [kənflíkt]

투쟁, 충돌; 투쟁하다, 싸우다

[끈 플릭트 → 끈이 풀렸다] 두 마리의 투견이 잡고 있던 끈이 풀리자마자 마구 달려들어 싸우는 모습

Many people were brought into **conflict** with the authorities over the new tax.
새로운 세금을 두고 많은 사람들이 당국과 대립을 겪게 되었다.

> ★ 토익 출제 표현
> 1. **a conflict of opinions** 의견 충돌
> 2. **scheduling conflict** 일정의 겹침(충돌)
> Because of a **scheduling conflict**, the meeting was postponed until the following week. 스케줄이 겹치는 바람에 회의를 다음 주로 연기했다.

stimulus
[stímjuləs]

자극

[스티뮬러스 → 스팀을 넣으] 어떤 사람을 스팀받게 한다(화나게 한다). 스팀을 넣어서 자극하는 모습

The book was an attempt to **stimulate** discussion of the problem of global warming.
그 책은 지구 온난화 문제에 대한 논의를 자극하기 위한 시도였다.

🔲 stimulate 자극하다, 격려하다

stare
[stɛər]

응시하다, 바라보다

1. [스태어 → stair(계단)] 높은 계단에 앉아서 시내를 응시하는 모습
2. [스태어 → 스타여] "별이야"하며 별을 바라보고 있는 모습

She **stared** at the open wound in horror.
그녀는 공포에 휩싸여 그 벌어진 상처를 바라보았다.

odor
[óudər]

냄새, 악취

[오우! 더 → 오우! 더러운 냄새] 시궁창 등의 악취로 오바이트가 쏠리듯이 '오우 더러운 냄새'하는 모습

The room was filled with gross **odor** of sweaty feet.
그 방은 땀에 절은 발의 구역질나는 악취로 가득 차 있었다.

🔲 odorous 향기 나는, 냄새나는, 구린

lapse
[læps]

(권리·계약 등이) 실효되다, 소멸되다

[랩스 → 냈수?] 전세금 올린 것을 냈수? 안냈으니 계약은 소멸될 것이오.

The contract is subject to **lapse** without renewal.
계약은 갱신하지 않으면 소멸된다.

illegal
[ilí:gəl]

불법적인

[일리걸 → 일리 갈] "나는 일리 갈거야"하며 횡단보도가 아닌 그냥 도로를 불법적으로 건너는 모습

The government forbids an **illegal** assembly.
정부는 불법 집회를 금지하고 있다.

파 illegally 불법적으로
반 legal 합법적인

★ 토익 출제 표현
legal department 법무부

decline
[dikláin]

기울다, 쇠퇴하다, 거절하다; 감소, 쇠퇴

1. [디클라인 → 뒤 끌 라인(line, 선)] 평행한 선의 뒤를 끌어당겨 기울게 하는 모습
2. [디클라인 → 뒤 클 아인(뒤에서 클 아이는)] 뒷골목에서 클(자랄) 아이가 커서 타락하고 쇠퇴하는 모습

Exports are expected to **decline** over the next twelve months. 수출이 향후 12개월 동안 감소할 전망이다.

meager
[mí:gər]

여윈, 빈약한

[미거 → 미겨(먹여)] 빈약하고 허약한 난민 아이들에게 죽 등을 퍼서 먹이는 모습

It was difficult to live on his **meager** earnings.
그의 궁핍한 벌이로 살아가기가 힘들었다.

discreet
[diskrí:t]

분별 있는, 신중한

[디스(this) 끄리트 → 이거 끓이트?] 너무도 신중해서 식당에 갈 때마다 이 물 끓인 것인지를 항상 물어보는 신중한 모습

파 discretion 신중, 사려 깊음
discrete 구별된, 별개의

Try to be **discreet** in talking. 말을 할 때는 신중해라.

immaculate
[imǽkjulət]

티 하나 없는, 완전하게 깨끗한

[이매큘리트 → 이마 쿨(cool) 리트] 이마가 cool하게 벗겨진 티 하나 없이 깨끗한 모습

Your timing and technique will have to be **immaculate**.
당신의 타이밍과 기술은 오류가 없어야 한다.

stipulate
[stípjulèit]

약정하다, 규정하다

[스티퓰레이트 → 스티 풀 에잇!] 회사 게시판에 회사규정 등을 써서 에잇! 하고 스티커로 탁 붙여놓는 모습

The law **stipulates** that new cars must have seat belts not only for the driver but for every passenger.
그 법은 새 차는 운전자는 물론 모든 승객용 안전벨트를 갖고 있어야 한다고 규정한다.

stipulation 약정, 계약, 조항

situation
[sitʃuéiʃən]

위치, 상황, 상태

[시추(侍抽) 에이션] 석유 시추를 위해 석유가 매장된 위치를 조사하는 모습

There are organizations which can help people in your **situation**. 당신과 같은 상황의 사람들을 도울 수 있는 단체들이 있다.

★ 토익 출제 표현
financial situation 재정 상태

situate 위치시키다

gradual
[grǽdʒuəl]

점진적인, 점차적인

[그래 주얼 → 그래, 그렇게 주얼!] 알 밤 하나하나를 줍는 것을 보고 "그래, 그렇게 줍는 거야. 그렇게 점차적으로 주우면 산더미 같이 쌓일 거야. 티끌 모아 태산이잖아"하는 모습

I'll adjust myself to this new situation **gradually**.
나는 이 새로운 상황에 점차적으로 적응해갈 것이다.

gradually 점진적으로, 점차적으로

delicious
[dilíʃəs]

맛있는

[딜리셨으 → 들리셨으] 맛있어서 또 이 음식점에 들렀다며 맛있게 음식을 먹는 모습

The **delicious** smell of freshly-made coffee came from the kitchen. 갓 만들어진 커피의 향긋한 냄새가 부엌으로부터 왔다.

join
[dʒɔin]

결합하다, 참여하다, 가입하다

[조 in] A조, B조와 같이 어떤 조 안에 가입하는 모습

He invited me to **join** his party. 그는 나를 그의 파티에 오라고 초대했다.

gale
[geil]

강풍, 돌풍

[개일] 강풍이 곧 개일 것이다

I heard on the forecast that there was going to be **gales** on the south coast tonight.
나는 오늘밤 남쪽 해안에 강풍이 있을 것이라는 예보를 들었다.

eradicate
[irǽdikèit]

뿌리 뽑다, 근절하다

[이래 디 케이트 → 이렇게 뒤 케이트] "나무는 이렇게 뒤를 캐서 뿌리 채 뽑는 거야"하며 뿌리 채 뽑는 모습

Many countries have now succeeded in **eradicating** malarial mosquitoes.
많은 나라들이 이제 말라리아 모기를 박멸하는 데 성공했다.

accept
[əksépt]

받아들이다, 수락하다

[억 세트] 억 원 어치의 커피 잔 세트 선물을 냉름 받아들이는 모습

Will you **accept** his invitation? 그의 초대에 응할 거니?

📖 acceptance 수납, 수락, 용인
acceptable 수락할 수 있는, 받아들일 수 있는
acceptably 기꺼이 받아들일 수 있게

★ 토익 출제 표현
1. **accept an appointment** 약속을 수락하다
2. **accept an invitation** 초대에 응하다
3. **acceptance letter** 합격 통지서

occur
[əkə́:r]

머리에 떠오르다, 생각이 나다, 발생하다

1. [어꺼~ → 아까~] 갑자기 아까의 일이 머리에 떠오르는 모습
2. 어! 커(다란) 일이 발생했어!

Such things do not **occur** everyday. 이런 일이 늘 있는 것은 아니다.
It suddenly **occurred** to me that I had an appointment.
약속이 있다는 게 문득 생각났다.

frame
[freim]

뼈대, 구조, 틀

> [풀에 임] 풀밭에 난 자국의 뼈대 구조를 살펴보고 나서 "키와 넓이로 봐서 내 님께서 자고 간 자국의 틀이 확실해"하는 모습

They wore sunglasses with black **frames**.
그들은 검정 테의 선글라스를 썼다.

coax
[kouks]

설득하다, 달래다

> [꼭s] 꼭의 복수형. 즉, 꼭꼭꼭꼭꼭 어린이가 울 때 아빠들이 "꼭 꼭 ~ 해줄게"하며 달래는 모습

The doctor is **coaxing** the child. 의사는 그 아이를 달래는 중이다.

offset
[ɔ́:fsèt]

차감 계산하다, 상쇄하다, 보상하다

> 1. [옵셋 → 없앴] 사회봉사를 한 만큼의 죄를 없애서 상쇄하거나 쓰레기를 없애서 그에대한 보상을 하다
> 2. 서로의 빚을 상쇄하여 없애는 모습

We had to put up prices to **offset** the increased cost of materials. 우리는 증가한 자재비를 벌충하기 위해 가격을 올려야만 했다.

26강 toeic voca

strife
[straif]

충돌, 분쟁, 싸움

[strife → strike(동맹파업, 스트라이크)] 동맹파업(strike)으로 노사 간에 분쟁하는 모습

Their disagreement over the issue made **strife**.
그 문제에 관한 그들의 의견으로 인해 불화가 생겼다.

🔗 strive 애쓰다, 분투하다

elicit
[ilísit]

(진실·사실 등을) 이끌어내다, 들추어내다

[일리싯 → 일르싯] 감추어진 이야기를 경찰서에 일르시는(들추어내는) 아저씨 연상

The army interpreter tried to **elicit** information from captured soldiers.
그 군대 통역관은 잡힌 군인들로부터 정보를 이끌어내려고 노력했다.

convince
[kənvíns]

확신시키다, 납득시키다

[컨 빈스 → 칸 비었수] 학생이 100점 맞은 것 같은데 하나 틀린 결과가 나왔다며 선생님께 따지자 답안지를 보여주며 칸 하나가 비어 있음을 확인시키며 "여기 답 쓰는 칸이 비었잖아"하며 납득시키는 모습

★ 토익 출제 표현
be convinced of ~ ~을 확신하다
I **am convinced of** her innocence. 나는 그녀의 무죄를 확신한다.

decorate
[dékərèit]

장식하다

[대코레이트 → 大 코 레이트] 아프리카 원주민들이 큰 코를 뚫어 뼈다귀 등으로 장식하는 모습

Buttons are for fastening parts of clothes together or for **decoration**.
단추는 옷의 부분들을 고정하거나 장식을 위해 사용된다.

🔗 decoration 장식

mobile
[móubəl]

이동할 수 있는, 움직일 수 있는

[모빌] 미술시간에 움직이는 조각을 모빌이라고 한다고 배웠죠?

The slender old man isn't **mobile** yet; he still has to stay in bed.
그 호리호리한 늙은 남자는 아직 움직이지 못한다; 그는 여전히 침대에 있어야 한다.

🔗 mobility 이동성, 기동력
   mobilize 동원하다, 결집하다

award
[əwɔ́ːrd]

(상·장학금 등을) 수여하다; 시상, 심판, 보상금

[어워드] 아카데미 영화상 수상식을 '아카데미 어워드(Academy Award)'라고 하죠?

He received an **award** of $10,000 in compensation for his injuries. 그는 그의 상해에 대한 보상으로 만 달러의 보상금을 받았다.

fund
[fʌnd]

자금, 기금

[펀드] 증권사의 '펀드 매니저'란 남의 돈을 관리해주는 사람

They spent their scarce **funds** on expensive housing.
그들은 그들의 얼마 남지 않은 자금을 비싼 주택에 써버렸다.

punitive
[pjúːnətiv]

징벌의

punish(벌을 가하다)와 비슷한 철자를 이용하여 그것의 형용사형으로 생각하여 암기

He was awarded **punitive** damages.
그는 징벌적 손해 배상금을 판정받았다.

dismantle
[dismǽntl]

해체하다, 철거하다

[디스(this) 맨 틀 → 이(this) 맨 틀만 남기고] 건물 등을 뼈대인 이 틀만 남기고 모두 해체해 버린 모습

I had to **dismantle** the engine in order to repair it.
나는 수리하기 위해 엔진을 해체해야 했다.

acquaint
[əkwéint]

알리다, 익숙하다, 정통하다

[어케 into → 어케(어떻게) into(안으로)] 신문고 이야기에서 한 소년이 어케 해서든지 궐 안으로 들어가 자신의 억울한 사연을 알리려고 하는 모습

You'll soon become fully **acquainted** with the procedures.
당신은 곧 그 절차에 완전히 익숙해질 것입니다.

★ 토익 출제 표현
be acquainted with ~ ~와 아는 사이이다, ~에 정통하다

★ 토익 출제 문제
She acquainted them <u>with</u> the facts.
그녀는 그들에게 그 사실들을 알려 주었다.
• acquaint A with B: A에게 B를 알리다, 숙지시키다

🔲 acquaintance
아는 사이[사람], 알고 있음, 지식

mustache
[mʌ́stæʃ]

콧수염

[머스태쉬 → 멋있 태쉬] 콧수염을 멋있게 기른 모습

He shaved off his **mustache**. 그는 콧수염을 면도로 말끔하게 밀었다.

makeshift
[méikʃift]

일시적인, 임시변통의

[make(만들다) + shift(이동하다)] 이동을 만들며(하며) 일시적인 체류를 하는 유목민들을 연상

Dozens of **makeshift** cafes and food stalls create a carnival atmosphere.
수십 개의 임시 카페와 음식 노점은 카니발 분위기를 형성한다.

oblivious
[əblíviəs]

염두에 안 두는, 잘 잊는, 부주의한

[어블리비어스 → 엎을 리 비었으] 백화점에서 아이를 업고 집에 가려고 하니 아이가 있어야 할 자리가 비어서 아이 챙기는 것을 잊어버린 모습

Engrossed in her work, she was totally **oblivious** of her surroundings. 그녀는 일에 몰두한 채 주변 상황을 완전히 잊었다.

mop
[map]

자루걸레; 자루걸레로 닦다

[맙 → 막] 자루걸레로 바닥을 막 닦는 모습

She **mopped** up the spilt coffee on the floor.
그녀는 바닥에 엎질러진 커피를 닦아냈다.

prodigal
[prádigəl]

낭비하는, 방탕한, 풍부한

[프로디걸 → 프로 뒤 갈(프로가 뒤에(나중에) 가는)] 프로선수나 가수들은 돈을 많이 벌어 나중에 아낌없이 돈을 펑펑 쓰고 다니죠?

The **prodigal** son squandered his inheritance.
방탕한 그 아들은 자기의 유산을 낭비했다.

gas station

주유소

[gas(gasoline, 가솔린, 휘발유) + station(사업소)]

The man is putting some oil into the car at the **gas station**.
그 남자가 주유소에서 차에 기름을 넣고 있다.

exhaust
[igzɔ́ːst]

(체력·인내력 등을) 소진하다, 지치다, 다 써버리다

[이그조스트 → 이그~ 젔어 투!] 마라톤 달리기에서 체력을 다 소진하여 지쳐서 "이그~ 젔어. 투!"하고 침을 뱉으며 포기하는 모습

I was **exhausted** after the soccer game.
나는 그 축구 경기 이후에 완전히 지쳤다.

★ 토익 출제 문제
They are very detailed and _____ analyses.
그것들은 매우 상세하고 철저한 분석이다.
→ **exhaustive** (O), **exhausted** (X)

ⓜ exhaustive 철저한, 총망라하는, 고갈시키는
exhausted 다 써버린, 지친, 고갈된

fascinate
[fǽsənèit]

ⓜ fascinating 매혹적인, 황홀하게 하는
fascination 매혹

매혹하다, 넋을 빼앗다

[패서네이트 → 뺏어내이트] 넋을 뺏어내는 모습

a **fascinating** woman 매혹적인 여성

flee
[fliː]

달아나다, 도망치다 (flee—fled—fled)

[플리 → 풀리(다)] 묶어둔 끈이 풀려서 달아나다

She burst into tears and **fled**. 그녀가 울음을 터뜨리며 달아났다.

penal
[píːnəl]

ⓜ penalize 벌을 주다, 형을 과하다
penalty 형벌, 벌칙, 벌금

형법의, 형사상의, 형벌의

1. [피널 → 피 날] 내가 때린 사람이 피가 난다면 형법에 의해 형벌을 받는다.
2. [페널티킥(penalty kick)] 축구에서 벌칙으로 페널티킥을 주죠? 즉 벌칙에 관계된

The football player was **penalized** for unnecessary roughness. 그 축구 선수는 불필요한 난폭함으로 인하여 벌칙을 받았다.

salvage
[sǽlvidʒ]

ⓜ salvation 구제, 구조

구조하다; 구조

[샐비지 → 살피지] 맨홀에 빠진 사람을 구조해 내며 "잘 살피지 왜 빠졌어요?"하는 모습

After the fire, there wasn't much furniture left worth **salvaging**. 그 화재 후에 구제할 만한 가구가 많이 남아있지 않았다.

stun
[stʌn]

기절시키다, 간담이 서늘케 하다

[스턴 → 스턴트 맨] 스턴트맨이 아찔한 묘기로 모두를 기절시킬 정도로 깜짝 놀라게 하는 모습

stunning 아연하게 하는, 기절시키는

You look **stunning** in that dress.
너 그 드레스를 입으니 눈이 부시게 아름다워.

hectic
[héktik]

정신없이 바쁜, 빡빡한

[핵 틱!] 핵핵 거릴 정도로 숨가쁘게 뛰어다니다가 틱! 쓰러질 정도로 바쁜 직장인 연상

It was a **hectic** morning for me. 나한텐 정신없이 바쁜 아침이었어.

fasten
[fæsn]

묶다, 채우다

[패슨 → 뺏은] 남의 물건을 뺏은 사람을 포졸이 포승줄로 묶어놓은 모습

★ 토익 출제 표현
fasten a seat belt 안전벨트를 하다
Please **fasten your seat belts** for takeoff.
이륙 시 안전띠를 반드시 착용해 주시기 바랍니다.

frustrate
[frʌ́streit]

(계획·의도 등을) 좌절시키다

[풀어 스트레이트!] 모처럼 신경 써서 스트레이트 펌을 하고 나타난 여자친구에게 "풀어, 스트레이트 더 못생겨 보여!"라고 말하며 여자친구를 좌절시키는 상황 연상

frustration 좌절
frustrated 좌절한, 실망한

I'm so **frustrated** because I lost my key again.
나는 열쇠를 또 잃어버려서 너무도 좌절한 상태이다.

fatigue
[fətí:g]

피로, 피곤; 피곤하게 하다

[퍼티그 → 버티구] 피곤하지만 할 수 없이 회사에서 버티고 있는 모습

You need sound sleep to recover from **fatigue**.
피로를 풀기 위해서 숙면이 필요하다.

heavy traffic

교통 혼잡

[heavy(무거운, 심한) + traffic(교통)]

There is **heavy traffic** in the downtown area tonight.
오늘 밤에는 번화가 지역에 교통이 혼잡하다.

veto
[ví:tou]

거부권; 거부하다

[비로우 → 빌어!] 빌라고 할 때 잘못한 게 없는데 왜 비냐며 거부하는 모습

I wanted to go camping but the others quickly **vetoed** that idea. 나는 캠핑을 가고 싶었지만 다른 사람들이 그 생각을 즉각 거부했다.

tranquil
[trǽŋkwil]

조용한, 온화한, 평온한

[트랜 퀼 → train(기차) kill(죽이다)] 마을사람들이 매일 시끄럽게 지나가는 기차를 죽여서 조용한

She led a **tranquil** life in the country.
그녀는 시골에서 평온한 생활을 했다.

🔲 tranquility 고요, 평정, 평온

commodious
[kəmóudiəs]

널찍한

[커모디어스 → 고모 뒤었으] 어렸을 때 고모 뒤에 업혀 있을 때 덩치가 있는 고모의 등이 꽤 넓어 보이는 모습

My secretary has already reserved a **commodious** hotel bedroom. 내 비서가 이미 널찍한 호텔 방을 예약해 두었다.

🔲 incommodious 비좁은, 불편한

devastate
[dévəstèit]

황폐시키다, (국토·토지를) 유린하다

[데버스테이트 → 大 버스 테이트] 커다란 버스가 논과 밭 등의 국토를 깔고 돌아다니며 국토를 유린하고 황폐시키는 모습

A **devastating** earthquake hit the state capital.
파괴적인 규모의 지진이 그 주(州)의 수도를 덮쳤다.

🔲 devastating 황폐시키는
devastation 황폐하게 함, 유린

favorable
[féivərəbl]

호의적인, 유리한, 찬성의

[favor(호의, 찬성) + able(~할만한)]

He was employed on **favorable** terms.
그는 유리한 조건으로 채용되었다.

★ 토익 출제 표현
1. **favorable** weather condition 유리한 기상조건
2. due to **unfavorable** weather condition 악천후 때문에

★ 토익 출제 문제
The Province region of France is my _____ place.
프랑스의 프로방스 지역이 내가 가장 좋아하는 장소이다.
→ **favorite** (O) **favorable** (X)

🔲 favorably 유리하게, 호의적으로
favorite 매우 좋아하는
unfavorable 상황이 나쁜, 불리한, 비호의적인

27강 toeic voca

tedious
[tíːdiəs]
지루한, 지겨운

[티(tea: 차) 디었으 → 차에 디어었(싫증났어)] 매일 마시는 차에 이제는 정말 디어서 지겹다며 마시기를 거부하는 모습

I spent a **tedious** hour in a traffic jam.
나는 교통체증 속에서 지루한 시간을 보냈다.

▣ tedium 지겨움, 권태

procure
[proukjúər]
얻다, 획득하다

[프로큐어 → 프로 키워] 자신의 제자를 프로 선수로 키워 챔피언 벨트를 획득하는 모습

▣ procurement 획득, (필수품 등의) 조달

She managed to **procure** a ticket for the concert.
그녀는 간신히 그 콘서트 티켓 한 장을 구할 수 있었다.

first aid
응급처치

[first(처음의) + aid(도움)]

She gave **first aid** to the patient. 그녀는 환자에게 응급처치를 했다

★ 토익 출제 표현
first-aid kit 구급상자

bequeath
[bikwíːð]
양도하다, 전하다, (다음 세대에) 물려주다

[비키으 → 비키세요] 사람이 가득 찬 공간에서 떨어진 사람에게 물건을 전해주려고 "비키세요!"하며 사람들을 밀치고 건네주는 모습

He wanted to **bequeath** everything to his son.
그는 모든 것을 아들에게 물려주기를 원했다.

▣ bequest 유물, 유증

heritage
[héritidʒ]
유산, 상속 재산, 전통

[헤리 튀지] 헤리라는 사람이 유산을 빼돌려 튀었어

We are a **heritage** preservation organization.
우리는 문화 보존 기관이다.

incorporate
[inkɔ́ːrpərèit]

통합시키다, 섞다, 법인으로 만들다

[in 코 퍼레이트 → 안에 코 퍼내다] 코 안에 여기 저기 흩어져 있는 굳은 코를 퍼내서 하나로 합쳐 돌돌 말아 버리는 모습

The land value of this area increased a lot after being **incorporated** into Seoul.
이 지역은 서울로 편입된 후 땅값이 크게 올랐다.

🅐 incorporated 통합된, 주식회사의

tenant
[ténənt]

(토지·가옥 등의) 차용인, 소작인

[ten(10) + ant(개미)] 여러분 집 벽 속에 10마리의 개미가 세 들어 살고 있는 모습

The building has troubled attracting **tenants** willing to pay its relatively high rent.
그 건물은 상대적으로 높은 임대료를 기꺼이 지불할 세입자를 찾는 데 곤란을 겪어왔다.

🅐 tenantable (토지·가옥 등을) 임차할 수 있는, 거주할 수 있는

abate
[əbéit]

줄다, 감소하다

[a(하나) 베이트 → 하나 빼이트] 하나를 빼서 그만큼 줄어드는 모습

The rain has started to **abate** slightly.
비가 조금씩 줄기 시작했다.

stingy
[stíndʒi]

인색한, 구두쇠의

[스틴지 → 수 팅기지] 주판알의 숫자를 팅기며 10원이라도 아끼려고 하는 구두쇠 같은 모습

Don't be so **stingy**. 너무 박하게 굴지 마라.

due
[djuː]

지불기일이 된, 만기가 된, 정당한, ~에 기인하는

[듀~ → 쥬~] "빨리 돈 쥬~(주세요~)"하며 지불기한이 다 되었다고 하는 모습

When is your baby **due**? 출산 예정일이 언제입니까?

★ 토익 출제 표현

1. **due to** + 명사 ~ 때문에, ~ 덕분에
   The company's failure was mainly **due to** bad management.
   그 회사가 파산한 것은 주로 잘못된 경영 탓이었다.
2. **be due to** + 동사의 원형 ~할 예정이다
   He **is due to** speak tonight. 그는 오늘 밤에 연설할 예정이다.

overdue
[òuvərdúː]

(지불) 기한이 지난, 늦은, 연착한

[over(~ 넘어) + due(지불기한이 된)]

May we remind you that your payment has been **overdue** since last April 20?
지난 4월 20일 이래로 귀사의 지불 기한이 지났다는 사실을 상기시켜 드리는 바입니다.

picturesque
[piktʃərésk]

그림같이 아름다운, (문장·표현 등이) 생생한

[picture(그림) + sque] 그림 같은

That picture contains a **picturesque** description of life at sea. 그 그림은 바다에서의 삶에 대한 생생한 묘사를 포함하고 있다.

plow
[plau]

(밭을) 갈다, 쟁기질하다 (영국식으로는 plough)

[플라우 → 풀 나와] 땅 속에 있는 풀 나오라고 밭을 가는 모습

plow a field 밭갈이하다

sagacious
[səgéiʃəs]

현명한, 영리한

[써개셨으 → 싸게 샀어] 현명한 주부가 물건을 싸게 샀어

He is much too **sagacious** to be fooled by a trick like that.
그는 현명해서 그와 같은 속임수에 속지 않는다.

🔁 sagacity 현명, 영리

rash
[ræʃ]

성급한, 분별없는

[래 쉬! → 내 쉬] 아이가 쉬가 마렵다고 "내 쉬 할 거야"하며 발을 동동 구르며 성급히 서두르다 분별없이 옷에다 싸는 모습

She soon regretted her **rash** decision to get married.
그녀는 경솔한 결혼 결정을 곧 후회했다.

🔁 rashly 분별 없이, 무모하게

desolate
v. [désəlèit] a. [désələt]

황폐하게 하다; 황량한, 황폐한

[대설(大雪) + ate(먹다) → 큰 눈이 먹다] 커다란 눈사태가 마을을 먹어 삼키어 황폐화 시키고 사람들을 죽이는 모습

The house looked out over a bleak and **desolate** landscape. 그 집은 황량하고 쓸쓸한 풍경에 면해 있었다.

lot
[lat]

한 구획의 땅, 부지

[랏 → 낫] 낫으로 어떤 구획의 땅에 난 풀을 모두 베라고 하는 모습

★ 토익 출제 표현
parking lot 주차장
This is a free **parking lot**. 여기는 무료 주차장이에요.

poll
[poul]

투표, 여론조사; 투표하다

[폴 → 퓰(표를)] 표를 내어 투표하다

The man refuted the results of the **poll**.
그 사람은 투표 결과에 반박하였다.

readily
[rédəli]

기꺼이, 쉽사리

[ready의 부사형] 준비가 이미 된 상태로, 즉 즉시

He gets angry **readily**. 그는 화를 잘 낸다.

recipe
[résəpi]

조리법, 요리법, 비법

[레서피 → 냈어 피] '생선을 조리할 때 피를 냈으면 깨끗하게 씻은 후에…' 등과 같이 설명하는 조리법 연상

This is the **recipe** for tomato soup. 이것이 토마토 수프 요리법이다.

auxiliary
[ɔːgzíljəri]

보조의, ~을 돕는

[오구 질려리 → 59 질렸으리] 59살이 되도록 내 일이 아닌 다른 사람의 일을 보조해주는 역할만 하니 질렸다

Nursing **auxiliaries** help nurses with their basic duties.
간호보조원들은 간호사들의 기본적 업무를 보조한다.

curator
[kjuəréitər]

감독, 관리자

[큐! 레이 tor(~사람)] 영화에서 "큐레이!"하고 소리치는 경상도 영화 감독 연상

Mary works at the museum as a **curator**.
Mary는 박물관에서 큐레이터로 일한다.

sneak
[sniːk]

몰래 움직이다, 몰래 내빼다

[스니크 → 스네이크(snake: 뱀)] 뱀이 스르르 몰래 움직이며 내빼는 모습

📖 sneaker 몰래 하는 사람, 비열한 사람
sneaking 살금살금 걷는, 몰래 하는

The boy **sneaked** into the movie without paying.
그 소년은 입장료를 내지 않고 극장 안으로 살금살금 들어갔다.

assume
[əsúːm]

추정하다, ~체 하다, 책임 따위를 떠맡다

1. [어숨 → 어슴(프레)] 어슴푸레하게 생각을 떠올려보는(추정하는) 모습
2. [어, 숨 → 어, 숨어있어!] 깡패들이 나타나자 여자친구에게 "어, 숨어있어! 내가 처리할게"하며 자신이 모든 위험을 떠맡으며 용감한 체 하는 모습

We can't **assume** the suspects to be guilty simply because they've decided to remain silent.
우리는 그 혐의자들이 단지 침묵하기로 결심했다고 해서 유죄라고 추정할 수는 없다.

★ 토익 출제 문제
1. The time has come for us to **assume** the core responsibility for our national defense.
우리가 국가방위의 핵심적인 책임을 떠맡을 때가 왔습니다.
• assume the responsibility: 책임을 지다
2. Assuming (that) you're offered the job, will you accept it?
그 일을 제안받았다고 가정한다면 받아들이겠습니까?
• assuming (that)~: ~라고 가정하여, ~이라고 한다면

📖 assumption 추정, 가정

satellite
[sǽtəlàit]

위성, 인공위성

[새털 라이트 → 새털 light(가벼운)] 새털처럼 가볍게(light) 하늘에 떠 있는 위성을 연상

communications **satellite** 통신 위성
artificial **satellite** 인공위성

scale
[skeil]

눈금, 규모, 저울

[스케일] "스케일이 크다"라고 할 때의 스케일, 그리고 그 규모를 재는 눈금 연상

Please put your suitcases one by one on the **scale**.
가방을 하나씩 저울에 올려놓으세요.

exempt
[igzémpt]

면제된; 면제하다

[exem(exam) + pt(붙) → 시험 붙었다] 군 장교 시험에 붙어서 병역이 면제된 사나이를 연상

These houses are **exempt** from paying rates.
이 집들은 세금이 면제이다.

ⓝ exemption (의무의) 면제

frigid
[frídʒid]

몹시 추운

[프리지드 → 뿌리지두] 물을 길에 뿌리면 얼어서 미끄러워지니까 물을 뿌리지두 못할 정도로 몹시 추운 날씨 연상

Alaska is in the **frigid** zone. 알라스카는 한대지역에 있다.

phenomenal
[finámɪnl]

놀라운, 현상의

[피 남이 날 → 남에게서 피가 날] 갑자기 남에게서 피가 나는 놀라운 현상의

The country has seen a **phenomenal** economic growth in so short a period. 그 나라는 짧은 기간에 경이적인 경제 성장을 이룩했다.

ⓝ phenomenon 사건, 현상

opulence
[ápjuləns]

부, 부유, 풍부

[아퓰런스 → 앞 불런스] 풍부하고 유복한 집에서 잘 먹고 자라서 배(앞)가 불러있는 모습

Visitors from Europe are amazed at the **opulence** of this country. 유럽에서 온 사람들은 이 나라의 풍요로움에 놀란다.

ⓐ opulent 풍부한, 부유한

press
[pres]

신문, 언론, 보도기자

'누르다'란 뜻에서 인쇄기로 눌러 나오는 신문, 그리고 신문과 같은 언론 및 신문을 위한 보도 기자

★ 토익 출제 표현

press conference 기자 회견
The new president called a **press conference**.
신임 사장은 기자회견을 소집했다.

scoop
[sku:p]

국자; 푸다, 뜨다

[스쿱 → 소꿉] 소꿉놀이를 하며 장난감 국자로 모래를 푸는 모습

She **scooped** ice cream into their bowls.
그녀가 그들의 그릇에 아이스크림을 긁어 담아 주었다.

pros and cons

장단점, 찬반양론

[프로스(플러스, +) and 깐즈] 플러스(+)가 될 것인가 아니면 깐 것(뺀 것)이 될 것인가?

There are **pros and cons** for that.
그에 대해 찬성과 반대 의견이 있다.

metropolis
[mitrápəlis]

대도시, 중심지

[메트라 폴리스 → 맡으라 police] "치안을 다 맡으라 경찰들아!" 복잡한 도심지의 치안을 경찰이 맡고 있는 모습

Singapore has been rebuilt as a **metropolis** of skyscrapers, shopping areas and hotels.
싱가포르는 마천루, 쇼핑 지역, 그리고 호텔의 중심지로 다시 지어졌다.

🔳 metropolitan 대도시의

conditional
[kəndíʃənl]

조건부의

[condition(조건) + al(형용사형 어미)]

Payment is **conditional** upon delivery of the goods.
대금 지불은 상품 배달을 조건으로 한다.

28강 toeic voca

robust
[roubʎst]

튼튼한, 강건한

> [로버스트 → 로버트] 로보트처럼 단단하고 튼튼한 모습

You need to be **robust** to go rock climbing.
당신은 암벽 등반을 하기 위해서 튼튼해야 한다.

session
[séʃən]

(특정한) 기간, 학기

> [셋 션(쉬어!)] 하나, 둘, 셋 셀 동안의 기간만 쉬어!

The orientation and training **session** will last one week.
오리엔테이션과 연수 과정은 1주일간 계속될 것이다.

★ 토익 출제 표현
training session 연수 기간, 교육 기간

depreciate
[diprí:ʃièit]

가치가 떨어지다, 가격이 내리다

> [디프리시(뒤풀이 시) + ate(먹다)] 회사 뒤풀이시(뒤풀이 할 때) 술을 마구 먹어대고 안주도 게걸스럽게 모두 먹어치우는 사람이 자신의 품위를 떨어뜨리는 모습 연상

🅝 depreciation 가치 하락, 감가 상각, 경시

If you neglect this property, it will **depreciate**.
당신이 이 재산을 소홀히 하면 그것은 가치가 떨어질 것이다.

ominous
[ámɪnəs]

심상치 않은, 불길한

> [아미너스 → 암이 났어] 몸에 혹이 만져져서 혹시 암 덩어리가 나서 그런 게 아닌가 하고 불길해하는 모습

That man's angry threats are **ominous**; he may hurt someone.
저 남자가 화를 내며 협박하는 게 심상치 않아요. 누구를 다치게 할 것 같아요.

seasoning
[síːzəniŋ]

조미료, 양념

> [season(계절) + ing] 계절이 지나며 양념인 된장이나 고추장이 항아리에서 잘 익어가는 모습

The woman is adding **seasoning** to the stir-fried food.
여자가 볶음 요리에 양념을 치고 있다.

sever
[sévər]

절단하다, 끊다

[씨버 → 씹어] 끈을 이빨로 씹어서 끊는 모습

Diplomatic relations between the two countries were **severed**. 두 나라 사이의 외교관계가 단절되었다.

herald
[hérəld]

알리다, 보도하다; 사자, 선구자

[헤럴드] 코리아 헤럴드가 소식을 보도하다

The president's speech **heralds** a new era in relations between these two troubled states.
대통령의 연설은 이 두 사이가 안 좋은 국가들 간의 관계에 있어서 새 시대를 알린다.

shabby
[ʃǽbi]

초라한, 낡아빠진, 지저분한

[새 비] 비가 새는 초라하고 낡아빠진 오두막 연상

His old suit looks **shabby**. 그의 낡은 정장은 초라해 보인다.

shortcut
[ʃɔ́ːrtkʌ̀t]

지름길

[short(짧은) + cut(자르다)] 짧게 잘라가는 길

Do you know of a **shortcut** to City Hall?
시청으로 가는 지름길을 알고 계세요?

showcase
[ʃóukèis]

(유리) 진열장, 공개 행사; 전시하다

[show(보여주다) + case(상자)]

The clerk led me to the **showcase** with the diamonds in it.
점원은 다이아몬드가 있는 진열장으로 나를 데리고 갔다.

showroom
[ʃóurùːm]

전시실, 상품 진열실

[show(보여주다) + room(방)]

The **showroom** has a wide selection of kitchens.
전시실에는 다양한 주방 제품들이 있습니다.

sterile
[stérəl]

불모의, 불임의

[스테럴 → 수태를] 수태를 못해서 불임의

A mule is the **sterile** animal of a horse and donkey.
노새는 말과 당나귀의 잡종으로, 불임인 동물이다.

generic
[dʒənérik]

일반적인, 포괄적인

> [generic-general(일반적인)] 비슷한 철자와 뜻을 가진 단어와 함께 암기

The **generic** term for wine, spirits and beer is 'alcoholic beverages.' 포도주, 증류주, 맥주를 총칭하는 용어는 '알코올 음료'이다.

shiftless
[ʃíftlis]

게으른, 무능한, 주변머리 없는

> [shift(이동시키다, 옮기다) + less(~이 아닌)] 다른 사람들은 짐을 옮기는데 혼자 옮기지 않고 게으름을 피우는 모습

He called them **shiftless**, lazy and good-for-nothing. 그는 그들을 주변머리 없고 게으르고 쓸모없는 사람들이라고 칭했다.

specialize
[spéʃəlàiz]

특수화하다, 전문화하다

> [special(특별한) + ize(동사형 어미)] 특별한 것으로 만들다

★ 토익 출제 표현
specialize in ~ ~을 전공하다
He **specializes in** oriental history. 그는 동양사를 전공한다.

soak
[souk]

적시다, 담그다

> [쏘옥 → 쏘옥] 물속에 쏘옥 담그다

The label will peel off if you **soak** it in water. 물속에 담가 두면 상표가 벗겨질 것이다.

split
[split]

쪼개다, 분할하다, 나누다

> [스플리트 → 슥 풀리트] 스윽 풀리어 두 개로 나뉘는 모습

The children **split** into small groups. 그 아이들은 소그룹으로 나뉘었다.

parallel
[pǽrəlèl]

평행의, 유사한; ~에 필적하다

> [패럴랠 → 팔을 낼] 앞으로 나란히 하며 두 팔을 평행하게 앞으로 내는 모습. 그리고 한 쪽에 평행하게 따라간다는 의미에서 한쪽의 능력에 다른 쪽이 필적한다는 의미도 암기하자.

The highway runs **parallel** to a railroad. 그 고속도로는 철로와 나란히 뻗어 있다.

vomit
[vάmit]

토하다, 분출하다

[보 밑 → 보다 밑을] 허리를 숙여 밑(땅)을 보고 구토하는 모습

The smell made her want to **vomit**.
그 냄새 때문에 그녀는 토하고 싶었다.

obscure
[əbskjúər]

어두운, 분명하지 않은

[업스 큐어 → 앞's 켜] 차를 타고 가는데 어두워서 길이 잘 안보이자 앞의 헤드라이트를 키라고 소리치는 모습

The mountains were **obscured** by a thick veil of haze.
산들이 짙은 안개에 가려 잘 보이지 않았다.

图 obscurity 불분명, 어두컴컴함

destitution
[dèstətjúːʃən]

극빈, 빈곤

[데스터튜션 → 대스타 뜨션] 가난했기 때문에 열심히 연기해서 가난 속에서 대스타가 뜨는 것을 연상

Destitution has become a major problem in the capital city.
수도에서는 빈곤이 주요한 문제가 되었다.

图 destitute 빈곤한, ~이 결핍된

counterfeit
[káuntərfit]

가짜, 위조물; 위조하다

[카운터 핏!] 카운터에 위조수표를 내놓자 카운터 보는 사람이 핏! 하고 코웃음 치며 "이거 가짜잖아"하는 모습

The Customs Office works hard to keep out **counterfeit** goods. 세관은 위조품 반입을 막기 위해 많은 노력을 기울인다.

attend
[əténd]

시중들다, 간호하다, 출석하다

[어텐드 → 어 ten 드(들다)] 어, 10(ten)명이 가마를 들어주며 시중드네

Small children should never be left **unattended**.
어린아이들을 혼자 내버려 둬서는 안 된다.

图 attendant 시중드는 사람, 안내원
unattended 보살핌을 받지 않은, 방치된
attendance 출석, 참석, 시중, 돌봄

★토익 출제 표현
1. attend to a client 고객의 시중을 들다
2. in full attendance 만석인, 사람들이 가득 찬
3. flight attendant 항공 승무원

used car
중고차

[used(사용되어진, 중고의) + car(자동차)]

That **used car** cost me seven thousand dollars.
그 중고차를 사는 데 7천 달러가 들었다.

vaccinate
[vǽksənèit]

예방접종을 하다

[vaccine(예방 백신) + ate(동사형 어미)]

He should be **vaccinated** before it is too late.
그는 더 늦기 전에 예방접종을 해야 한다.

estimation
[èstiméiʃən]

평가, 판단

[애스 티(띠) 매이션] 송아지를 등급별로 S, T, K 등급 등으로 나누어 평가를 내리면서 S자가 쓰인 띠를 송아지 목에 매는 모습

They **estimated** that there would be a long-term 50% increase in rail fares.
그들은 열차 운임에서 장기적으로 50%의 인상이 있을 것이라고 추정했다.

★ 토익 출제 표현
ETA 도착 예정 시각(=estimated time of arrival)

📖 estimate 추정하다, 판단하다, 예측하다

abbreviate
[əbríːvièit]

간략하게 하다, 생략하다, 단축시키다

[어브리비에이트 → 업으리 비 에잇!] 비가 오는 길을 아이들을 데리고 가기 성가셔서 아이를 등에 모두 업어서 한 몸으로 간략하게 만들어 빗속을 에잇! 하고 뛰어가는 모습

The name Susan is often **abbreviated** to Sue.
Susan이란 이름은 종종 Sue로 간략하게 된다.

📖 abbreviation 단축, 생략

acquiesce
[ӕkwiés]

순종하다, 묵묵히 따르다

[애퀴에스 → 애기 예수] 애기 예수를 묵묵히 따르는 많은 신도들을 연상

His parents will never **acquiesce** in such an unsuitable marriage. 그의 부모들은 그런 부적합한 결혼을 결코 받아들이지 않을 것이다.

📖 acquiescent 잘 따르는, 순종하는
acquiescence 순종

gravely
[gréivli]

엄숙히, 장엄하게

[grave(무덤, 장엄한) + ly] 무덤(grave) 앞에서 사람들이 엄숙한 모습

"It's a confidential matter." he said **gravely**.
"이것은 기밀 사항입니다." 라고 그가 엄숙하게 말했다.

coincide
[kòuinsáid]

동시에 일어나다, 일치하다

[coin(동전) 사이드(side, 양면)] 동전의 양면은 서로 항상 함께 따라다니고 금액이 일치한다

I didn't expect to meet him. It was a real **coincidence**.
나는 그를 만나기를 기대하지 않았다. 그것은 정말로 우연의 일치였다.

□ coincidence (우연의) 일치, 동시에 일어남
coincident 동시에 일어나는

console
[kənsóul]

위로하다

[컨 소 울 → 큰 소 울(다)] 아기 소를 잃은 큰 소가 음메~ 하며 울자 눈물을 닦아주며 위로해주는 주인 연상

She tried to **console** me by saying that I'd probably be happier in a new job.
그녀는 내가 아마도 새로운 직장에서 더 행복할 것이라고 말하면서 나를 위로하려고 했다.

vice president

부통령, 부사장

[vice(대리의, 부의) + president(대통령, 사장)]

Why did the **vice president** leave the company so suddenly? 왜 부사장님은 그렇게 갑작스럽게 회사를 그만두셨죠?

29강 toeic voca

vend
[vend]
팔다, 판매하다

[밴드] 편의점에서 고무 밴드를 팔고 있는 모습

★ 토익 출제 표현
1. **vending machine** 자동판매기
2. **stadium vendor** 경기장 상인
3. **street vendor** (거리의) 가판대 상인

파 vendor 판매상, 행상인

juvenile
[dʒúːvənàil]
어린, 소년[소녀]의

[주번 아일] 주번을 맡은 어린 아이

Rates of **juvenile** delinquency are on the increase.
청소년 범죄율이 증가하고 있다.

commend
[kəménd]
칭찬하다

[커멘드 → 코 맨드(만들다)] 예쁜 아이에게 코가 멘든(만든) 것 같이 예쁘다고 칭찬하는 모습

파 commendable 칭찬할 만한
   commendation 칭찬, 상장

For a low-budget film, it has much to **commend** it.
저예산 영화임을 감안할 때, 그것은 칭찬할 점이 많다.

vicious
[víʃəs]
사악한, 악의 있는

[비셨으 → 비셨어] 사악한 살인마가 칼로 사람을 마구 비는(베는) 모습

That **vicious** circle trapped businesses and individuals.
그 악순환은 기업과 개인 모두를 옭아맨다.

divest
[daivést]
(권리·계급 등을 ~에게서) 빼앗다, 처분하다

[다이(die) 베스트(best)] 죽은 자에게 최고의 권리를 빼앗다. 최고로 좋은 땅을 갖고 있던 사람이 죽자 그 땅의 권리를 빼앗고 처분하는 모습

After her illness she was **divested** of much of her responsibility. 그녀는 아프고 난 후 업무 중 많은 부분을 빼앗겼다.

redeem
[ridíːm]

🔲 redeemable 되살 수 있는, (저당물을) 되찾을 수 있는, 상환할 수 있는
redemption 되찾음, 환급, 상환

되찾다, (저당물을) 도로 찾다, (결점 등을) 메우다

[리딤 → 리듬] 몸의 리듬을(컨디션을) 회복하다

I **redeemed** my watch from the pawn shop.
나는 전당포에서 시계를 되찾았다.
The charm of her voice **redeemed** her rough appearance.
그녀 목소리의 매력은 그녀의 좋지 않은 외모의 결점을 메워 주었다.

last-minute

마지막 순간의, 막바지의

[last(마지막의) + minute(분, 순간)]

★ 토익 출제 표현
1. a last-minute cancellation 예정 시간 직전의 취소
2. a last-minute change 마지막 순간의 변경

telescope
[téləskòup]

망원경

[tele(away) + scope(보는 기계)]

We observed the planet through a **telescope**.
우리는 망원경을 통해 그 행성을 관찰했다.

microscope
[máikrəskòup]

현미경

[micro(small) + scope(보는 기계)] 작은 것을 보는 기계

The woman is looking into a **microscope**.
여자가 현미경을 들여다보고 있다.

nap
[næp]

선잠; 잠깐 졸다

[냅?] 수업시간에 졸다가 선생님이 부르자 냅? 하고 놀라는 모습

I should go to take a **nap**. 난 가서 낮잠을 자야겠어요.

perceptive
[pərséptiv]

지각력 있는, 감지하는, 예민한

[perceive(지각하다, 감지하다)의 형용사형]

I'm not really **perceptive**, when it comes to literature.
문학에 관한 한 나는 정말로 둔하다.

forfeit
[fɔ́:rfit]

몰수당하다, 잃다

[포핏 → 뽑힛] 아들이 일제에 강제 징병되어 뽑혀서 아들을 몰수당하는 모습

If you cancel your flight, you will **forfeit** your deposit.
비행을 취소하면 예약금을 못 돌려받을 것이다.

🔁 forfeiture 몰수, 박탈

grudge
[grʌdʒ]

(주기를) 싫어하다, 원한을 품다; 원한, 유감

[그러지 → 그러지 마!] 자꾸 돈을 뺏으며 괴롭히는 원수 같은 친구에게 "그러지 마!"하고 돈을 주기를 싫어하는 모습

I hope you don't hold any **grudge** against me.
나는 네가 나에게 어떠한 원한도 품고 있지 않기를 바란다.

🔁 grudging 원한을 품은, 마지못해 하는

turnover
[tə́rnòuvər]

총 매상고, 거래액, 이직, 이직률

1. [turn(돌다) + over(건너서)] 서비스나 물건을 제공한 대가로 다시 되돌아오는 돈
2. [turn(돌다) + over(건너서)] 한 회사에서 다른 회사로 등을 돌리고 건너가는 모습

The firm has an annual **turnover** of $80 million.
그 회사는 연간 거래액이 8천만 달러이다.
Frequent **turnover** in staff leads to less effective work.
직원들이 자주 이직한다면 일의 효율성은 낮아진다.

commensurate
[kəménsərət]

균형 잡힌, 비례하는

[com(together) + men(사람들) 쉬어(셰어) 리트] 두 줄로 세운 사람들을 같이 세면서 한쪽이 더 길지 않게 균형 있게 다른 한 쪽의 사람 수와 비례하도록 하는 모습

★ 토익 출제 문제
Your reward will be commensurate with your effort.
당신은 당신의 노력만큼 보상받을 것이다.
• commensurate with ~: ~에 비례하는

deride
[diráid]

비웃다, 조소하다

[띠라이드] 또라이에게 띠라이다! 하고 놀리는 모습

For his shameful conduct, the general became an object of **derision** to every soldier.
그 장군은 부끄러운 행동으로 모든 병사에게 비웃음의 대상이 되었다.

🔁 derision 조롱, 비웃음

legitimate
[lidʒítəmət]

■ legitimacy 합법성, 적법
　legislation 법률, 법규
　legislate 법률을 제정하다

합법적인, 정당한

[leg(law를 뜻하는 어근 ex. legal 법률의) + itimate] 법적인

His claim to his father's inheritance was **legitimate**.
그의 아버지의 유산에 대한 그의 권리 주장은 적법했다.

genuine
[dʒénjuin]

참된, 진짜의

[제 누인] 제 누이는 정말 참되고 진실해

The jeweler reported that the diamonds were **genuine**.
그 보석 상인은 그 다이아몬드들이 진짜라고 말했다.

lineage
[líniidʒ]

가계, 가문

[line(줄) + age(나이)] 할아버지부터 손자들까지 나이순으로 한 줄을 선 가계 연상

They are offering a service to trace people's **lineage** back, at least 500 years.
그들은 사람들의 가문을 최소 500년 전까지 거슬러 추적해 주는 서비스를 제공하고 있다.

paragon
[pǽrəgàn]

모범, 본보기, 귀감

[패러 간] 다른 학생들이 말을 잘 듣도록 본보기로 한 학생을 패러 간 선생님 연상

Compared with my cousin, he was a **paragon** of honesty and audacity. 나의 사촌과 비교해 볼 때, 그는 정직과 대담성의 본보기였다.

promulgate
[práməlgèit]

발표하다, 공표하다

[프로 멀(뭘) + gate(문 → 남대문)] 프로가수가 사람들이 많이 모여 있는 남대문에서 뭘 발표하는 모습

William Jenney **promulgated** a theory of steel-frame construction. William Jenney는 철골 건축공법에 관한 학설을 발표하였다.

demolish
[dimáliʃ]

■ demolition 파괴, 폐허

파괴하다, 헐다

[디말리쉬 → 뒤 말리시(죠)] 술 먹고 길거리의 차를 파괴하고 있는 사람을 뒤에서 말리는 모습

The old building was **demolished** and a new high rise took its place. 그 오래된 건물은 붕괴되고 새 고층 건물이 그것을 대체하였다.

status
[stéitəs]

지위, 상태, 상황

1. [스테이터스 → stay(머물다) 탔어] 자신이 회사에서 머물 자리, 즉 지위를 탔다(얻었다)고 좋아하는 실업자를 연상
2. [스테이 터스 → stay? 떴으?] 호텔 손님이 현재도 머물고 있는지 아니면 호텔을 떴는지 현재 상황을 물어보는 모습

★ 토익 출제 표현
1. social status 사회적 지위
2. membership status 회원 현황

polish
[páliʃ]

닦다, 윤내다

[팔리 she(그녀)] 사과를 많이 팔려고 그녀가 사과를 닦고 윤을 내는 모습

My son always **polishes** my shoes.
나의 아들은 항상 나의 구두를 닦는다.

chat
[tʃæt]

잡담하다; 잡담

인터넷 채팅이란 인터넷상에서 잡담하는 것

I had a long **chat** with her about her job.
나는 그녀의 직장에 대해 그녀와 오랫동안 한담을 했다.

default
[difɔ́ːlt]

불이행, 태만; (의무·채무 등을) 이행하지 않다

[디펄트 → 뒤 펄떡] 일을 하지 않고 책상 뒤에서 자고 있다가 상사가 오자 뒤에서 벌떡 일어나는 태만한 직원을 연상

People who **default** on their mortgage repayments may have their home repossessed.
주택 담보 대출금을 갚지 않는 사람은 집을 압류당할 수 있다.

dwindle
[dwíndl]

점점 줄이다, 작아지다

[드윈들 → 두 win(이기다) 들] 두 사람 중에서 이긴 사람들만 올라가게 하는 토너먼트식 경기에서 경쟁자를 점점 줄여서 1등을 가리는 모습

The people on this island is **dwindling** in number.
이 섬에 사는 사람들은 숫자가 점점 줄어들고 있다.

loathsome
[lóuðsəm]

몹시 싫은, 지겨운

[loath(load: 짐을 싣다) + some(몇 개의)] 몇 개의 짐을 당나귀에 싣자 매우 지겨워하는 당나귀를 연상

What I hate about you the most is the **loathsome** way that you use other people.
너에 대해 내가 가장 싫어하는 것은 네가 다른 사람들을 다루는 몹시 역겨운 방식이다.

via
[váiə]

~을 경유하여(= by way of), ~을 매개로 하여

1. [바이(by: 옆) 어] 옆으로(by) 돌아가서 즉 직선으로 가는 것이 아니라 어디를 경유하여
2. [바이어(buyer)] 바이어를 매개로 하여 그 물건을 샀다

I am going to Europe **via** America.
나는 미국을 경유하여 유럽에 갈 예정이다.

★ 토익 출제 표현
1. **via** air mail 항공 우편으로
2. submit it **via** e-mail 이메일로 제출하다

waive
[weiv]

일시적으로 포기하다

[웨이브 → wave(파도)] 파도가 거칠어 일시적으로 출항을 포기하는 모습

He persuaded the delegates to **waive** their objections.
그는 그 대표단에게 반대를 철회해 달라고 설득했다.

glance
[glæns]

흘긋 봄; 흘긋 보다

[글랜 쓰 → 글을 낼 때 쓰다] 논설 시험에서 옆의 친구 답안지를 흘긋 보고서는 글 낼 때 막 쓰는 모습

I recognized her at a **glance**. 나는 그녀를 한눈에 알아봤다.

leisurely
[líːʒərli]

서두르지 않는, 유유한

[leisure(레져, 여가) + ly] 여가를 가지며 천천히

We enjoyed a **leisurely** picnic lunch on the lawn.
우리는 잔디 위에서 소풍 도시락을 유유히 즐겼다.

illicit
[ilísit]

불법의, 법이 금한

[일리 싯 → 일리 sit(앉다)] 불법적으로 잔디 보호구역에 들어가 "일리 앉자"라고 말하는 사람

They were all prosecuted for **illicit** liquor selling.
그들은 모두 불법 주류 판매로 고소당했다.

irritable
[íritəbl]

화를 잘 내는, 예민한, 민감한

[이리터 불] 이리터에 불을 갖다대자 으르렁거리며 이리들이 민감하게 화를 내는 모습

She is a little **irritable** today because she studied very hard last night.
그녀는 어제 저녁 매우 열심히 공부해서 오늘 약간 예민하다.

☞ irritate 짜증나게 하다, 화나게 하다

palatable
[pǽlətəbl]

맛좋은, 입에 맞는

[팔라(빨라)t able(할 수 있는) → 빨 수 있는] 사탕이 맛이 좋아서 빨 수 있는

The meal was barely **palatable**; in fact, I thought it was disgusting.
그 음식은 거의 맛이 좋지 않았다; 사실 나는 그것이 메스꺼웠다.

fabrication
[fæbrikéiʃən]

허구, 조작된 것, 날조

[패브리케이션 → 패버리(고) 캐션] 날조된 정치적 사건을 정보부 지하실에서 패면서 캐내는 모습

What a shock to find that the entire story was a **fabrication**.
그 모든 이야기가 날조된 것이라니 놀랍다.

☞ fabricate 만들다, 제작하다, 꾸며내다

30강 toeic voca

nourish
[nə́:riʃ]

영양분을 주다, 기르다

[너리 쉬 → 넣으리 쉬] 나무에 쉬를 해서(넣어서) 영양분을 주는 모습

Children need plenty of good fresh food to **nourish** themselves.
아이들은 그들에게 영양분을 줄 좋은 신선한 음식을 많이 필요로 한다.

ⓝ nourishment 자양물, 영양분

distribution
[dìstribjú:ʃən]

분배, 분포

[디스(this) 추리(tree) 뷰션 → 이 나무 부션] 이 나무를 전국에 부어서 모두 나누어 주어라. 나라에서 무궁화 꽃나무를 전국에 분배해서 심게 하는 모습

★ 토익 출제 문제

The demonstrators distributed leaflets to passers-by.
시위자들이 행인들에게 전단지를 배포했다.
• distribute A to B: B에게 A를 배포하다, 나눠주다

ⓥ distribute 분배하다, 배분하다

avenge
[əvéndʒ]

복수하다

[어벤지 → 어 뻰지] 상대방에게 한 대 맞고 나서 '어, 이게 때려?'하고 뻰지로 상대방을 때려 복수하는 모습

Scotland's stunning victory **avenged** last year's humiliating defeat by Wales.
스코틀랜드의 놀라운 승리는 지난해에 웨일즈에 당한 굴욕적인 패배를 갚아 주었다.

ⓐ vengeful 복수심이 있는, 원한 있는
revenge 복수; 복수하다

reap
[ri:p]

베어들이다, 수확하다

[맆 → 잎] 담배 잎이나 상추 잎을 수확하는 모습

The villagers were out in the fields all day, **reaping** the corn.
마을 주민들이 옥수수를 수확하며 종일 밭에 나와 있었다.

connection flight = connecting flight = connection

접속 항공편

[connection(연결) + flight(비행기)]

If the **flight** is late, we'll miss our **connection**.
비행기가 늦는다면 우리는 접속 항공편을 놓칠 것이다.

scramble
[skrǽmbl]

기어오르다, 다투다, 뒤섞다

[스크램 불 → scream(소리 지르다) 불] 불이 난 고층 빌딩에서 "불이야!"하고 소리를 지르면서(scream) 많은 사람들이 뒤섞여 서로 빠져나가려고 다투거나 불을 피해 벽을 타고 기어오르는 모습

There were a lot of people waiting to **scramble** aboard the small boat.
그 작은 배에 기어오르려고 기다리는 사람이 많이 있었다.

★ 토익 출제 표현
1. **a scrambled egg** 잘 풀어 섞어서 프라이한 달걀
2. **over easy** 계란의 양쪽 면을 다 익히는 요리
3. **sunny side up** 계란을 뒤집지 않고 익혀서 노른자가 생생한 요리
4. **a boiled egg** 삶은 계란

discrepancy
[diskrépənsi]

어긋남, 의견의 불일치, 차이

[디스 그래봐 씨 → this 그래봐 씨] 자신의 의견과 같지 않다고 "이게 (this) 자꾸 그래봐 씨, 흥"하며 돌아서는 모습

The comparison would not reveal such a **discrepancy** in the knowledge acquired.
그 비교는 이미 얻어진 지식과 별로 차이를 보이지 않을 것이다.

📖 discrepant 서로 어긋나는, 모순된

atmosphere
[ǽtməsfiər]

대기, 환경, 분위기

[애트머스피어 → 코스모스 피어] 코스모스가 가득 피어 있는 가을의 분위기

★ 토익 출제 표현
1. **a celebratory atmosphere** 축하 분위기
2. **a friendly atmosphere** 우호적인 분위기, 화기애애한 분위기

pursue
[pərsúː]

쫓다, 추구하다, 추적하다

[펄 슈우! → 팔 슈우~] 로보트 태권브이 팔이 한 사람을 계속 슈우~ 하고 쫓아가는 모습

Participation in electronic commerce should be **pursued** through an open and competitive market.
전자상거래 참여는 개방된 경쟁시장을 통하여 추구되어야 한다.

📖 pursuit 추구, 추적

fundamental
[fʌ́ndəméntl]

기본적인, 근본적인, 필수의, 중요한

[펀더 맨 틀 → 판다 맨 틀] 땅을 판다 그리고 철근으로 맨 틀을 만든다. 즉 건물을 짓는 근본적이고 기본적인 과정

There are **fundamental** differences between these two government departments.
이 두 정부 부처 사이에는 근본적인 차이가 있다.

irrefutable
[irifjúːtəbl]

반박할 수 없는

[ir(r앞의 ir은 not의 의미를 지닌 접두어) + refut(refute, 반박하다) + able] 반박할 수 없는

The scientist's claim about the future of the city was **irrefutable**.
그 도시의 미래에 관한 과학자의 주장은 반박할 수 없었다.

attrition
[ətríʃən]

소모, 마멸, 감소

[a(하나) 추리션] 하나씩 추려서 감소시키다

Feminists are struggling to stop the **attrition** of women's rights in the country.
여권 주장자들은 그 나라에서의 여성의 권리에 대한 감소를 막기 위해 분투하고 있다.

annexation
[ænikséiʃən]

합병, 병합

[아내 쎄이션 → 아내 쎄셔] 아내가 힘이 쎄서 남편을 꼭 안아서 병합해 버리는 모습

an **annex** to the main building
본관에 증축된 별관

Midway Island was **annexed** to the United States in 1859.
미드웨이 섬은 1859년에 미국으로 병합되었다.

🔲 annex 합병하다; 별관, 부속 문서, 부속물

convoy
[kánvɔi]

호송하다, 호위하다; 호송, 호위

[큰 보이(boy)] 덩치가 큰 소년들이 보디가드로 어떤 사람을 호위하는 모습

A couple of tanks **convoyed** the trucks across the border.
몇 대의 탱크가 국경을 넘어 트럭을 호송했다.

consist
[kənsíst]

~로 구성되다

[컨시스트 → 큰 sister(누나)] 우리 가족은 아빠, 엄마, 나 그리고 큰 sister로 구성되어 있다.

Most books **consist** of several chapters.
대부분의 책은 몇 개의 장으로 이루어져 있다.

> ★ 토익 출제 문제
>
> His family _____ of his mother, a sister and himself.
> 그의 가족은 엄마, 여동생 그리고 그 자신이다.
>
> → **consists** (O), **is consisted** (X)
> • consist는 자동사로 수동형태로 쓰지 않는다.
> • consist of ~ : ~로 구성되다

cuisine
[kwizí:n]

요리법, 요리

[퀴진 → 귀 쥔] 요리하다 솥을 옮긴 후 뜨거워 귀를 쥔 모습

This restaurant is renowned for its **cuisine**.
이 식당은 요리가 유명하다.

culinary
[kʌ́linèri]

요리의, 주방의

[컬리내리 → 칼 이리 내리] 주방에서 요리하다가 칼 좀 쓰게 이리 내놓으라고 하는 요리사를 연상

My **culinary** skills are rather limited, I'm afraid!
내 요리 기술의 한계가 있어 걱정스러워!

dine
[dain]

저녁식사를 하다, 만찬을 들다

[dinner(저녁식사)의 파생어]

Not long ago, I was **dining** with some friends at a cafe.
얼마 전에 카페에서 친구들과 저녁식사를 하고 있었다.

▥ dining 식사, 정찬

terminate
[tə́:rmənèit]

끝내다, 종결하다, 끝나다

[termin(end, '끝'을 의미하는 어근: ex. bus terminal 버스 종점) + ate] 끝내다

This train will **terminate** at the next station.
이 기차는 다음 역이 종착역이다.

▥ terminal 끝의; 터미널, 종점
  terminable 기한이 있는
▣ interminable 끝없는, 한없는

abrasion
[əbréiʒən]

찰과상, 마멸, 침식

[어브레이전 → 업으(업다) 내전] 내전에서 찰과상을 입은 병사를 업고서 피신하는 모습

A good football coach should discipline without **abrasiveness**.
좋은 축구 코치란 마찰 없이 훈련시켜야 한다.

abrasive 닳게 하는; 연마제

adept
[ədépt]

숙련된, 정통한; 숙련공

[어데? 투!] "펑크난 곳이 어데야?"하고 침만 투! 뱉어도 금방 펑크를 때울 정도로 숙련된 모습

The pianist was **adept** at playing the instrument.
그 피아니스트는 그 악기를 다루는 데 익숙했다.

directions
[dirékʃənz]

찾아가는 길, 방향, 사용법[지시사항]

[디렉션 → 뒤랬션] 지도 사용법을 이용해서 보니 찾아가는 길의 방향이 뒤랬어

I want to know the **directions** to City Hall.
시청 가는 길을 알고 싶은데요.

★ 토익 출제 표현
1. directions to the hospital 병원을 찾아가는 길
2. directions for starting machine 기계 작동에 대한 지시사항[사용법]

blow
[blou]

(바람이) 불다; 강타, 구타, 강풍

1. [블로우 → 불어오우] 강풍이 불어오우
2. 복싱에서의 바디블로(body blow)는 몸통을 때릴 때 쓰는 복싱 용어

The **blow** made my tidy clothes dirty.
강풍이 나의 말끔한 옷을 더럽게 했다.

pierce
[piərs]

꿰뚫다, 찌르다

1. 귀나 혀 등에 구멍을 뚫어 링을 끼우는 것을 '피얼싱'이라고 하죠?
2. [피얼수 → 피할 수] 창으로 찌르는 것을 피할 수 없는 모습

The hole they drilled **pierces** 6 km into the earth's crust.
그들이 뚫은 구멍은 지구 표면 속으로 6 km를 관통한다.

betray
[bitréi]

(감정·약점 등을) 드러내다, 폭로하다, 배반하다

> [비추래이] 어두운 곳에 있는 것을 드러내라! 빛으로 비추래이!

Her red face **betrayed** the fact that she was very nervous.
그녀의 붉어진 얼굴은 그녀가 매우 긴장했다는 사실을 드러냈다.

📖 betrayal 배신, 밀고

commiserate
[kəmízərèit]

가엾게 여기다

> [거미 저 ate(먹었다)] 거미가 잡힌 파리의 피를 빨아먹고 있는 것을 보고 가엾게 여기는 느낌으로 연상

I was just **commiserating** with Dan over the loss of his pet rabbit. 나는 그의 애완 토끼를 잃은 Dan을 가엾게 여겼다.

📖 commiserable 가엾은
commiseration 동정, 연민

culprit
[kʌ́lprit]

범인, 범죄자

> [컬프릿 → 칼 뿌릿] 칼을 이리저리 뿌리며 사람들에게 상처를 주는 범죄자를 연상

The police hope the public will help them to find the **culprits**. 경찰은 대중이 범인들을 찾는 것을 도와주기를 희망한다.

deviate
[díːvièit]

이탈하다, 벗어나다

> [뒤 비 에잇!] 비를 맞지 않으려고 내리는 비의 뒤로 에잇! 하고 벗어나는 모습

Her behavior **deviates** from the rules.
그녀의 행동은 규칙에서 벗어나고 있다.

📖 deviation 일탈, 탈선
deviant 정상에서 벗어난, 이상한

perish
[périʃ]

죽다, 썩어 없어지다

> [페리쉬 → 파리 쉬~] 썩어 사라져가는 동물 사체에 파리들이 쉬~잉 하고 날아다니는 모습

Three hundred people **perished** in the earthquake.
3백 명의 사람들이 그 지진으로 죽었다.

★ 토익 출제 표현
a **perishable** food 상하기 쉬운 음식

📖 perishable 썩기 쉬운, 상하기 쉬운

conscious
[kánʃəs]

의식이 있는, 의식하고 있는

> [칸 셨으 → 큰 숨을 쉬었어] 병원에서 숨이 없던 환자가 갑자기 큰 숨을 쉬면서 의식을 찾는 모습

The patient is **conscious** of his illness.
그 환자는 자신의 병을 알고 있다.

📖 consciousness 의식, 자각
self-conscious 자아의식이 강한

contact
[kάntækt]

접촉, 연락, 맞닿음; 연락하다

> [콘택트] 콘텍트 렌즈란 안경처럼 눈에서 떨어진 렌즈가 아닌 눈에 직접 접촉하는 렌즈

Is there any way I can **contact** you later?
나중에 연락할 수 있는 방법이 없을까요?

deter
[dité:r]

방해하다, 저지시키다

> [디터 → 뒤 터] 구청 뒤에 있는 터에서 사람들이 화장터 건립을 반대하는 데모를 하며 구청이 하는 일을 저지시키고 방해하는 모습

파 **deterrent** 방해하는, 제지시키는

The heavy rain did not **deter** people from coming to the school play.
폭우는 사람들이 학교 연극에 오는 것을 방해하지 못했다.

anguish
[ǽŋgwiʃ]

(심신의) 고통

> [앵기쉬] 고통 받는 인간들을 향해 "내 품에 앵기셔(안기셔)!"하며 팔을 벌리는 하느님을 연상

Man's youth is full of **anguish** and magic.
인간의 젊음은 고통과 신비로움으로 가득 차 있다.

agitate
[ǽdʒitèit]

(마음을) 동요시키다, 휘젓다, 흔들어 대다

> [애 쥐 tate] 교실에서 쥐가 나타나자 애들이 쥐 때문에 흥분하며 동요하여 소리 지르는 모습

파 **agitation** 동요, 소요
agitator 선동자

His appearance at the party clearly **agitated** her.
그가 파티에 나타난 것이 분명히 그녀의 마음을 동요시켰다.

31강 toeic voca

drowsy
[dráuzi]

졸린, 나른한

> [드라우지 → 들어오지?] "남편이 언제 집에 들어오지?"하며 꾸벅꾸벅 졸며 기다리는 모습

She waits her husband with **drowsy** eyes.
그녀는 졸린 눈으로 남편을 기다렸다.

> ★ 토익 출제 표현
> 1. induce drowsiness 졸리게 하다
> 2. fight off drowsiness 졸음과 싸우다

📖 drowsiness 졸림

scant
[skænt]

부족한, 불충분한

> [s(수) + cant(can't) → 숫자가 맞을 수 없다] 부족하다

Information on their migration routes is **scant**.
그들의 이동 경로에 대한 정보가 부족하다.

📖 scanty 부족한

sober
[sóubər]

술 취하지 않은, 맑은 정신의

> [쏘우버 → 쏘아봐] 경찰이 음주운전 단속을 하며 알코올 측정기에 숨을 쏘아보라며 술 취하지 않았나 검사하는 모습

He drinks a lot but always seems **sober**.
그는 술을 많이 마시는데도 항상 멀쩡해 보인다.

📖 sobriety 술 취하지 않음, 절제, 제정신, 침착

violence
[váiələns]

폭력, 격렬함, 폭행

> [바위 all 넌스 → 모두(all) 바위를 던져 넣었스] 데모할 때 학생들 모두 바윗돌을 던지며 격렬하게 폭력을 행사하는 모습

The more **violent** scenes in the film were cut when the movie started to be shown on television.
그것이 텔레비전에서 방영되기 시작했을 때 영화에서 있었던 더 많은 폭력 장면들이 삭제되었다.

📖 violent 격렬한, 폭력적인

grain
[grein]

곡물, (쌀·보리 등의) 낟알

> [그 rain(비)] 가뭄이 든 땅에서 말라있는 곡식들을 바라보며 "옛날에 많이 내렸던 그 rain"을 그리워하는 모습

Grain is one of the main exports of the American Midwest.
곡물은 미국 중서부 지방의 주요한 수출품 중의 하나이다.

conceal
[kənsíːl]

감추다, 숨기다

1. [큰 실] 일제시대 때 전쟁에 쓰려고 집안의 모든 쇠붙이를 훔쳐가자 젓가락이라도 빼앗기지 않으려고 큰 실로 칭칭 감아서 숨기는 모습
2. 화장품 중에 얼굴의 기미 등을 감추는 컨실러(concealer)

She was trying hard to **conceal** her nervousness.
그 여자는 초조함을 감추려고 애쓰고 있었다.

■ concealment 은폐, 은닉, 은신처

premises
[prémisiz]

(한 사업체가 사용하는) 부지, 점포, 구내

[프레미시즈 → 풀에 미씨 주] 아름다운 풀(밭)에 미씨족들이 커피를 마실 수 있는 까페를 차릴 것을 구상하며 그 풀밭을 까페 부지로 사용할 것을 생각하는 모습

★ 토익 출제 표현
on the premises 구내에서(점포 내에서)
Do not smoke **on the premises**. 구내에서는 금연입니다.

potable
[póutəbl]

마시기에 적합한

[pot(항아리, 병: ex. coffee pot 커피 포트) + able(할 수 있는)]
병에 담겨있는 물을 마실 수 있는

potable tap water 마실 수 있는 수돗물

garment
[gάːrmənt]

의복, 의류

[가먼트 → 가면투] 가면도 몸에 착용하는 의복

This shop sells **garments** for ladies.
이 가게는 숙녀용 의류를 판매한다.

foundation
[faundéiʃən]

기초, 설립

[파운데이션] 여자들 화장품 중에 파운데이션은 기초 화장품

The **foundation** of the children's home was made possible by a generous donation from a rich benefactor.
어린이집의 설립이 한 부유한 후원자로부터의 관대한 기부에 의해 가능하게 되었다.

■ found 설립하다, 창립하다

derelict
[dérəlikt]

버려진, 유기된, 직무 태만한

[데릴릭트 → 대리를 이크!] 자신의 책상에 대리를 앉혀두고 자신은 뒤에서 놀다가 지나가는 사장님을 보고 이크! 하고 놀라는 태만한 사원을 연상

They have just made a final decision to explode the **derelict** ship.
그들은 그 버려진 배를 파괴하기로 최종 결정을 막 내렸다.

🔲 dereliction 포기, 유기, 태만

banner
[bǽnər]

현수막

[배너] 인터넷에 현수막처럼 띄워서 광고하는 것을 배너 광고라고 합니다.

banner advertising 배너 광고

bulb
[bʌlb]

전구

[벌브 → 볼(ball, 공) 부] 볼(공)처럼 둥그렇게 부어 있는 전구 연상

★ 토익 출제 표현
light bulb 백열전구
The **light bulb** went out. 전구가 불이 나갔다.

wound
[wu:nd]

상처, 상해; 상처를 입히다

[운 드 → 운 다] 아기가 넘어져 상처를 입고 울고 있는 모습

The **wound** healed rapidly and the stitches were removed after 10 days.
상처는 빨리 아물었고 10일 뒤에 실을 뺐다.

civil
[sívil]

시민의

[시 빌 → 시를 빌리다] 시에 있는 땅을 빌려 쓰고 있는 사람들

Civil flying had virtually ceased.
민간 비행은 사실상 중지됐다.

🔲 civilian 일반인; 일반인의
 civilize 문명화하다, 개화하다
 civilization 문명, 개화

detergent
[ditə́:rdʒənt]

세제, 합성세제

[뒤 터전트] 합성세제 박스의 뒷부분이 터져서 세제가 쏟아지는 모습

When I do the laundry, I only put in a little **detergent**.
난 빨래할 때 세제를 조금만 쓴다.

illegible
[ilédʒəbl]

읽기 어려운, 명료하지 않은

[일레저블 → 읽을래 저불] 어두워서 명료하게 보이지 않는 글씨를 저불 밑에서 읽을래

The note from grandpa was almost **illegible**.
할아버지로부터 온 짧은 편지는 거의 읽기 힘들었다.

evidence
[évidəns]

증거

[애비 돈쓰 → 애비가 돈쓴] 술집에서 쓴 신용카드 대금 청구서를 보고 시어머니가 며느리에게 "애비가 돈을 쓴 증거다"하며 건네는 모습

The full extent of the damage only became **evident** the following morning.
전체적인 손상 정도는 다음날 아침이 되서야 분명해졌다.

图 evident 분명한, 명백한

semicircle
[sémisə:rkl]

반원

[semi(half를 의미하는 접두어) + circle(원)] 반원

We arranged the chairs in a **semicircle**.
우리는 의자들을 반원형으로 배열했다.

slight
[slait]

근소한, 약간의, 경미한

[술 light(가벼운)] 술 가볍게 약간만 했어

I don't have any **slight** malice to you.
나는 너에게 조금의 악의도 갖고 있지 않다.

★ 토익 출제 표현
be slightly more expensive than ~ ~보다 약간 더 비싸다

图 slightly 약간, 조금, 가볍게

profitable
[práfitəbl]

유리한, 유익한, 이익이 되는

[pro(forward, 앞으로) 핏 더블(double)] 앞으로 이익이 핏 하고 두 배로 생길 것이라며 증권에서 이익을 볼 것이라고 희망을 갖는 모습

She makes a big **profit** from selling waste material to textile companies.
그녀는 직물 회사들에게 폐기물을 팔아서 많은 이익을 낸다.

图 profit 이익, 이득

prove
[pruːv]

입증하다, ~으로 판명되다

[푸르 브 → 풀어 보] 증명하기 위해 어떤 문제점을 풀어보다. 즉 입증하다

During the rescue she **proved** herself to be a highly competent climber.
그 구조 동안에 그녀는 자신이 매우 유능한 등반가라는 것을 증명했다.

📖 proof 증명, 입증

mock
[mɔk]

비웃다, 흉내 내다; 비웃음, 모방

[목] 대통령 목소리를 흉내 내며 비웃는 모습

Helen **mocked** John's awkward marriage proposal.
Helen은 John의 서투른 결혼 신청을 비웃었다.

📖 mockery 조롱, 놀림, 흉내 낸 것, 모방

regal
[ríːgəl]

국왕의, 제왕의, 장엄한

[re(back) 걸(걸리다)] 많은 아프리카 나라에서 사무실이나 집 벽 뒤에 걸려있는 국왕의 사진

Prince Albert had a **regal** manner.
Albert 왕자는 위엄 있는 태도를 지니고 있었다.

sturdy
[stə́ːrdi]

억센, 튼튼한

[스터디 → study(공부)] 공부도 튼튼해야 잘 한다. 밤새우면서 공부해도 끄떡없을 정도로 튼튼해야 study도 잘하지

I am looking for a **sturdy** chair. 튼튼한 의자를 찾고 있는데요.

vibrant
[váibrənt]

(소리·음성이) 떨리는

[vibration(바이브레이션, 진동, 떨림)] 노래 부를 때 바이브레이션을 넣는 것과 같이 떨리는 것

Her **vibrant** voice is fantastic. 그녀의 떨리는 목소리는 환상적이다.

sharply
[ʃɑ́ːrpli]

급격히, 뚜렷이

sharp(날카로운)의 파생어 날카로운 칼날처럼 두께의 변화가 급격하게

★ 토익 출제 표현
1. **rise/increase sharply** 급격히 오르다/증가하다
2. **fall/drop/decrease sharply** 급격히 떨어지다/감소하다
   The price of cabbage **dropped sharply**. 배추 값이 급격히 폭락했다.

📖 sharp 날카로운, 급격한 sharpen 날카롭게 하다

fulfill
[fulfil]

(의무 · 약속 · 직무 등을) 이행하다, 달성하다

[ful(full, 가득 찬, 충만한) + fill(채우다) → 가득 채우다] 콩쥐가 독 안에 물을 가득 채워서 자신의 의무를 다하는 모습

They failed to **fulfill** their promises to revive the economy.
그들은 경제를 회복시키겠다는 자신들의 약속을 이행하지 못했다.

🔁 fulfillment 이행, 달성, 성취

typical
[típikəl]

전형적인, 대표하는

[티 피컬 → tea(차) 피클] 차(tea)와 피클은 피자와 함께 이탈리아를 대표하는 전형적인 음식이라고 연상

It was **typical** tropical weather.
전형적인 열대 날씨였다.

absurd
[əbsə́:rd]

어리석은, 터무니없는

[없어 頭(머리 두) → 머리가 없는] 머리를 쓸 줄 모르는 어리석은

It was completely **absurd** of him to expect us to finish by Friday.
우리가 금요일까지 끝내기를 그가 기대하는 것은 완전히 어리석은 짓이었다.

🔁 absurdity 어리석음, 우둔함

dominant
[dɑ́mənənt]

지배적인, 통치력 있는, 유력한

[다미넌트 → 다 미는 투] 국민들이 뒤에서 다 밀어주는 정도로 통치력이 있고 유력한 대통령 후보자 연상

Unemployment will be a **dominant** issue at the next election.
다음 선거에서 실업이 지배적인 논점이 될 것이다.

🔁 dominate 지배하다, 우세하다

confine
[kənfáin]

제한하다, 국한시키다

[컨파인 → 크게 파인] 크게 파인 구덩이에 사람들을 가두어 활동범위를 제한하는 모습

We tried to **confine** our conversation to arguments relevant to the topic.
우리는 그 주제와 상관있는 논쟁에 우리의 대화를 한정시키려고 노력했다.

🔁 confined 갇힌, 제한된
   confinement 제한, 감금

32강 toeic voca

mandatory
[mǽndətɔ̀:ri]

의무적인, 강제적인, 명령의

[맨더토리 → man도 도리] 남자(man)도 지켜야할 도리, 병역의 의무 등이 있는

Reply to this letter is **mandatory**. 이 편지에 대해 의무적으로 답해야 합니다.

★ 토익 출제 표현
1. **be mandatory** ~는 의무적이다
   Attendance **is mandatory**. 의무적으로 참석해야 한다.
2. **mandatory military service** 의무적인 군복무

shoal
[ʃoul]

떼, 무리

[쇼 올] 쇼를 보러 올 사람들 무리 연상

In the summer, tourists visit the city in **shoals**.
여름에 관광객들은 단체로 그 도시를 방문한다.

owe
[ou]

빚지고 있다, ~의 은혜를 입고 있다

[오우~] "오우~ 하나님 감사합니다"하며 하나님께 은혜를 입었다고 하는 모습

She **owe** her technique entirely to his teaching.
그녀는 전적으로 그의 가르침 덕분에 기술을 얻었다.
The concert has been canceled **owing** to lack of support.
콘서트가 후원의 부족으로 취소되었다.

★ 토익 출제 표현
1. **owing to ~** ~덕분에, ~ 때문에
2. **owe A to B** A를 B에 빚지다

guile
[gail]

속임수, 책략

파 beguile 속이다
   guileful 교활한
파 guileless 교활하지 않은, 솔직한

[가일 → 과일] 백설 공주를 속인 마녀의 독이 든 과일(사과)을 연상

The offences are committed with a great deal of **guile**. 그 범죄 행위는 매우 교활하게 저질러졌다.

era
[irə]

신기원, 시대

[이러 → 일어] 영어의 시대는 가고 이제 일어의 신시대가 열린다는 느낌으로 암기

The **era** of space exploration started in the 1960s.
우주 개척 시대가 1960년대에 시작되었다.

permanent
[pə́ːrmənənt]

영구적인

[퍼머넌트 → 파마는 트] 아주머니들 한 번 파마하면 여간해서는 스타일을 안 바꾸죠? 파마는 영원하다고 암기하세요.

He entered the United States in 1998 as a **permanent** resident because of his marriage to a U.S. citizen.
그는 미국 시민과 결혼하여 1998년에 영주권자로서 미국에 들어갔다.

★ 토익 출제 표현
permanent position 정규직

leaflet
[líːflit]

작은 잎, 낱장 전단

[leaf(잎, 나뭇잎) let] 나뭇잎처럼 얇은 한 장의 종이

Let's go pick up a **leaflet** on local bus times.
지역 버스 운행시간에 관한 인쇄물을 얻으러 가자.

premonitor
[primánətər]

예고자, 징후, 전도

[pre(before) + monitor(감독자, 모니터)] 미리 TV 모니터에서 태풍 등의 징후를 알려주는 모습

I had a **premonition** that I would never see her again.
다시는 그녀를 볼 수 없을 것이라는 예감이 들었다.

ⓟ **premonition** 사전경고, 예감, 전조

store
[stɔːr]

보관하다, 저장하다

[store(가게)] 가게란 뜻에서 가게에 팔 물건들을 잔뜩 보관하고 있는 모습

★ 토익 출제 표현
1. **storage room** 보관실, 창고
2. **data storage** 데이터 저장

ⓟ **storage** 저장, 창고

optimal
[áptəməl]

최선의, 최상의, 최적의

1. [앞 팀을] 맨 앞 팀을 이긴, 즉 최상의
2. 자동차 중에 옵티마(optima)는 optimum(최적 조건)의 복수형

The **optimal** temperature range for growing mushrooms is from 55°F to 72°F.
버섯을 키우기 위한 최적의 온도 범위는 55°F에서 72°F이다.

ⓟ **optimum** 최적조건; 최적의

upset
v. [ʌpsét] n. [ʌpset]

뒤엎다, 당황하게 하다; 뒤집힘, 당황

> [up(위) + set(놓다) → 위에 놓다] 아래에 있는 부분을 위로 가게 놓다. 즉 뒤집다. 또한 배 등이 뒤집혀서 당황하는 모습

Any mechanical problems would not **upset** our plans of driving across the desert.
어떠한 기계적인 문제도 사막을 건너 운전할 우리의 계획을 뒤엎지는 않을 것이다.

pertinent
[pə́:rtinənt]

적절한, 관련된

> [퍼티는 트 → 파티는 트] 파티에는 관련된 사람들만 초대받죠? 관련 있는 사람들끼리 서로 악수하며 파티를 즐기는 모습

The witness said that he had **pertinent** information that was relevant to the case.
그 목격자는 그가 그 사건에 관계된 적절한 정보를 갖고 있다고 말했다.

contemptuous
[kəntémptʃuəs]

경멸적인, 얕잡아보는

> [컨템프츄어스 → 큰 템포로 (춤을) 추었으] 술먹고 취한 사람이 거리에서 큰 템포로 춤을 추자 사람들이 경멸적으로 바라보는 모습

🔁 contempt 경멸, 멸시
contemptible 경멸할 만한, 비열한

She has always shown herself to be **contemptuous** of public opinion.
그녀는 항상 여론을 경멸하는 태도를 보여 왔다.

shortcoming
[ʃɔ́:rtkʌ̀miŋ]

단점, 결함

> [short(짧은) + coming(오고 있는)] 30센티미터 자를 택배로 구입했는데 5센티가 짧은 결함있는 자가 온 것을 연상

She was fully aware of her own **shortcomings**.
그녀는 자신의 단점을 충분히 알고 있었다.

steady
[stédi]

확고한, 안정된, 한결같은

> 1. [수태 뒤] 자기의 부인이 수태를 했다고 뒤에 가만히 안정되게 앉아 있으라고 하는 모습
> 2. [steady-study] 한결같이 책상에 앉아 일등을 향해 공부하는 모습

Progress has been slow but **steady**.
진보는 느리지만 꾸준해 왔다.

> ★ 토익 출제 표현
> 1. a steady income 안정적인 수입
> 2. a steady rise 꾸준한 증가

🔁 steadfast 확고한, 고정된

critical
[krítikəl]

비평적인, 비판적인, 위기의

[크리 티클 → 그리 티끌] 정치가에게 "그리 티끌이 많아?"하며 도덕적인 흠 등이 많다고 비판하는 모습

- critic 비평가, 비판하는 사람
- criticism 비평, 비판
- criticize 비평하다, 비판하다

The government is being widely **criticized** for its failure to limit air pollution.
정부는 대기 오염 제한에 실패한 것에 대해 널리 비판받고 있다.

revolution
[rèvəlúːʃən]

혁명, 대변혁

[레벌루 션 → 내발로 션] 부패한 정부를 내 발로 션하게(시원하게) 밟아서 혁명을 일으키는 박정희 전 대통령의 군화 발을 연상

The **revolution** was needed for the growth of the economy. 경제 성장을 위해서 변혁은 필수 불가결한 것이었습니다.

intelligible
[intéləʤəbl]

알기 쉬운, 명료한

[intellig + ible(~할 수 있는)] intelligent(지적인)와 구분하는 문제로 출제될 수 있는데 끝에 ible(~할 수 있는)의 어미가 붙어서 '알 수 있는' 즉 '알기 쉬운, 명료한'이란 뜻으로 구분할 수 있다.

- intelligent 지적인, 알고 있는
- intelligence 지성, 지능, 이해력

They tried to describe it in a way that it would be **intelligible** to an outsider.
그들은 문외한에게 알기 쉬울 방법으로 그것을 설명하려고 노력했다.

exaggerate
[igzǽʤərèit]

과장하다

[이그, 제 저래 이트 → 이그, 제 원래 저래] 너무 과장하여 말을 하는 친구를 가리키며 "이그 제 원래 저래, 믿으면 안돼"하고 말하는 모습

The newspapers **exaggerated** the whole affair wildly.
신문들이 그 사건 전체를 극대로 과장했다.

configure
[kənfígjər]

형성하다, 구성하다

[큰 피켜] 큰 피겨스케이팅 쇼 단을 구성하는 모습

- configuration 형상, 지형, 구성

a finely **configured** girl 몸매가 멋진 소녀

tolerate
[tάlərèit]

참다, 견디다

[탈러래이트 → 탈나 에잇] 배탈이 난 것을 에잇! 하며 할 수 없이 참으며 수업을 듣는 학생 연상

- toleration 인내, 관용
- tolerable 참을 수 있는

I will not **tolerate** your behaving in this way.
네가 이런 식으로 행동하는 것은 참지 않겠어.

stable
[stéibl]

안정적인

[수태 이불] 수태한 여자가 안정을 취하기 위해 이불 속에 안전하게 쉬고 있는 모습

Heavier boats are more **stable** than lighter boats.
더 무거운 보트가 가벼운 보트보다 더 안정적이다.

★ 토익 출제 문제
The return of some market **stability** did nothing to calm fears of economic uncertainty to come.
어느 정도 시장이 안정을 되찾았지만 다가올 경제적인 불확실함에 대한 두려움은 전혀 가라앉지 않았다.

★ 토익 출제 표현
1. **stable** prices 안정된 물가
2. a **stable** economy 안정된 경제

- stability 안정, 안정도
  instability 불안정성, 불안정
  stabilize 안정시키다
- unstable 불안정한, 변하기 쉬운

nervous
[nə́ːrvəs]

신경(성)의, 신경과민의, 겁내는

[너 뷌으(부었으) → 너 부었구나] 밤에 너무 신경을 쓰느라 잠을 못 자서 얼굴이 부은 친구에게 말하는 모습

Interviews always make me **nervous**. 인터뷰는 항상 나를 초조하게 한다.

- nerve 신경, 용기

race
[reis]

인종, 민족, 경주

1. 카레이서(car racer)란 자동차 경주자
2. 올림픽에서 달리기 경주를 할 때 흑인종, 백인종, 황인종이 같이 **race**를 펼치는 모습

The law prohibits discrimination on the ground of color or **race**. 법은 피부색이나 인종을 구실로 하는 차별을 금지한다.

- racism 민족적 우월감, 인종적 차별
  racist 인종차별주의자

stream
[striːm]

시내, 개울, 흐름; 흐르다

[수트림 → 水트림] 용트림과 같이 물이 꼬불꼬불 돌면서 흐르는 시냇물을 연상

There is a lovely **stream** in front of my house.
집 앞에는 멋진 시내가 있다.

trepidation
[trèpidéiʃən]

전율, 공포

[트레피데이션 → 틀에 피데이! 션] 참수하는 틀에 흥건히 묻어있는 피를 보고 참수당할 사람들이 "틀에 피데이!"하며 공포에 떠는 모습

I was full of **trepidation** when I faced my first class.
첫 수업을 받을 때 나는 두려움으로 가득했다.

- trepid 소심한, 떨고 있는
- intrepid 두려움을 모르는, 용기 있는

brittle
[brítl]

잘 부스러지는, 부서지기 쉬운

[부리를] 새 부리를 이용하여 먹이를 쪼면 먹이가 잘 부서지는

Thin glasses are **brittle**.
얇은 유리는 깨지기 쉽다.

debris
[dəbríː]

부스러기, 파편

[더블 이(2)] 하나가 더블(두 배)이 되어 두 개로 쪼개지고 그 두 개는 또 더블로 네 개가 되듯이 부서진 조각들 연상

After the crash, **debris** from the plane was spread over a large area.
사고 후 그 비행기 파편은 넓은 지역에 걸쳐 흩어졌다.

object
n. [ábdʒikt] v. [əbdʒékt]

물건, 물체, 목표; 반대하다

[업 젝트 → 앞 제트(기)] 우리와 반대하는(적대적인) 비행 물체를 목표로 로켓포를 쏘는 모습

Weird glass and plastic **objects** lined the shelves.
기이한 유리 및 플라스틱 물건들이 선반들에 늘어서 있었다.

파 objection 반대

aggress
[əgrés]

싸움을 걸다, 공격하다

[어그레스 → 억울했어?] 친구를 한 대 때리고 "억울했어? 그럼 덤벼!" 하며 싸움을 걸고 공격하는 모습

파 aggressor 침략자
aggression 침략
aggressive 호전적인, 공격적인

When he debates, he gets **aggressive**.
그는 토론할 때, 공격적이 된다.

ponder
[pándər]

숙고하다

[판더 → 판다] 생각을 깊이 판다

You have been **pondering** long enough. It's time to decide.
당신은 충분히 숙고했어요. 이제 결정할 때예요.

portray
[pɔːrtréi]

초상을 그리다, 묘사하다; 초상

[포츄래이 → 퍼트레이(퍼트리다)] 몽타주(초상) 등을 전국에 퍼트레이

This film realistically **portrays** the life of the lower class.
이 영화는 하층민들의 삶을 사실적으로 그리고 있다.

파 portrait 초상화

33강 toeic voca

arbitrary
[άːrbitrəri]

멋대로의, 독단적인

[아비트러리 → 아비(아버지) 틀어리] 아버지가 독단적으로 TV채널을 트는 모습

The choice of players for the team seems completely **arbitrary**.
그 팀 선수들의 선택은 완전히 멋대로인 것처럼 보인다.

📖 arbitrarily 임의로, 되는대로

streamline
[stríːmlàin]

간소화하다, 능률화하다

[stream(시내, 개울) + line(줄)] 여러 시냇물 줄기가 한 줄로 합쳐져서 간소화되는 모습

The new manager wants to cut out the dead wood and **streamline** production.
새 매니저는 불필요한 인력을 잘라 내고 생산을 능률화시키려 한다.

★ 토익 출제 표현
streamline a process 프로세스를 간소화하다

gorgeous
[góːrdʒəs]

호화스러운, 화려한, 멋진

[고저스 → 高(높을 고) 졌으] 빌딩을 높이 호화스럽게 졌어

I've never seen you looking so **gorgeous** as you do tonight. 오늘밤처럼 당신이 그렇게 화려한 모습을 본적이 없습니다.

famine
[fǽmin]

기근, 굶주림

[패민 → 빼 미인] 미인이 되기 위해 살을 빼려고 굶는 여자 연상

It now is a matter of urgency that aid reaches the **famine** area. 기근 지역에 원조가 도착하는 것이 이제 화급을 다투는 문제이다.

reign
[rein]

통치하다, 군림하다; 통치

[레인 → rain(비)] 단군이 비, 바람, 구름을 몰고 와 고조선에 군림하여 통치하는 모습

The entire country was at peace[without any worries] during his **reign**. 그의 통치 기간 동안은 온 나라가 태평했다.

📖 reigning 군림하는, 통치하는

ignoble
[ignóubl]

비열한, (태생·지위가) 비천한

[ig(not) + noble(고귀한)] 고귀하지 않은

This plan is inspired by **ignoble** motives and I must, therefore, oppose it.
이 계획은 천박한 동기에 의해 고무된 것이라서 나는 그것에 반대하고자 한다.

devoid
[divɔ́id]

~이 빠진, 결여된

[뒤 보이드] 수업 시간에 앞좌석 학생들이 빠져서 뒤의 학생들이 가리지 않고 뒤가 다 보이는 모습

He was a man **devoid** of musical sense.
그는 음악적 감각이 없는 사람이었다.

dubious
[djúːbiəs]

의심스러운, 미심쩍은

[듀비어스 → 두 (개) 비었어] 분명히 10개의 금덩이가 있었는데 2개가 비어있는 것 같아 미심쩍은

반 **dubitable** 의심스러운
반 **indubitably** 의심의 여지없이, 확실하게

The economic logic was in fact highly **dubious**.
그 경제 논리는 사실상 지극히 의아스러웠다.

statement
[stéitmənt]

거래명세서, 내역서, 성명, 진술

[스테이트먼트 → stay(머물다) 투(too) 많다] 여관 주인이 손님에게 여관에 머문 날 수가 너무 많아서 계산이 이렇게 많이 나왔다며 내역서나 거래명세서를 보여주며 비용을 청구하는 모습

My bank sends me monthly **statements**.
내가 거래하는 은행은 매월 입출금 내역서를 보내온다.

★ 토익 출제 표현
unless otherwise stated 별도의 언급이 없으면

반 **state** 말하다, 진술하다, (문서에) 명시하다

whirl
[hwəːrl]

빙빙 돌다[돌리다]

[훨훨] 독수리가 먹이를 찾느라고 훨훨 날며 하늘을 빙빙 도는 모습

The leaves **whirled** through the air.
나뭇잎들이 공중에서 빙빙 돌았다.

edible
[édəbl]

먹을 수 있는, 식용의

[에더블 → 애 double] 애가 더블(double: 두 배, 2인용)은 먹을 수 있다

It is a popular, **edible** mushroom.
그것은 인기가 좋은 식용 버섯이다.

vast
[væst, vɑːst]

광대한, 엄청난

[바스트] 바스트(가슴)가 엄청나게 큰 여자를 연상

The speed of light is used to measure the **vast** space between stars and planets.
빛의 속도는 별들과 행성들 사이의 엄청난 공간을 측정하기 위해서 사용된다.

■ vastly 광대하게, 대단히, 크게
vastness 광대함

exorbitant
[igzɔ́ːrbitənt]

(요구·가격 등이) 터무니없는, 과대한

[이그조비턴트 → 이그, 저 비싼 투] "이그 저 비싼"하며 엄청난 가격에 놀라는 모습

The recent typhoon caused **exorbitant** damage.
최근의 태풍은 엄청난 피해를 일으켰다.

solicitude
[səlísitjùːd]

염려, 불안, 배려

[쏠리시튜드 → (신경이) 쏠리시다] 무엇인가 걱정되어 모든 신경이 그것에 쏠리는 것

her **solicitude** for her children 자녀에 대한 그녀의 우려

■ solicitous 걱정하는, 염려해주는

stagnant
[stǽgnənt]

정지된, 움직이지 않는, 불경기의

[스태그넌트 → 수태 그년 투!] 닭이 수태를 하여 알을 품느라고 움직이지 않아서 알을 훔칠 기회가 없자 "수태한 그년 좀 움직여라, 훔치게"하며 침을 투! 뱉는 쥐를 연상

Inflation accelerated, the unemployment rate rose, productivity **stagnated**.
인플레이션이 가속화하고 실업률이 상승하고 생산성이 정체되었다.

★ 토익 출제 표현
a **stagnant** economy 침체된 경제

■ stagnation 침체, 정체, 불경기
stagnate 흐르지 않다, 침체[정체]하다

versatile
[vəˊːrsətàil]

재주 많은

[버서 타 일 → 벌써 다 일(을 했다)] 재주가 많아서 벌써 일을 다 한 모습

Leonardo da Vinci was a **versatile** genius who excelled in many different fields of art and science.
Leonardo da Vinci는 여러 다른 분야의 예술과 과학에서 뛰어났던 다재다능한 천재였다.

portal
[póːrtl]

대문, (광산·다리·터널 등의) 입구

[포털] 인터넷 포털 싸이트란 인터넷에서 모든 싸이트로 들어가는 입구 역할을 하는 싸이트

We stand at the **portals** of a new age.
우리는 새 시대의 입구에 서 있다.

imminent
[íminənt]

임박한, 절박한

[이미넌트 → 이미 넌 틀렸어] 절벽에 매달린 절박한 상황에서 악당이 "이미 넌 틀렸어"하고 떨어뜨리려고 하는 모습

⟐ imminence 절박, 촉박, 급박

There does not seem to be **imminent** danger of famine on a world scale. 전 세계적인 기아의 절박한 위험은 없을 것 같다.

adversity
[ædvəˊːrsəti]

역경, 불운

[애두 벗어 티] 추운 겨울 애두 티를 벗고 지낼 정도로 가난한 역경에 시달리는 모습

⟐ adverse 불운한, 거스르는, 반하는

Adverse circumstances compelled him to close his business.
여건이 어려워 그는 할 수 없이 사업을 그만두게 되었다.

raffle
[rǽfl]

추첨식 판매, 제비뽑기

[내풀 → 네 (잎) 풀] 즉 네 잎 클로버와 같이 운이 좋은 사람이 좋은 것을 뽑아가도록 하는 추첨식 판매 연상

The money was raised by the sale of **raffle** tickets.
그 돈은 복권 판매를 통하여 모금되었다.

analogy
[ənǽlədʒi]

유사, 비슷함

[어낼러지 → 아낼(아내를) 너지?] 자신의 아내와 비슷하게 생긴 사람에게 "내 아내가 너지?"하고 헷갈려하는 모습

⟐ analogous 유사한, 비슷한

The feeling of pity is **analogous** to the one of love.
연민은 사랑과 비슷하다.

pour
[pɔːr]

따르다, 붓다, 퍼붓다

[포어 → 퍼 (붓다)] 물이나 술을 퍼서 잔에 붓다

Would you **pour** me a glass of water?
물 한 잔 따라주시겠어요?

> ★ 토익 출제 표현
> **downpour** 억수, 호우
> There was such **a downpour** that the livestock was swept away in the rain. 폭우가 쏟아져 가축들이 빗물에 쓸려 떠내려가 버렸다.

avocation
[ævəkéiʃən]

부업, 취미

[애보케이션 → 애보고 계셔] 부업으로 애를 보고 있는 학생을 연상

My father plays golf. What is your father's **avocation**?
우리 아버지는 골프를 하셔. 아버지의 취미는 뭐야?

binding
[báindiŋ]

(법 등이) 구속력 있는, 의무적인, 묶는

[bind(묶다, 속박하다) + ing] 사람을 속박하고 묶는

It did not actually have legal **binding** power.
그것은 사실상 법적 구속력은 없었다.

faucet
[fɔ́ːsit]

수도꼭지

[포 씻 → (물을) 퍼서 씻다] 수도꼭지에서 나오는 물을 퍼서 씻는 모습

The **faucet** has dripped water for a week now.
지금 일주일째 수도꼭지에서 물이 새고 있어요.

abolish
[əbáliʃ]

(관례·제도 등을) 폐지하다, 없애다

[어 발리 쉬!] 발리 여행을 약속했던 아빠가 언제 갈 거냐고 다시 물어보니 "어? 발리? 쉬! 조용히 해!"하며 발리 여행 계획을 없애는 모습

Should the death penalty be **abolished**?
사형제도는 폐지되어야 할까?

proprietor
[prəpráiətər]

(상점·토지 등의) 소유주

[property(소유, 재산)와 관계있는 말]

Please address all complaints to the **proprietor**.
모든 항의는 소유주에게 해 주십시오.

division
[diviʒən]

분할, 분배, 부서, 나눗셈

[**divide(분리하다)의 명사형**] 분리된 조직이란 뜻에서 ~국, ~부서 등의 의미가 있으며 또한 나누어 준다는 분배의 의미가 있다.

I'd like to work in the export **division**, if possible.
가능하다면 수출 분야에서 일하고 싶습니다.

★ 토익 출제 표현
1. administrative division 관리부, 행정부
2. accounting division 경리과
3. tax division 조세과

dividend
[dívədènd]

(주식의) 배당금, 분배금, 이익배당

[**divide(나누다) + end(끝)**] 일이 끝나고 나서 각자 나누어 갖는 돈

The shareholders received a low **dividend** of 4$ per share.
주주들은 주당 4달러의 낮은 배당금을 받았다.

★ 토익 출제 문제
They cannot receive any _____ until the money owed to the bondholders has been paid off.
그들은 채권 소지자에게 빚진 돈을 다 갚을 때까지 배당금을 전혀 받을 수 없다.
→ **dividends** (O), **divisions** (X)
 • division: 분할, 분배, 부서

absolve
[æbzálv]

용서하다, 면제해 주다

[앱 잘브 → 애 잘 봐] 경찰서에 잡혀간 애를 잘 봐달라고 부탁하니 용서해주는 모습

파 absolution 면제, 방면

The captain is **absolved** from all blame and responsibility for the shipwreck. 선장은 그 배의 조난 사고에 대한 비난과 책임을 면제받았다.

anesthesia
[æɪnəsθíːʒə]

마취(= anaesthesia)

[애니 쓰시지어 → 아니 쑤시지 않아] 몸이 쑤시지(아프지) 않게 하는 것

파 anesthetic 마취제
anesthesiologist(= anesthetist) 마취과 의사

We'll take your tooth out under **anesthetic**.
우리는 마취상태에서 당신의 이를 뺄 것이다.

fake
[feik]

위조품, 가짜의; 위조하다

[**패이(pay, 지불하다) 크(크다) → 지불한 금액이 크다**] 값싼 물건을 사고는 액수가 큰 수표로 지불할 때 그 수표가 가짜일 확률이 크죠?

The dealer sells authentic stamps, not **fakes**.
그 상인은 가짜가 아닌 진짜 우표를 판매한다.

34강 toeic voca

prompt
[prɑmpt]

신속한, 기민한; 자극하다, 부추기다

[프롬 프트 → from부터(지금부터)] 방학숙제를 미루다가 '지금부터 빨리 해야지'하며 신속하게 숙제를 하는 모습

★ 토익 출제 문제
Thank you for _____ furnishing us with some written information on your products.
귀사의 제품에 관한 자료를 즉시 보내주셔서 감사합니다.
→ **promptly** (O), **abruptly** (X)
• abruptly: 느닷없이, 갑자기

🔖 promptly 신속하게, 즉시

amenity
[əménəti]

편의시설, 쾌적함

[어 매너 티] 호텔 등의 편의 시설에서 유니폼 티셔츠를 입고 매너 있게 손님을 응접하는 모습

A sports center, a swimming pool and a multi-screen cinema are among the **amenities** that will be included in the redevelopment of the area.
그 지역의 재개발에 포함될 편의시설 중에는 스포츠센터, 수영장, (여러 개의 상영관이 있는) 영화관 등이 있다.

sporadic
[spərǽdik]

때때로 일어나는, 산발적인

[수포 래딕] 어항 속에서 산발적으로 수포가 뽀글뽀글 올라오는 모습

Sporadic gunfire continued throughout the night.
산발적인 총성이 밤새도록 이어졌다.

collapse
[kəlǽps]

(건물 등이) 무너지다, 붕괴시키다; 붕괴

[컬랩스 → 클(큰일) 냈수] 자동차로 건물을 박아서 붕괴시켜놓고 자신이 큰일을 냈다며 붕괴된 건물을 걱정스러운 듯 바라보는 모습

Heavy rainfall caused the **collapse** of the roof.
폭우 때문에 지붕이 무너졌다.

ratio
[réiʃou]

비율

[레이쇼우 → 내시오] 각자의 능력의 비율에 따라 기부금을 내시오

This machine records the **ratios** of various gases exhaled during exercise. 이 기계는 운동 중에 내뿜는 다양한 가스의 비율을 기록한다.

matinee
[mǽtənéi]

(연극·음악회 등의) 낮 공연, 마티네

[(철자상으로) 마티네 → 마치네] 공연을 저녁이 되기 전에 (끝)마치네

Do you know if there are any **matinees** on weekdays?
주중에 낮공연이 있는지 알아요?

fleet
[fli:t]

함대, (한 기관 소유의 항공기·선박·차량 등의) 무리

[flee(달아나다) + t] 일본 함대가 이순신 장군에 쫓겨 달아나는(flee) 모습

The **fleet** was all but annihilated.
함대는 거의 전멸하다시피 했다.

★토익 출제 표현
a **fleet** of company cars 회사의 전 차량

grab
[græb]

움켜쥐다, 가로채다

[그 랩(투명한 비닐)] 그 랩이 음식을 꽉 움켜 싸는 모습을 연상

Here, **grab** my hand and get up.
자, 제 손 잡고 일어나세요.

exquisite
[ikskwízit]

절묘한, 정교한, 훌륭한

[ex(out) + 퀴짓(귀지)] 밖으로 귀지를 파낼 때는 정교하고 세심하게

The roses are **exquisite** this spring.
그 장미들은 올 봄에 매우 훌륭하다.

vapor
[véipər]

증기

[배이 퍼어 → 배가 퍼내는] 증기선과 같은 배가 고동소리와 함께 증기를 밖으로 퍼내는(내뿜는) 모습

Noxious **vapors** burst out of the factory during the accident. 해로운 증기가 그 사고 동안 공장으로부터 배출되었다.

barbaric
[ba:rbǽrik]

미개한, 원시적인

[바배릭 → 봐봐라] 미개한 나라의 토인들이 가슴 및 중요부분을 그냥 내놓고 다니면서 "봐봐라!"하며 다니는 모습

關 barbarism 야만, 미개함
barbarian 야만인

She found the idea of killing animals for pleasure **barbaric**. 그녀는 재미를 위해 동물들을 죽이는 것이 야만적임을 알았다.

waver
[wéivər]

흔들리다, 동요하다, 주저하다

[wave(파도) + r] 파도처럼 밀려왔다 밀려가듯이 이랬다저랬다 **동요하다**

She's **wavering** between buying a house in the city or moving away.
그녀는 시내에 집을 사느냐 멀리 이사를 가느냐 하는 사이에서 결정을 못 내리고 있다.

- unwavering 확고한, 동요하지 않는

swap
[swap]

맞바꾸다, 교환하다

[스왑 → 수압] 보물선 탐사할 때 수압 때문에 일을 교환하면서 교대로 들어가는 모습

I couldn't see the screen properly so we **swapped** seats.
내가 화면이 잘 안 보여서 우리가 자리를 바꿨다.

personnel
[pə̀:rsənél]

(군대·조직·회사 등의) 인원, 직원

[person(사람) + nel]

★ 토익 출제 표현
personnel department 인사과
We have a vacancy in **personnel department**.
인사부에 공석이 하나 있습니다.

wary
[wɛ́əri]

주의 깊은, 신중한

[웨어리 → where리?(어디리?)] 전쟁 시 길을 잃은 소대가 주위를 신중히 둘러보며 "여기가 어디리?"하며 경계하는 모습

I'm a bit **wary** of giving people my address when I don't know them very well.
나는 내가 잘 모르는 사람에게 내 주소를 알려줄 때 다소 조심한다.

- warily 신중히, 주의 깊게
- unwary 조심하지 않는

ecstasy
[ékstəsi]

무아지경, 황홀경

[엑! 스타씨] 자신이 흠모하던 스타 가수를 보더니 황홀경에 "엑! 스타씨, 사랑해요"하며 쓰러지는 모습

A spectator is in a state of **ecstasy** when his team executes a movement to perfection.
관중은 그의 팀이 완벽한 움직임을 보일 때 황홀경 상태이다.

- ecstatic 무아경의, 황홀한

aromatic
[ærəmǽtik]

☞ aroma 향기

향긋한, 향기로운

[aroma(향기, 아로마)의 파생어]

He uses a lot of **aromatic** herbs in his cooking.
음식을 만들 때 그는 향기 나는 약초를 많이 쓴다.

condemn
[kəndém]

☞ condemned
유죄 선고를 받은, 사형수의
condemnable 비난할 만한

비난하다, (형을) 언도하다, 선고하다

[큰 댐(땜)] 아름다운 동강에 큰 땜을 지어서 자연환경을 망친다고 국민들이 정부를 크게 비난하면서 책임자에게 큰 형량을 선고하라고 하는 모습

Condemn the use of violence against demonstrators.
시위대에 대한 폭력 사용을 비난하라.

precise
[prisáis]

☞ precisely 정확히

정확한, 정밀한

[프리사이스 → 프리(free) 싸이즈] 누구에게나 정확하게 맞는 프리 싸이즈의 옷

The Earth's atmosphere makes the **precise** observation of remote stars difficult.
지구의 대기는 먼 별들에 대한 정확한 관찰을 어렵게 한다.

★ 토익 출제 표현
precisely regulate the temperature 온도를 정확하게 조절하다

withhold
[wiðhóuld]

보류하다, 억제하다

[with(~을 가지고) + hold(유지하다)] (쓰거나 활용하지 않고) 가지고 유지하고 있다

He was charged with deliberately **withholding** information from the police.
그는 고의적으로 경찰에 정보를 알리지 않은 것으로 기소되었다.

leftover
[léftòuvər]

남은 음식, 남은 찌꺼기

[left(남겨진) + over(넘치는)] 넘쳐서 남은 음식

Don't throw away the **leftovers**. We can have them for supper.
남은 음식은 버리지 마. 저녁에 먹으면 될 거야.

reptile
[réptail]

파충류

[랩 타일(타이루)] 딱딱한 타일(타이루)로 랩을 씌워놓은 것 같은 피부가 딱딱한 악어와 같은 파충류

Snakes, lizards, tortoises and crocodiles are all **reptiles**.
뱀, 도마뱀, 거북과 악어는 모두 파충류이다.

condone
[kəndóun]

용서하다

[컨도운 → 큰돈] 경찰서에 큰돈을 슬쩍 건네자 죄를 용서해주는 모습

A man who cheats on his income tax and on his expense account tends to **condone** these practices in his friends.
수입세와 소비세를 속이는 사람은 그의 친구들의 이와 같은 행동을 용서하는 경향이 있다.

⊞ condonation 용서, 묵과

memoir
[mémwɑːr]

회고록

[메모] 지난 일을 메모해 놓은 것

A **memoir** is a personal story based on a writer's memories.
회고록은 개인적인 이야기를 작가의 기억에 의존하여 쓴 것입니다.

⊞ memorandum 회람, 메모, 각서

connoisseur
[kànəsəːr]

감정인, 감식가, 전문가

[까노셔] 진짜 보석인가 아닌가를 까놓는(솔직하게 밝히는) 사람

I'm no **connoisseur** but I know a good champagne when I taste one.
나는 전문가는 아니지만 맛을 보면 좋은 샴페인인지를 안다.

payroll
[péiroul]

급여, 봉급, 임금대장, 종업원 명부

1. [pay를] pay(봉급, 지급)를 해야 할 종업원 명부
2. [pay(봉급) + roll(두루마리, 목록)] 봉급을 주어야할 명부를 돌돌 만 목록에서 유래

They put the freeze on the **payroll**.
그들은 임금을 동결했다.

★ 토익 출제 표현

on the payroll ~에 고용되어
She is still **on the** company **payroll**. 그녀는 아직 그 회사에 근무하고 있다.

spokesperson
[spóukspə̀ːrsn]

대변인

[spoke(speak의 과거형) + person(사람)] 말해주는 사람

They chose Robert Powell as their **spokesperson**.
그들은 Robert Powell을 대변인으로 선출했다.

utensil
[juːténsəl]

기구, 용구, 주방용품, 가정용품

[유 텐 실 → U ten(10) 실] U자 모양의 그릇 10개와 실 그리고 바늘 등과 같은 주방용품이나 가정용품

Cooking **utensils** are provided in the kitchen.
요리 기구들이 주방에 갖춰져 있다.

skyscraper
[skáiskrèipər]

마천루, 고층빌딩

[sky(하늘) + scraper] 하늘과 맞닿아 있는 고층빌딩

At the center of the huge city rose a complex of **skyscrapers**. 대도시의 중심가에 고층건물 단지가 들어섰다.

periodic
[pìəriádik]

정기적인, 주기적인

[period(기간) + ic] 프로농구에서의 1 피어리어드와 같은 정기적인 기간으로 일어나는

a **periodical** review of expenditure
정기적인 지출 재검토
The equipment should be tested **periodically**.
그 장비는 정기적으로 점검되어야 한다.

■ periodical 정기적인, 정기 간행의
periodically 정기적으로

commence
[kəméns]

개시하다, 시작하다

[꺼맨스] 날이 꺼매졌다(어두워졌다)고 하며 작전을 시작하자고 하는 특공대 연상

Unfortunately, he **commenced** speaking before all the guests had finished eating.
유감스럽게도 그는 모든 손님들이 식사를 끝내기도 전에 이야기를 시작했다.

converge
[kənvə́ːrdʒ]

한 점에 모이다, (의견 등이) 한데 모아지다

[con(together) 벌지] '같이 돈을 벌지' 하며 같은 종류의 장사들이 한 곳에 모이는 모습(부산에는 오뎅 장수, 춘천에는 닭갈비 장수 등)

All the paths across the park **converge** on the main gate.
공원을 가로지르는 모든 길은 정문에서 한데 모인다.

■ convergence 수렴, 집합
■ diverge 분산하다, 갈라지다, 해산하다

35강 toeic voca

gauge
[geidʒ]

표준 치수, 규격, 측정기, 압력계; 측정하다, 재다, 평가하다

[게이지 → 걔 2지] "걔는 말이야 1등이 아니라 2등이지"라며 친구를 순서 매김으로 측정하는 모습

★ 토익 출제 문제
My boss wants to gauge the reaction of the consumers.
우리 사장님이 소비자의 반응을 측정하길 원한다.

forge
[fɔːrdʒ]

위조하다

[퍼지 → 퍼지다] 위조 수표이기 때문에 수표의 잉크가 물에 묻어 퍼져있는 모습

She tried to get into the country with a **forged** passport. 그녀는 위조 여권으로 그 나라에 입국하려 했다.

stack
[stæk]

한 무더기; 쌓아올리다

[스택 → 스테이크] 뷔페식당에서 스테이크를 구워서 쌓아놓은 모습

I have **stacked** up many new home appliances in the storage. 나는 창고에 많은 가전제품을 쌓아 두고 있다.

delegate
[déləgèit]

파견하다, 위임하다; 대표, 대리인

[델리 gate → 대리를 문(gate) 앞에] 회사를 대표하는 사람으로 대리를 회사 현관 문 앞에 세워 놓은 모습

As chairman, you will have to **delegate** responsibility to each of the committee members.
의장으로서 당신은 각각의 위원회 회원에게 책임을 위임해야 할 것이다.

밍 delegation 대표단, 파견단

proofreading
[prúːfrìːdiŋ]

교정

[proof(증명, 검토) + reading] 검토하기 위해 읽는 것

Would you **proofread** this for mistakes? 교정 좀 봐주시겠어요?

밍 proofread 교정보다

resuscitate
[risʌ́sitèit]

소생시키다, 부활시키다

[re(again) 서시 tate] 다시 일어서시게 하다

He tried to **resuscitate** the idea a couple of years later.
그는 몇 해 뒤에 그 생각을 되살리려고 노력했다.

240

prevent
[privént]

막다, 방해하다, ~하지 못하게 하다

[pre(before) 벤트 → 앞에 벤츠] 수입차 벤츠는 들어올 수 없다고 경비가 앞에 벤츠를 가로막고 방해하는 모습

★ 토익 출제 표현
1. **prevent A from ~ing** A가 ~하는 것을 막다, 방해하다
   The accident **prevented** him **from** coming here.
   사고 때문에 그는 여기 올 수 없었다.

inflation
[infléiʃən]

부풀림, 인플레이션

[인플레이션] 인플레이션이란 물가가 부풀려지는 것

China, fearful of runaway **inflation**, may put the brakes on hyper growth.
중국은 급상승하는 인플레이션을 우려하여 고도성장에 제동을 걸지 모른다.

 inflate 팽창시키다, 부풀리다, 바람을 넣다

sophisticated
[səfístikèitid]

정교한, 세련된, 약아빠진

[소피 스티케이트] "오줌 누고 오겠다"라고 안하고 교양 있는 말로 "소피보고 오겠습니다"라고 하는 세련된 사람 연상

She loved a very **sophisticated** young artist.
그녀는 아주 세련된 한 젊은 예술가를 사랑했다.

broom
[bru:m]

자루가 가늘고 긴 빗자루

[부룸 → 부릉] 아이가 빗자루를 타고 부릉~ 부릉~ 하면서 노는 모습

The witch is holding a **broom** in her hand.
그 마녀는 손에 빗자루를 들고 있다.

slice
[slais]

얇게 썬 조각, 한 조각

서울우유 슬라이스 치즈란 얇게 썬 치즈를 말합니다.

I ate a **slice** of toast for lunch.
나는 점심에 토스트 한 조각을 먹었다.

divert
[daivə́:rt]

즐겁게 하다, (주위를 딴 데로) 돌리다, 전환하다

[다이버 투] 스쿠버 다이버들이 바다 속 생물들을 보면서 즐거워하며 속세의 스트레스를 딴 데(아름다운 바다 속 풍경)로 돌리는 모습

Don't **divert** your attention from driving a car.
운전하면서 한눈팔지 마라.

prohibit
[prouhíbit]

금지하다

[프로히빗 → 프로 흰 빛] 프로 가수들은 흰빛의 백색가루 즉 마약을 금지해야 하죠?

★ 토익 출제 문제
Company regulations prohibit unauthorized entrance to the building.
회사 규정은 그 건물에 허가받지 않고 들어가는 것을 금지한다.

প prohibitive 엄청 비싼, 금지의
prohibitively 엄두를 못 낼만큼, 엄청나게

overcome
[òuvərkʌ́m]

극복하다, 이기다, 정복하다

[over(~위에) + come(오다) → ~위를 넘어서 오다] 고비 등을 넘어서 극복하다

He will **overcome** this temporary difficulty.
그는 이 일시적인 어려움을 극복할 것이다.

grievance
[gríːvəns]

불만, 불평거리

[그리 번 쓰 → 그리 반 씨!] "그리로 반이나 주면 어떡해, 씨!"하며 음식을 셋에게 공평히 주지 않고 한 명에게만 반을 떼어주는 것을 불평하는 아이를 연상

The weekly meeting enables employees to tell their **grievances**.
주간 회의는 직원들이 불만 사항을 토로할 수 있게 해 준다.

slowdown
[slóudàun]

경기 후퇴, 감속

[slow(느린) + down(아래로)] 경기가 느리게 아래로 향하는

Most merchants report a **slowdown** in sales for october, but confidently expect an upturn with the approach of christmas.
대부분의 상인들은 10월의 판매 감소를 보고하지만 크리스마스가 다가옴에 따라 그들은 상승을 자신 있게 기대한다.

detach
[ditǽtʃ]

떼어내다

[뒤 땠지] 뒷부분을 떼어냈지?

To place your order, simply complete, **detach** and return the coupon.
주문을 하시려면 간단히 쿠폰을 작성하고 떼어내어 돌려주시면 됩니다.

enact
[inǽkt]

(법률을) 제정하다, (극 따위를) 공연하다

[en(make) + act(법률, 연극)] 법률, 연극이 시행되게끔 하다

Congress has **enacted** a new minimum wage for workers.
국회는 노동자들의 새로운 최저임금을 법으로 정했다.

succinct
[səksíŋkt]

간결한, 명료한

[suc(under) 씽크트(씽크대)] 씽크대 밑에 찌꺼기 거르는 통으로 걸러서 간결한 건더기만 남은 모습

Her writing is confident and **succinct**.
그녀의 글은 자신감이 넘치며 간결하다.

accelerate
[æksélərèit]

가속하다

[액셀러레이터] 차의 가속기를 악세러레이터라고 하죠?

Tests show global warming has **accelerated**.
실험은 지구 온난화가 가속화되었다는 것을 보여준다.

★ 토익 출제 표현
an acceleration in job losses 실업의 가속화

🅽 acceleration 가속

symptom
[símptəm]

증상, 징후

[심프텀 → 심(心)부터(마음부터)] 모든 병은(증상은) 마음으로부터 온다

Can you describe the **symptoms**?
증상들을 자세히 말씀해 주시겠습니까?

uphold
[ʌphóuld]

떠받치다, 지지하다

[up(위로) + hold(유지하다)] 어떤 사람을 위에 태우고 유지하다

I cannot **uphold** your conduct.
나는 너의 행동을 지지할 수 없다.

sprain
[sprein]

삐다

[스프레인] 맨소래담 스프레이는 삔 곳에 뿌리는 약

I **sprained** my ankle.
발목을 삐었어.

cubicle
[kjúːbikl]

(한 쪽을 칸막이 해 만든) 좁은 방

[큐빅 클] 입방체 큐빅을 크게 키우면 작은 방처럼 되겠죠?

He got undressed in a small **cubicle** next to the pool.
그는 풀장 옆에 있는 작은 칸막이 안에서 옷을 벗었다.

hygiene
[háidʒiːn]

위생

[하이진 → 하얘진] 위생 검사를 위해 열심히 닦아서 모두 하얘진 모습

Good **hygiene** helps to minimize the risk of infection.
청결한 위생 상태는 감염의 위험을 최소화하는 데 도움이 된다.

ⓐ hygienic 위생적인

customize
[kʌ́stəmàiz]

~을 주문제작하다, 개인의 희망에 맞추다

[custom(customer, 손님, 고객) + ize] customer(손님, 고객)에게 ~해주다

★ 토익 출제 문제

Our company has been renovated in oder to **customize** our financial services to our clients' requirements.
우리 회사는 우리 고객들의 요구에 우리의 금융 서비스를 맞추기 위해 혁신되었다.

ⓐ custom 주문한, 맞춘

illusion
[ilúːʒən]

환영, 망상

[일루전 → 일루 짠!] 일루 짠! 절루 짠! 하고 나타나는 환영을 연상

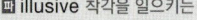

The magician tricks the audience with skilful optical **illusions**, making things appear and disappear.
그 마술사는 사물들을 나타났다 사라지게 하는 능숙한 시각적 환영으로 관중을 속인다.

ⓐ illusive 착각을 일으키는

aggravate
[ǽgrəvèit]

악화시키다, 화나게 하다

[애그러베이트 → 악으로 더 베렸으] 어떤 병을 무식하게 악으로 버티려다 건강을 더 버리는 모습

Attempts to restrict parking in the city center have further **aggravated** the problem of traffic congestion.
도시 중심가에서의 주차를 제한하려는 시도는 교통 체증 문제를 더욱 악화시켰다.

ⓐ aggravating 악화시키는, 화나게 하는

specification
[spèsəfikéiʃən]

상술, 명세서, 설명서

[specific(특정한, 분명한) + 캐이션] 명확하게 캐서 설명해 놓은 명세서나 설명서

If possible, include detailed **specifications** and a list of users. 가능하면 상세한 명세서와 사용자 명단을 포함시켜 주십시오.

loot
[lu:t]

약탈하다; 약탈품

[loot-root(뿌리)] 너무도 많이 도적들이 재산을 약탈해 가서 집의 기둥뿌리가 흔들리는 모습

The detectives tried to elicit where he had hidden his **loot**. 형사들은 그가 어디에 장물을 숨겼는지를 밝혀내려고 애썼다.

percentage
[pərséntidʒ]

백분율, 비율, 수당

[percent(퍼센트, 백분율) + age]

The salesmen get a **percentage** on everything they sell. 판매원들은 그들이 파는 모든 것에 대해 수당을 받는다.

★ 토익 출제 문제

The city's population expanded by 12 _____.
그 도시의 인구가 12 퍼센트 늘어났다.

→ **percent** (O), **percentage** (X)
- percent는 앞에 수사와 함께 쓰일 수 있지만 percentage는 수사와 함께 쓰지 못한다.

morale
[mərǽl]

사기, 의욕

[모랠 → 모래를] 나폴레옹이 사막에 지친 군인들에게 사기를 올리기 위해 "저 모래를 넘으면 오아시스가 있다!"하고 소리쳐서 사기를 돋우는 모습

國 demoralize ~의 사기를 꺾다

The soldiers' **morale** was high. 병사들의 사기가 높았다.

verify
[vérifài]

입증하다, 검증하다, 확인하다

[베리 파이] 파이에서 쥐꼬리가 나왔을 리 없다고 빵가게에서 말하자 그 사실을 고발한 소비자가 직접 그 파이를 베서 진실임을 증명하는 모습

國 verification 확인, 조회

An external auditor will **verify** the accounts. 외부 감사가 그 회계 장부를 검증할 것이다.

36강 toeic voca

tentative
[téntətiv]

임시의, 잠정적인, 시험적인

[tenta(텐터) + tive(TV) → 텐트 TV] 난민들을 위해 임시로 만든 텐트와 TV

★ 토익 출제 표현
1. **a tentative agreement** 잠정적인 합의, 임시 협정
   United Airlines and its pilots' union have reached a **tentative agreement** on a new contract.
   유나이티드 항공과 운항승무원 노조간에 새 계약 체결에 대한 잠정적인 합의가 이루어졌습니다.
2. **a tentative plan** 잠정적인 계획, 시안

tentatively 임시로, 시험적으로

longevity
[lanʤévəti]

장수

[long(긴!) 제 버티] 길게 버티어 살고 있는

He attributed his **longevity** to two factors - taking exercise and not smoking.
그는 자신이 장수하는 것을 두 가지 이유 때문으로 여겼다. 바로 운동과 금연이다.

afterward
[ǽftərwərd]

후에, 나중에

[after(~후에, 나중에) + ward(~쪽으로)]

Would you like me to pick you up in the car **afterwards**?
나중에 내가 차로 데리러 갈까요?

alongside
[əlɔ́ːŋsàide]

~옆에, 나란히, ~와 동시에

[along(함께) + side(옆)] 함께 옆으로

Their house is **alongside** of the river.
그들의 집은 강 옆에 나란히 있다.

approximate
v. [əpráksəmèit]
a. [əpráksəmət]

(위치 · 성질 · 수량 등이) ~에 가까워지다, 근접하다; 대략의, 근사한

[어프락씨밑 → 엎치락(씨밑)] 엎치락뒤치락 서로의 힘이 너무 근사해서 누가 이길지 어림잡을 수 없는 레슬링 선수들의 경기 모습

approximately 대략, 대체로, 거의

The plane will be landing in **approximately** 20 minutes.
비행기가 약 20분 후에 착륙할 예정입니다.

architecture
[ά:rkitèktʃər]

건축(술), 건축학

[아키텍쳐 → 악기 택 쳐] 악기를 망치로 택택 쳐서 뭔가를 만드는 것을 건축과 연관시켜 암기

Gothic **architecture** 고딕 건축 양식

⑩ architectural 건축(물)의
architect 건축가

barrier
[bǽriər]

장벽, 장애물

[베리 어] 내 앞을 가로막는 장애가 되는 적들을 칼로 베리(어)

the language **barrier** 언어 장벽

alleviate
[əlí:vièit]

완화되다, 누그러지다, 경감하다

[올리 비 에이트] 가뭄을 누그러뜨리는 비가 올리

The doctor gave her an injection to **alleviate** the pain.
의사가 그녀에게 통증을 완화시키는 주사를 놓아주었다.

★ 토익 출제 표현
1. **alleviate** congestion 교통 체증을 완화하다
2. **alleviate** concern 고민을 덜어주다

⑩ alleviation 경감, 완화, 누그러짐

flush
[flʌʃ]

얼굴이 확 붉어지다, (변기의) 물이 쏟아지다, (물로) 씻어내다; 홍조, 분출

1. [풀러 she → 그녀의 (옷고름을) 풀러] 신랑이 새색시의 옷고름을 풀자 얼굴을 붉히는 모습
2. [풀러 쉬] 바지를 풀러 쉬를 한 후에 변기의 물을 내려 변기를 씻어내는 모습

⑩ flushed 홍조 띤, 빨개진, 흥분한

His face **flushed** red because he had run away from the dormitory. 그는 기숙사에서 도망했기 때문에 얼굴이 붉게 달아올랐다.

blueprint
[blú:prìnt]

청사진, 계획

[blue(파란) + print(인쇄)] 청사진이란 공사를 하기 전의 설계도에 해당한다. 즉 공사의 전체적 계획에 해당한다.

I'm working on a **blueprint**. 지금 상세한 계획을 짜는 중이야.

boast
[boust]

자랑하다; 자랑(거리)

[보우스트 → 보스(boss)의 (말)투] 자신이 회사의 보스라고 자랑하듯이 목에 힘을 주고 거만하게 말하는 투

That is nothing to **boast** about. 그건 자랑할 게 못 돼.

brochure
[brouʃúər]

(광고 · 안내) 책자

[브로셔 → 부록 줘] 부록으로 나온 소책자 줘!

I have enclosed our **brochure**. 당사의 팸플릿을 동봉하였습니다.

blush
[blʌʃ]

얼굴을 붉히다, 얼굴이 빨개지다

[불러 she → 그녀를 부르다] 자신이 짝사랑하는 그녀를 불러 세워놓고 얼굴이 빨개지는 소년을 연상

I always **blush** when I speak in public.
나는 대중 앞에서 이야기 할 때 항상 얼굴이 붉어진다.

- blushful 얼굴을 붉히는, 수줍어하는
- blushless 염치없는, 철면피의

dispatch
[dispǽtʃ]

급송하다, 급파하다; 급송

[디스(this) 빼치(워라)] 이 택배 물건을 빨리 빼서 치워라!

We **dispatched** a research group to the spot.
우리는 현지에 조사단을 파견했다

★ 토익 출제 표현
by dispatch 속달로

edit
[édit]

편집하다, 수정하다

[에딧 → 애 뒷(뒤에)] 스토리 전개상 어른이 되었을 때가 앞에 나오고 애가 뒤에 나오도록 편집하는 모습

a revised **edition** 개정판

- editor 편집자
- edition (초판 · 재판 등의) 판, 간행본

envelope
[énvəlòup]

봉투, 싸개

[en(in) + 벌롭(벌려)] 봉투 안에 뭐가 들어 있는지 봉투 안을 벌려서 보는 모습

seal an **envelope** 봉투를 봉하다

- envelop 싸다, 봉하다, 포위하다

expressly
[iksprésli]

분명히, 명확히

[ex(out) 풀랬을리] 덮개로 덮인 것을 밖으로 풀어서 명확하게 보이게 한 상황

He has **expressly** forbidden her to go out on her own.
그는 그녀 혼자서는 밖으로 나가지 말라고 분명히 말해 왔다.

wane
[wein]

(달 등이) 이지러지다, 작아지다, 약해지다; 감퇴

[외인] 일본인을 키가 작다고 하여 외놈(왜놈)이라고 했었죠? 그 외인(왜놈)처럼 키가 작아지는 모습

Her enthusiasm for the whole idea was **waning** rapidly.
그 생각 전체에 대한 그녀의 열의는 급속히 시들해졌다.

★ 토익 출제 표현
on the wane 감소하고 있는, 약해지고 있는

formula
[fɔ́:rmjulə]

공식, 식

[포뮬러 → four(4) 물 넣어] 라면 끓일 때 물은 4컵 넣는 것이 공식이다.

Use the **formula** to calculate the volume of the container.
용기의 체적을 산출하려면 그 공식을 이용하세요.

furthermore
[fə́:rðərmɔ̀:r]

뿐만 아니라, 더욱이

[further(그 이상의) + more(더 많이)] 그 이상으로 더 많이

Furthermore, I didn't know what it was.
게다가 난 그게 뭔지도 몰랐어요.

shrewd
[ʃru:d]

약삭빠른, 영리한

[쉬루 드 → 쉬러 들어가다] 아침 운동장 조회에서 쉬기 위해 교실로 몰래 들어가는 약삭빠른 학생을 연상

It was **shrewd** of you to make that investment.
당신이 그 투자를 한 것은 영리했다.

marginally
[má:rdʒinli]

아주 조금, 미미하게

[마지널리 → 마진 늘 리] 상인들은 늘 마진을 아주 조금 남기고 판다고 한다.

Sales last year were **marginally** higher than in 2013.
작년 매출이 2013년보다 약간 높았다.

demanding
[dimǽndiŋ]

너무 많은 요구를 하는, 주문이 벅찬, (일이) 힘든

[demand(요구하다; 수요)의 형용사형] 요구가 많을 정도로 일이 힘든

★ 토익 출제 문제
He has been my most _____ supervisor.
그는 나에게 가장 지나친 요구를 하는 관리자이다.
→ **demanding** (O), demand (X), demands (X)

meanwhile
[míːnwàil]

그 동안에

[mean(의미하다) + while(~동안)] 앞에서 의미했던 시간 동안에

Meanwhile, my debts were **mounting** up.
그 사이에 내 빚은 계속 늘어나고 있었다.

overtime
[óuvərtàim]

초과[시간 외] 근무, 잔업, 야근

[over(~이상으로) + time(시간)]

They have ceased to pay coaches for **overtime**.
그들은 코치에 대한 초과 수당의 지급을 중단하였다.

petty
[péti]

사소한, 보잘 것 없는

[패티 → 패티 김] 가수 패티 김은 옛날의 인기에 비하면 요즘은 보잘 것 없는 가수죠? 인기를 잃고 초라해진 모습의 패티 김을 연상

She was familiar with their **petty** social problems, and they nettled her.
그녀는 그들의 사소한 사회 문제들을 잘 알고 있었고 그것들이 그녀를 화나게 하였다.

trivial
[tríviəl]

사소한, 하찮은, 평범한

[트리(tree, 나무) 비얼 → 나무를 비어내다] 가지치기를 할 때 하찮은 가지를 비어내는(베어내는) 모습

At first, the incident seemed to be **trivial**.
처음에 그 사고는 사소한 것처럼 보였다.

outwardly
[áutwərdli]

겉으로는, 표면상으로

[out(밖으로) + ward(~쪽으로) + ly(부사형 어미)]

Outwardly, the couple seemed perfectly happy.
겉으로 보기에는, 그 부부가 더없이 행복해 보였다.

municipal
[mju:nísipəl]

시의, 지방자치의

[뮤니시펄 → 문이 시팔(18)] 시로 들어가는 문이 18개로 시 전체가 성곽과 18개의 문으로 되어 있는 시의 모습

The **municipal** council all but ignored the gravity of the pollution.
시의회는 공해의 심각함을 거의 무시했다.

★ 토익 출제 표현
1. **municipal authorities** 시 당국
2. **municipal library** 시립 도서관

probable
[prábəbl]

있을[사실일] 것 같은

[프로 법을] 프로 선수들은 금지약물 복용과 같은 법을 어기는 일이 있을 것 같다.

It is **probable** that she will come tomorrow.
그녀가 내일 올 것으로 예상된다.

🔵 probably 아마도

37강 toeic voca

furnish
[fə́ːrniʃ]

(필수품·가구 등을) 비치하다, 공급하다

1. [furnish → furniture(가구)] 가구 등을 비치하다
2. [퍼니 she] 그녀가 국을 퍼서 사람들에게 공급하는 모습

He **furnished** the hungry with food.
그는 굶주린 사람들에게 먹을 것을 주었다.

★ 토익 출제 표현
1. **furnished apartment** 가구가 딸린 아파트
2. **fully furnished** 내부 인테리어가 완벽히 갖추어진
   Do you have a **fully-furnished** studio apartment?
   가구 완비된 원룸 아파트 있나요?

exodus
[éksədəs]

(집단적) 대이동, 탈출, 출국, 이주

[엑 서더스 → 엑, 서독 스] 동독에서 서독으로 탈출하는 사람

These measures are prone to increase poverty and speed up the **exodus** to the cities.
이러한 조치들은 가난을 증가시키고 도시로의 탈출을 가속시키기 쉽다.

scrub
[skrʌb]

북북 문지르다, 비벼 빨다

[스크럽 → 시끄럽] 북북 문지르는 소리가 시끄러워!

Could you **scrub** my back for me? 제 등 좀 밀어 주실래요?
We **scrubbed** the tables clean. 우리는 테이블을 깨끗하게 닦았다.

segment
[ségmənt]

부분, 조각, 마디

[세그먼트 → 새거(새 것) 많다] 거지 아이가 부스러기 빵을 주워 먹고 있는 아이에게 여기 새 것 많으니 새 것으로 온전한 빵을 먹으라고 하는 모습

a **segment** of an orange 오렌지 한쪽

sizable
[sáizəbl]

상당한 크기의, 상당한

[size(크기) + able]

The last hurricane caused a **sizable** number of casualties.
지난 허리케인은 상당히 많은 사상자를 낳았다.

pot
[pɑt]

- pottery 도자기 (그릇들), 도예

원통형의 그릇, 단지, 항아리

> [커피포트] 커피포트(coffee pot)는 커피 끓이는 주전자

The **pots** are on the stove. 냄비들이 가스렌지 위에 있다.

precipitation
[prisìpitéiʃən]

강수량, 강수

> [풀이 시피테이셔 → 풀이 10피트이셔] 비가 와서 풀이 10피트가 잠겨 강수량이 10피트란 것을 알 수 있는 상황

The earth's main source of fresh water is the **precipitation** that falls from the atmosphere as rain or snow.
지구의 주된 담수원은 비나 눈과 같은 대기로부터 떨어지는 강수이다.

★ 토익 출제 문제
Two unique features of the Arctic are lack of precipitation and permanently frozen ground.
북극 지방의 두 가지 독특한 특징은 강수량의 부족과 영구히 얼어붙은 땅이다.

sort
[sɔːrt]

- sorting 구분, 분류

종류; 종류별로 나누다, 분류하다

> [소 투(II)] 소를 소 I , 소 II , 소 III 등으로 여러 종류로 분류하는 모습

What **sorts** of things do you grow? 어떤 종류의 것들을 키우나요?

spacious
[spéiʃəs]

널찍한

> [space(공간) + cious(형용사형 어미)] 공간이 널찍한

I need a more **spacious** living room. 나는 좀 더 넓은 거실이 필요하다.

smear
[smiər]

(기름 등을) 칠하다, 더럽히다, (기름·잉크 등이) 번지다; 얼룩

> [스미어 → 스며(들다)] 잉크 등이 옷에 스며들어 번지고 더럽혀지는 모습

Can you explain why the front of your car is **smeared** with the blood?
당신의 차 앞에 왜 피가 묻어 있는지 설명해 줄 수 있습니까?

smudge
[smʌdʒ]

더럽히다, (잉크가) 배다; 얼룩, 더러움

> [스머지 → 스며들지] 옷에 음료수 등이 스며들어 얼룩지는 모습

Ink made from soybeans does not **smudge** as easily as conventional ink.
콩으로 만들어진 잉크는 전통적인 잉크와 같이 쉽게 번지지 않는다.

envoy
[énvɔi]

외교사절, 특사

[엔보이 → 엥? 보이(boy)?] 옛 신라에서 고구려로 외교사절로 어린 화랑을 보내니 고구려왕이 "엥! 외교 특사가 boy네"하며 어린이가 외교사절로 온 사실에 놀라는 모습

A United Nations special **envoy** has been sent to discuss the refugee problem with the government.
유엔 특사가 그 정부와 망명 문제를 논의하기 위해 보내졌다.

vest
[vest]

(재산·권리 따위를) 부여하다, 귀속하다

[베스트(best)] 형제 중에서 가장 뛰어난 아들에게 재산을 부여하는 모습

★ 토익 출제 문제

We have found in our studies that when employees have a vested _____ in the ownership of the business, performance always improves.
우리는 피고용인들이 사업의 소유권에 대해서 기득권을 가질 때 업무 성과가 항상 진전되는 것을 우리 연구에서 알아냈다.

→ **interest** (O), ability (X), eagerness (X)
• a vested interest: 기득권

span
[spæn]

(거리·시간 사이에) 걸치다, 이어지다; 지속 기간, 거리

[스팬 → 스페인] 한국에서 스페인까지 이어진 거리와 스페인까지 비행 지속 시간 연상

It has been achieved over a **span** of two years.
그것은 2년의 기간에 걸쳐 달성되었다.

adversary
[ǽdvərseri]

적, 적수, 상대

[애드벌서리 → 애두 벌서리!] 미워하는 사람이 있으면 그의 자식도 미워 보이죠? 자신의 적수가 미워서 그의 애두 벌세우겠다고 하는 모습

He saw her as his main **adversary** within the company.
그는 그녀를 회사 내에서 자기의 주요 적수로 간주했다.

speculation
[spèkjuléiʃən]

추측

[스페큘레이션 → 숲에 키울 내이션] 숲에서 나는 아기 새소리로 추측해 볼 때 숲에서 엄마 새가 아기 새를 키울 것이라고 추측하는 모습

파 speculate 추측하다

What he said was pure **speculation**. 그가 한 말은 추측에 불과했다.

stroll
[stroul]

한가로이 거닐다, 산책하다; 산책

[스트롤 → street(거리) 놀] street를 놀면서 거닐다

We **strolled** along the beach.
우리는 해안을 따라 산책했다.

tablecloth
[téiblklò:θ]

식탁보, 테이블보

[table(테이블, 탁자) + cloth(천, 직물)] 테이블에 덮는 천

The man is arranging the **tablecloth**.
남자가 식탁보를 정돈하고 있다.

treasurer
[tréʒərər]

회계원

[treasure(보물, 귀중품) + er(~하는 사람)] 돈이나 보물과 같이 돈이 되는 물건을 다루는 사람

She is the **treasurer** of the club.
그녀는 모임의 회계를 맡고 있다.

cite
[sait]

인용하다, 예증하다, (이유·예를) 들다

[인터넷 사이트] (인터넷) 싸이트에 있는 글을 인용하여 예를 들다

★토익 출제 표현
cite A as B A를 B로 언급하다, 예를 들다
She **cited** the high unemployment figures **as** evidence of the failure of government policy.
그녀는 정부 정책이 실패한 증거로 높은 실업 수치를 예로 들었다.

versus
[vé:rsəs]

~ 대 (vs.)

[버얼서스 → 벌섰으] 철수 대 영희가 싸우다 벌섰어

South Korea **versus** North Korea 남한 대 북한

workout
[wé:rkàut]

운동하다; 운동

[work(일하다, 움직이다) + out(밖에서)]

She does a 20-minute **workout** every morning.
그녀는 매일 아침 20분씩 운동을 한다.

decadent
[dékədənt]

쇠퇴해 가는, 퇴폐적인

[대커던트 → 大 커(car, 차) 돈 트] 큰 차를 타고 다니며 돈을 흥청망청 써버리고 다니는 국민들이 가득한 퇴폐적이고 쇠퇴해 가는 나라를 연상

Laziness, luxuriousness, and a lack of initiative are characteristics of a **decadent** society.
게으름, 사치, 독창성의 부족은 쇠퇴해 가는 사회의 특징들이다.

abandon
[əbǽndən]

버리다, 포기하다, 그만두다

[어밴던 → 어, 뺀 돈] "빚쟁이가 내 월급에서 미리 뺀 돈은 포기해야지 뭐"하며 단념하는 채무자를 연상

He will never **abandon** hope.
그는 결코 희망을 버리지 않을 것이다.

absolute
[ǽbsəlùːt]

절대적인, 순전한

[앱설루트 → 앞설 루트] 2등과의 격차가 엄청날 정도로 절대적으로 앞설

ad **absolutely** 절대적으로

I have **absolute** confidence in her ability.
나는 그녀의 능력을 절대적으로 신뢰하고 있다.

accentuate
[ækséntʃuèit]

강조하다, 두드러지게 하다

[accent(악센트) + ate(동사형 어미)] 악센트를 넣어 강세를 넣듯이 뭔가 강조하다

I want to **accentuate** the positive in my speech.
저는 제 연설에서 긍정적인 면을 강조하고 싶습니다.

mastermind
[mǽstərmàind]

주모자, 지도자, (계획 등의) 입안자

[master(대가, 주인) + mind(마음)] 대가적 마음자세나 주인의식을 갖고 있는 사람

★ 토익 출제 문제

He was the mastermind behind the project.
그는 그 사업의 배후 주모자였다.
• mastermind behind ~: ~의 배후 지도자

256

mastery
[mǽstəri]

통제, 지배, 지배력, 숙달

[master(주인, 장, 대가, 달인) + y] 주인이나 장이 아랫사람을 통제하고 지배함

Even if he gained the **mastery** over the company, he must progress his knowledge.
비록 그가 기업에 대한 지배권을 가졌다 할지라도 그는 그의 지식을 향상시켜야 한다.

agriculture
[ǽgrəkʌ̀ltʃər]

농업, 농사, 농예

[애그리컬쳐 → 애 그리 칼 쳐] 애가 그리(그렇게) 벼를 칼로 치며 농업을 하는 모습

a agricultural 농업의

agricultural products 농산품

alert
[ələ́ːrt]

방심 않는, 경계하는; 경보, 경계

[얼럿 → 얼렁] 군인들이 항상 방심하지 않고 유사시 얼렁(얼른) 튀어 나갈 준비를 하고 경계하는 모습

be **alert** to possible dangers 가능한 위험을 경계하다

appearance
[əpíərəns]

외모, 외관

[appear(나타나다, ~처럼 보이다) + ance] 어떤 모습처럼 보이는 것

She looks gentle in outward **appearance**.
그녀는 외모로는 부드러워 보인다.

audience
[ɔ́ːdiəns]

청중, 관중

[audi(hear) + ence] 듣는 사람들

The **audience** was quiet.
청중들은 조용했다.

sip
[sip]

찔끔찔끔 마시다, 한 모금씩 마시다

[십 → 씹] 약 등을 씹고서 물을 조금씩 마시는 모습

Just take one **sip** and give it back to me.
한 모금만 마시고 주세요.

collate
[kəléit]

대조하다

[컬레이트 → 켤레 이트] 여러 신발들이 섞여있어 자신의 한쪽 신과 같은 컬레(켤레)인가 대조하며 다른 한 짝을 찾고 있는 사람

★ 토익 출제 문제
When both versions of the story were collated, major discrepancies were found.
그 이야기의 두 개 버전이 대조되었을 때, 중요한 모순점들이 발견되었다.

📖 collation 대조

burden
[bə́:rdn]

무거운 짐, 부담, 책임

[버든 → 붜서 들고 있는] 항아리에 물을 붜서 들고 있는 모습에서 머리 위의 무거운 짐을 연상

I have so much **burden** on my shoulders.
나는 책임져야 할 짐이 너무 많다.

📖 burdensome 무거운 짐이 되는, 번거로운

cash register

금전 등록기

[cash(현금) + register(등록기, 기록부)]

The man is putting his money on the **cash register**.
남자가 계산대에 돈을 두고 있다.

cashier
[kǽʃiər]

계산원, 금전 출납원

[cash(현금) + er(~사람)] 현금을 다루는 사람

The man is giving the food to the **cashier**.
남자가 계산대 점원에게 식료품을 내놓고 있다.

brand-new
[brǽndnjú:]

아주 새로운, 신품의

[brand(브랜드, 상표) + new(새로운)]

This **brand-new** car has absolutely no noises at all.
이 새 차는 소음이 전혀 없다.

arbitrate
[ά:rbitrèit]

중재하다

[아비 트레이트(trade, 매매, 무역)] 아버지는 중간에서 물건을 받아서 팔고 사는 중재인이다.

The union finally agreed to go to **arbitration** as a way of ending the strike.
노조는 파업을 종식시키려는 방안으로 마침내 중재를 받아들이기로 했다.

📖 arbitration 협상, 중재
arbitrator 중재자

patent
[pǽtnt]

특허권, 특허품

[패턴 2] 소나타가 인기 있자 현대에서 소나타 2로 자동차 특허를 내는 모습

When does the **patent** expire?
그 특허는 언제 기한이 만료되나요?

★토익 출제 표현
patent lawyer 특허 변호사, 변리사

cease
[si:s]

그만두다, 중지하다

[씨이스 → 씻으] 일을 중지하고 물에 손을 씻는 모습

The factory has **ceased** making bicycles.
그 공장은 자전거 생산을 중단했다.

euthanasia
[jù:θənéiʒə]

안락사

[유쎄내이지어 → 유서 내시어] 유서를 내고 행복하게 죽다

Although some people argue for **euthanasia** rights, it is still illegal in most countries.
비록 몇몇 사람들은 안락사를 할 수 있는 권리를 주장하지만, 그것은 대부분의 나라에서 여전히 불법이다.

scorch
[skɔ:rtʃ]

겉을 태우다, 눋게 하다

[스코치 → 숯 꼬치] 꼬치구이를 숯에 그을리는 모습

Do not leave the iron on that delicate fabric, or the heat will **scorch** it.
다리미를 그 섬세한 직물 위에 두지 마라, 열로 인해 겉이 탈 것이다.

📖 scorching 태우는, 몹시 뜨거운

cosmetic
[kazmétik]

화장품; 성형의

[카즈메틱 → 가슴에 틱!] 여자가 자신의 가슴에도 틱! 하고 화장품을 발라 피부를 예쁘게 하려는 모습. 그리고 가슴에 틱! 보형물을 넣어 가슴 성형을 하는 모습

This **cosmetic** covers spots extremely well.
이 화장품은 잡티를 감쪽같이 감춰 준다.

amend
[əménd]

ⓝ amendment 수정, 개정

고치다, 개선하다, 개정하다

[a(한 번) 맨드 → 한 번 맨들다] 다시 한 번 더 맨들어(만들어) 고치다

Congress may **amend** the proposed tax bill.
의회는 제출된 조세법안을 수정할 수도 있다.

draft
[dræft]

도안, 설계도, 징병; 초안을 잡다, 선발하다

1. [드래프트 → 들에부터] 집을 짓기 전에 들에부터 나가서 땅을 보며 기초 설계를 하는 모습
2. [드래프트] 신인 선수 선발을 드래프트라고 하죠? 그렇듯 선발하는 것 또는 징병하는 것 연상

He showed me the **draft** of an article he was writing.
그는 나에게 그가 쓰고 있던 기사의 초안을 보여줬다.

★ 토익 출제 표현
final draft (원고) 최종본, 최종안

concierge
[kànsiέərʒ]

(호텔의) 안내원, 수위

[컨씨 에어지 → 큰 씨 외우지] 회사 수위들이 그 회사의 지위가 큰 ~씨(박씨, 김씨)를 외워서 들어올 때마다 거수경례를 하는 모습

The **concierge** at the hotel suggested a wonderful Korean restaurant.
호텔 안내원이 맛있는 한식당을 소개해 주었다.

counterpart
[káuntərpà:rt]

상대편, 대응물

[counter(against) + part(부분)] 대응하는 것

The sales manager phoned her **counterpart** in the other firm.
영업부장은 타 회사의 상대 직책 담당자에게 전화했다.

cupboard
[kʌ́bərd]

찬장

[cup(컵) + board(판자)] 컵을 올려놓는 판자

The pans are arranged neatly in the **cupboard**.
냄비가 찬장에 가지런히 놓여 있다.

deserve
[dizə́:rv]

~할 가치가 있다, ~받을 만하다

[디저브 → 뒤 잡으] 애인이 떠날 때 뒤를 잡으려고 할 정도의 가치가 있는 사람

Gunter Grass **deserves** the Nobel prize.
Gunter Grass는 노벨상을 탈 만하다.

desirable
[dizáiərəbl]

바람직한

[desire(바라다) + able(~할만한)]

It is **desirable** that interest rates be reduced.
금리를 내리는 것이 바람직하다.

despite
[dispáit]

~임에도 불구하고 (= in spite of, notwithstanding)

[디스(this) 파이트] 이(this) 오래된 도자기는 흠이 파이었음에도 불구하고 고가이다.

> ★ 토익 출제 문제
>
> _____ the difference in their skins they were close friends.
> 그들의 피부색 차이에도 불구하고 그들은 가까운 친구였다.
>
> → **Despite** (O), **Nevertheless** (X), **Although** (X)
> - nevertheless(그럼에도 불구하고)는 부사로 사용되고 although(~에도 불구하고)는 접속사로서 뒤에 절이 나온다.

drain
[drein]

배수[방수]하다; 배수로, 배수관

[d(드) + rain(비) → 드러운 비] 비로 인한 더러운 물을 배수시키는 모습

We had to call in a plumber to unblock the **drains**.
우리는 배관공을 불러서 배수구를 뚫어야 했다.

drench
[drentʃ]

흠뻑 젖게 하다, 담그다

[들엔 취!] 들에는 비가 오고 있어서 나가면 취! 하고 재채기할 정도로 비에 젖는 모습

Their faces were **drenched** with sweat.
그들의 얼굴은 땀에 젖어 있었다.

formidable
[fɔ́:rmidəbl]

무시무시한, 가공할, 엄청난

[폼이 더블(double, 두 배) → 폼이 두 개]
즉 머리 두 개 달린 괴물의 무시무시한 모습

In debate, he was a **formidable** opponent.
토론 때 그는 엄청난 상대였다.

libel
[láibəl]

(문서에 의한) 명예훼손, 비방하는 글; 비방하다

[라이벌] 서로 라이벌 관계에 있는 두 사람이 서로 상대방을 비방하는 모습

He sued the newspaper for **libel**.
그는 그 신문사를 명예훼손으로 고소했다.

📙 libelous 비방하는, 중상적인

omen
[óumən]

전조, 징조, 예감

[오멘] 영화 〈오멘〉에서 숫자 666이 미래의 불길한 징조를 예고하고 있죠?

📙 ominous 심상치 않은, 불길한

The delay at the airport was a bad **omen** for our holiday.
공항에서의 연착이 우리 휴가의 불길한 징조였다.

relegate
[réləgèit]

지위를 떨어뜨리다, 좌천시키다

[렐러 gate → 날러 gate(문)] 직원을 현관문으로 날러서(날려서) 수위로 앉히다. 즉 지위를 수위로 낮추는 모습

She **resigned** from the company when she was relegated to a financial consultant.
그녀가 재정 상담자로 좌천되었을 때, 그녀는 그 회사에서 사직했다.

📙 relegation 좌천, 격하

shallow
[ʃǽlou]

얕은, 피상적인

[쉘 + low(낮은)] 쉘쉘 낮게 흐르는

The boat is in **shallow** water.
보트가 얕은 물에 있다.

blockade
[blakéid]

봉쇄; 봉쇄하다

[**block**(배구의 블락킹) + **ade**] 배구에서 블로킹으로 봉쇄하다

The Soviet **blockade** of Berlin was lifted in May 1949.
베를린에 대한 소련의 봉쇄는 1949년 5월에 해제되었다.

★ 토익 출제 표현
block the view of ~   ~의 시야를 가리다
The trees **block the view of** the street.
나무들이 거리의 시야를 가로막고 있다.

dress code

복장 규정

[**dress**(복장) + **code**(규약, 규정)]

The company **dress code** is business casual.
그 회사의 복장 규정은 비즈니스 캐주얼입니다.

entry
[éntri]

입장, 참가, 출전

1. [**enter**(들어가다) + **ry**] 안으로 들어가리
2. [월드컵 엔트리] 월드컵 최종 엔트리(참가선수)에 손흥민 선수가 있습니다.

The contest is open to everyone and there is no **entry** fee.
그 대회는 누구나 참가할 수 있고 참가비는 없습니다.

liaison
[líeizɑːn, líəzɑːn]

연결, 연락

[리어전 → 이어진] 서로 전화로 이어져 연결이 된

Our role is to ensure **liaison** between schools and parents.
우리의 역할은 학교와 학부모 사이의 연락을 보장하는 것이다.

life expectancy

기대 수명, 평균 수명

[**life**(생명) + **expectancy**(기대)]

Women have a longer average **life expectancy** than men.
여성이 남성보다 평균수명이 길다.

blemish
[blémiʃ]

결함, 흠, 오점

[불래 미시] 다시 결혼할 때 "나의 결함이 미시(결혼했었던 미시족)이었다는 것을 불래!"하며 자신의 결함을 얘기하겠다는 모습

a **blemished** peach 흠집이 난 복숭아

39강 toeic voca

cater
[kéitər]

음식을 공급하다

[케이터 → 케익 떠] 케익을 떠서 여러 사람에게 음식으로 공급하는 모습

Do you want to use our **catering** service for your reception? 연회에 저희 출장연회 서비스를 이용하시겠어요?

★ 토익 출제 표현
catering service 출장연회 서비스

menace
[ménis]

위협, 협박; 협박하다

[메나스 → 매놨으] 유괴범이 "네 아들 여기 매놨어. 돈 가져와!"하고 전화로 협박하는 모습

Air pollution by fumes and gases has become a **menace** in many cities.
연기나 가스에 의한 대기 오염은 많은 도시에서 위협이 되어왔다.

venerate
[vénərèit]

존경하다

[배 너래이트 → 배 (집어) 넣으라이] 대통령 앞에서 배를 앞으로 내밀고 서 있는 사람에게 배를 넣고 허리를 숙여 존경을 표하라고 말하는 모습

파 venerable 존경할 만한
veneration 존경, 숭배

He is a **venerable** scholar; we all respect him.
그는 존경할 만한 학자이다. 우리는 모두 그를 존경한다.

lucrative
[lú:krətiv]

수지맞는, 수익성이 좋은

[룩(Look!) 너 TV] "Look!(봐) 너 TV에 나왔어!" 즉 친구가 TV 방송 맛집 소개에 나와서 이제 돈을 많이 벌 것이라고 말하는 모습

The merger proved to be very **lucrative** for both companies.
그 합병은 양쪽 회사에 매우 득이 되는 것으로 판명되었다.

microwave
[máikrəwèiv]

전자레인지

[micro(small) + wave(파)] 극초단파를 이용한 전자레인지

I'll put it in the **microwave**.
그걸 전자레인지에 넣어서 돌릴게요.

monitor
[mάnətər]

모니터; 감시하다, (상태를) 체크하다

[모니터] CCTV의 모니터를 보면서 감시하는 모습

monitor a patient's pulse 환자의 맥박을 체크하다

mow
[mou]

(잔디를) 깎다, (풀 등을) 베다

[모우 → 모으다] 풀을 한 손에 모아서 낫으로 베는 모습

The man is **mowing** the lawn.
남자가 잔디를 깎고 있다.

voucher
[váutʃər]

증명서, 보증인, 상품권, 할인권

[바우 처!] 바위에 정을 쳐서 글씨로 서로의 우정의 증표를 만드는 모습

The **voucher** is valid between July and December.
그 상품권은 7월부터 12월 사이에 유효하다.

★ 토익 출제 표현
a gift voucher 상품권

organic
[ɔːrgǽnik]

유기농의

[올개닉 → 올갱이] 올갱이를 이용한 유기농법

Lately, there has been an increasing preference for **organic** foods.
최근 들어 유기농 식품에 대한 선호도가 증가하고 있다.

obey
[oubéi]

복종하다, 순종하다

[오! 베이!] "오! 복종 안 하면 저 칼에 베일 거야!"하며 장군에게 떨면서 복종하는 모습

obedient 순종하는, 유순한
obedience 복종, 순종

obedient children 유순한 아이들

nationwide
[néiʃənwàid]

전국적인

[nation(나라) + wide(널리, 광범위한)]

The sudden snowstorm has caused a **nationwide** traffic jam.
갑작스러운 폭설로 전국 곳곳의 교통이 마비되었다.

alliance
[əláiəns]

동맹, 연맹

[all(모든) + liance(lions, 사자)] 모든 사자들이 머리를 맞대고 동맹하는 모습

Switzerland prides itself on being a neutral country which does not belong to any military **alliances**.
스위스는 어떠한 군사적 동맹에도 속하지 않는 중립국임을 자랑스럽게 여긴다.

⦿ allied 동맹한, 연맹한
ally 동맹하다; 동맹국
realliance 재동맹

appropriate
[əpróupriət]

적당한, 적절한

[어프로프리이트 → 앞으로 뿔이 있다] 엉덩이 뒤에 뿔난 소는 적당한 곳에 뿔이 난 게 아니죠? 앞에 뿔이 있으면 적당하게 잘 난 뿔이죠?

I didn't think his comments were very **appropriate** at the time. 나는 그의 논평이 그 당시 매우 적절했다고 생각하지 않았다.

★토익 출제 표현
dress appropriately 적절하게 옷을 입다

⦿ propriety 적당, 타당, 예의 바름
appropriately 적당히
⦿ inappropriate 부적절한

shutdown
[ʃʌ́tdàun]

(공장·사업체 등의) 폐쇄, 일시 휴업, 폐점

[shut(닫다) + down(아래로)]

The **shutdown** is the latest in a series of painful budget measures.
공장 폐쇄는 뼈를 깎는 일련의 예산 정책 중 가장 최근에 나온 조치이다.

painkiller
[péinkilər]

진통제

[pain(고통) + killer(죽이는 것, 없애는 것)]

She is buying a **painkiller** at a drugstore.
그녀는 약국에서 진통제를 사고 있다.

indignant
[indígnənt]

격분한, 분개한

[인디그넌트 → 인디안 그년 투] 인디안 여자에게 상처를 입은 백인이 "인디안 그년"하고 침을 투! 뱉으며 분개하는 모습

Many taxpayers are **indignant** at what they regard as an illegal use of public funds.
많은 납세자들은 그들이 공공자금의 불법 사용으로 간주하는 것에 대해 분개한다.

⦿ indignation 분개, 격분

side effect

부작용

[side(옆의) + effect(효과)] 옆으로 새어나온 효과

Maybe that's the **side effect** from dieting too much.
그건 다이어트를 너무 심하게 해서 생긴 부작용인 것 같다.

sneeze
[sni:z]

재채기하다

[스니~즈 → 서니 츠] "말하다 왜 갑자기 서니(멈추니)?"라고 묻자 츠! 하고 재채기를 하는 상황. 즉 말하다 재채기 때문에 말을 중간에 멈추고 재채기 하는 모습

It makes me **sneeze**.
그것 때문에 재채기가 난다.

strict
[strikt]

엄격한, 엄밀한

[스트릭트 → 스트리트(street, 거리, 도로)] 스트리트(도로)를 불법 횡단했다며 봐주지 않고 엄격하게 딱지를 떼는 교통 경찰관 연상

He's a **strict** teacher.
그는 엄한 선생님이다.

★ 토익 출제 표현
1. **strictly prohibited** 엄격히 금지된
   Smoking is **strictly prohibited** in the car.
   차내 흡연은 엄격히 금지된다.
2. **strictly limited** 엄격히 제한된

🔁 strictly 엄격히, 엄하게

mar
[ma:r]

훼손시키다, 망치다

[마!] 잔디밭에 들어가 잔디를 훼손한다고 관리인 아저씨가 "마!(임마!) 나와!"하며 소리치는 모습

An experiment can be **marred** by poor planning.
어떤 실험은 허술한 계획에 의해 망쳐질 수 있다.

striking
[stráikiŋ]

현저한, 두드러진

[strike(치다, 때리다) + ing] 눈을 때리는 듯 두드러지게 보이는

There is a **striking** contrast between her two novels.
그녀의 두 소설은 뚜렷한 대조를 보인다.

🔁 strikingly 현저하게

ailment
[éilmənt]

병, 질병

[애 일 먼트 → 애가 일이 많다] 학원 다니느라 애에게 일이 많고 고되서 병이 난 모습

He asked for some time off work so that he could visit his **ailing** father.
그는 그의 아픈 아버지를 방문하기 위해서 약간의 휴가를 요청하였다.

파 ail 아프다, 병들게 하다
ailing 아픈, (경제가) 악화된, 취약한

★ 토익 출제 표현
the country's ailing economy 그 국가의 악화된 경제

systematically
[sistəmǽtikəli]

체계적으로, 질서정연하게

[system(조직, 체계)의 파생어]

The search was carried out **systematically**.
그 수색은 체계적으로 이루어졌다.

tact
[tækt]

재치, 요령

[택트 → 택트리스] 오락 테트리스를 요령 있게 잘 하는 모습

He has the **tact** to fix problems.
그는 재치 있게 문제를 해결한다.

파 tactful 재치 있는

tactic
[tæktik]

전술; 전술적인

[택 틱] 택! 하고 치면 틱! 하고 막는 전술

They use aggressive sales **tactics** to talk consumers into borrowing money under unfair terms.
그들은 소비자들을 꾀어 불공정한 조건으로 돈을 빌리도록 하기 위해 공격적인 판매 전술을 구사한다.

파 tactical 전술적인, 책략에 능한

tardy
[táːrdi]

느린, 더딘, 지각한

[타 뒤 → 타! 뒤에] 수능시험일 아침에 늦은 학생을 보고 경찰 아저씨가 "타 뒤에"하며 오토바이 뒤에 태워주는 모습

If Bob is **tardy** to work again, the manager will report him.
만약 Bob이 직장에 또 늦는다면 매니저는 그를 보고할 것이다.

task
[tæsk]

직무, 힘든 일

[테스크 → 데스크(desk, 책상)] 책상에 앉아 열심히 일을 하는 모습

Our first **task** is to establish a system.
우리의 첫 번째 작업은 시스템을 구축하는 것이다.

★ 토익 출제 표현
routine task 일상적인 업무

terrain
[təréin]

지역, 지형

[터 rain] 일기예보에서 어떤 터에 비가 올 것이라고 어떤 지역을 가리키는 모습

The area is large and consists of tough **terrain**, which also has thick forests.
그 지역은 넓고, 거친 지형으로 이루어져 있으며 밀림 또한 있다.

overwhelm
[òuvərhwélm]

압도하다, 질리게 하다

[over(위에서) 웰름(낼름)] 위에서 혀를 낼름거리는 독사가 밑에 있는 사람을 압도하여 꼼짝 못하게 하는 모습

The department store guards were nearly **overwhelmed** by the crowds of shoppers waiting for the sale to begin.
그 백화점 경비원들은 세일이 시작되기를 기다리는 손님들의 무리에 거의 압도되었다.

★ 토익 출제 표현
overwhelming majority 압도적 다수

㎥ overwhelming 압도적인

traffic light

(교통) 신호등

[traffic(교통) + light(불빛)]

The pedestrians are waiting for the **traffic light** to change.
보행자들은 신호등이 바뀌기를 기다리고 있다.

turbulence
[té:rbjuləns]

난기류, 격동, 격변

[터뷸런스 → 더 불런스] 바람이 더 불어서 난기류가 생겨 비행기가 요동치는 모습

We met severe **turbulence** during our flight.
우리는 비행 중에 심한 난기류를 만났다.

valid
[vǽlid]

유효한, 효과적인

[밸리드 → 밸리(댄스)도] 살을 빼는 데 있어서 밸리(댄스)도 효과가 있는 방법

The ticket is not **valid** anymore.
그 티켓은 더 이상 유효하지 않습니다.

🔲 validate 유효하게 하다, 인증하다

pensive
[pénsiv]

생각에 잠긴

[펜 씹으] 공부하다가 펜을 이빨로 씹으며 생각에 잠기는 모습

The **pensive** youth gazed at the painting for a long time and then sighed.
그 생각에 잠긴 젊은이는 오랫동안 그 그림을 응시하고 나서 한숨을 쉬었다.

subsidize
[sʌ́bsədàiz]

보조금을 지급하다

[섭시 다이즈 → 삽시다 다 잊으] 수재민에게 "다 잊고 다시 삽시다"하며 보조금을 지급하는 모습

This enterprise is **subsidized** by the government.
이 사업은 국가의 보조를 받고 있다.

🔲 subsidy (국가의) 보조금, 장려금

40강 toeic voca

stifle
[stáifl]

숨을 막다, 억제하다

[스타이플 → 스타 입을] 납치범들이 스타의 입을 막자 숨 막혀 하는 스타를 연상

It was **stifling** last week.
지난주는 숨이 막힐 정도로 더웠다.

◨ stifling 숨 막히는, 무더운

vessel
[vésəl]

(큰) 배, 그릇

[베쓸 → 배로 쓸] 배로 쓰는(사용하는) 큰 배 연상. 그리고 그릇은 개미나 곤충이 물에 띄워 배로 쓸 수 있다.

That **vessel** belongs to him. 저 배는 그의 것이다.

clarify
[klǽrəfài]

(의사 등을) 분명히 하다, 맑게 하다, 정화하다

[clar(clear를 뜻하는 어근) + ify(동사화 어미)] 의사나 환경을 clear하게 하다

★ 토익 출제 문제
The summary is intended to clarify Mr. Galera's remarks.
그 요약서는 Galera씨의 발언을 분명히 하기 위한 것이다.

◨ clarification 맑게 함, 정화, 설명, 해명

hard hat

안전모

[hard(단단한) + hat(모자)]

Everyone who goes into the plant has to wear a **hard hat**.
공장에 들어가시는 분은 모두 안전모를 써야 합니다.

feasible
[fí:zəbl]

실현 가능한, 그럴듯한, 현실적인

[피 접을] 자전거나 유모차를 운반하기 편리하게 피었다(폈다) 접었다 할 수 있게 만들어 현실적으로 그럴듯하게 만든 것을 연상

This is an entirely **feasible** proposal. I suggest we adopt it. 이것은 전적으로 실현 가능한 제안이다. 나는 그것을 채택할 것을 제안한다.

◨ feasibility 실행할 수 있음, 가능성

purify
[pjúərəfài]

깨끗이 하다, 정화시키다, 맑게 하다

[pure(순수한, 깨끗한) + ify(동사형 어미)] 깨끗이 하다

Systems are urgently needed which can **purify** water cheaply. 저렴하게 물을 정수할 수 있는 장치가 시급하게 필요하다.

◨ purified 정화된

alternative
[ɔːltə́ːrnətiv]

양자택일의; 대안, 다른 방도

[얼터너티브 → 뭘 트나 TV] TV의 두 채널 중에서 뭘 틀까 양자택일로 고민하는 모습. 한 채널을 못 보면 그 대안으로 다른 채널을 볼 수 있다.

He was late for work so many times that the boss had no **alternative** but to fire him.
그는 직장에 너무 많이 지각을 해서 사장은 그를 해고시키는 것 외에 다른 선택의 여지가 없었다.

★ 토익 출제 문제
There have been increasing needs for feasible _____ to fossil fuels. 화석연료에 대한 실행 가능한 대안에 대한 요구가 증가하고 있다.
→ **alternatives** (O), **replacements** (X)
- alternatives to~: ~에 대한 대안, 대체물
- replacement for~: ~에 대한 대체물, 교체자

alternatively 대신
alternate 번갈아 하는; 번갈아 일어나다; 대리인

★ 토익 출제 표현
1. **have no alternative but to ~** ~하지 않을 수 없다
2. **schedule alternate dates** 다른 날짜를 잡다

wholesale
[hóulsèil]

도매

[whole(전체의) + sale(판매)] 조금씩 파는 것이 아니라 전체 물건을 한꺼번에 파는 것, 즉 도매

We only deal at **wholesale** rate. 우리는 도매로만 거래합니다.

wildlife
[wáildlàif]

야생동물, 야생생물

[wild(야생의) + life(생물)]

The wetlands are home to a wide variety of **wildlife**.
그 습지대는 많은 야생동물의 서식지이다.

subsist
[səbsíst]

존재하다, 살아가다, 생명을 유지하다

[섭시스트 → 삽시다] 살아가자고 말하는 모습

subsistence 생존, 생계, 존재

The prisoners were **subsisting** on a diet of bread and water. 그 죄수들은 빵과 물을 먹고 생명을 유지했다.

oration
[ɔːréiʃən]

연설

[오레이션] 교장 선생님이 오래 연설을 해서 지겨워하는 학생들 연상

orator 웅변가, 연설자

He asked for no funeral **oration**.
그는 어떠한 장례식 연설도 요청하지 않았다.

receptacle
[riséptəkl]

용기, 그릇

[리셉터클 → 2세 더 클] 이제 1살이 지나 2세가 되었으니 더 큰 그릇으로 바꾸는 모습

★ 토익 출제 문제
Participants may drop off their keys in the _____ at the front desk. 참가자들은 그들의 열쇠를 프론트 데스크에 있는 용기에 넣을 수 있습니다.
→ **receptacle** (O), reception (X), receptionist (X), receptiveness (X)

witness
[wítnis]

목격하다; 목격자, 증거, 증언

[위트니스 → 위 트니 쏙] 가게 위에 설치해둔 자동 감시카메라의 스위치를 트니 쏙 지나간 강도가 목격되는 모습

Many people **witnessed** the accident.
많은 사람들이 그 사고를 목격했다.

zip code

우편번호

[집 code(암호, 코드)] 집에 할당된 코드번호

He forgot to write down his **zip code**.
그는 자신의 우편번호 적는 것을 잊어버렸다

enervate
[énərvèit]

무기력하게 하다, 약하게 하다

[에너 베이트 → 에너지를 빼이트] 에너지를 빼서 약해진 사람 연상

The might of his opponent's attack **enervated** the young boxer. 그의 상대방의 강력한 공격이 그 젊은 권투 선수를 무기력하게 했다.

thermal
[θə́:rməl]

열의, 뜨거운

[써멀 → summer] 여름의 뜨거운 열기를 연상

□ thermostat 자동 온도 조절 장치

The temperature in here is controlled by a **thermostat**.
여기 온도는 자동 온도 조절 장치로 조절된다.

avarice
[ǽvəris]

탐욕, 허욕

[애버리스 → 애버렸어] 어린 애가 돈에 욕심을 부리는 모습을 보고 애를 버렸다고 하죠?

□ avaricious 탐욕적인
   avariciously 탐욕적으로

The employees of the **avaricious** tycoon were overworked and underpaid.
그 탐욕스러운 실업계 거물의 고용인들은 더 많은 일을 하고 더 적은 임금을 받았다.

stealthy
[stélθi]

은밀한, 남몰래 하는

[steal(훔치다) + thy(씨)] 도둑씨가 남몰래 훔치는 모습

Not wanting to be seen by the man he was chasing, he moved **stealthily**.
그가 쫓고 있는 사람의 눈에 띄지 않기를 원했기 때문에, 그는 은밀하게 움직였다.

ad stealthily 은밀하게

galore
[gəlɔ́:r]

많은, 풍부한

[걸러] 회사에 사람이 너무 많아서 걸러내는 모습

There are empty houses **galore**, many of which are owned by the council.
많은 빈집들이 있고 그들 중 많은 것들이 의회 소유의 것이다.

sojourn
[sóudʒəːrn]

체류하다; 체류, 체재

[소잔 → 소자는] 소잔 잠시 머물다(체류하다) 가겠나이다

We **sojourned** at the beach for a month.
우리는 한 달 동안 해변에 머물렀다.

hail
[heil]

우박; 빗발치듯 오다, 퍼붓다, 환호하며 맞이하다

[해일] 바다에서 해일이 몰려오듯이 우박이나 박수갈채 따위를 퍼붓는 모습

The critics **hailed** her as the year's pianist.
비평가들은 그녀를 올해의 피아니스트라고 추켜세웠다.

frugal
[frú:gəl]

모자라는, 부족한, 검소한

[프루갈 → 프러 갈] 집안의 물독에 물이 부족하여 우물물을 푸러 가는 아낙네를 연상. 또한 물을 푸러 가기 번거로워서 물을 최대한 아껴 쓰는 검소한 모습

Mary is so **frugal** that absolutely nothing is ever wasted by her.
Mary는 너무 검소해서 절대적으로 어떠한 것도 그녀에 의해서 낭비되지 않는다.

jostle
[dʒásl]

~에 부딪히다, 떠밀다

[젖을] 일본 스모 선수들이 상대방을 젖으로 밀치는 모습

He **jostled** his way out of the bus.
그는 사람들을 밀어제치고 버스에서 내렸다.

blizzard
[blízərd]

눈보라

[불리 저두(저기두)] 바람이 눈발과 함께 저기도 불리

The mischance of the **blizzard** delayed him.
불행하게도 눈보라 때문에 그는 늦었다.

increment
[ínkrəmənt]

증가, 증진, 이윤, 이익

[incre(increase, 증가하다) + ment] 증가하는 것

★ 토익 출제 문제

The new contract calls for a 10 percent _____ in salary for each employee for the next two years.
새 계약에 의하면 직원들 각각은 다음 2년 동안 10%의 봉급 인상을 받도록 되어 있다.

→ **increment** (O), **improvement** (X)
- increment는 월급, 생산량 등과 같은 양적인 증가를 뜻하고 improvement는 품질 등을 향상시키거나 개선한다는 의미이다.

coalesce
[kòuəlés]

합동하다, 연합하다, 합치다

1. [co(together) + all 냈으] 같이 모두 돈을 내어 연합하다
2. [코얼레스 → 코알라 수] 수많은 코알라가 나무에 서로 얽히고 연합하여 매달려 있는 모습

▣ coalition 동맹, 결연
coalescence 합체, 합병, 연합

The brooks **coalesce** into one large river.
시냇물들이 한데 모여 큰 강이 된다.

armistice
[á:rmistis]

휴전, 정전

[아미스티스 → army스 튀었으] army(군대)가 후방으로 모두 튀고 (도망가고) 휴전이 된 상태

The war ended when the **armistice** was signed by the general.
그 장군에 의해 휴전이 서명되었을 때 그 전쟁은 끝났다.

fallout
[fó:làut]

(핵 폭발물의) 낙진, 부산물, 여파

[fall(떨어지다) + out(밖)] 폭탄이 떨어져서 밖으로 튀는 낙진이나 파편 등의 부산물을 연상

Raising taxes produced negative **fallout** for the politicians.
세금 인상은 그 정치인들에게 부정적인 여파를 가져왔다.

bliss
[blis]

행복

[불리스 → 불리었으] 미스코리아 선발대회에서 마지막 남은 두 사람 중에 미스코리아 진으로 이름이 불리운 여자가 눈물을 흘리며 행복해 하는 모습

It's **bliss** to be able to lie back and just forget all about your worries.
드러누워서 당신의 모든 걱정을 잊어버릴 수 있다는 것은 행복한 일이다.

🔲 blissful 더없이 행복한, 즐거운

bribe
[braib]

매수하다, 뇌물을 주다

[부(富) lie(거짓) 부(富)] 부는 부지만 거짓으로 사람을 매수하거나 뇌물을 주어서 쌓은 부

She was charged with attempting to **bribe** a policeman.
그녀는 경찰관에게 뇌물을 주려고 한 혐의로 고발되었다.

deadlock
[dédlà:k]

교착상태, 막다른 골목

[dead(죽은 듯이) + lock(잠기다)] 완전히 꽉 닫힌

The negotiations have reached a **deadlock**.
협상은 교착상태에 다다랐다.

documentary
[dàkjuméntəri]

문서의, 서류의; 기록 영화

[다큐멘터리] 다큐멘터리는 TV나 영화 등을 통해 사실을 기록한 것을 말한다. 즉, 역사적으로 남기기 위해 필름이나 문서 등에 기록하는 것과 연관시켜 암기하자.

What **documents** are required for admission?
입학에 필요한 서류는 무엇입니까?

> ★ 토익 출제 문제
>
> We need to document transaction with the potential clients.
> 우리는 단골이 될 가능성이 있는 고객들과의 거래를 문서화할 필요가 있다.
> • document가 '문서'라는 뜻 이외에도 동사로 '기록하다, 문서화하다'란 뜻이 있음을 기억하자.

🔲 document 문서, 서류; 기록하다, 문서화 하다

plausible
[plɔ́:zəbl]

그럴듯한, 정말 같은

[풀로 접을] 종이를 풀로 붙여서 접은 실제와 똑같은 축소 모형을 연상

Such a theory seems very **plausible**, but it's just mendacious.
그러한 이론은 매우 그럴듯해 보인다. 그러나 그것은 단지 지어낸 것이다.

41강 toeic voca

applaud
[əplɔ́ːd]

박수로 환호하다, 갈채를 보내다

[어플로드 → 어, 풀러드 → 어, 풀렀다] 마술사가 자신을 묶고 있던 쇠사슬을 단숨에 풀자 "어, 풀렀다!" 하고 관중들이 박수갈채를 보내다

The audience **applauded** enthusiastically after the performance.
연주 후에 관중들은 열렬하게 박수갈채를 보냈다.

🔲 applause 박수갈채, 환호

bulk
[bʌlk]

크기, 부피, 용적; 커지다

[벌크 → 발크] 큰 발을 연상

For a man of his vast **bulk**, Gerald had a surprisingly high voice.
거대한 육체에 비해서, Gerald는 놀랄 정도로 높은 목소리를 가지고 있었다.

★ 토익 출제 표현
It's cheaper to buy goods in _____.
물품을 대량으로 사는 게 값이 더 싸다.
→ **bulk** (O), **bulks** (X)
• in bulk: 대량으로

🔲 bulky 부피가 큰, 거대한

breach
[briːtʃ]

파괴, 갈라진 틈, (약속·법률 등의) 위반

[브리치 → bridge(다리)] 성산대교와 같은 다리가 파괴되는 장면

This attempt to influence the ballot is in **breach** of the Trade Union rules.
투표에 영향을 주려는 이러한 시도는 무역 연합 규칙의 위반이다.

stringent
[stríndʒənt]

엄격한, 가차 없는, 꽉 죄인

[string(끈, 줄) 전투] 전투에서 붙잡힌 포로를 끈으로 꽉 죄는 모습

The conditions for a loan are **stringent**. 대출 조건이 까다롭다.

🔲 stringently 엄격히, 엄중하게

arrogant
[ǽrəɡənt]

건방진, 오만한

[애러건트 → 애라, 권투] 자신의 권투 실력만 믿고 거리에서 권투 연습을 하며 "애라, 권투 맞 좀 봐라!"하며 어른들을 툭툭 건드리며 다니는 건방지고 불손한 청년을 연상

His **arrogant** manner has kept him from being popular.
그는 건방진 품행 때문에 유명해지지 못했다.

🔲 arrogantly 건방지게
arrogance 건방짐, 오만

noxious
[nákʃəs]

해로운, 유해한

[낙셔스 → 놔! 셨어] 우유가 쉬어서 해롭다고 "놔! 셨어 마시지마!"라고 소리치는 모습

It has been alleged that the factory has been dumping **noxious** chemicals into the river.
그 공장이 유독한 화학 물질을 강에 버린다고 주장되어 왔다.

obnoxious
[əbnákʃəs]

아주 싫은, 몹시 불쾌한

[업! noxious(해로운)] 썩어서 해로운(noxious) 우유를 마시고 업! 하며 싫어하는 모습

Newspaper editors don't publish the **obnoxious** letters that they receive.
신문 편집자들은 그들이 받는 정말로 불쾌한 편지들은 발행하지 않는다.

gust
[gʌst]

질풍, 일진광풍

[거스트 → 고스트(ghost, 귀신, 유령)] 휭~ 하는 스산한 바람과 함께 나타나는 귀신 연상

■ gusty 돌풍이 많은, 바람이 심한, 돌발적인

A sudden **gust** of wind blew his umbrella inside out.
갑작스러운 광풍이 그의 우산을 뒤집히게 하였다.

catastrophe
[kətǽstrəfi]

큰 재앙

[커테스트로피 → 겉에 수두룩 피] 지진 등의 재앙에 의해 지구 겉에 수두룩하게 뿌려진 피를 연상

■ catastrophic 대변동의, 큰 재앙의, 파국의

They were warned about the ecological **catastrophe** to come.
그들은 다가올 생태계 대파괴에 대해 경고 받았다.

fallacious
[fəléiʃəs]

잘못된, 그릇된

[폴레이셔스 → 팔 내셨으] 잘못된 행동을 하여 선생님이 손바닥을 때리려고 "팔 앞으로 내셔!"하는 모습

■ fallacy 오류, 그릇된 생각
fallible 오류에 빠지기 쉬운
▣ infallible 잘못이 없는, 완벽한

His argument is based on **fallacious** reasoning.
그의 주장은 잘못된 추론에 근거를 두고 있다.

courteous
[kə́ːrtiəs]

예의바른, 정중한, 공손한

[코티 어스 → 코트 어서] 손님의 코트를 어서 벗어 달라며 정중하게 받아서 걸어 주는 집주인을 연상

Although she often disagreed with me, she was always **courteous**.
비록 그녀가 자주 나와 의견을 달리하긴 하지만 그녀는 항상 정중했다.

★ 토익 출제 표현
courtesy bus 호텔과 공항을 오가는 일종의 셔틀버스(정중히 모시고 가는 버스)
Where do I catch **the courtesy bus** to the airport?
어디에서 공항 가는 셔틀 버스를 탈 수 있습니까?

⑪ courtesy 공손, 정중함, 예의바름

belated
[biléitid]

늦은, 뒤늦은

[be + late(d)] 늦은

Forgive me for this **belated** letter.
이 뒤늦은 편지에 대해 저를 용서해 주십시오.

⑪ belatedly 뒤늦게

meteor
[míːtiər]

유성, 운석

[미(美) 티어(튀어)] 밤하늘에 아름답게 튀는 것

abnormal **meteorological** conditions
기상 이상 상태

⑪ meteoric 유성의
meteorological 기상(학)의
meteorology 기상학, 기상

liquidate
[líkwidèit]

(빚을) 청산하다, 해산하다, (회사를) 정리하다

[니 key(열쇠) 대이트!] 빚을 갚지 못하자 "니 집 열쇠 대!" 하면서 집으로 빚을 청산하라고 하는 모습

The firm has already paid half the fine, but it will have to **liquidate** additional assets in order to pay the rest.
그 회사는 이미 벌금의 반을 냈지만, 나머지를 갚으려면 추가로 자산을 정리해야 할 것이다.

specimen
[spésəmən]

견본, (동물·식물 등의) 표본

[스페서 men → 숲에서 men] 숲에서 사람들이 잠자리채를 들고 식물이나 곤충 등의 표본을 찾아 헤매는 모습

Occasionally gigantic **specimens** are found with stems twenty meters long.
종종 20미터 길이의 거대한 표본들이 나무 줄기와 함께 발견된다.

insulate
[ínsəlèit]

절연[단열, 방음] 하다, 분리[고립]시키다, 보호하다

> [in(in) + sul(술) + ate(먹다)] 보호시설 안에 술 먹은 사람들을 따로 가두어 격리시키는 모습

As a safeguard against fire, the law requires us to **insulate** all electric wiring.
화재 예방책으로 법은 모든 전선을 절연시키도록 요구한다.

🔲 insulation 격리, 절연, 단열재

bear
[bɛər]

~을 지니다, 참다

> 1. [베어] 어떤 성격이 몸에 배어 있듯 무엇을 항상 지니고 다니는 모습
> 2. [bear(곰)] bear가 곰이란 뜻도 있듯이 곰인 웅녀가 사람이 되기 위해 쑥과 마늘을 먹으며 참고 있는 모습

Vehicles not **bearing** a parking permit will be towed.
주차 허가증이 없는 차량은 견인될 것이다.

calamity
[kəlǽməti]

큰 불행, 재난

> [컬레머티 → 걸레 멋 티] 하늘에서 벼락(큰 재앙)을 맞아 멋있던 티가 걸레가 된 모습

Some observers thought the war would be **calamitous**.
몇몇 관찰자들은 그 전쟁이 재앙적일 것이라고 생각했다.

🔲 calamitous 재난의, 비참한

cognition
[kagníʃən]

인식, 깨달음

> [카그니션 → 까구 니 션(시원)] 비구니가 머리를 까니(삭발하니) 머리가 션(시원)하여 깨달음이 머리로 막 들어오는 모습

★ 토익 출제 문제
You are no doubt _____ of the recent sharp declines in sales in our market due to the recession here.
최근 이곳의 경기침체로 인해 당 시장의 매출이 급격히 저하되고 있다는 것은 귀사에서도 알고 계시리라 믿습니다.

→ **cognizant** (O), understood (X)
• be cognizant of ~: ~을 인식하다, 깨닫다

🔲 cognizant 인식하고 있는, 깨닫고 있는
🔲 incognizable 알아챌 수 없는

pitfall
[pítfɔ:l]

함정, 생각지도 못한 위험

> [핏 + fall(떨어지다)] 파놓은 함정으로 핏! 하고 떨어지는 모습

This text presents many **pitfalls** for the translator.
이 글은 번역가에게 많은 함정을 제시한다.

volatile
[válətil]

(가격 · 가치 등이) 변하기 쉬운, 휘발성의

[발로 튐] "저 놈은 우리 조직을 배신하고 제 발로 튀어 도망갈 변하기 쉬운 놈이야!"

With the markets being so **volatile**, investments are at great risk.
시장이 너무도 변하기 쉬워서 투자하는 것은 매우 위험하다.

integrate
[íntəgrèit]

통합하다, 통합되다

[in(안에) 터 그레이트(great, 큰)] 한반도 안에 있는 고구려, 백제, 신라 3개의 터를 큰 하나의 나라로 통합하다

She tried to **integrate** all their activities into one program.
그녀는 그들의 모든 활동을 하나의 프로그램으로 통합하려 했다.

🔲 integral 완전한, 필수적인

reckless
[réklis]

앞뒤를 가리지 않는, 무모한

[랙클리스 → 내 끌리스(끌렸어)] "로미오에게 내가 끌렸어" 하며 집안의 반대에도 불구하고 무모하고 앞뒤를 가리지 않는 사랑을 하는 줄리엣

Mr. Brown is a **reckless** driver. Brown씨는 난폭한 운전자이다.

fuzzy
[fʌ́zi]

희미한

[벗지] 영화에서 여자가 벗지? 그러면 그 화면은 바로 희미해져. 미성년자 보호를 위한 것이지.

These photographs have come out all **fuzzy**.
이 사진들은 모두 희미하게 나왔다.

refer
[rifə́ːr]

언급하다, 참고하다

1. [리퍼 → 이뻐] "나 이뻐? 이쁘면 이쁘다고 말 좀 해줘!" 하고 말로 표현해 달라고 하는 모습
2. [리퍼 → 이뻐] 못생긴 오나미 개그맨을 참고해 보면 너도 이뻐.

> ★ 토익 출제 표현
>
> 1. **in reference to ~** ~에 관한
> This is **in reference to** your letter requesting English brochures for our domestic models.
> 이는 당사 국내용 제품의 영어판 카탈로그를 요청하신 귀하의 서신에 관한 것입니다.
>
> 2. **refer to A as B** A를 B라고 언급하다
> He always **refers to** his wife **as** 'my other half.'
> 그는 항상 자기 아내를 '내 다른 반쪽' 이라고 지칭한다.
>
> 3. **refer to ~** ~을 참조하다
> Please **refer to** our purchase order sheet.
> 저희의 주문서를 참조해 주십시오.

🔲 reference 참조, 관련, 언급, 추천서
　 references 증빙 서류

profound
[prəfáund]

심오한, 깊은, 난해한

[풀어 found(find의 과거형)] 심오한 문제를 풀어서 발견한 모습

We are all **profoundly** grateful for your help and encouragement.
우리는 모두 당신의 도움과 격려에 대해 깊이 감사하고 있습니다.

summit
[sʌ́mit]

정상, 수뇌부, 꼭대기

[서 밑 → 밑에 서다] 산악인이 산꼭대기 정상 밑에 서 있는 모습

He reached the **summit** of Mt. Everest.
그는 에베레스트 산 정상에 도착했다.

valiant
[væljənt]

용감한, 씩씩한

[벨리! ant] 적을 베겠다며 칼을 들고 "너희를 내가 벨리!"하며 적의 소굴로 뛰어드는 용감한 병사를 연상

Cowards die many times before their death; the **valiant** never taste of death but once.
겁쟁이들은 그들의 죽음 이전에 수차례 죽는다. 용감한 사람들은 죽음을 한 번만 경험한다.

valor
[vælər]

용맹

[밸러 → 발로] 칼도 없이 적진에 뛰어들어 맨발로 싸우는 용감한 모습

He joined the insurrection with conspicuous **valor** for many years.
그는 두드러진 용맹함으로 수년 동안 그 폭동에 가담했다.

adornment
[ədɔ́ːrnmənt]

장식품

[아돈먼트 → 아, 돈 많다] 목걸이, 귀걸이, 팔찌 등의 장식품으로 치장한 여자가 돈 많다고 자랑하며 장식품을 보여 주는 모습

She wanted something to **adorn** her neck and arms with.
그녀는 자신의 목과 팔을 장식할 무엇인가를 원했다.

adorn 장식하다, 꾸미다

42강 toeic voca

cordial
[kɔ́ːrdʒəl]

충심으로부터의, 진심에서 우러난, 친근한

[코절] 코가 땅에 닿도록 하는 절. 즉, 마음속에서 우러나는 존경심에서 하는 절을 연상

★ 토익 출제 문제
You are cordially invited to a party for Michael Brown on his retirement.
Michael Brown의 은퇴 파티에 귀하를 정중히 초대하는 바입니다.

- cordially 진심[충심]으로
- cordiality 진심, 충정

scrutinize
[skrúːtənàiz]

정밀히 조사하다

[수크루티 나이즈 → 스크루지 티가 나다] 악덕 구두쇠인 스크루지 영감이 주판알을 일일이 튕기며 장부를 정밀히 조사하는 모습

★ 토익 출제 문제
He scrutinized minutely all the documents relating to the trial.
그는 그 재판에 관련된 모든 서류를 면밀하게 조사했다.

- scrutiny 정밀조사
- inscrutability 조사할 수 없음, 불가사의

criterion
[kraitíəriən]

(판단·비판의) 표준, 기준

[크라이 티어리언 → cry 튀어리언] 배우를 뽑을 때 극에서 얼마나 우는 연기를 잘 하고 사람들 눈에 확 튀는가 하는 것을 기준으로 뽑는 모습

What are the **criteria** for deciding who gets the prize?
누가 상을 탈 것인지 결정하는 기준은 무엇입니까?

- criteria 표준들(복수형)

sanction
[sǽŋkʃən]

제재, 인가

[생션 → 생선] 중국 생선 잡이 어부를 불법침입으로 제재하고 구속하는 모습

Plausible international **sanctions** should be organized against terrorism.
테러에 대한 그럴듯한 국제적 제재가 마련되어야 한다.

apparel
[əpǽrəl]

의복, 의상

[어패럴 → 오페라를] 오페라를 보면 배우들이 화려한 의상을 입고 나오는 모습

Does this store sell women's **apparel**?
이 상점에서 여성복을 팝니까?

supreme
[sjuprí:m]

최상의, 최고의

[슈프림] 피자 중에 슈프림 피자란 여러 가지 재료를 모두 넣은 최고의 피자란 뜻

For me, dieting requires a **supreme** effort of will.
나에게 있어서 다이어트는 최고의 의지적 노력을 필요로 한다.

 supremacy 최고, 최상

stopover
[stá:pòuvər]

중간 기착(지), 잠깐 들르는 곳

[stop(멈추다) + over(걸쳐서)]

We had a two-day **stopover** in Fiji on the way to Australia.
우리는 오스트레일리아로 가는 길에 피지에 이틀 동안 머물렀다.

assess
[əsés]

(재산·수입 등을) 사정[조사]하다, (세금 등을) 부과하다

[a(하나) 셋으 → 하나하나 셋어] 재산을 하나하나 모두 세어가며 조사하는 모습

Before asking for money for car repairs, we must first **assess** the damage that the accident caused.
자동차 수리비를 요구하기 전에 우리는 먼저 그 사고가 야기한 손상을 조사해야만 한다.

 assessable 과세[평가·산정] 할 수 있는
 assessment 사정, 평가, 세액
 assessor 세액 사정자

vogue
[voug]

유행, 인기

[보 그 → 보급] 모든 사람에게 보급된

Brightly colored raincoats had a brief **vogue** in the previous decade.
밝은 색깔의 우비가 지난 10년간 짧게 유행했다.

 voguish 유행의, 맵시 있는

radiant
[réidiənt]

빛나는, 밝은, 방사의, 복사의

[레이디언트 → 레이 전투] 빛이 번쩍이는 레이저로 싸우는 전투의 번쩍이는 모습

The sun was **radiant** in a clear blue sky.
맑게 개인 푸른 하늘에서는 태양이 빛났다.

 radiate (빛·열 등이) 발하다, 방출하다
 radioactive 방사성이 있는

questionnaire
[kwèstʃənέər]

질문서, 설문지

[question(질문) 내어] 질문서나 설문지를 주면서 "질문한 것을 써서 내어!"라고 말하는 모습

Would you mind filling out this **questionnaire**?
이 설문지를 작성해 주시겠습니까?

bid
[bid]

입찰; 입찰하다, 명령하다, 말하다

1. [비 드 → 비 들어!] 선생님이 학생에게 비를 들고 청소하라고 소리 지르며 명령하는 모습
2. [비 드 → 비 들어] 비를 들고 입찰하다. 깡패들이 독점적으로 입찰하기 위해 비를 들고 다른 계약자들을 위협해 입찰하지 못하게 하고 자신들만 입찰하는 모습

They sent letters to her, **bidding** her apologize her guile.
그들은 그녀의 속임수를 사과하라고 명령하는 편지를 그녀에게 보냈다.

★ 토익 출제 표현
1. **put in a bid for ~** ~에 입찰하다
2. **bid for ~** ~에 입찰하다
   Several firms have **bid for** the contract to build the new concert hall.
   새 콘서트장을 짓는 계약 건에 몇몇 회사가 입찰했다.

tycoon
[taikúːn]

실업계의 거물, 대군(大君)

[타이 쿤 → 타이가 큰] 사업에 성공하여 번쩍이고 큰 타이를 한 기업가를 연상

There was a rumor that a Hong Kong property **tycoon** was going to withdraw million dollars from the bank.
홍콩의 한 거물 재산가가 그의 수백만 달러를 은행에서 인출할 것이라는 소문이 있었다.

declare
[diklέər]

(세관에서 과세품 등을) 신고하다, 선언하다, 발표하다

[뒤 클래어] 내가 선언하는 것이 뒤까지 들리도록 내 목소리가 클래요. 뒤까지 크게 소리 지르면서 선언하는 모습

n. declaration 선언, 발표, 포고

Do you have anything to **declare**?
신고하실 것이 있습니까?

entreat
[intríːt]

간청하다, 탄원하다

[인출 eat(먹다)] 은행장에게 맛있는 음식을 사주면서 "제발 인출 좀 해주세요. 그리고 이것 좀 먹어요."하며 간청하는 중소기업 사장을 연상

n. entreaty 간청, 탄원

All the passers-by paid no attention to her **entreaty**.
지나가는 어떤 사람도 그녀의 간청에 관심을 주지 않았다.

heyday
[héidèi]

전성기, 절정기

[헤이day] 한참 잘나가는 전성기에 기분이 좋아 헤이! 헤이! 하며 즐겁게 인사하고 다니는 날(day)

Steam railways had their **heydays** in the 19th century.
증기 기차는 19세기에 전성기였다.

abortion
[əbɔ́ːrʃən]

낙태, 유산

[어보션 → 업으션] 유산해서 위독한 부인을 빨리 업으션, 그리고 병원으로 가셔

He was discomfited after his **abortive** attempt to raise the subject.
그 안건을 올리는 시도가 실패한 후 그는 좌절했다.

📖 abortive 무산된, 실패한

adequate
[ǽdikwət]

적당한, 적절한, 충분한

[애디 컷드 → 애들 컸다] 애들이 결혼하기에 충분할 정도로 다 컸다

★ 토익 출제 문제
Though not equal to the model you want, it should be more than _____ for most of your customer's needs.
당신이 원하는 모델과는 다소 차이가 있지만 귀사 고객의 요구에는 능히 응하고도 남을 것입니다.

→ **adequate** (O), enough (X), too much (X)
- more than adequate: 충분하고도 남는
  more than enough: 너무 많은

📖 inadequate 부적당한, 부적격의, 불충분한

humiliate
[hjuːmílièit]

창피를 주다

[후~ 밀리 에잇] 방귀를 뀌었다고 후~ 하며 에잇! 하고 밀어내어 창피를 주는 모습

A teacher should not **humiliate** students just because they are not bright.
선생님은 학생들이 단지 영리하지 못하다고 해서 창피를 주어서는 안된다.

meticulous
[mətíkjuləs]

지나치게 꼼꼼한, 소심한

[머티큘러스 → 뭐 티끌 없으] 방안에 뭐 티끌이 하나도 없어야할 정도로 꼼꼼한

The newly employed clerk in the bank is known to be **meticulous**.
그 은행에 새로 고용된 점원은 세심한 사람으로 알려져 있다.

tremendous
[triméndəs]

무시무시한, 엄청난

> [three men 더 쓰] 3명의 남자(three men)을 더 써야할 정도로 엄청나게 무거운 돌

The play became a **tremendous** hit.
그 연극은 엄청난 흥행을 이루었다.

receptionist
[risépʃənist]

(호텔 · 회사 · 병원 등의) 접수 담당자

> [receive(받아들이다)의 파생형] 사람들을 호텔 등에서 받는 사람

The **receptionist** can set up an appointment for you.
접수 담당자가 예약을 잡아드릴 수 있을 겁니다.

humid
[hjúːmid]

습한

> [휴~ 미드] 덥고 습한 한증막에서 휴~ 하며 숨이 가빠하는 모습

It's very **humid** and hot. 매우 습하고 덥군요.

weave
[wiːv]

짜다, 뜨다, 엮어 만들다

> [위브 → 입으] 털실로 스웨터를 짜서 입으라고 주는 모습

It takes much time to **weave** a rug.
양탄자를 하나 짜는 데는 많은 시간이 걸린다.

adjacent
[ədʒéisnt]

이웃의, 인접한, 근처의

> [어드제이슨트 → 어디제이? 슨트] 근처를 두리번거리며 "여기가 어디 제이?"하며 사방을 둘러보는 모습

★ 토익 출제 문제
They began building on the land immediately **adjacent** to the river.
그들은 강에 바로 인접한 땅에 건축을 시작했다.

accrue
[əkrúː]

(이익 · 결과 등이) 생기다, 증가하다, 이자 등이 붙다

> [어크루 → 억그루] 산에 심었던 묘목들이 번식하여 억그루가 될 정도로 많이 증가한 모습

You must pay the interest which has **accrued** on your debt as well as the principal sum.
당신은 원금뿐만 아니라 빚에 붙은 이자도 지불해야 한다.

団 accretion 증가, 첨가물

obsolete
[άbsəlíːt]

사용되지 않는, 구식의

[앞 쓸 (리트) → 앞에 썼던] 앞에서(예전에) 썼던 것이라 이제는 안 쓰는

Gas lamps became **obsolete** when electric lighting came to reality.
전등이 사용되기 시작하자 가스램프는 구식이 되었다.

burglary
[bə́ːrɡləri]

강도질, 도둑질

1. [버글러리 → 버글버글하리] 주위에 도둑들이 버글버글한 이 세상
2. [벽을 너리 → 부엌을 넣으리] 남의 집 부엌 창문으로 다리를 넣어 침입하여 도둑질하는 모습

A number of **burglaries** have been committed in this area recently.
최근 이 지역에서 많은 절도가 저질러졌다.

discipline
[dísəplin]

규율에 복종시키다; 훈련, 규율

[디써플린 → 뒤싸뿌린] 포로들을 규율에 복종시키기 위해 뒤에서 총을 싸뿌리는 간수

Some prisoners were charged with serious breaches of **discipline**.
몇몇 죄수들은 심각한 규율 위반으로 고소되었다.

📖 disciplinary 훈련상의, 규율상의

augment
[ɔːgmént]

~을 증가시키다, 확장하다

[오그먼트 → 오, 그만 불어!] 풍선을 너무 크게 불자 옆에서 "오, 그만 불어! 터지겠다!"하고 소리치는 모습

He will **augment** his income by working at a bar during the nighttime.
그는 밤에 술집에서 일을 해서 그의 수입을 늘릴 것이다.

📖 augmentation 증가, 확장

outstanding
[àutstǽndiŋ]

눈에 띄는, 탁월한, 미결제의, 미해결의

1. [out(밖에) standing(서 있는)] 밖으로 혼자 우뚝 서 있는, 즉 눈에 띄는
2. [밖에 서 있는] 빚을 갚지 않아 빚쟁이들이 밖에서 계속 서 있는 모습

They are **outstanding** experts in this field.
그들은 이 분야의 쟁쟁한 전문가들이다

★ 토익 출제 표현
1. **outstanding** debts 미상환 부채
2. **outstanding** payments 미지불금
   make all **outstanding** payments 모든 미지불금을 지불하다

vulgar
[vʌ́lgər]

저속한, 통속적인

[벌거 → 벌거벗은] 벌거벗고 찍은 저속한 비디오를 연상

They thought his accent was terribly **vulgar**.
그들은 그의 억양이 끔찍할 정도로 저속하다고 생각했다.

📌 vulgarian 속물, 속인

notorious
[noutɔ́:riəs]

악명 높은

[너토리어스 → 너 도리(도) 없어] 너는 인간으로서의 도리도 없어 악독한 놈이야!

The company is **notorious** for paying its bills late.
그 회사는 대금을 늦게 지불하는 것으로 악명이 높다.

faculty
[fǽkəlti]

교수진, 강사진, 능력, 재능

[패 컬티(클티) → 패(패거리) 클 티] 교수진처럼 학식이나 능력이 큰 티가 나는 교수 패거리 연상

Faculty members devote most of their time to scholarly research.
교직원들은 학문 연구에 대부분의 시간을 바친다.
She seems to have a **faculty** to making friends.
그녀는 사람을 사귀는 능력이 있는 듯 보인다.

43강 toeic voca

erode
[iróud]

침식하다, 부식하다, 좀먹다

[이로드 → 이(빨)로 드드득] 쥐가 이로 음식을 드드득 갉아서 좀먹는 모습

★ 토익 출제 표현
1. **soil erosion** 토양 침식
2. **gradual erosion** 점진적 침식

★ 토익 출제 문제
This valley was formed by glacial _____.
이 골짜기는 빙하의 침식으로 형성되었다.
→ **erosion** (O), **corrosion** (X)
• corrosion은 금속 등의 부식을 뜻한다.

🔲 erosion 부식, 침식

adjourn
[ədʒə́ːrn]

휴회하다, 연기하다

[어디 좋은] 국회에서 휴회 시 의원들이 하품을 하며 "쉬기에 어디 좋은 곳 없나?"하며 따분한 휴식시간에 사우나 같은 곳을 가려고 하는 모습

The judge decided to **adjourn** the case for two days.
그 판사는 이틀간 그 사건을 연기하기로 결정했다.

🔲 adjournment 연기, 휴회

zealot
[zélət]

광신자

[젤럿(철자상 질랏) → 지랄] 광신자들이 지랄을 하며 맹렬히 기도하는 모습

She was **zealous** in carrying out the plan.
그녀는 그 계획 실행에 열심이었다.

🔲 zealous 열광적인, 열심인

amnesty
[ǽmnəsti]

대사면, 특사

[앰니스티 → 엄니의 티] 사면 받은 아들이 교도소 문을 나서서 엄니(어머니)의 티를 부여잡고 다시는 나쁜 짓을 하지 않겠다며 우는 모습

Most political prisoners were freed under the terms of the **amnesty**.
대부분의 정치범들은 사면이라는 이름하에 풀려났다.

corrosive
[kəróusiv]

(금속 등이) 부식성의, 썩는

[corro(코로) + sive(씹으)] 코를 이빨로 씹는 것 같이 톡 쏘는 썩는 냄새를 연상

★ 토익 출제 문제
It is used to protect other metals from corrosion.
그것은 부식으로부터 다른 금속들을 보호하기 위해 사용된다.

Ⅲ corrode 부식하다, 좀먹다
corrosion 부식

ballot
[bǽlət]

투표; 투표하다

[ball(공) + ot] 옛날 찬성하는 사람은 작은 흰 공을 반대하는 사람은 작은 검은 공을 투표함에 넣은 데서 유래된 단어

Eighty percent of the workforce voted for a strike in a secret **ballot**.
직원의 80%가 비밀투표에서 파업에 찬성했다.

strenuous
[strénjuəs]

(일 등이) 고생스러운, 열심인

[스트 뉴어스 → 스트레스 누웠으] 힘든 일을 너무 열심히 하여 스트레스로 쓰러져 누워있는 모습

Most students made **strenuous** efforts to enter a university in Seoul.
대부분의 학생들은 서울에 있는 대학에 진학하기 위해 열심히 노력했다.

dilute
[dilú:t]

묽게 하다, 희석시키다, 약하게 하다

[디(the) 루트(√)] 숫자 16에다 루트를 씌우면 4로 약화되죠?

Her coffee was too strong, so Ellen **diluted** it with milk.
그녀의 커피가 너무 진해서 Ellen은 우유로 그것을 희석시켰다.

clout
[klaut]

영향력

[클라우트 → 클라우드(cloud, 구름)] 구름의 세력범위 안에 들어서 비구름의 영향을 받는 모습

Japan must assume international responsibility matching its economic **clout**.
일본은 그 경제적 영향력에 걸맞은 국제적 책임을 떠맡아야 한다.

forbid
[fərbíd]

금하다, 금지하다

[퍼 비두] 퍼 담은 빗물 두 금지하다. 산성비로 바뀌고부터는 정부에서 빗물을 퍼마시는 것을 금지하는 모습

The law **forbids** the sale of cigarettes to people under the age of 18.
그 법은 18세 이하의 사람들에게 담배의 판매를 금지한다.

★ 토익 출제 문제
Heavy rain _____ him from going out.
폭우 때문에 그는 나가지 못했다.

→ **prohibited** (O), **forbade** (X)
· prohibit A from ~ing = forbid A to 동사 원형: A가 ~하는 것을 금지하다, 방해하다

⊞ forbidden 금지된

faction
[fǽkʃən]

당파, 파벌

1. [패션] 패션으로 나뉘는 파벌을 연상. 청바지족, 명품족 등
2. [패션 → 팼션] 서로의 파벌끼리 싸우며 팼어

They sought unification of the **factions** into one strong party.
그들은 당파들이 하나의 강력한 정당으로 통합 되도록 노력했다.

librarian
[laibréəriən]

(도서관의) 사서

[library(도서관) + ian]

I turned my library books over to the **librarian**.
나는 도서관 책들을 사서에게 반납했다.

nausea
[nɔ́ːziə]

메스꺼움, 혐오

1. [노시어 → 놓으셔!] 느끼한 남자가 손을 잡으며 데이트하자고 잡아끌자 혐오스러워 하며 "이거 놓으셔!"하며 뿌리치는 모습
2. [nau(no!) + sea(바다) → no! sea야] 다시는 바다에 안와! 배 멀미로 속이 메스꺼워 배를 움켜쥐고 "다시는 바다에 안 와!"하며 소리치는 모습

⊞ nauseate 구역질나게 하다, 혐오감을 느끼게 하다
nauseous 진저리나는

Have you experienced **nausea** or vomiting since the injury?
부상 이후에 메스꺼움과 구토를 겪었습니까?

compound
a. [kámpaund]
v. [kəmpáund]

합성의, 복합의, (이자의) 복리의; 합성하다

[com(together) + 파운드] 어떤 물질들을 몇 파운드씩 함께 혼합하는 모습

A medicine is usually a **compound**.
약은 보통 합성물이다.

★ 토익 출제 표현
compound interest 복리

affinity
[əfínəti]

친밀한 관계, 친화성, 친근감

[a(하나) 피 너티 → 한 피 넣지] 한 피를 넣은, 즉 같은 핏줄의 친밀한 관계

She feels strong **affinity** for the homeless since her experience in India.
그녀는 인도에서의 경험 이후로 집 없는 사람들에 대한 강한 친밀감을 느낀다.

exile
[égzail]

추방, 망명; 추방하다

[에구 자 일] 에구 자가 일내고서 다른 나라로 추방되는구나

They learned nothing during their twenty years of **exile**.
그들은 20년간의 망명 중에 아무 것도 배운 것이 없었다.

tyro
[táiərou]

초심자

[타이러 → 다 잃어] 초보 도박사가 돈을 다 잃어

I am amazed to see such fine work done by a mere **tyro**.
나는 한 순전한 초보자에 의해 그렇게 훌륭한 작품이 만들어진 것을 보고 놀랐다.

maid
[meid]

(호텔의) 여급, 하녀, 소녀

[메이드 → 메여있는] 옛날 미국의 흑인 하녀가 도망칠까봐 쇠사슬로 메여있는 모습

The **maid** does my room.
가정부가 내 방을 치워 준다.

★ 토익 출제 표현
1. **maid service** 객실 청소 서비스
   Maid service. Do you want your room made up?
   객실 서비스입니다. 방 정리를 해 드릴까요?
   • make up: (잠자리를) 준비하다, 정돈하다

crude
[kruːd]

천연 그대로의, 조잡한, 거친

[크루드 → 크으~ rude(버릇없는)] 천연 그대로에서 자란 늑대 아이의 행동을 보고 "크으~ 버릇없군"하며 행동이 거칠다고 하는 모습

That country exports **crude** oil.
그 나라는 원유를 수출한다.

dormitory
[dɔ́ːrmətɔ̀ːri]

기숙사

1. [dorm(sleep을 의미하는 어근) + tory] 잠자는 곳
2. [도우미 털이] 도우미들이 살고 있는 기숙사에서 돈을 털어 가는(훔쳐 가는)모습

All the furniture was equipped in the **dormitory**.
기숙사는 모든 가구가 설치되어 있었다.

hindrance
[híndrəns]

방해, 장애, 방해물

[힌드런스 → 힘들었스] 여기까지 오는데 장애물이 많아서 힘들었스

The high price is a major **hindrance** to potential buyers.
높은 가격이 잠재적 구매자에게 주된 장애이다.

🅥 hinder 방해하다, 훼방하다

tuition
[tjuːíʃən]

수업, 수업료

[튜이션 → 튀션] 가출 소년이 부모님이 주신 수업료를 갖고 튀셔

Few can afford the **tuition** of $12,000 a term.
한 학기에 12,000달러의 수업료를 지불할 수 있는 사람은 거의 없다.

freshman
[fréʃmən]

신입생, 1학년생(= first grade)

[fresh(신선한) + man(사람)] 대학교에서 제일 신선한 사람은 1학년

A welcome party was held for **freshmen** at the student hall.
신입생 환영 파티가 학생 회관에서 열렸다

sophomore
[sάfəmɔ̀:r]

2학년생(= second grade)

[서퍼(supper, 저녁식사) + more(더 많이)] 2학년이 되어 그만큼 선배로서 권력이 생겨 1학년보다 저녁 식사를 더 많이 받는 모습

I was a **sophomore** at Morehouse in Atlanta.
나는 애틀란타의 Morehouse 2학년생이었다.

★ 토익 출제 표현
1. junior 3학년생(= third grade)
2. senior 4학년생(= fourth grade)

alumni
[əlʌ́mnai]

동창생(alumnus의 복수형)

[앨럼 나이 → 앨범 나이] 졸업 앨범에서 나이가 같은 동창생들

She is their most prominent member of **alumni**.
그녀는 그들의 졸업생 일원 중에 가장 유명하다.

★ 토익 출제 표현
alumni association 동문회

bond
[bɔnd]

속박, 묶는 것, 채권

[본드] 사람들을 본드로 벽에 붙여 놓아서 못 도망가게 속박해 놓은 모습

a private **bond** 사채
a government **bond** 국채

📖 bondage 구속, 속박

inert
[inə́:rt]

활발하지 못한, 느린, 둔한

[인어 투] 인어와 길을 가는데 육지에서는 너무 느려 투! 하고 침을 뱉으며 느리다고 탓하는 모습

He lay **inert** with half-closed eyes.
그는 기력이 없어 눈을 반쯤 감은 채 누워 있었다.

bookkeeping
[búkkì:piŋ]

부기

[book(책, 장부) + keeping(유지)] 지출과 수입을 잘 유지하기 위해서 쓰는 책

Every business requires a good **bookkeeping** system.
모든 사업에는 좋은 부기 시스템이 필요합니다.

stalk
[stɔːk]

살그머니 접근하다

[스톡 → 스토커(stalker, 몰래 다가서는 사람)] 스토킹 등의 외래어로 많이 쓰인다.

The hunter carefully **stalked** the deer.
그 사냥꾼은 사슴에게 조심스럽게 다가갔다.

jaywalk
[dʒéiwɔːk]

(신호를 무시하고) 횡단하다

[제이워크 → 제이 walk(걷다)] 경찰에게 재(쟤)들이 도로를 무단으로 걸어간다고 이르는 모습

You shouldn't **jaywalk**.
무단횡단을 하지 말라.

refreshments
[rifréʃmənts]

다과, 음식물

[re(again) + fresh(신선한, 상쾌한) + ments] 공부나 회의 등으로 지쳤을 때 다시 마음을 상쾌하게 해주는 다과를 먹는다.

Light **refreshments** are provided for the guests.
손님들을 위해 간단한 다과가 마련되어 있다.

🔄 refreshing 신선한, 상쾌한

44강

toeic voca

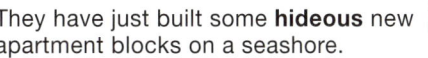

hideous
[hídiəs]

끔찍한, 무시무시한

[히디어스 → 히~ 뒤었으] 히~ 하고 뒤에서 귀신이 나타나는 무시무시한 상황 연상

They have just built some **hideous** new apartment blocks on a seashore.
그들은 해안가에 몇몇의 흉측한 새 아파트 단지를 이제 막 지었다.

shipment
[ʃípmənt]

선적, 발송

[ship(배) + ment] 배에 물건을 싣는 것

We wish to know how many days you must spend to complete the **shipment** of the goods.
그 상품의 선적을 완료하려면 어느 정도 시일이 걸리는지 알기 원합니다.

★ 토익 출제 표현
1. **shipping charge** 배송료
2. **shipping company** 운송회사, 택배회사

tow
[tou]

끌다, 견인하다

[토(土, 흙) 우(牛, 소)] 흙 위에서 소가 쟁기를 끌어당기는 모습

It means that if you park here, your car will be **towed** away.
그것은 여기에 주차하면 차를 견인해 간다는 표시예요.

capsize
[kǽpsaiz]

뒤집다, 뒤엎다

[캡 싸이즈] 캡 싸이즈(큰 싸이즈)의 타이타닉호가 뒤집어지는 모습

A huge wave **capsized** the yacht.
커다란 파도가 그 요트를 뒤집었다.

bewilder
[biwíldər]

당황케 하다

[비윌 더] 화가 난 상사의 비위를 더 건드려놓고 당황하여 쩔쩔매는 비서를 연상

He was so **bewildered** that he did not know what to do.
그는 너무도 당황해서 무엇을 해야 할지를 몰랐다.

amass
[əmǽs]

모으다, 축적하다

> [a(하나로) + mass(맸어)] 모든 장작더미를 긁어모아 하나로 매는 모습

She has **amassed** a huge fortune, writing novels.
그녀는 소설을 쓰며 거대한 재산을 모았다.

cryptic
[kríptik]

비밀스런, 감추어진, 수수께끼 같은

> [크립틱 → 클립 틱!] 클립 틱! 하고 닫아 놓은 서류봉투의 모습이 비밀스럽고 뭔가 감추어진 것 같은 느낌으로 암기

I found a scrap of paper with a **cryptic** message, saying 'The time has come.'
나는 '시간은 왔다.' 라고 쓰여 있는 비밀스런 의미를 담고 있는 종이 조각을 발견했다.

decrepit
[dikrépit]

노쇠한, 늙어빠진

> [디크레핏 → 티끌에도 픽] 조그마한 티끌만 맞아도 픽 쓰러지는 노쇠한 늙은이

The poor old man is so **decrepit** that he can scarcely walk.
그 불쌍한 노인은 너무 노쇠해서 거의 걸을 수도 없었다.

delusion
[dilúːʒən]

기만, 현혹, 망상

> [딜르젼 → 뒤루 짠] 몰래 사람 뒤루 가서 짠 하고 나타나서 놀리며 현혹하는 모습

Even in a crisis, you can **delude** yourself into thinking that everything is going well.
심지어 위기상황에서도 당신은 모든 것이 잘 되어가고 있다는 생각에 현혹될 수 있다.

🔲 delude 속이다, 현혹하다
　delusive 기만의, 현혹하는

solicit
[səlísit]

간청하다, 요청하다

> [쏠리 쉿] 아이가 어떤 것을 사달라고 졸라대자 "너 자꾸 그러면 총으로 쏠리(쏠거야) 쉿! 조용히 따라와"

★ 토익 출제 표현
1. **solicit funds** 기금을 요청하다
2. **solicit proposals** 제안을 요청하다
    City commissioners decided to **solicit proposals** from developers to reconstruct the area.
    시의원들은 개발자들로부터 그 지역 재건축을 요청하기로 결정했다.

🔲 solicitation 간청, 애걸복걸, 졸라댐

allude
[əlúːd]

암시하다, 넌지시 언급하다

[**all 루드 → 모두 누드**] 어떤 단체에서 모두 벗고 누드시위를 하며 지나다니는 사람들에게 자신들의 주장을 누드로서 암시하는 모습

You **alluded** in your speech to certain developments - what exactly did you mean?
당신은 연설에서 특정한 전개 상황을 넌지시 비추셨는데, 그게 정확히 뭘 말씀하신 겁니까?

ⓟ allusion 암시
　 allusive 암시적인

corroborate
[kərábərèit]

확인하다, 확증한다

[**커로보레이트 → 코로 보래이 트**] 마약은 코로 들이마셔서 진짜인지 확인하죠? "진품인지 코로 맡아 보래이"하고 확인시키는 모습

The new theory was **corroborated** by the famous scholars.
그 새 학설은 유명한 학자들에 의해 확증되었다.

ⓟ corroboration 확인, 확증
　 corroborative 확증적인, 뒷받침하는

countenance
[káuntənəns]

용모, 표정

[**카운터넌스 → 카운터 났오**] 카운터에 있는 여자의 용모가 제일 잘 났어

My heart leapt at the sight of her lovely **countenance**.
나의 마음은 그녀의 사랑스런 외모를 보고 뛰었다.

fortitude
[fɔ́ːrtətjùːd]

굳세고 용감함

[**펄터튜드 → 펄떡 투드드**] 최전선에서 뻘떡 일어나 투드드드하고 총을 쏴대는 굳세고 용감한 군인을 연상

The pioneer's greatest asset was not his material wealth but his **fortitude**.
그 개척가의 가장 큰 재산은 물질적 부가 아니라 용기였다.

ⓟ fortify 요새화 하다, 굳세게 하다

venous
[víːnəs]

정맥의

[**비넜으 → 피 넣었으**] 정맥에 주사기를 꽂아 수혈을 하는(피를 넣는) 모습

ⓟ vein 정맥

venous blood 정맥혈

glossy
[glási]

윤이 나는, 반들반들한

[**굴러 씨**] 윤이 반들반들 나는 마루에 미끄러져 굴러 씨! 하며 바라보는 모습

A **glossy** coat is a sign of good health in a dog.
윤기 있는 털은 개의 건강이 좋다는 표시이다.

lethal
[líːθəl]

치명적인, 치사의

[리썰 → 니(너) 쏠] 니를 쏠 수도 있는 치명적인 무기 연상

The police found guns, knives and other **lethal** weapons, in the car. 차안에서 경찰은 총과 칼 그리고 다른 치명적인 무기들을 발견했다.

drape
[dreip]

(옷·천 등으로) 예쁘게 덮다, 걸치다

[들에 잎] 소풍을 가서 점심을 먹을 때 들에 떨어진 잎으로 도시락에 먼지가 들어가지 않도록 덮어둔 모습

★ 토익 출제 문제
She had her a shawl draped round her shoulders.
그녀는 어깨 둘레에 숄을 걸쳤다.

wrangle
[ræŋgl]

언쟁하다, 말다툼하다

[랭글랭글 → 와글와글] 랭글랭글(와글와글) 시끄럽게 말다툼하다

Most cowboy movies include a scene with a barroom **wrangle**. 대부분의 카우보이 영화는 술집에서 말다툼하는 장면을 담고 있다.

vigilance
[vídʒələns]

경계, 불침번

[비지 런스 → busy(바쁜) 앰뷸런스] 119 대원들이 앰뷸런스 옆에서 불침번을 서며 바쁘게 신고전화를 기다리는 모습

The mother of the sick child sat **vigilantly** by his bed, trying to notice every small response in his breathing. 그 아픈 아기의 엄마는 그의 숨소리에서의 어떠한 작은 반응도 감지하려 하며, 그의 침대 옆에 지켜 앉아 있었다.

▣ vigilant 경계하는, 불침번의
  vigilantly 경계하며, 자지 않고 지키며

zenith
[zéniθ]

절정, 전성기

[재니쓰 → 재미쓰(재미 있으)] 드라마의 절정 부분에서 매우 재미있죠?

In the early 1900s, Tolstoy was at the **zenith** of his achievement. 1900년대 초에 톨스토이는 그의 성공의 절정에 달해 있었다.

▣ zenithal 천장의, 정점의, 절정의

affluent
[æfluənt]

풍부한, 유복한

[애 플루언트 → 애가 풀른다] 유복한 가정에서 잘 먹어서 매일 배가 불러 애가 허리띠를 풀루언트

They have a relatively **affluent** way of life.
그들은 상대적으로 부유한 삶을 누리고 있다.

▣ affluence 풍부, 유복

friction
[fríkʃən]

마찰, 충돌, 불화

[후릭션 → 후리션] 부싯돌을 후리 쎄려 마찰을 일으키는 모습

In spite of trade **friction**, the steelmakers' problems are largely generated in Europe.
무역 마찰에도 불구하고 그 제강업자들의 문제는 대개 유럽에서 발생한다.

conjunction
[kəndʒʌ́ŋkʃən]

결합, 연합, 공동, 연결

[큰 정 션] 큰 정을 나무에 박아서 두 나무를 연결시키는 모습

★ 토익 출제 문제
The British police are working in conjunction with the FBI on the investigation.
영국 경찰은 그 조사를 위해 FBI와 합동으로 일하고 있다.
• in conjunction with ~ : ~와 공동으로, ~와 함께

hostile
[hástl]

적의 있는, 적의를 가진

[하스틀 → 하수 틀] 적의를 가지고 있는 이웃을 괴롭히려고 자신의 집 하수구의 방향을 옆집을 향해 틀어서 보내는 모습

John showed his **hostility** to the idea by refusing to discuss it.
John은 그것을 논의할 것을 거절함으로써 그 생각에 대한 적대감을 보였다.

圖 hostility 적의, 적개심

hamper
[hǽmpər]

훼방하다, 방해하다

[햄퍼 → 행패] 행패를 부리며 방해하다

Rescue efforts were **hampered** by the remoteness of the area and by the road damage.
구조 노력은 그 지역의 먼 거리와 길이 손상되었다는 점에 의해서 방해받았다.

suffrage
[sʌ́fridʒ]

투표권, 선거권

[써 뿌리지] 선거용지에 지지하는 후보를 쓰고 나서 공중에 뿌리며 "~만세"하며 당첨되기를 바라는 모습

Female **suffrage** was introduced in South Australia in 1894.
여성 투표권이 1894년 남부 오스트레일리아에서 도입되었다.

defer
[difə́:r]

늦추다, 연기하다

[디퍼 → 뒤 퍼] 땅을 퍼내는 것을 뒤로 미루자며 "뒤에 땅을 퍼!"라고 하는 모습

My bank has agreed to **defer** the payments on my loan while I'm a student.
내 거래 은행은 내가 학생인 동안은 대출금 상환을 연기해 주겠다고 했다.

★ 토익 출제 표현
will be deferred until further notice
추가 공지가 있을 때까지 미뤄질 것이다

patron
[péitrən]

고객, 단골손님, 후원자

[페이트런 → pay(지불하다) 들어온] 가게나 모임에 돈을 지불하려고 (pay) 들어온 고객이나 후원자

파 patronize 후원하다, 고객이 되다
patronage 후원, 단골

Dalton, the physicist, received lavish **patronage** in his formative years.
물리학자인 Dalton은 그의 발전기간 동안 아낌없는 후원을 받았다.

covert
[kóuvərt]

은밀한, 숨은, 암암리의

[cover(덮개) t] 덮개(cover)로 가려져 숨어있는

The union leaders were found to have **covert** ties with the managers.
그 노조 지도자들은 경영진과 은밀한 관계를 가졌음이 밝혀졌다.

transient
[trǽnʃənt]

일시적인, 금방 지나가는

[tran(train, 기차) 쉬언트(쉬는)] 기차가 역에서 일시적으로 쉬다가 금방 가버리는 모습

파 transitory 일시적인, 금방 지나가는
transition 과도(기), 변천, 변화

A glass of whisky has only a **transient** warming effect.
한 잔의 위스키는 단지 일시적으로 몸을 따뜻하게 하는 효과를 갖고 있다.

obtrude
[əbtrú:d]

(남에게 제 의견을) 강요하다, 끼어들다

[옵(앞) + rude(버릇없는)] 버릇없게(rude) 어른들 말하는 앞으로 끼어들어 참견하는 아이를 연상

I don't want to **obtrude** on his thoughts.
나는 그의 생각에 끼어들고 싶지 않다.

45강 toeic voca

mitigate
[mítigèit]

누그러뜨리다, 완화시키다

[미티개 이트 → 미친개 있다] 미친개가 있어서 조심스럽게 달래며 미친개의 성질을 누그러뜨린 후 피하는 모습

Soil erosion was **mitigated** by the planting of trees.
토양 침식은 나무를 심음으로써 완화되었다.

▣ mitigation 완화, 진정, 경감

propagate
[prápəgèit]

번식시키다, 선전하다

[프로 퍼 gate(문)] 프로 가수가 남대문에서 사람들에게 전단 등을 퍼주며 자신의 유명세를 이용하여 선거 후보자를 선전하는 모습

The government tried to **propagate** the belief that this is a decent war.
정부는 이것이 괜찮은 전쟁이라는 신념을 선전하려고 노력했다.

▣ propagation 번식, 선전

maternal
[mətə́:rnl]

어머니의, 어머니 같은

[mother: maternal(어머니의)]

When the baby arrived, she slipped into the **maternal** role with ease and delight.
아기가 도착했을 때 그녀는 수월하고 즐겁게 어머니의 역할 속으로 살며시 빠져들었다.

paternal
[pətə́:rnl]

아버지의, (아버지처럼) 보호해 주는

[father: paternal(아버지의)]

It's very **paternal** - it's lovely to see him with the baby.
그것은 매우 부성애적이다 - 그가 아기와 함께 있는 것을 보는 것은 정말로 사랑스럽다.

knack
[næk]

솜씨, 요령

[큰액 → 큰 애기] 시아버지가 "큰애기(큰며느리)의 솜씨가 좋구만"하며 음식 솜씨를 칭찬하는 모습

I don't have the **knack** for gardening.
나는 정원을 가꾸는 데는 재주가 없다.

contingent
[kəntíndʒənt]

~에 따라 결정되는, 우연의; 우연한 일, 파견단

1. [컨틴전트 → 큰 팀이 졌어] 큰 팀을 만나냐 아니면 작은 팀을 만나냐에 따라 우리가 이기고 지는 것이 달려 있는 상황
2. [컨틴전트 → 큰 팀이 졌어] 축구의 큰 팀인 브라질 파견단이 우리나라에게 져서 세계에서는 우연한 일이라고 떠들어대는 모습

★ 토익 출제 표현
be contingent on ~ ~에 달려 있다
The continuation of this contract **is contingent on** the quality of your first output.
이 계약의 지속성은 당신의 첫 결과물의 질에 달려 있다.

🅜 contingency 우연성, 뜻밖의 사고

exonerate
[igzánərèit]

면제하다, 무죄로 되게 하다

[이그자너레이트 → 이그~ 자! 너 레이트] 수업시간에 자고 있는 고 3 학생에게 "얼마나 피곤하면"하고 "이그 자라 너"하며 용서해 주는 선생님 연상

After a trial, which lasted five weeks, the defendant was **exonerated** of all charges.
5주간 지속된 재판이 끝난 후 그 피고는 모든 혐의로부터 벗어났다.

integrity
[intégrəti]

고결, 완전무결

[잉테 그렇티 → 잉태 그렇죠?] 잉태는 완전한 사랑의 결과죠? 그렇죠?

No one doubted that the president was a man of the highest **integrity**.
누구도 그 대통령이 가장 완전무결한 사람이라는 것을 의심하지 않았다.

perjury
[pə́ːrdʒəri]

위증, 거짓

[펄주리 → 벌주리] 위증하면 벌주리

Perjury in a serious court case can result in life imprisonment.
중대한 재판 사건에서의 위증은 종신형에 이를 수도 있다.

🅜 perjurious 위증의

miser
[máizər]

구두쇠, 수전노

[마이 줘 → my 줘!] 친구가 자신의 물건을 빌려갈려고 집어 들자 "내 거 줘!"하며 도로 빼앗는 구두쇠

The **miserly** millionaire refused to donate any of his money.
그 인색한 백만장자는 그의 돈의 조금도 기부하기를 거절했다.

🅜 miserly 인색한, 구두쇠의

obviate
[ábvièit]

(위험 · 필요성 따위를) 제거하다

[앞 비 에잇!] 차의 앞에 쏟아지는 비를 에잇! 하며 시야를 가려 위험한 비를 와이퍼로 없애는 모습

He destroyed the letter to **obviate** any suspicion that might fall on him.
그는 그에게 닥칠지도 모를 어떠한 혐의라도 제거하기 위하여 그 편지를 파기하였다.

proxy
[práksi]

대리, 대리인

[프록씨 → 프로씨] 프로들은 바빠서 항상 프로씨를 대신하는 대리인을 둔다.

He made his wife his **proxy**. 그는 아내를 대리인으로 삼았다.

proximity
[praksíməti]

근접함, 가까움

[프락씨 머리 → 부락 시 멀리] 이 부락(마을)에서 시까지 멀리 있지 않고 가까이 있다는 느낌으로 암기

★ 토익 출제 표현
1. in the proximity of ~ ~의 부근에
2. in close proximity to ~ ~에 근접하여
You will find houses built **in close proximity to** each other.
당신은 서로 근접하여 지어진 집들을 발견할 것이다.

opinionated
[əpínjənèitid]

고집 센

[opinion(의견) + ated] 자신의 주장을 계속 내세우는

She thought he was **opinionated** and selfish, but extremely discreet at the same time.
그녀는 그가 고집 세고 이기적이지만 또한 매우 신중하다고 생각했다.

philanthropy
[filǽnθrəpi]

박애, 자선

[phil(love를 뜻하는 어근) + anthrop(human을 뜻하는 어근)] 사람을 사랑하는

In the spirit of **philanthropy**, the millionaire donated a large sum of money to the charity.
박애정신으로 그는 많은 돈을 그 자선단체에 기부했다.

sumptuous
[sʌ́mptʃuəs]

고가의, 사치스러운, 호화로운

[sum(합계) 추웠으] 고가의 물건 가격의 합계를 보고 너무 비싸 등이 오싹해질 정도로 추워지는 모습

All the guests were stunned by the **sumptuous** meal.
모든 손님들은 사치스러운 식사에 어안이 벙벙해졌다.

annul
[ənʌ́l]

폐지하다, 무효로 하다, 소멸시키다

[언얼 → 언어를] 일제시대 때 우리의 언어를 소멸시키려는 일본정권 연상

annulment 무효, 취소, 폐지

Their marriage was **annulled** after just six months.
그들의 결혼은 겨우 6개월 뒤에 무효가 되었다.

beware
[biwέər]

경계하다, 조심하다, 주의하다

[be + ware(where, 어디) → 어디지?] 군인들이 총을 들고 사방을 두리번거리며 "여기가 어디지?"하고 경계하는 모습

Motorists have been warned to **beware** of icy roads.
운전자들에게 빙판길을 조심하라는 경고가 있어 왔다.

capacious
[kəpéiʃəs]

널찍한, 수용력이 큰

[커페이셨으 → 카(car) 빼셨으] 차를 모두 빼서 매우 넓어 보이는 주차장을 연상

I usually choose a bag with **capacious** pockets.
나는 주로 널찍한 주머니가 있는 가방을 고른다.

shrink
[ʃriŋk]

움츠리다, 오그라들다, 줄어들게 하다

[쉬링크 → 시린 크~] 크~ 소리가 날 정도로 손이 시린 자세로 손을 다리 사이에 넣고 추위에 몸을 움츠린 모습

Do not allow your washing to boil, or you may **shrink** it.
빨래가 끓지 않도록 하시오 그렇지 않으면 줄어들 수도 있습니다.

★ 토익 출제 표현
1. **shrink** from wash (옷이) 세탁으로 줄어들다
2. The market is **shrinking**. 시장이 줄어들고 있다.

colossal
[kəlásəl]

거대한, 방대한

[컬라쓸 → 클랐을] 큰(거대한) 일이 났을

We hear that this game will be played in a **colossal** arena located on the outskirts of the city.
우리는 이 경기가 도시 근교에 위치한 커다란 경기장에서 열릴 것이라고 알고 있다.

locomotion
[lòukəmóuʃən]

이동, 여행

[로코(놓고) motion(모션, 활동, 이동)] 하던 일을 놓고 활동적으로 여행을 떠나는 모습

For some animals, **locomotion** is accomplished by changes in body shape.
몇몇 동물들의 경우 몸의 모양을 변형함으로써 이동이 이루어진다.

☞ locomotive 운동의, 이동하는; 여행의; 기관차

brisk
[brisk]

호황의, 활발한, 상쾌한, 기분 좋은

[부리 스크 → (새의) 부리 수꾸] 새가 활발하게 수꾸 수꾸하고 울어대는 모습. 또한 경제적으로 활발하다는 것은 호황을 의미한다.

Her tone on the telephone was **brisk**.
그녀의 전화 목소리는 상쾌했다.
Business is fairly **brisk**. 사업이 꽤 호황이다.

indigence
[índidʒəns]

빈곤, 궁핍

[인디전스 → 인디 졌수] 백인들에게 인디언이 지고난 후 땅을 빼앗겨서 빈곤하고 궁핍해진 모습

He rendered aid to the needy and **indigent**.
그는 궁핍하고 가난한 사람들에게 도움을 주었다.

☞ indigent 빈곤한, 가난한

paramount
[pǽrəmàunt]

최고의, 탁월한

[패러마운트 → 패루 mountain(산)] 패루의 산은 최고의 경치와 유적지를 가지고 있다는 느낌으로 암기

Reducing the budget deficit is of **paramount** importance.
예산 적자를 줄이는 것이 최고로 중요하다.

parody
[pǽrədi]

개작, 풍자적인 개작, 패러디

[패러디] 우리가 보통 TV의 코미디 프로 등에서 '패러디'라는 말로 듣는 말

Parody commercials are popular these days.
요즘 패러디 광고들이 인기를 끌고 있다.

allowance
[əláuəns]

급여, 수당, 용돈, 허용치

1. [얼라우 언쓰 → 얼라, 안써?] 수당을 받고도 동료들에게 돈을 쓰지 않으려는 친구에게 "얼라, 돈 안써? 한턱 내!"하는 모습
2. [allow] allow(~을 허락하다)의 뜻에서 허용하는 범위

Some parents don't give their children a proper **allowance**.
몇몇 부모님은 그들의 자식들에게 충분한 용돈을 주지 않는다.

★ 토익 출제 표현
overtime allowance 초과 근무 수당

incumbent
[inkʌ́mbənt]

의무로서 지워지는, 의지하는, 현직의

[인컴(income, 수입) 번 트] 수입을 버는 것은 남편들의 의무로서 지워지는 것이죠? 또한 그 수입에 의지하며 살아가는 모습

She felt it **incumbent** upon her to raise the subject at the meeting. 그녀는 회의에서 그 제안을 상정하는 것이 의무라고 느꼈다.
The **incumbent** president is facing problems which had begun many years before he took the office.
현직 대통령은 그가 취임하기 수년 전에 시작된 문제에 직면하고 있다.

hibernate
[háibərnèit]

동면하다

[하 입어 내이(내의) 트] 추워서 손에 하~ 하고 입김을 넣으며 겨울 내의를 입고 잠자는 모습

Because squirrels don't **hibernate**, they need food stores throughout the winter.
다람쥐는 동면하지 않기 때문에 겨울 동안 내내 음식 저장을 필요로 한다.

rebuke
[ribjú:k]

비난하다, 꾸짖다

[리북 → 이북] 휴전선에서 메가폰으로 이북을 비난하는 모습

The teacher continually **rebuked** the pupil for the missing assignment.
그 선생님은 계속해서 숙제를 빠트린 것에 대해 그 학생을 비난했다.

satire
[sǽtaiər]

풍자

[새타이어 → 새태여] "이것이 우리들의 요즘 세태여!"하며 요즘 세태를 풍자하는 개그맨을 연상

A political cartoonist often **satirizes** public figures.
정치를 다루는 만화가는 종종 유명 인사들을 풍자한다.

📖 satirize 풍자하다
satiric 비꼬는, 풍자적인

curtail
[kəːrtéil]

단축시키다, 절감하다, 생략하다

[curt(cut, 자르다) + tail(꼬리)] 꼬리를 잘라 단축시키는 모습

We were told to **curtail** our coffee break because it was too long.
우리는 커피 마시는 휴식시간이 너무 길어서 줄이라는 말을 들었다.

II

접두어 +
해마학습
46강 - 56강

46강 toeic voca

접두어 A, AN

접두어 a, an은 not(~이 아닌), without(~이 없는)의 의미로 쓰인다. 대표적인 예로 '원자'라는 뜻의 atom에서 a는 not의 의미이고 tom은 '자르다'라는 뜻의 어근이다. 즉, atom은 '더 이상 자르지 못하는 가장 작은 것'이란 뜻에서 유래된 것이다.

amoral
[eimɔ́(:)rəl]

부도덕한

[a(not) + moral(도덕적인)] 도덕적이지 못한

The huge global conglomerates are **amoral** beings.
세계적인 거대 대기업들은 도덕관념이 없는 존재들이다.

anarchy
[ǽnərki]

무정부, 무정부 상태, 무질서

1. [an(without) + archy(govern)] 다스리는 것이 없는 상태
2. [애너키 → 애나 키(우자)] 애나 키우면서 우리끼리 행복하게 살면 되지 정부가 무슨 소용이 있어?

The country has been in a state of **anarchy** since the inconclusive election.
그 나라는 결론이 나오지 않는 선거를 치른 이후 무정부 상태에 빠져 있다.

anomaly
[ənáməli]

변칙, 이례, 이상함

1. [a(not) + nomal(normal, 정상의) + ly] 정상이 아닌, 즉 이상한 상태
2. [어! 나 멀리] 어, 나는 멀리 떨어져서 너희들과는 다르게 갈 거야!

Statistical **anomalies** can make it difficult to compare economic data from one year to the next.
통계적 예외들은 한 해의 경제적 데이터를 다음 해와 비교하는 것을 어렵게 한다.

🔄 anomalous 변칙의, 이례의

asymmetrical
[èisəmétrikəl]

비대칭의

[a(not) + symmetrical(대칭적인)]

Most people's faces are **asymmetrical**.
대부분의 사람들의 얼굴은 비대칭이다.

접두어 A, AC, AD, AF, AG, AL, AP, AS

접두어 a, ac, ad, af, ag, al, ap, as는 to(~으로, ~을 향해)의 의미로 쓰인다. (af, ag, al, ap, as는 각각 aff, agg, all, app, ass등으로 시작하는 단어일 때에만 그렇다.)

acclaim
[əkléim]

환호하며 맞이하다, 갈채를 보내다

[ac(to) + claim(exclaim, 소리치다)] 가수나 ~에게 소리를 지르며 환호하는 모습

This poet has been **acclaimed** as one of the most talented writers in Korea.
이 시인은 한국에서 가장 재능 있는 작가 중의 한 사람으로서 갈채를 받아 왔다.

n acclamation 박수갈채, 환호

accompany
[əkʌ́mpəni]

동반하다, 동행하다, 수반하다, 반주하다

[ac(to) + company(회사, 친구)] 친구에게 다가가 같이 동반하다

She asked me to **accompany** her to the church.
그녀는 나에게 교회까지 동행해 달라고 요청하였다.

n accompaniment 부속물, 반주부, 반주
accompanist 반주자

accost
[əkɔ́ːst]

(~에게 다가가) 말을 걸다

[ac(to) + cost(가격)] 마약 밀거래상이 ~에게 다가가 가격이 얼마라고 귀에다가 속삭이며 말을 거는 모습

I'm usually **accosted** by beggars and wasted people as I walk to the station.
내가 역을 지날 때 보통 거지나 술에 잔뜩 취한 사람들이 나에게 말을 건다.

affectation
[æfektéiʃən]

꾸밈, 허식, ~체 함

[af(to) + fect(fact, 사실) + ation] 사실도 아닌데 사실 쪽으로 가까이 가져가는, 즉 ~체 함, 허식

"It doesn't concern me," he said with **affectation** of nonchalance. "나는 관심 없어" 하고 그는 무관심한 척 말했다.

n affected 꾸민, 허식의
affectedly 허식으로

affix
[əfíks]

첨부하다, 붙이다, (도장을) 찍다

[af(to) + fix(고정시키다)] ~에 고정시키다

★ 토익 출제 문제
He _____ a stamp to the envelope.
그는 봉투에 우표를 붙였다.
→ **affixed**(O), **detach**(X)
- affix[attach] A to B: B에 A를 붙이다
- detach A from B: B로부터 A를 떼어내다

313

allocate
[ǽləkèit]

위치시키다, 배치하다, 할당하다

[al(to) + locate(위치하다)] ~쪽으로 위치를 지정해주다

All important resources were **allocated** by the government.
모든 중요한 자원들은 정부에 의해 할당받았다.

🔲 allocation 배당, 배급, 배당액

appraise
[əpréiz]

평가하다, 감정하다, 가치를 매기다

1. [ap(to) + praise(칭찬하다)] ~에게 칭찬하며 높이 평가해주는 모습
2. [어프레이즈 → 엎으레이! 즈] 도자기를 위에만 봐서는 안되니 엎어서 아래도 보면서 감정하고 평가하는 모습

He cooly **appraised** the situation, deciding which person would be most likely to succeed.
그는 어떤 사람이 성공할 것 같은지 결정하면서 냉정하게 그 상황을 평가했다.

★ 토익 출제 문제
Performance **appraisals** are carried out twice a year.
작업평가는 일 년에 두 번 수행된다.
• performance appraisals: 작업평가, 수행평가 (= performance evaluation)

🔲 appraisal 평가, 감정
appraiser 평가자, 감정인

apprentice
[əpréntis]

견습공, 수습; 견습시키다

[ap(to) + prentice(practice '연습'으로 생각)] 목표나 ~를 향해 연습하는 사람

My brother has just become an **apprentice** carpenter.
내 형은 막 견습생 목공이 되었다.

🔲 apprenticeship 도제살이, 수습기간

ascertain
[æ̀sərtéin]

확인하다, 알아내다

[as(to) + certain(확실한)] ~에게 확실하게 해주다

The police have so far been unable to **ascertain** the cause of the explosion.
경찰은 지금껏 그 폭발의 원인을 알아낼 수 없었다.

assign
[əsáin]

할당하다, 선임하다, 양도하다

[as(to) + sign(싸인)] 대원들 각자에게 손짓으로 싸인을 보내면서 임무를 할당하는 모습

Boys are **assigned** chores in the garage.
소년들이 정비공장에서 잡일을 할당받았다.

★ 토익 출제 문제
1. Our group was assigned to the dorm.
   우리 집단이 그 기숙사에 배치되었다.
   • be assigned to ~: ~에 배속[배정]되다
2. She assigned her whole real estate to an orphanage.
   그녀는 그녀의 모든 부동산을 고아원에 양도했다.

assignment 할당, 임명, 숙제, 할당된 일

assure
[əʃúər]

~에게 ~을 보증하다, ~을 확신하다

[as(to) + sure(확실한)] ~에게 확실하게 해주다

★ 토익 출제 표현
1. assure A of B A에게 B를 보증하다
   He **assured** us **of** his ability to solve the problem.
   그는 자기가 그 문제를 풀 능력이 있다고 우리에게 자신 있게 말했다.
2. assure A that절 A에게 ~을 보증하다
   I can **assure** you **that** each one is as good as the sample, if not better.
   모두 견본보다 낫지는 않더라도 최소한 그 정도는 된다는 것을 보장할 수 있습니다.

접두어 AMBI

접두어 ambi는 both(양쪽)의 뜻으로 쓰인다.

ambiguous
[æmbíɡjuəs]

모호한, 애매한

1. [ambi(both) + guous] 양쪽이 서로 비슷하여 애매한
2. [(I) am 비겼으] 둘 중에 누가 이겼는지 애매하여 나는 비겼다고 생각한다

His **ambiguous** directions misled us; we did not know which road to take.
그의 애매한 길 안내는 우리를 잘못 이끌었다. 우리는 어떤 길로 가야할지 알 수 없었다.

ambiguity 애매함, 모호한 표현

amphibian
[æmfíbiən]

양서류

[amphi(both) + bi(life: 어근 bio 참고) + an] 물과 육지 양쪽 모두에서 사는 생물

She was studying the habits of several **amphibious** plants and creatures to find how they are equipped for the two different environments.
그녀는 어떻게 그들이 두 개의 다른 환경에서 적응하는지 알아내기 위해 몇몇 양서식물과 동물의 습성을 연구하고 있었다.

□ amphibious 양서의, 수륙 양용의, 육해공군 공동의

ambisextrous
[æmbisékstrəs]

(의복 등이) 남녀 공용의, 남녀 혼합의

[ambi(both) + sex(性) + trous] 양쪽 성 모두의

접두어 ANTI, ANTE

접두어 anti, ante는 before(~전의)의 의미로 쓰인다.

antedate
[æntideit]

앞서 일어나다

[ante(before) + date(날짜)] 날짜가 앞서는, 즉 발생 일이 앞서는

The Egyptians' written records **antedated** those of the Greeks by thousands of years.
그 이집트의 서면 기록은 그리스보다 수 천 년 앞선다.

anticipate
[æntísəpèit]

기대하다

1. [anti(before) + ci(씨, 애기) + pate(빼이트)] 분만실 앞에서 자신의 씨(애기)를 빼내기를 기대하고 있는 남편들을 연상
2. [anti(against) 서 페이트(빼이트)] 가수가 팬들의 안티 목록에서 자신은 빼주기를 기대하는 모습

We **anticipate** to be able to have our vacation in July.
우리는 7월에 휴가를 가질 수 있을 것이라고 기대한다.

□ anticipation 예상, 기대

antique
[ænti:k]

고대의; 골동품

[anti(before) + que] 오래 전의 것

The chair was made in the 10th century; it is now regarded as an **antique**.
그 의자는 10세기에 만들어졌다. 그래서 그것은 지금 골동품으로 여겨진다.

□ antiquated 낡은, 구식의

접두어 ANTI

접두어 anti는 opposite(반대), against(~에 대항하여)의 의미로 쓰인다.

antibody
[ǽntibɑ̀:di]

항체

[anti(against) + body(體)] 몸에 대항하는 것

antidote
[ǽntidòut]

해독제

[anti(against) 도(毒) 트] 독에 대항하는 것

Sales of nerve gas **antidotes** increased dramatically before the war.
신경가스 해독제의 판매가 그 전쟁 전에 엄청나게 증가했다.

antifreeze
[ǽntifrì:z]

부동액

[anti(against) + freeze(얼다)] 어는 것에 대항하는 것

It has also been used in hand lotions, in **antifreeze**, and even as the center of golf balls!
그것은 핸드크림과 부동제, 그리고 심지어는 골프공의 중심에 사용되어 왔다.

antiseptic
[æ̀ntəséptik]

방부제; 살균의

[anti(against) 셉틱(새 틱!)] 새가 틱! 하고 싼 똥이 썩는 냄새가 엄청나죠? 그러한 썩는 것에 대항하는 것, 즉 방부제

The child applied some **antiseptic** ointment to a wound.
그 애는 상처에 소독약을 발랐다.

antisocial
[æ̀ntisóuʃəl]

비사교적인, 반사회적인

[anti(against) + social(사회의)] 사회에 대항하는, 즉 반사회적인

The **antisocial** man avoids parties.
비사교적인 사람은 파티를 기피한다.

접두어 AUTO

접두어 auto는 self(자기, 자신)의 의미로 쓰인다.

authentic
[ɔːθéntik]

믿을 만한, 진짜의

1. [auth(self) + entic] 믿을 수 있는 것은 자기 자신 뿐
2. [오 쎈틱] 남자친구의 두꺼운 팔 근육을 만져보고는 "오, 쎈 티가 나는데! 믿음직스럽군"하며 듬직한 남자친구의 근육을 만지는 모습

- authenticate 입증하다, 믿게 하다
- authentication 입증, 인증

The dealer sells **authentic** stamps, not the fakes.
그 상인은 가짜가 아닌 진짜 우표를 판매한다.

autocracy
[ɔːtákrəsi]

독재정치

[auto(self) + cracy('정치'란 의미의 접미어: ex. democracy)] 자신 혼자 하는 정치

- autocrat 독재군주, 독재자
- autocratic 독재의, 횡포한

Within their courtrooms, judges are virtual **autocrats**.
법정 안에서는 판사들이 실질적인 독재자들이다.

automate
[ɔ́ːtəmèit]

자동화하다

[auto(self) + mate] 스스로 움직이게 하다

★ 토익 출제 표현
automated teller machine 현금 자동 입출금기(ATM)
I don't know how to use this **ATM**.
저는 현금 자동 인출기 사용법을 모릅니다.

automation
[ɔ̀ːtəméiʃən]

자동화, 자동조작

[auto(self) + mation] 스스로 움직이게 하는 것

One of the benefits of factory **automation** is increased productivity. 공장 자동화의 한 가지 이점은 생산성 증대이다.

autonomous
[ɔːtánəməs]

자치권이 있는, 자율적인

1. [auto(self) + nomous] 스스로 행동할 수 있는
2. [오 타넘었으] 북한에서 38선을 타넘어 남쪽으로 넘어와 자율적이고, 자치권이 생겼다고 좋아하며 "오, 38선을 타넘었어!"라고 소리치는 모습

- autonomy 자치, 자치권, 자율

China has to respect their own law on **autonomous** regions. 중국은 자치 지역들에 대한 그들 고유의 법규를 존중해야만 한다.

접두어 BENE

접두어 bene는 good(좋은), well(잘)의 의미로 쓰인다.

benefit
[bénəfit]

이익, 이득; ~에 이롭다, 이득을 얻다

1. [bene(good) + fit]
2. [배나 핏!] 두 배나 형편이 피었다. 즉 이득을 얻었다

★ 토익 출제 문제
We derived great benefit from the business.
우리는 그 장사에서 큰 이익을 보았다.
- benefit from ~: ~으로부터 이득을 보다

𝄞 beneficial 유익한, 이로운, 수익을 얻는

benefactor
[bénəfæktər]

(자선 단체 등의) 후원자, 선행을 베푸는 사람

[bene(good) + fact('만들다'를 뜻하는 어근: ex. factory) + or]
좋은 것을 만드는 사람

An anonymous **benefactor** donated 2 million dollars.
한 익명의 후원자가 2백만 달러를 기증했다.

beneficiary
[bènəfíʃièri]

수익자, 수혜자, (연금·보험 등의) 수취인

[bene(good) + ficiary] 좋은 것을 받는 사람

As the **beneficiary** of the policy, you will receive everything. 그 보험 증권의 수혜자로서 당신은 모든 것을 받을 것이다.

benevolent
[bənévələnt]

자비로운, 인정 많은, 선의의

1. [bene(good) + volent]
2. [비내 볼 넌트 → 비는 것을 보다] 빌며 기도하는 사람을 인자하게 바라보는 부처님 연상

He **benevolently** reigns over the relativity group.
그는 관련 그룹을 자비롭게 통치한다.

benign
[bináin]

친절한, 인자한, (기후가) 온화한

[ben(good) + ign]

The **benign** old lady was taking care of many homeless people. 그 인자한 노부인은 많은 집 없는 사람들을 돌보고 있었다.

47강 toeic voca

접두어 BI

접두어 bi는 two(둘)의 의미로 쓰인다.
대표적인 예로 bicycle(자전거)은 cycle(ring)이 두 개 있는, 즉 바퀴가 두 개 있는 모양에서 유래했다.

---

bicentennial
[bàisenténiəl]

200년 기념일, 200주년

[bi(two) + cent(100을 뜻하는 접두어 ex. centimeter) + ennial(annual 일 년의)]

A statue was erected to mark the **bicentennial** of the composer's birth.
그 작곡가의 탄생 200주년을 기리기 위해 동상이 세워졌다.

biennial
[baiéniəl]

2년마다 있는

[bi(two) + ennial(annual 일 년의)]

The plant bore flowers **biennially**.
그 식물은 2년마다 꽃이 피웠다.

biannual
[baiǽnjuəl]

반년마다의

[bi(two) + annual(일 년의)] 일 년에 두 번의

The company has **biannual** meetings with its stockholders. 그 회사는 연 2회 주주들과 정기총회를 갖는다.

> ★ 토익 출제 표현
> **a biannual meeting** 년 2회 갖는 모임

bilingual
[bailíŋgwəl]

2개 국어로 말하는, 두 나라 말을 쓰는

[bi(two) + lingual('언어'를 뜻하는 어근)] 두 언어를 하는

She is **bilingual**, speaking Japanese and Chinese.
그녀는 일어와 중국어, 2개 국어를 자유롭게 말한다.

ⓡ bilinguist
두 나라 말을 할 줄 아는 사람

bimonthly
[baimʌ́nθli]

두 달에 한 번의

[bi(two) + month(달) + ly] 두 달 마다 있는

The magazine is published **bimonthly**, with six issues a year. 그 잡지는 2달에 한 번씩 1년에 6권 출간된다.

biweekly
[baiwíːkli]

격주의, 한 주일에 2회의

[bi(two) + week(1주) + ly(형용사형 어미)]

We're moving from a **biweekly** to a monthly pay schedule at the end of this quarter.
이번 분기 말부터 급여 지급 주기를 격주에서 매월로 바꿀 것입니다.

접두어 CO, COL, COM, CON

접두어 co, col, com, con은 together(같이), with(~와 함께)의 의미로 쓰인다.

collaborate
[kəlǽbərèit]

공동으로 하다, 협력하다

[col(together) + labor(노동하다) + ate] 같이 노동하다, 즉 공동으로 하다

n collaboration 협력, 제휴, 합작

★ 토익 출제 문제
The army officer <u>collaborated</u> with the enemy.
그 군 장교는 적과 협력했다.

commemorate
[kəmémərèit]

기념하다

[com(together) + memor(memory 기억) + ate] 모두 같이 기억해 주다

Gathered all together in this church, we **commemorate** those who lost their lives in the Great War.
이 교회에 모두 모여 우리는 세계 대전에서 목숨을 잃은 사람들을 기념하고 있습니다.

commitment
[kəmítmənt]

전념, 약속

[com(together) 미트(meet, 만나다) 먼트(많다)] 대통령이 여러 국가를 순방하며 그 나라의 원수들을 같이 만날 약속이 많을 정도로 나라를 위해 헌신하는 모습

★ 토익 출제 표현
1. **commitment to** ~ ~에 대한 헌신, 전념
2. **be committed to** 명사/ing ~하는 데 헌신하다[전념하다]
   We **are** totally **committed to** customer service.
   우리는 고객 서비스에 아주 철저하다.

commotion
[kəmóuʃən]

소동, 소란, 폭동

> [com(together) + motion(모션)] 같이 모션을 하다. 같이 노래하고 행동대원들의 모션을 따라하며 소란을 피우는 학생 운동을 연상

The class was in **commotion** at the news.
그 소식에 학급 전체가 동요했다.

companion
[kəmpǽnjən]

친구, 동료

> [com(together) 패 년 → 같은 패 년] 같이 한패(친구)인 두 여자(년)

My father loved to go out for a meal with congenial **companions**.
나의 아버지는 마음이 잘 맞는 친구들과 같이 식사하러 나가는 것을 좋아했다.

compatible
[kəmpǽtəbl]

병존할 수 있는, 서로 받아들이는

> [com(together) + 패 떠블] 같은 패거리 중의 두 사람은 서로 같이 도우며 살 정도로 서로 받아들이고 병존할 수 있습니다.

★ 토익 출제 표현
be compatible with ~ ~와 호환되다, ~와 병존할 수 있다
This printer **is compatible with** most microcomputers.
이 프린터는 대부분의 소형 컴퓨터에 사용 가능하다.

☒ **incompatible**
성미가 맞지 않는

compare
[kəmpέər]

비교하다, 비유하다

> [com(together) + 패어 → 같은 패여] 서로 비교해 보면서 같은 한 패인지를 비교하는 모습

I'm a **comparative** newcomer. 나는 비교적 신참입니다.

★ 토익 출제 문제
1. His victory is _____ to those won by great generals of the past.
그의 승리는 과거 위대한 장군들이 거둔 승리들에 필적한다.
   → **comparable** (O), **comparative** (X)
   • be comparable to ~: ~에 필적하다
2. Parents should not compare their children with other children. 부모들은 그들의 자녀들을 다른 아이들과 비교해선 안 된다.
   • compare A with B: A를 B와 비교하다
3. Books are often compared to friends. 책은 종종 친구에 비유된다.
   • compare A to B: A를 B에 비유하다
4. The period of time known to human history is short in comparison with the period of time known to geology.
지질의 역사에 비교하면 인간의 역사는 짧은 편이다.
   • in comparison with ~: ~와 비교하여

☒ **comparable** 비교할만한, 필적하는
comparative 비교의, 비교상의, 상대적인
comparison 비교, 대조

competition
[kὰmpətíʃən]

경쟁, 시합

[com(together) 피 티션(튀션)] 같이 피 튀겨가며 경쟁하는 모습

★ 토익 출제 표현
1. at competitive prices 경쟁력 있는 가격에
2. highly competitive market 경쟁이 심한 시장
3. a debate competition 토론대회

★ 토익 출제 문제
The two companies are in fierce **competition** with each other.
두 회사는 서로 격렬하게 경쟁 중이다.

파 compete 경쟁하다, 겨루다
competence 능력, 권한
competitive 경쟁적인, 경쟁력 있는
competitively 경쟁적으로
competent 유능한
반 incompetent 무능한

compile
[kəmpáil]

편집하다, 모으다

[com(together) + pile(file '파일'로 생각)] 같은 파일끼리 모아서 편집하다

He was busy **compiling** all the reports from overseas offices.
그는 해외 지사로부터 온 모든 보고서를 편집하느라고 바빴다.

파 compilation 편집
compilatory 편집의

complacent
[kəmpléisnt]

자기만족의, 상냥한

[com(together) +플레이(play '놀다'로 생각) + cent] 같이 놀아 줄 정도로 상냥하고 자신도 신이 나서 만족하는 모습

He likes his job and has a **complacent** attitude toward life.
그는 자기 일을 좋아하며 인생에 대해 자족하는 태도를 가지고 있다.

파 complacency 자기만족

complaisant
[kəmpléisnt]

비위를 맞추는, 남의 뜻에 잘 따르는, 고분고분한

[com(together) + 플레이(play '놀다'로 생각) 선(서있다) + t] 사장님의 비위를 맞추기 위해 같이 놀아 주려고 앞에서 항상 서있는 부하직원 연상

She was entirely **complaisant** to her husband's will.
그녀는 남편의 뜻에 전적으로 순종했다.

comply
[kəmplái]

따르다, 순응하다

[com(together) 플라이(fly, 날다)] 기러기가 같이 날아 갈 때 대장을 따라서 순종하며 뒤를 따라가는 무리 연상

★ 토익 출제 문제
1. The design for the new school had to be in compliance with the local building code.
   새 학교에 대한 디자인은 지역 건물 규약을 따라야 했다.
   • in compliance with ~ : ~에 따라, 순응하여
2. It is very stupid of you to comply with his request.
   네가 그의 요구에 응한다는 것은 참으로 어리석은 짓이다.
   • comply는 자동사로 뒤에 바로 목적어를 취하지 않고 with와 함께 쓰인다는 점을 명심하자.

回 compliant 순종하는, 고분고분한
compliance 순종, 추종

compromise
[kámprəmàiz]

타협, 양보; 타협하다

[com(together) + promise(약속)] 쌍방이 같이 약속하다. 즉 타협하다

The best way to avoid conflict is to compromise.
분쟁을 피하는 가장 좋은 방법은 타협하는 것이다.

回 uncompromising 비타협적인, 완고한

comprehend
[kàmprihénd]

이해하다, 포함하다, 함축하다

[com(together) 풀이 핸드] 풀이를 담은 해설을 함께 갖고 있는(포함하고 있는) 책이라서 이해하기 쉬운

★ 토익 출제 표현
a comprehensive study 광범위한 연구

★ 토익 출제 문제
This _____ plan covers lost baggage and travel documents, flight delays, medical and dental emergencies, and accidental death.
이 포괄적인 보험은 수하물과 여행 서류 분실, 비행기 연착, 응급 의료 및 긴급 치아 치료, 사고로 인한 사망 등을 보장합니다.
→ comprehensive (O), comprehensible (X)

回 comprehension 이해, 함축
comprehensive 포괄적인, 광범위한
comprehensible 이해할 수 있는, 알기 쉬운
回 incomprehensible 이해할 수 없는

concentrate
[kánsəntrèit]

집중하다, 집중시키다

[con(together) + centr(center: '중심, 중앙'을 뜻하는 어근) + ate(동사형 접미어)] 모두 중심으로 모으다. 즉 집중시키다

★ 토익 출제 표현
1. **concentrate A on B** A를 B에 집중시키다
2. **concentrate on ~** ~에 집중하다
   The employees will be able to **concentrate on** their work after some rest.
   휴식을 취하고 오면 직원들이 더 집중해서 일을 할 수 있을 겁니다.

concord
[kánkɔːrd]

조화, 일치(= accord)

[con(together) 코드] 음악에서 같은 코드끼리 일치하는

■ concordant 조화된, 일치하는
concordance 일치, 조화

New York is the paragon of racial **concord**.
뉴욕은 인종 화합의 표본이다.

concourse
[kánkɔːrs]

집합, 집합 장소, 중앙 광장, (역·공항 등의) 중앙 홀

[con(together) + course(코스, 진로)] 여러 코스(길)가 같이 모이는 지점

All passengers should be at the information booth on **concourse** A by 5. 모든 승객들은 중앙 홀 A 구역의 안내대로 5시까지 가야 한다.

confederate
v. [kənfédərèit]
a. n. [kənfédərət]

동맹하다; 동맹의, 연합한; 동맹국, 한패

[con(together) 패더레이 + te → 같은 패더레이] 연합한 같은 패거리를 보고 하는 말을 연상

England was **confederated** with France in World War II.
영국은 2차 세계대전 때 프랑스와 동맹을 맺었다.

condense
[kəndéns]

압축하다, 모으다, 집중시키다

[con(together) + 댄스] 함께 댄스를 추며 사람들이 빽빽하게 중앙으로 집중된 나이트클럽의 모습

★ 토익 출제 문제
All the necessary information in this book could be _____ into a few pages. 이 책에 있는 모든 필요한 정보는 몇 페이지로 압축될 수 있다.

→ **condensed** (O), decreased (X), minimized (X), contract (X)
- 내용을 압축하는 것은 condense이고 decrease는 '(수량·강도) 감소시키다'란 뜻이다. 그리고 minimize는 압축시켜 최소화하는 의미가 아니라 '(비용·위험성 등을) 최소화하다'란 의미로 쓰인다. contract는 '(모양 등이) 수축하다'란 의미이다.
- Let's discuss what we should do to minimize the side effects. 부작용을 최소화하기 위해 무엇을 해야 할지 토론합시다.

confirm
[kənfə́:rm]

확인하다, 확실히 하다

[con(강조) + firm(굳은, 확고한)] 완전히 확고하게 하다

I want to **confirm** my reservation on Flight 205.
205편의 비행기 예약을 확인하고 싶습니다.

★ 토익 출제 표현
the written confirmation of ~ ~에 대한 서면 확인

📖 confirmation 확인, 확정

confiscate
[kánfiskèit]

압수하다, 몰수하다

[con(together) 피스(피웠으) 케이트(캐다)] 대마초를 골방에 숨어 피우는 사람들을 덮치며 "너희들 모두 같이 피웠지?" 하며 몸을 캐며 (수색하며) 대마초를 압수하는 경찰의 모습

During the war, many foreign lands were **confiscated** by the government.
전쟁 중에 많은 외국 영토가 정부에 의해 몰수되었다.

conform
[kənfɔ́:rm]

따르다, 순응하다

[con(together) + form(폼, 모양)] 앞의 에어로빅 강사와 같은 폼으로 잘 따라하는 수강생들의 모습

The building does not **conform** with safety regulations.
그 건물은 안전 규정을 따르지 않고 있다.

confront
[kənfrʌ́nt]

직면하다, 만나다

[con(together) 프런트] 같이 프런트에서 만나는 모습

The company is **confronted** with severe financial problems.
그 회사는 심각한 재정 문제에 직면해 있다.

📖 confrontation 직면, 대립

conservative
[kənsə́:rvətiv]

보수적인

[con(together) + 서(서서) 버티브 → 같이 서서 버티다] 서양 배가 몰려 올 때 우리 선비들이 같이 서서 버티며 못 들어오게 했던 보수적인 모습

The committee tends to be **conservative**.
그 위원회는 보수주의적 성향이 있다.

📖 conserve 보존하다, 유지하다

consistent
[kənsístənt]

일관성 있는, 언행일치의

[con(together) 시스터(sister(누이)로 생각) + nt → 같은 누이]
쌍둥이 누이의 말과 행동이 서로 똑같은 모습

You're not very **consistent**. 당신은 (태도가) 별로 한결같지 않다.

★ 토익 출제 문제
An analysis of seven years' work revealed errors and inconsistencies.
7년간 진행된 작업에 대한 분석의 결과로 많은 오류와 모순이 밝혀졌다.

- consistency 일관성, 언행일치
- inconsistency 불일치, 모순

conspire
[kənspáiər]

공모하다, 음모를 꾸미다

[con(together) 스파이어 → 같은 스파이여] 스파이들끼리 같이 무언가 공모를 하는 모습

The criminals **conspired** to rob a bank.
그 범인들은 은행을 털기로 모의했다.

- conspiracy 음모, 공모

consult
[kənsʌ́lt]

상담하다, (전문가에게) 의견을 묻다, (참고서·사전 등을) 참고하다

[con(together) 설트(설득)] 같이 상담해주며 ~하는 게 좋다고 설득하는 모습

★ 토익 출제 표현
1. **consult a doctor** 의사의 진찰을 받다 (= see a doctor)
   I think you should **consult a doctor** without delay.
   당신은 지체 없이 의사의 진찰을 받아 봐야 할 것 같다.
2. **consult a map** 지도를 자세히 살피다
   The woman is **consulting a map**.
   여자가 지도를 보고 있다.

★ 토익 출제 문제
He was a management _____ to the company.
그는 그 회사의 경영 고문이었다.
→ **consultant** (O), **consultation** (X)

- consultant 상담자, 고문
  consultation 상담, 자문

contemporary
[kəntémpərèri]

현대의, 동시대의

[con(together) + tempo(템포, 빠르기) + rary] 현재 같은 시간으로 살아가는

Would you like to hear classical music or **contemporary music**? 당신은 클래식 음악을 좋아하세요, 아니면 현대 음악을 좋아하세요?

contentious
[kənténʃəs]

싸우기 좋아하는, 논쟁을 즐기는, 논쟁거리의

[con(together) + ten(10) 셨으] 권투에서 한 선수가 다운이 되자 같이 10까지 세며 흥분하는 권투(싸움)를 좋아하는 남자들을 연상

📖 contend 경쟁하다, 주장하다
contention 말다툼, 논쟁

It's currently a very **contentious** issue.
그것은 현재 굉장히 논쟁을 일으키는 사안이다.

contiguous
[kəntígjuəs]

접촉하는, 인접하는

[con(together) + 티규었으 → 같이 튀겼다] 기름에 같이 튀겨진 튀김들이 서로 접촉하여 들러붙어 있는 모습

The two countries are **contiguous** for a few miles; then they are separated by the gulf.
두 나라는 몇 마일을 접해 있다. 그리고는 만에 의해 나누어져 있다.

correlate
[kɔ́:rəlèit]

서로 관련시키다, 관련이 있다

[cor(together) + relate(관계시키다)]

📖 correlation 상호관계

Geography **correlates** with many other studies.
지리학은 다른 많은 학문과 관련이 있다.

48강 toeic voca

접두어 DE

접두어 de는 down(아래, 밑), not(~이 아닌)의 의미로 쓰인다.

defame
[diféim]

중상모략하다, 비방하다

[de(down) + fame(명성)] 명성을 밑으로 떨어뜨리다. 즉 중상모략하다

There is no reason to insult and **defame** the man simply because you do not agree with him.
단지 네가 그에게 동의하지 않는다고 해서 그 사람을 모욕하고 비방할 이유가 없다.

degrade
[digréid]

강등시키다, (품위·명성 등을) 떨어뜨리다

[de(down) + grade(등급)] 등급을 아래로 보내다

You should not **degrade** yourself by telling such a lie.
그런 거짓말을 하여 자신의 품위를 떨어뜨려서는 안된다.

- degrading (품위를) 떨어뜨리는, 창피스러운

delinquent
[dilíŋkwənt]

과실 있는, 의무 태만의, (세금 등이) 연체된; 직무 태만자

[de(down) 링 컨트(권투) → 권투 링 아래서] 권투선수가 권투장 바깥에서 사람을 치는 비행을 저지르는 모습

The family of the patient blamed the **delinquent** doctor.
그 환자의 가족들은 직무 태만한 그 의사를 비난했다.

- delinquency 직무 태만, 비행, 과실

denounce
[dináuns]

비난하다

[de(down) + nounce(announce, 발표하다)] 어떤 사람을 아래로 낮춰서 발표하다

Union officials have **denounced** the action as a breach of the agreement. 노조 임원들은 그 조치를 합의 위반이라고 비난했다.

depict
[dipíkt]

묘사하다, 서술하다

[de(down) + pict(picture, 그림)] 아래(땅)에 그림을 그려가며 설명하고 묘사하는 모습

Her novel **depicts** the life of country people.
그녀의 소설은 시골 사람들의 삶을 묘사한다.

deplore
[diplɔ́:r]

한탄하다, 개탄하다

[de(down) + plore(floor, 마루)] 아래 마룻바닥을 치며 한탄하는 모습

I **deplore** the fact that there are so few women in topnotch jobs.
최고의 일자리에 여자들이 그처럼 적다는 사실에 나는 개탄한다.

▣ deplorable 통탄할, 한탄스러운, 슬픈

denote
[dinóut]

나타내다, 뜻하다

[de(down) + note(필기하다)] 한자 등의 밑에 그것이 뜻하는 것을 필기하다

This map symbol **denotes** historic places.
이 지도 기호는 사적지를 나타낸다.

deregulate
[di:régjulèit]

규제를 해제하다

[de(not) + regulate(규제하다)] 규제를 없애다

The government intends to forge ahead with the job of **deregulating** the economy.
정부는 경제에 대한 규제 철폐 작업을 빠르게 추진할 예정이다.

▣ deregulation 규제 해제

접두어 DI, DIS

접두어 di, dis는 not(~이 아닌), away(멀리), off(떨어져)의 의미로 쓰인다.

diminutive
[dimínjutiv]

소형의, 작은

[di(강조) + minu(mini: '작은'을 뜻하는 어근) + tive] 아주 작은

She has **diminutive** hands for an adult.
그녀는 어른치고는 아주 작은 손을 가졌다.

disabled
[diséibld]

불구가 된, 무능력해진

[dis(not) + able(~할 수 있는)] ~할 수 없는, 즉 일 등을 하지 못할 정도로 무능한

He has spent all his life, working with mentally **disabled** people.
그는 그의 평생을 정신적으로 장애가 있는 사람들과 함께 일하며 보냈다.

▣ disability 무능, 장애

disarm
[disáːrm]

무장해제하다, 군비축소하다

[dis(away) + arm('무기'를 뜻하는 어근: army)] 무기를 멀리 보내다

The terrorist group has shown no signs of being willing to **disarm**. 그 테러리스트 단체는 무장해제의 조짐을 보이지 않고 있다.

🔳 disarming (의혹·두려움 등을) 가시게 하는

discard
[diskáːrd]

(불필요한 것을) 버리다, 해고하다

[dis(away) + card(카드)] 낭비를 조장하고 필요치도 않은 카드를 멀리 날려버리는 모습

This popular theory must now be **discarded** in the light of new findings. 이 유명한 이론은 새로운 발견에 비추어 보아 이제 폐기되어야 한다.

discontent
[diskəntént]

불만, 불만스러운 것

[dis(not) + content(만족한)] 불만

There are signs of **discontent** with pay and conditions. 봉급과 근무 조건들에 대한 불만의 조짐들이 있다.

🔳 discontented 불만스러운

discord
[dískɔːrd]

불화, 내분, 불일치

[dis(not) + cord(코드)] 악보와 악기의 코드가 맞지 않는

There is too much **discord** within my family. 우리 집안에는 불화가 너무 많다.

🔳 discordant 부조화의, 일치하지 않는

disinclined
[dìsinkláind]

~할 마음이 내키지 않는

[dis(not) + inclined(~하고 싶어 하는)] ~하고 싶지 않은

I'm **disinclined** to offer him a job if he hasn't got a degree. 만약 그가 학위를 받지 못하면 그에게 일자리를 제안하고 싶지 않다.

disinterested
[disíntərèstid]

사심 없는, 공평한, 무관심한

[dis(not) + interested(관심 있는)] 돈 등에 관심이 없는

The only **disinterested** person in the court room was the judge. 법정에서 어느 쪽으로도 치우치지 않은 사람은 판사뿐이었다.

dispel
[dispél]

내쫓다, 흩어지게 하다

[dis(away) + pel(팰)] 이 사람을 패서 멀리 내쫓아라!

The government has moved swiftly to **dispel** the rumors. 정부는 그 소문을 불식시키기 위해 신속히 움직였다.

disperse
[dispə́:rs]

흩어지게 하다, 해산시키다, 퍼뜨리다

[dis(away) + per(팔) + se(속)] 멀리 팔로 속 밀어 쫓아버리다

The police fired tear gas into the crowd to **disperse** the protesters.
경찰은 시위자들을 흩어지게 하려고 군중들에게 최루 가스를 발사했다.

▣ dispersion 흩뜨림, 분산

disrepair
[dìsripéər]

파손

[dis(not) + repair(수선하다, 고치다)] 수선하는 것의 반대

The building has fallen into **disrepair** over the years.
그 건물은 수 년 동안 파손되어 왔다.

distill
[distíl]

증류하다

[dis(away) + 틸] 수증기 분자들이 물에서 이탈하여 멀리 튀어나가면서 증류되는 모습

distilled water 증류수

접두어 EM, EN

접두어 em, en은 in(안에), into(안으로), make(~되게 하다)의 의미로 쓰인다.

embargo
[imbá:rgou]

출항금지, 통상금지

[em(in) 바고(박어)] 선박을 항구 안에 박아두고 나오지 말라고 하는 것

The oil nations would be less anxious to impose another **embargo** that would damage their own investments.
그 산유국들은 그들 자신의 투자에 손해를 미치는 또 다른 통상금지를 부과하는 것을 별로 바라지 않을 것이다.

embody
[imbádi]

(사실·감정 등을) 구체화하다

[em(make) + body(몸)] 몸체를 갖게 하다. 즉 구체화하다

They expect their leaders to **embody** their aspiration.
그들은 지도자들이 그들의 소망을 실현해 주기를 기대한다.

encircle
[insə́:rkl]

에워싸다, 둘러싸다

[en(in) + circle(원; 원을 그리다)] 안을 원으로 둘러싸다

The Russian army was in position **encircling** the rebel camps. 러시아 정부군은 반군 진지를 둘러싸는 위치에 있었다.

employ
[implɔ́i]

고용하다

[em(in) 풀로이 → 안에 풀러이] 안에 있는 상자를 풀라고 하며 일꾼을 고용해서 일을 시키는 모습

- employer 고용주
  employee 피고용인, 직원
  employment 고용
- unemployment 실업, 실직

★ 토익 출제 표현
1. **employment agency** 직업 소개소
2. **long-term employment** 장기 고용

empower
[impáuər]

~할 권리를 부여하다

[em(make) + power(힘)] 힘(권력)을 갖게 하다

The purpose of YWCA is to **empower** women.
YWCA의 목적은 여성의 권익 신장이다.

encompass
[inkʌ́mpəs]

둘러싸다, 포위하다

[en(in) + compass(콤퍼스)] 콤퍼스로 원을 그려 그 원이 안을 둘러싸는 모습

The general arts course **encompasses** a wide range of subjects.
일반 교양 과정은 광범위한 과목들을 포함한다.

endanger
[indéindʒər]

위태롭게 하다, 위험에 빠뜨리다

[en(make) + danger(위험)] 위험하게 하다

★ 토익 출제 표현
1. **an endangered species** 멸종 위기에 처한 종
2. **an endangered wildlife** 멸종 위기에 처한 야생동물

- endangered
  (동식물이) 멸종위기에 처한

endorse
[indɔ́ːrs]

(어음 따위에) 배서하다, (계획 등을) 승인하다

[en(in) 도스 → in 돈 쓰] 돈 안에 쓰다. 즉 수표나 어음 따위의 돈 안에 배서하다

After much discussion, the committee decided to **endorse** the new budget.
많은 논의 후에 그 위원회는 새 예산안을 승인하기로 결정했다.

- endorsement 배서, 승인

enforce
[infɔ́:rs]

강요하다, (법률 등을) 집행하다

> [en(make) + force(힘)] 힘으로 ~하다

You can't **enforce** cooperation between the players.
선수들 간의 협조를 강요할 수는 없는 일이다.

★ 토익 출제 표현
1. **enforce a rule** 규칙을 시행하다
2. **enforce cooperation** 협조를 강요하다

engrave
[ingréiv]

(문자·도안 등을) ~에 새기다, 조각하다

> [en(in) + grave(무덤)] 무덤에 있는 비석 안에 글씨를 정으로 새기는 모습

Does fear **engrave** a memory more deeply in our minds than do happiness and joy?
행복감과 즐거움보다 두려움이 우리의 마음에 더 깊게 기억을 새기는가?

engross
[ingróus]

몰두시키다, (마음·시간 등을) 빼앗다

> [en(in) + 그로쓰 → 안에 글로 쓰다] 방안에서 글 쓰는 데 몰두하고 있는 소설 작가를 연상

She did not hear what you said because she was completely **engrossed** in her reading.
그녀는 독서에 완전히 빠져 있어서 네가 말한 것을 듣지 못했다.

enhance
[inhǽns]

(질·능력 등을) 높이다, 강화하다

> [en(make) 핸스 (한 수)] (능력 등을) 한 수 위로 높이다

What can we do to **enhance** our chances of victory?
우리의 승리의 가능성을 높이기 위해 무엇을 할 수 있을까?

📖 **enhancer** 높이는 것, 증강제

enlighten
[inláitn]

계몽하다, 밝히다

> [en(in) + light(빛) + en] 머리 속에 빛을 밝히는, 즉 계몽하는

The object of the exercise is to amuse and **enlighten** the general reader.
그 연습의 목표는 일반 독자들을 즐겁게 하고 계몽시키는 것이다.

📖 **enlightened** 계몽된, 개화된
enlightening 계몽적인, 가르침을 주는
enlightenment 계몽, 개화

enmity
[énməti]

적개심, 반목

> [en(in) 미티(미운티)] 마음속에 미운 티가 박힌 것

The lover of democracy has **enmity** against totalitarianism.
민주주의를 사랑하는 사람은 전체주의에 대한 적개심을 갖고 있다.

enroll
[inróul]

등록하다, (이름을) 명부에 올리다, 기록하다

[en(in) + 롤(놀)] → 안에 들어가서(등록해서) 놀래!] 써클 안에 등록해서 놀려고 하는 모습

★ 토익 출제 표현
enroll in ~ ~에 등록하다
Nine hundred students are **enrolled in** this program.
9백 명의 학생이 이 프로그램에 등록되어 있다.

entangle
[intǽŋgl]

뒤얽히게 하다, 얽히게 하다

[en(in) 탱글] 포도송이가 한 가지 안에서 탱글탱글 서로 얽혀있는 모습

📘 disentangle 얽힌 것을 풀다, 풀리다, 분규를 해결하다

Every time a fly landed on the web, it was **entangled** in it.
파리가 거미줄에 내려앉기만 하면 그 속에 얽혀 들어갔다.

enthusiasm
[inθúːziæzm]

열광, 열의, 열중

[en(in) 쑤지애즘(쓰지 애좀)] 열의가 없는 선수를 보고 "안에 있는 애좀 (힘 좀) 쓰지!"하며 열의를 다하라고 응원하는 모습

📘 enthusiastic 열광적인, 열렬한
enthusiastically 열광적으로, 열렬히
enthusiast 열광자, 팬

★ 토익 출제 문제
After the accident, he lost his _____ for the sport.
그 사고 이후 그는 스포츠에 대한 열정을 잃었다.
→ **enthusiasm** (O), enthusiastic (X), enthusiast (X)

entice
[intáis]

유혹하다, 꾀다

[en(in) 타이 쓰] "그 양복 안(in)에는 이 (넥)타이를 쓰는 게 어울려요"하며 점원이 손님에게 타이를 사라고 부추기고 유혹하다

📘 enticing 마음을 끄는, 유혹적인

He has fallen in love with the lady with a very **enticing** smile. 그는 매우 유혹적인 미소를 가진 숙녀와 사랑에 빠졌다.

entitle
[intáitl]

~에게 ~할 권리[자격]을 주다, ~라고 칭하다

[en(make) + title(제목, 직함, 권리)] 권리나 직함을 갖게 하다

★ 토익 출제 문제
1. The victims are entitled to be compensated for their injuries.
   피해자들은 그들의 부상에 대한 보상을 받을 권리가 있다.
   • be entitled to + 동사: ~할 자격이 주어지다
2. All citizens shall be entitled to a life worthy of human being.
   모든 국민은 인간다운 생활을 할 권리를 가진다.
   • be entitled to + 명사: ~에 대한 자격[권리]이 있다

49강 toeic voca

접두어 E, EX

접두어 e, ex는 out(밖), out of(밖으로)의 의미로 쓰인다.

eccentric
[ikséntrik]

이상한, 정도를 벗어난

> [ec(ex, out) + centr(center: '중앙'을 의미하는 어근) + ic] 중앙에서 벗어난, 즉 정도를 벗어난

There is something **eccentric** in his characteristics.
그의 성격에는 좀 별난 데가 있다.

elaborate
v. [ilǽbərèit]
a. [ilǽbərət]

정성들여 만들다; 정성이 깃든, 정교한

> [e(강조) + labor(노동하다, 일하다) + ate] 완전히 일에 몰두하여 하는

They're making the most **elaborate** preparations for the wedding.
그들은 결혼을 위해 가장 공들인 준비를 하고 있다.

equipment
[ikwípmənt]

장비, 비품, 설비, 준비

> [e(out) 킵(keep, 지키다) 먼트 → 밖에 지킬게 많다] 공장 밖에 장비들을 쌓아 놓아서 밤낮으로 지켜서 유지할게 많다

They exported a million dollars' worth of stereo **equipment**.
그들은 백만 달러 가치의 입체 음향 장비를 수출했다.

> ★ 토익 출제 표현
>
> **protective equipment** 보호 장비
> • protecting equipment라고 하지 않는다는 점에 주의하자.
> • equipment는 불가산명사이므로 복수형 어미 s가 붙지 않는다는 점이 시험에 출제되었다.

🔁 equip 장비하다, 갖추다, 채비하다

estrange
[istréindʒ]

(애정이) 멀어지게 하다, 소원하게 하다

> [e(강조) + strange(낯선)] 완전히 낯설게 하다

His impolite behavior **estranged** his friends.
그의 무례한 행동이 그의 친구들과 멀어지게 했다.

evade
[ivéid]

피하다, 모면하다

[e(out) + 베이드(베이다)] 베이는 것으로부터 밖으로 피하다. 군인이 적이 칼로 공격할 때 피하여 베이지 않는 모습

You will be punished if you **evade** paying your taxes.
만약 당신이 세금을 내는 것을 기피하면 처벌을 받을 것이다.

n. evasion (책임·의무 등의) 회피, 탈세
evasive 회피적인

evaluate
[ivǽljuèit]

평가하다

[e(out) + value(가치) + ate(동사형 어미)] 밖으로 가치를 드러내어 평가하다

Don't **evaluate** all Koreans by those two.
저 두 사람으로 한국인 전체를 평가하지 마세요.

★ 토익 출제 표현
1. **performance evaluation** 직무 평가
2. **course evaluation** 강의 평가

n. evaluation 평가, 평가액
evaluator 평가자

expand
[ikspǽnd]

넓히다, 팽창시키다, 퍼지다

[ex(out) 팬드(팬들)] 한류 가수들처럼 밖으로 자신의 팬들을 넓히려고 일본 등 외국으로 진출하는 모습, 즉 세계로 자신의 능력을 팽창시키는 모습

The company plans to **expand** its manufacturing division twice. 회사는 생산부서를 두 배로 확장할 계획이다.

★ 토익 출제 표현
1. **expansion project** 확장 계획
2. **facility expansion** 시설 확장

n. expansion 팽창, 확장

expel
[ikspél]

내쫓다, 추방하다

[ex(out) + pel(펠)] 밖으로 패서 내쫓는 모습

He has been **expelled** from the community.
그는 그 단체에서 내쫓겼다.

exhalation
[èkshəléiʃən]

숨을 내쉼

[ex(out) + 홀(hole 구멍) + 내이션] 목구멍 밖으로 숨을 내쉬어

The doctor told me to **exhale** as she listened to my heartbeat. 그 의사는 심장 박동 소리를 들으려고 나한테 숨을 내쉬라고 말했다.

v. exhale 숨을 내쉬다
반 inhale 숨을 들이쉬다
inhalation 숨을 들이쉼

exhilarate
[igzíləreit]

원기를 돋우다, 명랑하게 하다

[ex(out) 질러래이! te] "밖으로 소리를 크게 질러래이!"하며 학생들의 원기를 돋우는 선생님을 연상

We felt **exhilarated** after talking a stroll along the beach.
해변을 따라 산책하고 나니 기분이 상쾌했다.

ⓐ **exhilarating** 기분을 돋우는, 상쾌한

exotic
[igzátik]

외래의, 이국적인

[ex(out) 자 틱] "밖에서 자가(재가) 틱하고 왔지?"하며 노랑머리의 이국적인 소녀를 보며 말하는 모습

She was attracted by his **exotic** features.
그녀는 그의 이국적인 용모에 끌렸다.

explicit
[iksplísit]

명백한, 숨김없는, 솔직한

[ex(out) 풀리싯 → 밖으로 풀르시는] 속마음을 밖으로 풀러 내보이는

She was quite **explicit** about why she had left him.
그녀는 왜 자신이 그를 떠났는지에 대해 아주 분명했다.

extent
[ikstént]

범위, 정도, 넓이

[ex(out) 텐트] 여름철 야영장에 텐트를 칠 자리가 부족하다며 텐트를 세워놓을 수 있는 범위를 텐트 밖으로 몇 미터 정해놓은 모습

Parking restrictions do not **extend** to disabled people.
주차 제한은 장애인에게까지 해당되지는 않는다.

★ 토익 출제 표현
1. **extension number** 내선번호
2. **extend the deadline** 기한을 연장하다
3. **extensive repairs** 광범위한[전면적인] 수리

★ 토익 출제 문제
We would like to extend our _____ for any inconvenience this cancellation may have caused you.
우리는 이번 취소로 당신에게 끼쳐질 어떠한 불편함에 대해서도 사과하고 싶습니다.
→ **apologies** (O), **appreciation** (X), **description** (X), **charges** (X)
• extend one's apologies for ~: ~에 대해 사과하다

ⓥ **extend** 넓히다, 늘리다, 뻗치다
extensible 늘릴 수 있는
extensive 광대한, 넓은
extension 확장, 증설

extinguish
[ikstíŋgwiʃ]

(불·빛 등을) 끄다, 진화하다

[ex(out) 팅기쉬 → 밖으로 팅기시다] 소방관 아저씨가 호수 밖으로 물을 팅기며 진화하는 모습

It took the firemen hours to **extinguish** the flames.
소방관들이 화염을 진화하는 데 수 시간이 걸렸다.

📖 extinguisher 소화기

extraneous
[ikstréiniəs]

관계없는, 이질적인, 외부로부터 온

[extra(outside를 뜻하는 어근) + neous] 밖으로부터 온, 즉 이질적인

Everyone present at the meeting considered his remark to be **extraneous**.
그 회의에 참석한 모든 사람이 그의 발언을 이질적이라고 생각했다.

exterior
[ikstíəriər]

바깥쪽의, 외부의

[ex(out) 티어리어] 밖으로 티는 쪽의

The **exterior** of the house needs painting.
그 집의 외부는 페인트칠이 필요하다.

extinct
[ikstíŋkt]

사멸한, 멸종한

[ex(out) 팅크트] 운석이 지구와 충돌하자 공룡이 지구 밖으로 팅겨 져 나가 멸종한

The tiger in Korea has been **extinct** for a long time ago.
한국의 호랑이는 오래 전에 멸종되었다.

★ 토익 출제 표현
a species threatened with extinction 멸종 위기에 처한 종

📖 extinction 사멸, 멸종

evict
[ivíkt]

축출하다, 퇴거시키다

[e(out) + 빅트(비트)] 강제 철거 지역에서 나오지 않으려는 주민을 밖으로 팔을 비틀어서 강제로 쫓아내는 모습

My landlady's threatening to **evict** me if I don't pay the rent by the end of the week.
집주인 여자가 이번 주말까지 집세를 내지 않으면 나를 퇴거시키겠다고 위협하고 있다.

★ 토익 출제 표현
eviction notice 퇴거명령

📖 eviction 퇴거, 쫓아냄

접두어 FORE

접두어 fore는 before(~전에), front(앞)의 의미로 쓰인다.

forebear
[fɔ́:rber]

선조, 조상

[fore(before) + bear(곰) → 예전의 곰] 웅녀는 우리의 조상

You call the land of your **forebears** your motherland.
조상들의 나라를 모국이라고 부른다.

foreboding
[fɔ:rbóudiŋ]

육감, 예감

[fore(before) + bodi(body, '몸'으로 생각) + ng] 미리 몸으로 느끼는 것

☞ forebode 미리 예시하다, 예언하다

She had a sense of **foreboding** that the plane would crash.
그녀는 비행기가 추락할 거라는 불길한 예감이 들었다.

forecast
[fɔ́:rkæst]

예측, 예보

[fore(before) + cast(broadcast, 방송하다)] 미리 방송으로 일기예보 하는 모습

Meteorologists use balloons to **forecast** weather patterns.
기상학자들은 날씨 패턴을 예보하기 위해 풍선을 이용한다.

forefront
[fɔ́:rfrʌ̀nt]

선두, 제일선

[fore(before) + front(앞)] 앞 중에서도 앞에 있는 것

She was one of the politicians at the **forefront** of the campaign to free the prisoners.
그녀는 그 죄수들을 석방하기 위한 캠페인의 선두에 선 정치가들 중 한 사람이었다.

foregoing
[fɔ:rgóuiŋ]

전의, 전술한; 앞서 말한 것

[fore(before) + go(가다) + ing] 먼저 지나치며 설명한

The **foregoing** is a description of the plan proposed.
상기 내용은 제안된 계획을 기술한 것이다.

forehead
[fɔ́:rid]

이마, 앞부분

[fore(before) + head(머리)] 머리의 앞부분

He wiped his **forehead** with the back of his hand.
그는 손등으로 이마를 닦았다.

foremost
[fɔ́ːrmòust]

맨 앞의, 첫 번째의, 일류의

[fore(before) + most(최상급)] 가장 앞에 있는

He is the **foremost** expert in this field.
그는 이 분야에서 첫째가는 전문가이다.

> ★ 토익 출제 표현
> 1. **first and foremost** 다른 무엇보다도 더
> 2. **the world's foremost authority on the subject**
>   그 주제에 관해 세계 최고의 권위자

foreshadow
[fɔːrʃǽdou]

징조를 보이다

[fore(before) + shadow(그림자)] 검은 그림자가 드리우며 안 좋은 징조를 보이는 모습

Last night's dream seems to **foreshadow** that something bad might happen.
어젯밤 꿈은 뭔가 나쁜 일이 일어날 것을 예시하는 듯하다.

foresight
[fɔ́ːrsàit]

선견지명, 예지, 예측

[fore(before) + sight(광경)] 미리 미래의 광경을 볼 수 있는 것

She'd had the **foresight** to sell her house just before house prices came down.
그녀는 집값이 떨어지기 직전에 그녀의 집을 팔 정도로 선견지명을 가졌었다.

foreword
[fɔ́ːrwə̀ːrd]

머리말, 서문

[fore(before) + word(단어, 말)] 앞에 있는 말

The book has a **foreword** by the President.
그 책에는 대통령이 쓴 서문이 실려 있다.

forewarn
[fɔːrwɔ́ːrn]

미리 경고하다, 주의하다

[fore(before) + warn(경고하다)]

We had been **forewarned** that violence could occur.
우리는 폭력의 위험이 있다는 경고를 미리 받았다.

former
[fɔ́ːrmər]

전의, (양자 중) 전자의

[fore(before) + er]

The **former** North Korean agent got married and settled down in Seoul. 전(前) 북한 간첩은 결혼하여 서울에 정착했다.

📌 **formerly** 전에, 옛날에는

foresee
[fɔːrsíː]

예견하다

[fore(before) + see(보다)] 미리 앞서서 내다보다

★ 토익 출제 표현
in the foreseeable future 가까운 장래에, 당분간
I am looking forward to your favorable answer **in the foreseeable future**. 빠른 시일 내에 긍정적인 회신이 있기를 기다리겠습니다.

◉ foreseeable 예견할 수 있는

toeic voca

접두어 IM

접두어 im은 in(~안에), not(~이 아닌)의 의미로 쓰인다.

impact
[ímpækt]

충격, 영향(력), 강한 인상

[im(in) 팩! 트] 머리 안에 팩! 하고 강하게 박히는

I am also concerned about the **impact** of the tax changes.
나 역시 세율 변화가 가져올 영향에 대해서 걱정합니다.

★ 토익 출제 표현
have an impact on ~ ~에 영향을 주다
The new law will **have a** major **impact on** tobacco industry.
그 새로운 법안은 담배 산업에 큰 영향을 줄 것이다.

impartial
[impά:rʃəl]

공평한, 공명정대한

[im(not) + partial(부분적인, 불공평한)] 불공평하지 않은

Impartial news coverage is quite hard to find.
공평한 뉴스 보도는 발견하기 꽤 어렵다.

impassable
[impǽsəbl]

통행할 수 없는, 통과할 수 없는

[im(not) + pass(통과하다) + able(~할 수 있는)] 통과할 수 없는

Many roads were flooded and **impassable** following the storm. 그 폭풍우 후에 많은 길들이 범람했고 통행할 수 없었다.

impasse
[ímpæs]

궁지, 난국, 막다른 골목

[im(not) + pass(통과하다) + e] 통과하지 못하는 곳

The dispute had reached at an **impasse**, as neither side would compromise.
그 논쟁은 어느 편도 타협을 하지 않으려 하기 때문에 막다른 골목으로 치달았다.

immobile
[imóubi:l]

움직일 수 없는, 움직이지 않는

[im(not) + mobile(모빌, 움직일 수 있는)] 움직일 수 없는

Her illness has made her completely **immobile**.
그녀는 아파서 전혀 움직이지를 못한다.

impair
[impéər]

해치다, 손상시키다

[im(in) + pair(페어)] 살 안을 푹 페이게 칼로 비어 해치는 모습

Too much alcohol **impairs** your ability to drive.
지나친 알코올은 운전 능력을 저해한다.

impel
[impél]

강요하다, 재촉하다

[im(in) + pel(push의 의미의 어근: ex. dispel, expel)] 마음속에서 밀어 부치는

📖 impellent 추진하는, 강요하는

I wonder what it is that **impels** him to exercise all the time.
나는 무엇이 그로 하여금 항상 연습하도록 재촉하는지 궁금하다.

imperceptible
[impərséptəbl]

(너무 작아서) 감지할 수 없는, (차이 등이) 근소한

[im(not) + percept(perceive, 느끼다) + ible] 느끼지 못할 정도의

📖 imperceptive 감지 못하는, 지각력이 없는

The difference between their opinions is **imperceptible**.
그들의 견해상의 차이는 아주 미미하다.

implant
[implǽnt]

(씨 등을) 심다, (마음속에) 심다, 끼워 넣다

[im(in) + plant(심다)] 마음속에 심다

She's had a kidney valve **implanted**.
그녀는 콩팥 밸브를 이식했다.

implement
v. [ímpləmènt]
n. [ímpləmənt]

이행하다; 도구, 기구

[im(not) 풀러 먼트] 컴퓨터 수리를 이행하면서 드라이버와 같은 도구로 안의 부속품을 풀러 버리는 모습

We've decided to restrictively **implement** the system.
그 제도를 제한적으로 시행하기로 했다.

implicate
[ímplikèit]

관련시키다, 연루시키다, 시사하다

> [im(in) + 플리 + 캐이트] 안에 암시되거나 관련된(얽힌) 것들을 풀어서 캐내는 모습

A lot of people were **implicated** in the scandal.
많은 사람들이 그 추문에 연루되어 있었다.

The results **implicate** poor hygiene as one cause of the outbreak. 그 결과는 불결한 위생이 발병의 한 원인이었음을 보여준다.

> ★ 토익 출제 문제
> This has _____ for both family relationships and the health of individual family members.
> 이것은 가족의 유대관계와 가족구성원의 건강 모두에 영향을 미친다.
> → **implications** (O), **implicated** (X)
> • implicate는 타동사이므로 뒤에 전치사 for를 바로 쓰지 못한다.
> • have implications for ~: ~에 영향을 미치다

■ implication 관련성, 연관성, 영향
  imply 암시하다, 포함하다, 내포하다

implore
[implɔ́:r]

애원하다, 탄원하다

> [im(in) 풀로어(플러)] 경찰서 안에 잡혀있는 아들을 풀러달라고 애원하는 어머니의 모습

Some of the captives were afraid and **implored** the others to do as they were told.
몇몇 포로들은 두려워서 다른 사람들에게 시키는 대로 하라고 애원했다.

■ imploring 애원하는
  imploration 애원, 탄원

impose
[impóuz]

(세금·의무 등을) 부과하다

> [im(in) 포즈(퍼주)] 조선시대 세금을 걷으러 다니며 "집 안에 있는 쌀 퍼줘"하며 세금 등을 부과하는 모습

> ★ 토익 출제 표현
> 1. **impose A on B** A를 B에 부과하다
> 2. **impose heavy fines** 무거운 벌금을 부과하다
> 3. **impose one's view on others** ~의 견해를 다른 사람들에게 강요하다
> 4. **A be imposed on B** B에게 A가 부과되다
>   Very high taxes have recently **been imposed on** cigarettes.
>   최근 매우 높은 세금이 담배에 부과되었다.

■ imposition (의무·세금 등을) 지움, 부과, 세금

impound
[impáund]

압류하다, 몰수하다

> [im(in) + 파운드] 봉지 안에 들어 있는 몇 파운드 무게의 마약을 몰수하다

The police **impounded** his car as evidence.
경찰이 증거로 그의 차를 압수했다.

접두어 IN

접두어 in은 in(~안에), not(~이 아닌)의 의미로 쓰인다.

inadvertent
[inədvə́:rtnt]

무심코의, 부주의한

> [in(in) 어드버 턴트 → 안에 어뜨버! 탄트] 목욕탕에서 뜨거운 탕 안에 무심코 발을 담그다가 어뜨버(어뜨거)! 하고 발이 탄 모습

All authors need to be wary of **inadvertant** plagiarism of other people's work.
모든 저자들은 다른 사람들의 작품을 무심코 표절하게 되는 것을 주의해야 한다.

ad inadvertently 무심코, 부주의하게

inalienable
[inéiljənəbl]

(권리 등을) 양도할 수 없는, 빼앗을 수 없는

> [in(not) + alien(에어리언, 외계인) + able(할 수 있는) → 외계인에게 할 수 없는] 지구를 외계인에게 양도할 수 없는

He maintains that Taiwan has always been an **inalienable** part of mainland China.
그는 타이완이 언제까지나 양도할 수 없는 중국 본토의 일부라고 주장한다.

incalculable
[inkǽlkjuləbl]

헤아릴 수 없는, 막대한

> [in(not) + calcul(calculate, 계산하다) + able] 계산할 수 없을 정도로 막대한

The ecological consequences of a nuclear war are **incalculable**. 핵전쟁의 생태학적 영향은 막대하다.

incident
[ínsidənt]

사건, 사변, (부수적으로) 일어난 일

> [in(in) 씨 돈 투] 호주머니 안에 있던 돈이 없어져서 "에이 씨"하는 모습에서 호주머니 안의 돈이 없어진 사건이란 이미지로 암기

★토익 출제 표현
incidental expenses 부대비용
You have to provide receipts for **incidental expenses** to the accounting department.
당신은 부대비용에 대한 영수증들을 경리부에 제시해야 합니다.

ad incidental 부차적인, 우연의, 부수적으로 일어나는,

incipient
[insípiənt]

시작의, 초기의, 발단의

> [in(in) 씨 피언트 → 안에서 씨가 피다] 땅속에서 생명체의 씨앗이 피어나 생명이 시작되는 순간을 연상

The disease is curable if it is treated at an **incipient** stage.
그 질병은 초기단계에 치료 받으면 치료될 수 있다.

ad inception 시초, 발단

inclement
[inklémənt]

(날씨가) 험한, 궂은

[in(in) + 끌리 많다] 날씨가 험해 비가 많이 내려 밖에 서있는 아이를 집안으로 끌고 들어가면서 밖에 비가 많다고 하는 모습

★ 토익 출제 표현
inclement weather 험한 날씨, 기상 악화
Due to **inclement weather**, the meeting has been postponed.
궂은 날씨 때문에 모임은 연기됐다.

incline
[inkláin]

(마음이) 내키게 하다, ~하는 경향이 있다

[in(in) 클 line → 안으로 끌어당기는 줄] 떡볶이 집 앞을 지날 때 먹고 싶어서 어떤 줄이 여러분을 식당 안으로 끌어당기듯이 들어가고 싶은 모습

★ 토익 출제 표현
be inclined to ~ ~을 하고 싶어 하다, ~하는 성향을 나타내다
I **am inclined to** start at once. 나는 당장 출발하고 싶다.

incriminate
[inkrímənèit]

죄를 지우다, 유죄로 하다

[in(in) + crimi(crime, 범죄) + nate] 범죄 속으로 넣다

He refused to say anything on the grounds that he might **incriminate** himself.
그는 그 자신에게 죄를 지울지도 모른다는 이유로 어떠한 것도 말하기를 거부했다.

indecisive
[indisáisiv]

우유부단한

[in(not) + decisive(결정하는)] 결정하지 못하고 우물쭈물 하는

He is widely thought to be an **indecisive** leader.
그는 우유부단한 지도자로 널리 여겨진다.

파 **indecisively** 우유부단하게

independence
[indipéndəns]

독립, 자주

[in(not) + dependence(의지)] 의지하지 않고 독립

★ 토익 출제 문제
Independent television companies receive most of their income from advertising.
독립적인 텔레비전 회사들은 대부분의 수입을 광고로부터 얻는다.

파 **independent** 독립적인, 독자적인
independently 자주적으로, ~와 관계없이
cf. depend on ~에 의지하다

indict
[indáit]

기소하다, 고발하다

[in(in) 다이트 → 안에 다 있다!] 범죄자들이 방안에 다 있다고 고발하는 모습

He was **indicted** on charges of tax evasion.
그는 탈세 혐의로 기소되었다.

📖 indictment 기소, 고발

indifference
[indífərəns]

무관심

[in(not) + difference(차이)] 차이가 없다. 요즘은 색다르지 않으면 사람들이 관심을 두지 않죠?

He went ahead with unpopular changes, **indifferent** to hostile criticism.
그는 비우호적인 비평을 무시한채 인기가 없는 개혁을 추진했다.

📖 indifferent 무관심한, 냉담한

indispensable
[indispénsəbl]

필수 불가결한, 절대 필요한

[in(not) 디스(this) 펜서블(빼서블)] "이것만은 뺏을 수 없어요. 꼭 필요한 물건이에요"하며 꼭 필요한 물건은 뺏기지 않으려는 사람 연상

Your help is **indispensable** for the success of the scheme.
당신의 도움이 그 계획의 성공을 위해 절대적으로 필요합니다.

indoors
[indɔ́ːrz]

실내에, 실내로

[in(in) + door(문)] 문 안에서, 즉 실내에서

The rain compelled us to stay **indoors**.
우리는 비 때문에 부득이 집에 있어야 했다.

📖 outdoors 야외에서

indulge
[indʌ́ldʒ]

빠지다, 탐닉하다, 제멋대로 하게 하다, 버릇없이 기르다

[in(in) 덜지(떨지) → 안에서 떨지] 마약에 빠진 사람이 약 기운이 떨어져 방안에서 손을 부르르 떨고 있는 모습

His mother **indulged** him in material possessions.
그의 어머니는 그가 물질적 소유를 맘껏 누리게 했다.

📖 indulgent 멋대로 하게 하는, 관대한
indulgence 멋대로 하게 함, 관대

★ 토익 출제 표현
indulge in ~ ~에 빠지다, 탐닉하다(= indulge oneself in)
He **indulged** himself **in** gambling. 그는 노름에 빠졌다.

inevitable
[inévitəbl]

불가피한, 당연한

[in(in) 비터블(비춰불)] 쥐구멍에 갇혀있는 쥐를 보고 그 안에 빛을 비출 때 피하지 못하는 쥐를 연상

Four successive dry winters had made water shortages **inevitable**. 네 번의 연속적인 가문 겨울은 물 부족을 불가피하게 했다.

infamous
[ínfəməs]

악명 높은, 불명예스러운

[in(not) + famous(유명한)] 명예스럽지 못한

He is **infamous** for his dishonesty in business matters.
사업 문제에 있어서 그는 부정직함으로 악명이 높다.

📖 infamy 불명예, 오명

infer
[infə́:r]

추론하다, 추정하다

[in(in) 퍼] 머리 속에서 생각을 퍼내다

Although she agreed with me, I **inferred** from her expression that she was reluctant.
비록 그녀가 나에게 동의했지만, 그녀의 표정에서 그녀가 꺼려한다는 것을 추정하였다.

infirm
[infə́:rm]

허약한, 병약한

[in(not) + firm(단단한)] 몸이 단단하지 못한

My grandfather became **infirm** with old age.
할아버지는 고령으로 노쇠해지셨다.

📖 infirmity 허약, 병약
   infirmary 진료소, 병원, 양호실

ingenious
[indʒí:njəs]

재능이 많은, 독창적인

1. [in(in) 지녔으] 몸 안에 솜씨 등을 지녔으
2. [인지니어스 → 엔지니어s] 엔지니어들처럼 정교한 기술을 가진

Steve Jobs was one of the most **ingenious** men in America.
Steve Jobs는 미국에서 가장 재능이 많은 사람 중 한 명이었다.

📖 ingenuity 발명의 재주, 정교함, 교묘함

inhabitable
[inhǽbitəbl]

살기에 적합한

[in(in) 해빗(햇빛) able] 안에 햇빛이 비추어 살기에 적합한

Many forms of aquatic lives **inhabit** in the pond.
많은 형태의 수생 생물이 연못에 산다.

📖 inhabit 살다, 거주하다
   inhabitant 거주자, 주민

inhibit
[inhíbit]

금지하다, 방해하다

[in(not) 히빗(흰 빛)] 흰빛의 가루인 마약은 안 돼!

This drug will **inhibit** the progress of the disease.
이 약은 병의 진행을 억제할 것이다.

📖 inhibition 금지, 억제

51강 toeic voca

innate
[inéit]

타고난, 선천적인

[in(in) + nate(born, '타고난'이라는 의미의 어근: ex. native)]
안에 가지고 태어난

Psychologists still wonder if some personality traits are **innate**.
심리학자들은 여전히 일부 성격이 타고나는 것인가에 대해 의아해 한다.

inordinate
[inɔ́ːrdənət]

과도한, 지나친

[in(not) + ordinate(ordinary, 보통인)] 보통이 아닌, 즉 지나친

Margot has always spent an **inordinate** amount of time on her appearance.
Margot은 항상 그녀의 용모에 지나친 시간을 소비해 왔다.

insolent
[ínsələnt]

거만한, 오만한

[in(in) 살 런트(넣은 투) → 안에 살을 넣고] 즉 배를 사장처럼 내밀며 거드름을 피우는 모습

He has never been **insolent** to his superiors.
그는 그의 윗사람들에게 결코 거만하지 않았다.

insolvent
[insʌ́lvənt]

지급불능의, 파산의

[in(in) 쌀 번트(burnt, 탄)] 집안의 쌀이 다 타버려 파산한 모습. 조선 시대 때는 쌀이 전 재산이었는데 그 쌀이 다 타버렸으니 파산한 것과 마찬가지

He revealed that he was **insolvent** by 1.2 million pounds.
그는 120만 파운드로 파산했다고 밝혔다.

🔲 insolvency 변재불능

insult
[insʌ́lt]

모욕하다, 창피를 주다; 모욕

[in(in) + 설트(살 투!)] 안에 살이 많다고 침까지 투! 하고 뱉으며 모욕을 주는 모습

She made the usual **insults** about my appearance.
그녀는 나의 외모에 대해 일상적인 모욕을 주었다.

insure
[inʃúər]

보증하다, 보험에 들다

[in(in) + sure(확신하는)] 마음속으로 확신하다. 즉 보증하다

You will need your driving licence and car **insurance** certificate.
당신은 운전 면허증과 자동차 보험 증서가 필요할 것입니다.

★ 토익 출제 표현
1. health insurance 건강보험
2. insurance coverage 보험 보상 범위
3. insurance policy 보험 증권
4. insurance company 보험 회사

▥ insurance 보험

intolerable
[intάlərəbl]

참을 수 없는

[in(not) + tolerate(참다) + able(~할 수 있는)] 참을 수 없는

The pain was so **intolerable** that I wished I had been dead. 그 고통을 너무 견딜 수가 없어서 차라리 죽었으면 싶었다.

▥ intolerance 참을 수 없음

intact
[intǽkt]

손대지 않은, 완전한

[in(not) + tact(contact)] 접촉되지 않은, 손도 안대서 완전한 상태로 남아있는

Few buildings survived the bombing raids **intact**.
그 폭격에 아무 피해도 입지 않고 무사한 건물은 거의 없었다.

intake
[íntèik]

섭취

[in(in) + take(취하다)] (몸) 안으로 취하다

Lose weight by reducing your calorie **intake**.
칼로리 섭취를 줄여서 살을 빼라.

intensive
[inténsiv]

강한, 집중적인, 철저한

[in(in) + ten(10) + sive(씹으)] 너무 강하고 질겨서 입안에서 10번은 씹어야 되는 오징어같이 질기고 강인한 것을 연상

That process has been greatly **intensified** by the new president of the company.
회사의 새로운 사장에 의해 그 과정은 매우 강화되어왔다.

▥ intensify 강하게 하다
intense 강한, 열정적인

intention
[inténʃən]

의도, 의향, 목적

[in(in) + ten(10) 션 → 마음속에서 10까지 셔] 번지 점프에서 마음속으로 열까지 세는 것은 뛰어내리려는 목적으로 하는 것

I did not **intend** to menace him but he seemed to be very frightened.
나는 그를 협박할 의도는 아니었다. 그러나 그는 매우 놀란 것처럼 보였다.

★ 토익 출제 문제
I have every _____ of honoring our contract.
전 우리의 계약을 지킬 모든 각오가 되어 있습니다.
→ **intention** (O), **purpose** (X), **objective** (X)
• have every intention of ~ing: 꼭 ~하고자 하다

图 intend ~할 작정이다
　intentional 고의의, 계획된
　intentionally 의도적으로
판 unintentionally
　비의도적으로, 무심코

interrogate
[intérəgèit]

심문하다, 질문하다

[in(in) 테러 gate(문)] "그 집 문 안에서 테러를 저질렀지?" 하며 경찰이 테러범을 심문하는 모습

The police officer **interrogated** the suspect for two hours.
그 경찰관은 두 시간 동안 그 혐의자를 심문했다.

图 interrogatory 의문의, 미심쩍어하는
　interrogation 질문, 심문

intimate
[íntimət]

친밀한, 친숙한

[in(in) 팀(team) 이트(있다)] 같은 팀 안에 있는 선수들끼리 매우 친밀한 모습

We are **intimate** friends.
우리는 절친한 친구이다.

图 intimately 친밀히
　intimacy 친밀, 친교

intricate
[íntrikət]

뒤얽힌, 복잡한

[in(in) 트리(tree) 케이트(캐다)] 복잡하게 얽힌 나무뿌리를 땅 속에서 캐내는 모습

The watch mechanism is extremely **intricate** and very difficult to repair.
시계 장치는 매우 복잡하고 고치기에 매우 어렵다.

inventory
[ínvəntɔ̀ːri]

재고(조사), 재산 목록; 목록에 기입하다

[in(in) 밴 터리(방 털이)] 방 안에 있는 물건들을 털어내어 재고조사 하는 모습

They came in on Saturday to take the annual **inventory**.
그들은 연례 재고조사를 하기 위해 토요일에 일하러 나왔다.

investigate
[invéstəgèit]

조사하다, 연구하다

[in(in) 베스(뼜으) 티(튀다) + gate(문) → 안에서 뼜어, 튀었어 문으로]
살인 사건을 조사하는 형사들이 발자국과 혈흔 등을 조사하면서 범인이 방안에서 칼로 베고 문으로 튀었다고 추정하는 모습

★ 토익 출제 표현
conduct an investigation 조사하다
Scientists are **conducting an investigation** into the accident.
과학자들은 그 사건에 대하여 조사를 하고 있다.

📖 investigation 조사, 연구)

invoice
[ínvɔis]

청구서, 계산서, 송장(送狀); 청구하다

[in(in) 보이스(boys) → 안에 청년들] 사무실 안에 빚 받아주는 청년들이 들이닥쳐 청구서를 보이며 빚을 갚으라고 소리치는 모습

No **invoices** had been found for any of the goods.
그 어떠한 제품에 대한 송장도 발견되지 않았다.

involve
[inválv]

포함하다, (사건 등에) 말려들게 하다

[in(in) 발브(밟어)] 어느 사건 현장 안에 발을 디뎌서 휘말리다. 어떤 사건에 말려든 사람에게 그 안에 발을 디뎠다고 하죠?

The operation **involves** putting a small tube into your heart. 그 수술은 작은 튜브를 당신의 심장에 넣는 것을 포함한다.

★ 토익 출제 문제
Are you involved in any extra curricular activities?
당신은 참여하고 있는 특별활동이 있습니까?
• be involved in ~: ~에 열중하다, 관여하다

📖 involved 관계된, 연루된
involvement 말려들게 함, 연루

접두어 INTER

접두어 inter는 between(~사이에)의 의미로 쓰인다.

interaction
[intərǽkʃən]

상호작용

[inter(between) + action(행동)] 서로간의 행동

There is not enough **interaction** between the management and the workers. 경영진과 근로자 사이에 충분한 상호 작용이 없다.

📖 interactive 서로 작용하는 [영향을 미치는]

interlock
[íntərlák]

연결하다, 맞물리게 하다; 연결

[inter(between) + lock(닫다)] 두 고리 사이를 닫아서 연결하다

The new invention was possible due to the **interlocking** theories.
그 새로운 발명은 이론들을 연결시켰기 때문에 가능했다.

intermediary
[ìntərmíːdièri]

중재자, 중개자

[inter(between) + med(middle: 어근 med 참조)] 사람과 사람 사이의 중간에서 조정하는 사람

🔲 intermediate 중간의, 중재자

They conducted all their business through an **intermediary**.
그들은 모든 사업을 중개인을 통해서 처리했다.

intermission
[ìntərmíʃən]

중지, 휴지, 휴지기

[inter(between) + mission(미션)] 007이 미션과 미션 사이에 미녀와 함께 휴식을 취하는 모습

There will be two fifteen-minute **intermissions** during the show.
그 쇼 도중에 15분간 두 번의 쉬는 시간이 있을 것이다.

international
[ìntərnǽʃənəl]

국제적인

[inter(between) + nation(나라) + al(형용사형 어미)] 나라들 사이의

Our products are competitive in the **international** markets.
저희 제품은 국제시장에서도 경쟁력이 있습니다.

interfere
[ìntərfíər]

방해하다, 훼방하다, 간섭하다

[inter(between) 피어 → ~사이에서 피혀!] 사람과 사람 사이에 끼어들어 피하라고 밀치며 대화를 방해하는 모습

★ 토익 출제 표현
interfere with ~ ~을 방해하다, 간섭하다
Don't **interfere with** him while he's working.
그가 일을 하고 있을 때에는 방해하지 마라.

interpret
[intə́ːrprit]

해석하다, 설명하다, 통역하다, ~라고 이해하다

[inter(between) + 프릿(풀잇)] (사람과 사람) 사이에서 말을 풀이 해주는 것, 즉 통역하다

Both sides seem to be **interpreting** the contract differently.
양측이 계약서 내용을 달리 해석하고 있는 것 같다.

🔲 interpretation 해석, 통역, 설명

intersection
[intərsékʃən]

가로지름, 교차로

[inter(between) + sect(cut) + ion] 사이를 가로지르는 것

The police officer is standing in the **intersection**.
경찰이 교차로에 서 있다.

접두어 MAL, MALE

접두어 mal, male은 bad(나쁜, 그릇된)의 의미로 쓰인다.

maladroit
[mæ̀lədrɔ́it]

솜씨 없는, 서투른

[mal(bad) + adroit(솜씨 있는)] 나쁜 솜씨의, 즉 솜씨 없는

Her diffidence does make her rather **maladroit** in social situation.
그녀는 자신감이 없어서 사회관계에 있어서 다소 서툴다.

malady
[mǽlədi]

병, 질병

1. [mal(bad) + lady] 나쁜 것
2. [맬러디 → 말르지] 병이 나서 몸이 바싹 말르지

She suffers from a rare **malady**.
그녀는 희귀병으로 고생하고 있다.

malefactor
[mǽləfæ̀ktər]

범인, 악당

[male(bad) + fact(make를 뜻하는 어근: ex. factory) + or] 나쁜 일을 만드는 사람

He prosecuted **malefactors**.
그는 악당들을 기소하였다.

malevolent
[məlévələnt]

악의 있는, 심통 사나운

> [몰래 볼 넌트] 괴롭힐 기회를 노리며 몰래 보고 있는 악의를 갖고 있는 모습

I could feel his **malevolent** gaze as I walked away and wondered what he would do next.
나는 걸어가면서 그의 악의 있는 시선을 느꼈고 다음에 그가 무엇을 할지 궁금해 했다.

malice
[mǽlis]

악의, 원한

> [맬리스 → 말리스] 원한이 있어 싸우는 두 사람을 말리세요!

Don't be alarmed, I bear no **malice**.
겁먹지 마세요. 나는 어떠한 악의도 갖고 있지 않아요.

🔲 malicious 악의 있는

malignant
[məlígnənt]

악의 있는, (병이) 악성의

> [멀리(말리) 그년 투] 사람을 칼로 해치려는 악의가 가득 찬 그년을 말리세요!

She has a **malignant** tumor in her breast.
그녀는 유방에 악성 종양이 있다.

🔲 malign 악의 있는, 악성의; 헐뜯다, 중상하다

malingerer
[məlíŋɡərər]

꾀병 부리는 사람

> [mal(bad) + lingerer(링게루)] 일을 하지 않으려는 나쁜 마음으로 링게루를 꽂고 있는 꾀병 부리는 사람

There are too many **malingerers** in this company!
이 회사에는 꾀병을 부리는 사람들이 너무 많아!

🔲 malinger 꾀병부리다

malnutrition
[mæ̀lnu:tríʃən]

영양실조

> [mal(bad) + nutrition(영양)] 영양 상태가 나쁜

Many thousands of refugees have already died from **malnutrition**.
많은 수 천 명의 피난민들은 영양실조로 벌써 죽었다.

maltreat
[mæltríːt]

혹사하다, 학대하다

> [mal(bad) + treat(다루다)] 나쁘게 다루다

We do not intervene unless the children are being physically **maltreated**.
만약 아이들이 육체적으로 학대받지 않는다면 우리는 관여하지 않는다.

malfunction
[mǽlfʌ́ŋkʃən]

오동작(하다)

[mal(bad) + function(작동)] 나쁘게 작동하다

The pilot died when his parachute **malfunctioned**.
그 조종사는 낙하산이 제대로 작동되지 않아 사망했다.

52강 접두어 MIS

toeic voca

접두어 mis는 bad(나쁜), wrong(잘못된), badly(잘못되게)의 의미로 쓰인다.

misapprehend
[mìsæprihénd]

오해하다

[mis(wrong) + apprehend(이해하다)] 잘못 이해하다

It is too easy to **misapprehend** its nature.
그것은 너무 쉬워서 그것의 본질을 오해할 수 없다.

▣ misapprehension 오해

misbelief
[mìsbilí:f]

▣ misbelieve 그릇되게 믿다, 의심하다

그릇된 생각, 잘못된 믿음[신앙]

[mis(wrong) + belief(믿음)] 잘못된 믿음

mischance
[mistʃǽns]

불운, 불행

[mis(bad) + chance(운)] 나쁜 운

It was sheer **mischance** that the stone struck her in the eye.
그녀의 눈에 돌을 맞은 것은 정말로 불운한 일이었다.

misdeed
[misdí:d]

나쁜 짓, 범죄

[mis(bad) + deed(행동)] 잘못된 행동

It's not fair to blame them for their parent's **misdeeds**.
그들의 부모가 저지른 비행에 대해 그들을 탓하는 것은 공정하지 못하다.

misfire
[mìsfáiər]

불발되다; 불발

[mis(wrong) + fire(발사하다)] 잘못 발사하다

The first shot was a **misfire**.
첫 번째 발사는 불발이었다.

mislay
[mìsléi]

잘못 두다, 두고 잊다

[mis(wrong) + lay(두다, 놓다)] 잘못 두다

Could I borrow a pen? I seem to have **mislaid** mine.
펜 좀 빌릴 수 있을까요? 제 것은 잃어버린 것 같네요.

mislead
[mìslíːd]

잘못 이끌다, 오해하게 하다, 속이다

[mis(wrong) + lead(이끌다)] 잘못 이끌다

It was unforgivable of me to **mislead** you like that.
너를 그렇게 잘못 이끈 내가 용서받지 못할 사람이었다.

misplace
[mìspléis]

잘못 두다

[mis(wrong) + place(장소)] 장소를 잘못 두다

I'm sorry I **misplaced** your business card. Could I have another one, please?
주신 명함을 제가 어디다 두었는지 찾을 수가 없군요. 죄송합니다만, 한 장 더 주시겠습니까?

misstep
[mìsstép]

과실, 실책

[mis(wrong) + step(발을 디디다)] 발을 실수로 잘못 디디다

One **misstep** meant certain death.
실족하면 목숨을 잃을 판이었다.

접두어 MULTI

접두어 multi는 many, much(많은)의 의미로 쓰인다.
대표적인 예로 multimedia(멀티미디어)가 있다.

multilingual
[mÀltilíŋgwəl]

여러 개 국어를 말하는

[multi(many) + lingual(language를 의미하는 어근)] 많은 언어로 말하는

As the number of foreign passengers increase, the importance of being **multilingual** has grown as well.
외국인 승객의 수가 증가함과 동시에 다국어 능력 또한 중시되고 있습니다.

multiplicity
[mÀltəplísəti]

다수, 다양
There is a **multiplicity** of fashion magazines to choose from. 골라 볼 수 있는 다양한 패션 잡지가 있다.

multiply
[mÀltəplài]
🔁 multiplication 증가, 증식, 곱셈

증가시키다, 증식시키다
In warm weather, these germs **multiply** rapidly.
따뜻한 날씨에서 이 세균들은 빠르게 증식한다.

multitude
[mÀltətjùːd]

다수, 군중
A great **multitude** of students assembled in the auditorium. 아주 많은 수의 학생들이 강당에 모였다.

접두어 MONO

접두어 mono는 one(하나)의 의미로 쓰인다.

monologue
[mánəlɔ̀:g]

독백

[mono(one)+ logue(speak를 뜻하는 어근: ex. dialogue)] 혼자 말하는 것

Participants are asked to prepare a five-minute **monologue**. 참가자는 5분의 일인극 준비가 요구된다.

monopoly
[mənápəli]

독점, 독점권

[mono(one) + poly(팔리)] "혼자 팔리"하며 혼자 독점해서 파는 사람

★ 토익 출제 문제
We have a monopoly on flight to Madrid.
우리는 마드리드행 항공편에 대한 독점권을 갖고 있다.

monotone
[mánətòun]

단음, 단조로움; 단조로운

[mono(one) + tone(톤, 음질)] 한 가지 음으로만 되어있는

▣ monotonous 단조로운
monotony 단조로움, 지루함

It is **monotonous** watching television every day.
매일 TV를 본다는 것은 지루한 일이다.

접두어 OMNI

접두어 omni는 all(전부)의 의미로 쓰인다.
대표적인 예로 omnibus(승합마차, 총괄적인)가 있다.

omnipotent
[ɑːmnípətənt]

전능의

[omni(all) + potent(유력한, 능력 있는)] 모든 능력이 있는

▣ omnipotence 전능, 무한한 힘

Until his illness, I'd always thought of my father as **omnipotent**.
나의 아버지가 아프기 전까지 나는 항상 그가 전능하다고 생각했다.

omnipresent
[ɑːmnípréznt]

편재하는, 어디에나 있는

[omni(all) + present(출석한, 있는)] 모든 곳에 있는

▣ omnipresence 편재, 어디에나 있음

She's been **omnipresent** in the media since the song went to number one in the charts.
그 노래가 순위에서 1위를 한 후부터 그녀는 방송 어디에나 출연해 왔다.

omniscient
[ɑːmníʃənt]

전지의, 박식한

[omni(all) + sci(know를 뜻하는 어근: ex. science) + ent] 모든 것을 다 아는

Medical knowledge has expanded so much over the past century that it's impossible for doctors to be **omniscient**.
의학 지식이 지난 세기동안 너무 많이 확장되어서 의사들이 모두 다 알기는 불가능하다.

■ omniscience 전지, 박식

omnivorous
[ɑːmnívərəs]

잡식성의

[omni(all) + vor(eat) + ous] 모든 것을 다 먹는

Pigs are **omnivorous** animals. 돼지들은 잡식성 동물이다.

접두어 OUT

접두어 out은 outside(밖의), outward(밖으로), better(더 좋은), more than(~이상으로)의 의미로 쓰인다.

outbreak
[áutbrèik]

(전쟁·유행병 등의) 발발, 폭동

[out(밖으로) + break(깨다)] 잠재되어 있던 질병이나 전쟁 폭동 등이 밖으로 깨고 나오다

There was a mass **outbreak** of food poisoning.
식중독의 집단 발생이 있었다.

outcome
[áutkʌm]

결과, 성과

[out(밖으로) + come(오다)] 밖으로 나온 결과

The **outcome** of the negotiations is far from certain.
협상 결과는 아직도 불투명하다.

outdated
[àutdéitid]

시대에 뒤진, 구식의

[out(밖으로) + date] 현재 날짜 밖의, 즉 옛날의

He is **outdated**. 그는 시대에 뒤떨어진 사람이다

■ outdate 시대에 뒤지게 하다
cf. out of date 구식의, 낡은

outfit
[áutfit]

(여행 등의) 채비, 장비, 의상; 채비를 갖추다

[out(밖으로) + fit(딱 맞다)] 밖으로 나갈 때 딱 맞게 채비를 갖추는 모습

You have the perfect **outfit** for the party.
당신은 파티에 아주 적합한 옷을 갖고 있네요.

outgrow
[àutgróu]

(옷 따위가) 몸이 커져서 못 입게 되다, ~보다 더 커지다

[out(more than) + grow(자라다)] 옷 이상으로 자라다

You are going to **outgrow** these shoes very soon.
너는 곧 이 신발이 작아질 것이다.

outlay
[áutlèi]

비용, 경비; 지출하다

[out(밖으로) 내이] 밖으로 돈을 내다

Apart from the initial **outlay**, there are other costs to be considered when buying a car.
차를 살 때는 처음에 드는 경비 외에 다른 비용들도 고려해야 한다.

outlandish
[autlǽndiʃ]

이국적인, 기이한

[out(밖으로) + land(나라, 땅) + ish] 바깥에 있는 나라로부터 온

He likes her **outlandish** hair style.
그는 그녀의 이국적인 머리 스타일을 좋아한다.

outlast
[àutlǽst]

보다 더 오래가다

[out(more than) + last(지속하다)] 더 오래 지속하다

This product will **outlast** longer than the other one.
이 상품이 다른 상품보다 더 오래갈 것이다.

outlook
[áutlùk]

전망, 조망

[out(밖으로) + look] 밖에 보이는 것

The **outlook** should improve next year, as the economy emerges from the recession.
경제가 불경기에서 빠져 나옴에 따라 내년의 전망은 향상될 것이다.

outmoded
[autmóudid]

유행에 뒤진, 낡은

[out(밖으로) + mode(유행, 모드)] 유행 밖의

One out of five bridges in the United States is **outmoded**.
미국의 5개의 다리 중 하나는 구식이다.

outrage
[áutreidʒ]

화나게 하다, 폭행하다

[out(강조) + rage(격노, 분노)] 완전히 분노하게 하다

outrageous 끔찍한, 잔인무도한, 파렴치한

The whole country was **outraged** by the bombing attack.
폭탄 테러 사건에 온 국민이 분노했다.

outright
[áutlàit]

솔직한, 숨김없이; 철저히

[out(강조) + right(옳은)] 매우 올바르게

Lukewarm acceptance is much more bewildering than **outright** rejection.
미온적인 수락은 솔직한 거절보다 훨씬 더 당황스럽다.

outrun
[àutrʌ́n]

(뛰어) 앞지르다, 초과하다

[out(better than) + run] 더 잘 뛰다

Demand for the new model is **outrunning** supply.
그 새 모델에 대한 수요가 공급을 웃돌고 있다.

outskirt
[áutskéːrt]

주변, 변두리, 교외

[out(밖으로) + skirt(스커트)] 교외 등의 밖으로 스커트를 입고 나들이 가는 모습

The factory is in the **outskirts** of New Delhi.
그 공장은 뉴델리의 변두리에 있다.

outspoken
[áutspóukən]

솔직한, 거리낌 없는

[out(밖으로) + spoken(speak)] 마음속에 있는 모든 것을 밖으로 얘기하는

I know I shall get the truth when I ask Alice because she is very **outspoken**.
Alice는 매우 솔직하니까 그녀에게 물어보면 진실을 알게 될 것이다.

outweigh
[àutwéi]

~보다 무게가 더 나가다, 더 크다, 중요하다

[out(more than) + weigh(무게가 나가다)] ~보다 무게가 나가다

The advantages of this plan far **outweigh** the disadvantages.
이 계획의 여러 이점이 불리한 점보다 훨씬 더 크다.

outwit
[àutwít]

~보다 계략으로 앞서다, 한 수 앞서다

[out(better than) + wit(위트, 기지)] 기지가 더 뛰어난

Somehow he always manages to **outwit** his opponents.
그는 어떻게든 경쟁 상대들보다 항상 한 수 앞선다.

53강

toeic voca

접두어 PER

접두어 per는 through(~를 통해서)의 의미로 쓰인다.

perennial
[pəréniəl]

영속하는, 영구적인

[**per**(through) + **ennial**(annual, 일 년의)] 일년 내내, 즉 계속적인

Lack of resources has been a **perennial** problem.
자원 부족은 영구적인 문제이다.

persevere
[pə̀ːrsivíər]

참다, 견디다

[**펄시비어 → 팔십이(82)여**] 팔굽혀펴기를 계속 하면서 "79, 80, 81, 팔십이여"하며 참아내며 하는 모습

ⓜ **perseverance** 인내, 인내력

It allowed him to finally benefit from his **perseverance** and hard work.
그는 마침내 그의 인내와 근면으로 이익을 얻었다.

pervade
[pərvéid]

온통 퍼지다, 만연하다

[**per**(through) 베이드] 완전히 물이 배이듯이 쫙 퍼지는

ⓜ **pervasive** 퍼지는, 보급하는, 만연하는
pervasion 보급, 만연, 충만

As she walked through the office, her perfume **pervaded** the whole room.
그녀가 사무실을 걸어서 통과할 때 그녀의 향기가 온 방에 온통 퍼졌다.

접두어 POST

접두어 post는 after(후에)의 의미로 쓰인다.

posterior
[pastíəriər]

다음의, 나중의, 후반부의

[**post**(after) + **erior**] 후에

Posterior to the year 2002, Korean soccer team became famous around the world.
2002년 이후에 한국 축구팀은 국제적으로 유명해졌다.

posthumous
[pástʃuməs]

사후의, 유복자의

[post(after) + thumo(추모) + s] 죽은 후에 추모하는 모습

The book, published **posthumously**, revived our interest in the author who had just died.
사후에 출간된 그 책은 죽은 지 얼마 안 되는 그 저자에 관한 우리의 흥미를 되살려 놓았다.

postnatal
[pòustnéitl]

출생 후의

[post(after) + nat(born: '태어난'을 뜻하는 어근) + al] 태어난 후의

Mothers may suffer from **postnatal** depression.
어머니들은 산후 우울증으로 고생할 수 있다.

postscript
[póustskrìpt]

추신(p.s.)

[post(after) + script(write를 뜻하는 어근: scrib, script 참고)] 후에 쓰는 것

She put the afterthought in a **postscript**.
그녀는 뒤에 떠오른 생각을 추신으로 적었다.

접두어 PRE

접두어 pre는 before(~전에, 먼저, 앞의)의 의미로 쓰인다.

precaution
[prikɔ́ːʃən]

조심, 경계, 예방, 예방책

[pre(before) + caution(조심, 경고)] 미리 경고

★ 토익 출제 표현

safety precautions 안전 예방 조치
If you work around chemicals, follow all **safety precautions**.
만일 당신이 화학용품 주변에서 일을 한다면 모든 안전수칙을 따르세요.

▣ precautious 조심하는, 주의 깊은

predominant
[pridámənənt]

뛰어난, 유력한, 우세한

[pre(before) + dominant(유력한, 힘센)] 앞에서 유력한

▣ predominate 우위를 차지하다, 우세하다

Miniskirts were the **predominant** fashion trend of the 70s.
미니스커트는 70년대를 풍미했던 패션 트렌드였다.

prefer
[prifə́:r]

~을 더 좋아하다

[pre(before) + fer(퍼)] 뷔페에서 다른 음식들 보다 먼저 퍼 담을 정도로 그 음식을 더 좋아하는 모습

★ 토익 출제 표현
1. **preferred means** 선호 수단
2. **preferred method** 선호하는 방법
   Carpooling is my **preferred method** of getting to work.
   카풀을 이용하는 것이 내가 선호하는 출근 방법이다.
3. **prefer A to B** B보다 A를 더 좋아하다
   In general, consumers **prefer** quantity **to** quality.
   일반적으로 소비자는 질보다 양을 택한다.

國 preferable 오히려 나은, 보다 바람직한
preference 더 좋아함
preferred 우선의, 선호되는

premature
[prì:mətʃúər]

너무 이른, 시기상조의

[pre(before) + mature(성숙한)] 미리 성숙한

His **premature** retirement was caused by a scandal surrounding his financial affairs.
그의 너무 이른 은퇴는 그의 재정적 직무를 둘러싼 스캔들에 의해 야기되었다.

premier
[primjíər]

수상; 제일의, 최초의

[pre(before) + mier(밀어)] 국민들이 앞으로 밀어주어서 최고의 자리인 수상에 앉은 사람

premier stock firm 일류 증권 회사

preside
[prizáid]

사회를 보다, 관장하다

[president] president(대통령, 의장, 회장, 사장)는 사람들 앞에서 이끌고 관장하는 사람

★ 토익 출제 문제
The present director has **presided** over a rapid decline in the firm's profitability.
현재의 이사가 그 회사의 급격한 이익률 감소를 관장했다.
• preside over ~: ~의 사회를 맡다, 진행하다, 관장하다

prestige
[presti:ʒ]

명성, 위신

[pre(before) 티지(튀지)] 앞에서 튀는 사람, 즉 명성 있는 사람

The former mayor was a man of much **prestige** in the city.
이전 시장은 그 시에서 매우 명성 있던 사람이었다.

國 prestigious 이름이 난, 세상에 알려진

prevail
[privéil]

우세하다, 널리 보급되다, 만연하다

[pre(before) 베일] 종이에 잉크가 베이듯(배이듯) 앞에 쫙 베이다, 즉 널리 퍼지다

★ 토익 출제 문제
These diseases are _____ in the Third World.
이 질병들은 제 3세계에 만연해 있다.
→ **prevalent** (O), **leading** (X), **foremost** (X), **habitual** (X)
• leading: 선두적인   foremost: 가장 중요한   habitual: 습관적인, 타고난

🅟 prevalent 유행하는, 우세한, 유력한

preview
[príːvjùː]

(연극·영화) 시연, 시사회

[pre(before) + view(광경, 보기)] 미리 보기

Miller's new play is **previewing** at the Theatre Royal tomorrow. Miller의 새 연극은 내일 Royal 극장에서 시연될 것이다.

previous
[príːviəs]

이전의, 앞의

[pre(before) + 비어스] "앞에 (시간적 공간이) 비어서" 시간적 간격을 두고 전에

🅟 previously 이전에, 미리

Who was the **previous** owner? 전 소유주가 누구였어요?

접두어 PRO

접두어 pro는 forward(앞으로), befor(먼저, 앞에)의 의미로 쓰인다.

proclaim
[prouklèim]

선언하다, 공포하다

[pro(forward) + claim(exclaim, 소리치다)] 앞으로 소리쳐서 선언하는 모습

In 1863 President Lincoln **proclaimed** all slaves to be free.
1863년 링컨 대통령은 모든 노예들이 자유라고 선언했다.

procrastinate
[proukrǽstənèit]

지연시키다, 연기하다, 뒤로 미루다

[프로 크래스(그래서) 티 내이트] 프로이기 때문에 거만하게 시간도 지키지 않고 늦게 나와서 시간을 지연시키는 모습

He **procrastinated** until it was too late to do anything at all.
그는 질질 끌다가 너무 늦어서 아무 것도 전혀 할 수 없게 되고 말았다.

project
[prádʒekt]

프로젝트, 안, 계획

[프로젝트] 흔히 프로젝트라고 쓰는 말

Less and less money is being put into scientific research **projects**. 점점 더 적은 돈이 과학 연구 프로젝트에 들어가고 있다.

prolong
[prəlɔ́ːŋ]

연장하다, 늘이다

[pro(forward) + long(긴)] 시간을 앞으로 길게 늘이다

Good care may **prolong** a sick person's life.
간호를 잘 하면 환자의 생명이 연장될 수 있다.

prolonged 장기의, 오래 끄는

prominent
[prámɪnənt]

두드러진, 현저한, 유명한

[pro(forward) 미넌트(미는 투)] 앞으로 모두 밀어줄 정도로 유명한

She was **prominent** in the fashion industry.
그녀는 패션업계에서 유명했다.

propel
[prəpél]

추진하다

1. [pro(forward) + pel(drive)] 앞으로 몰고 가다
2. [propeller(추진기, 프로펠러)의 동사형]

His addiction to drugs **propelled** him towards a life of crime. 마약 중독이 그를 범죄의 세계로 몰아갔다.

provision
[prəvíʒən]

대비, 준비, 공급, 제공

1. [pro(before) 비젼] 앞으로 비전이 있는 프로(골프선수)가 되기 위해 미리 대비하고 준비하는 모습
2. [provide(제공하다)의 명사형] 공급, 제공이란 뜻은 provide(제공하다)의 명사형으로서의 의미

housing **provision** 주택 공급

★ 토익 출제 문제
They had made no provision for extra attendees.
그들은 여분의 참석자를 위해 대비를 하지 않았다.

provisions
[prəvíʒənz]

양식, 식량

[pro(before) + 비젼s] 앞으로 우리 경제에 비전이 없어 굶어죽을 것 같아 미리 식량을 쌓아두는 모습

They ran short of **provisions**. 그들은 식량이 떨어졌다.

★ 토익 출제 표현
run short of ~ ~이 떨어지다, ~이 부족해지다

접두어 RE

toeic voca

접두어 re는 back(뒤에), again(다시), against(~에 대항하여)의 의미로 쓰인다.

reaction
[riǽkʃən]

반작용, 반응, 반항

[re(back) + action(활동, 행동)] 되돌려주는 행동

★ 토익 출제 표현
allergic reactions 알레르기 반응
Certain foods are likely to cause **allergic reactions**.
어떤 음식들은 알레르기 반응을 일으킬 수 있다.

🔵 react 반응하다, 반작용하다

rebate
[ríːbeit]

(금액 일부의) 환불, 리베이트; (금액의 일부를) 돌려주다

[re(back) + bate(베이트 → 뱉으)] 되돌려 뱉어내다

We have simplified the process for a **rebate** request.
저희는 환불 요청에 대한 절차를 단순화해 왔습니다.

recall
[rikɔ́ːl]

상기하다, 생각나게 하다; (결함 있는 물건의) 회수

[re(again) + call] 상대방이 혹시 잊지나 않을까 해서 다시 전화해서 약속시간 등을 상기시켜주는 모습

I can't **recall** his name. 난 그의 이름이 기억나지 않는다.

reconcile
[rékənsàil]

화해시키다, 조화시키다

[re(again) + con(together) 싸일(쌓일)] 화해해서 다시 함께 정이 쌓이는 모습

🔵 reconciliation 화해, 조정
🔴 unreconcilable
화해할 수 없는,
조정할 수 없는

It does seem quite difficult to **reconcile** the two.
그 둘을 화해시키는 것인 꽤 어려워 보인다.

recrimination
[rikrìmənéiʃən]

맞고소, 맞비난

[re(against) + crimi(crime, 범죄) + nation] 자신의 범죄에 대항하여 맞고소하는 것

The peace talks broke down and ended in mutual **recrimination**. 그 평화회담은 깨졌고 상호 비난으로 끝났다.

reform
[rifɔ́ːrm]

개혁하다, 개선하다

> [re(again) + form(폼, 형태)] 형태를 다시하다, 즉 형태를 개선하다

The system is in urgent need of **reform**.
그 시스템은 긴급히 개선할 필요가 있다.

🔲 reformation 개혁

reflect
[riflékt]

반사하다, 숙고하다, 반영하다

> [re(again) 풀렉트(플래두) → 다시 플래두!] 수학 숙제가 틀렸다며 "다시 풀래두!"하며 숙제를 되돌려 주는(반사하는) 선생님의 모습, 또는 다시 문제를 풀기 위해 심사숙고하는 모습

The light **reflected** off the surface of the water.
그 불빛은 물의 표면에서 반사되었다.

> ★ 토익 출제 표현
> **be reflective of ~** ~을 반영하다
> Although chemically grown foods might seem much cheaper than organic foods, food prices **are** not **reflective of** hidden costs.
> 농약과 화학 비료로 재배된 식품이 유기농 식품보다 값이 훨씬 싸게 보일지 모르지만, 식품 가격이 숨겨진 비용을 반영하지 않는다.

🔲 reflection 반사, 숙고, 반영
reflective 반영하는, 반사하는

refund
[ríːfʌnd]

환불

> [re(back) + fund(자금, 돈)] 돈을 되돌려 주는 것

As I asked for a **refund**, they asked me to show the receipt.
내가 환불을 요구하자, 그들은 영수증을 보여 달라고 했다.

> ★ 토익 출제 표현
> **a full refund** 전액 환불

reimburse
[riːimbə́ːrs]

갚다, 상환하다

> [re(again) + im(in) + burse(버스)] 다시 버스 안으로 들어가다
> 버스비를 안내고 내려서 버스비를 갚으려고 다시 버스 안으로 들어가는 모습

The airline **reimbursed** me for the amount they had overcharged me.
그 항공사는 나에게 더 받았던 요금만큼 나에게 상환했다.

🔲 reimbursement 상환, 변제

reinforce
[ri:infɔ́:rs]

강화하다

[re(강조) + in(in) + force(힘)] 완전히 ~안에 힘을 넣다

The United Nations **reinforced** its military presence in the country. 유엔이 그 나라 내의 주둔 병력을 증강했다.

rely
[rilái]

의지하다, 신뢰하다, 믿다

[re(back) 라이(lie, 눕다) → 뒤에 눕다] 엄마 뒤(등)에 누워서 엄마에게 의지하고 있는 아기 연상

Hong Kong's prosperity **relies** heavily on foreign businesses. 홍콩의 번영은 외국 사업에 크게 의존한다.

★ 토익 출제 문제
The company was regarded as a _____ debtor.
그 회사는 믿을만한 채무자로 간주되었다.
→ **reliable** (O), **reliant** (X)

■ reliance 의지, 신뢰
reliable 신뢰할 수 있는, 믿음직한
reliant 의존하는, 의지하는, 신뢰하는
rely on~ ~에 의지하다

remarkable
[rimá:rkəbl]

주목할 만한, 두드러진

[re(again) + mark(마크, 표시; 눈에 뜨이게 하다) + able(~할 수 있는) → 다시 표시할 만헌] 중요한 부분은 볼펜으로 다시 마크를 해두죠? 다시 눈에 뜨일 정도로 '주목할 만하다'란 의미

Korea has made a **remarkable** economic development less than ten years. 한국은 10년 이내에 눈부신 경제발전을 이룩했다.

■ remark 주목하다, 의견을 말하다(쓰다); 의견, 비평
remarkably 두드러지게, 몹시

remodel
[rì:má:dl]

개축하다, 개조하다

[re(again) + model(모형, 설계도, 모델)] 다시 설계하여 다시 모형을 만드는 것

The inside of the old house was completely **remodeled**. 그 고가의 내부는 완전히 개조되었다.

remunerate
[rimjú:nərèit]

보상하다, 보수를 주다

[re(back) 무너래이트(물어내이트)] 어떤 대가로서 되돌려 물어주다

Many employees complained that their **remunerations** were too little. 많은 직원들이 그들의 보수가 너무 적다고 불평했다.

■ remuneration 배상, 보상

renounce
[rináuns]

(권리 등을) 포기하다, 부인하다, 버리다

[re(back) + nounce(announce, 발표하다)] 뒤로 물러난다고 발표하다

My father **renounced** smoking and drinking last week.
나의 아버지는 지난 주 담배와 술을 끊었다.

renowned
[rináund]

유명한, 고명한

[re(강조) + nown(known, 알려진) + ed] 완전히 알려진

That musician is **renowned** throughout the world.
그 음악가는 세계적으로 알려져 있다.

n renown 명성, 고명

renewal
[rinjúːəl]

갱신

[re(again) + new(새로운) + al(명사형 어미)] 다시 새롭게 하는 것

★토익 출제 표현
1. **renew license** 면허를 갱신하다
2. **a renewal of urban towns** 도시의 재개발
3. **renew a contract** 계약을 갱신하다
   You may be given a chance to **renew the contract** for two year if the company need you.
   만약 회사가 당신을 필요로 한다면 2년 더 계약을 갱신할 수 있는 기회가 주어집니다.

v renew (계약 등을) 갱신하다

repel
[ripél]

물리치다, 쫓아버리다

[re(back) + pel(팰)] 뒤에서 패면서 쫓아내는 모습

The defenders **repelled** the attack without losing any men.
그 수비군은 한 사람도 잃지 않고 그 공격을 물리쳤다.

a repellent 물리치는, 불쾌한, 싫은

replica
[réplikə]

(원작자에 의한) 복사, 복제

[re(again) + 플리(풀리다) + ca] 포개진 종이가 다시 두 개로 풀리어 복사되는 모습

It takes training to be able to distinguish a **replica** from an original work of art.
원작의 미술 작품과 복사 본을 구분할 수 있기 위해서는 훈련이 필요하다.

represent
[rèprizént]

대표하다, 나타내다

[re(back) + pre(before) + sent(send, 보내다)] 뒤에 있던 사람을 앞으로 내보내서 대표시키다

The accident victims wanted to find someone to **represent** them in court. 그 사고 희생자들은 법원에서 그들을 대표할 누군가를 찾기를 원했다.

★ 토익 출제 문제
Your sales _____ misrepresented the terms of the warranty on my new car. 귀사의 판매원이 내가 산 새 자동차의 보증 조건을 잘못 설명했습니다.
→ **representative** (O), **represent** (X)

■ representative 대표자, 판매 대리인, 세일즈맨; 대표하는

reproduction
[rìːprədʌ́kʃən]

재생, 재생산, 복제(물), 복사

[re(again) + production(생산)] 다시 만들어 내는 것

This copier can **reproduce** colour photographs.
이 복사기는 칼라 사진도 재생할 수 있다.

★ 토익 출제 표현
unauthorized reproduction 불법 복제

■ reproduce 재생산하다, 복제하다, 복사하다, 번식하다

reprove
[riprúːv]

비난하다, 꾸짖다

[re(again) 푸르브(풀어봐)] 문제를 틀리게 풀었다고 "다시 풀어봐!" 하며 꾸짖는 선생님 연상

The teacher gently **reproved** the boys for not paying attention. 그 선생님은 주목하지 않는다고 그 소년들을 점잖게 꾸짖었다.

■ reproof 책망, 꾸지람, 비난

reserve
[rizə́ːrv]

보존하다, 예약하다

1. [re(back) 저브(접어)] 뒤를 접어두다. 선생님이 다음 시간에 나갈 뒷부분을 책에 표시하기 위해 뒷페이지를 접어서 그 부분을 보존하고 다음시간을 예약하는 모습
2. [re(back) + serve(써브, 써비스)] 써비스를 뒤로 하고 사양하는 모습

★ 토익 출제 문제
1. I will make seat reservations in advance of the concert.
   나는 콘서트 전에 좌석 예약을 할 것이다.
   • make a reservation: 예약하다
2. I can recommend him without reservation.
   본인은 망설임 없이 그를 강력히 추천하는 바입니다.
   • without reservation: 기탄없이
3. I'd like to make a reservation for a flight to Seoul.
   서울행 비행기를 예약하고 싶습니다.

■ reservation 예약, 보류

reserved
[rizə́ːrvd]

(언동을) 삼가는, 과묵한, 예비의, 예약의

> [re(back) 저브드(접으드) → 뒤로 접다] 언동을 삼가는 어른들이 손을 뒤로 접고 뒷짐을 쥐고 다니며 점잖을 빼는 모습

The English have a reputation for being **reserved**.
영국 국민들은 언동을 삼가는 것으로 평판이 나 있다.

resign
[rizáin]

사직하다, 사임하다

> [re(back) + sign(싸인)] 뒤로 물러나겠다고 사표에 싸인하는 모습

★ 토익 출제 문제
Many people were surprised at his **resignation** as ambassador to Japan. 많은 사람들이 주일대사로서 그의 사임에 놀랐다.

🔲 resignation 사직, 사임

resolute
[rézəlùːt]

굳게 결심한

> [re(again) 졸루트 → 다시 조르다] 다시 허리띠를 졸라매고 결심하는 모습

He **resolutely** set out to seek his fame.
그는 단호하게 그의 명성을 찾기 시작했다.

🔲 resolution 결심, 해결, 해답
　 resolve 풀다, 해결하다, 결심하다
　 resolutely 단호히, 결연히

respond
[rispánd]

대답하다, 응답하다

> [res(re, back) 판드(반드) → 반드시 되돌려줘!] 반드시 답장 바란다

★ 토익 출제 문제
I'm _____ to your letter.
당신의 편지에 응답하는 것입니다.
→ **responding** (O), **answering** (X)
• respond는 자동사로 전치사 to없이 바로 목적어가 올 수 없다. 그러나 answer는 타동사이므로 뒤에 바로 목적어가 온다.

🔲 response 응답, 대답
　 respondent 응답자

restore
[ristóːr]

회복시키다, 복구하다

> [re(again) + store(가게)] LA 폭동 후 파괴된 가게를 다시 복구하는 모습

My brother **restored** his confidence. 나의 형은 자신감을 되찾았다.

★ 토익 출제 표현
1. **restore** an destroyed building 파괴된 건물을 복구하다
2. **restore** one's health 건강을 되찾다
3. **restore** the water supply 수도 공급을 재개하다

🔲 restoration 회복

restrict
[ristríkt]

제한하다, 한정하다, 금지하다

[re(back) 스트릭트(street) → 뒷길] 뒷길은 어둡고 위험하니까 다니지 말라고 통행 금지시켜 제한한 모습

Congress is considering measures to **restrict** the sale of cigarettes.
국회는 담배 판매를 제한하기 위한 조처를 생각중이다.

★ 토익 출제 표현
be restricted to ~ ~에 한정되다, 제한되다
Admission to the club **is restricted to** members only.
그 클럽 입장은 회원들에 한정되어 있다.

restriction 제한, 금지

resume
[rizú:m]
[rèzuméi]

재개하다, 되찾다, 회복하다; 이력서(résumé)

[re(again) 줌(쥠) → 다시 쥐다] 다시 주먹을 불끈 쥐고 처음부터 다시 시작하는 모습, 그리고 잃었던 재산을 다시 쥐는 모습, 즉 되찾는 모습

At what time shall we **resume** working?
우리가 몇 시에 일을 다시 시작할까요?

★ 토익 출제 표현
resume soon 곧 재개되다
Full service will **resume soon**. 곧 전면적인 서비스가 재개될 것입니다.

resumption 재개, 되찾음, 회복

retail
[rí:teil]

소매; 소매의; 소매로; 소매하다

[re(back) + tail(꼬리) → 뒷 꼬리] 쥐꼬리만큼의 이익을 남기고 팔다

The job is open to applicants with over two years' experience in **retail**.
이 일은 소매업에서 2년 이상 일한 경력이 있는 지원자들에게 열려 있다.

retailer 소매인, 소매업자
wholesale 도매; 도매의; 도매하다

retaliate
[ritǽlièit]

복수하다, 반격하다

[re(against) 탤리(때리) + ate(에잇!)] 맞은 것에 대항해서 에잇! 하고 때리다

When settlers took their lands, Indians frequently **retaliated** with attacks.
이주자들이 그들의 땅을 차지했을 때 인디언들은 습격으로써 빈번하게 보복하였다.

retaliation 보복, 앙갚음

retard
[ritá:rd]

■ retardant 제지하는, 늦추는
retardation 지연, 저지, 방해

늦추다, 지체하다, 늦어지다

[re(back) 타드(타다)] 수능시험에 늦어서 경찰관 아저씨가 오토바이 뒤에 타라고 하는 모습

A rise in interest rates would severely **retard** economic growth.
이자율 상승은 경제성장을 심각하게 지연시킬 것이다.

retire
[ritáiər]

■ retirement 퇴직, 은퇴

은퇴하다, 퇴직하다

[re(back) + tire(tired, 피곤한) → 피곤하여 뒤로] 나이 들어 몸이 지쳐 일선에서 뒤로 물러나는 모습

Since she **retired** from the company, she has begun to work as a volunteer for a charity.
그녀는 그 회사에서 은퇴한 후로 자선단체를 위한 자원봉사자로 일하기 시작했다.

retreat
[ritrí:t]

물러서다, 후퇴하다; 퇴각, 후퇴

[re(back, 뒤) + trea(tree, 나무) + t] 전쟁하다가 나무 뒤로 후퇴하는 모습

the sound of his **retreating** footsteps
도망가는 그의 발자국 소리

retrieve
[ritrí:v]

■ retrieval 회복, 복구, 수선
retrievable 회복할 수 있는
■ irretrievable 돌이킬 수 없는, 회복할 수 없는

되찾다, 회복하다, 만회하다

[re(again) 트리(tree, 나무) 부(부유한)] 6.25로 벌거숭이였던 산에 나무들이 다시 부유하게(풍부하게) 옛 모습을 회복한 모습을 연상

The police have managed to **retrieve** some of the money.
경찰은 간신히 그 자금의 일부를 회수했다.

reveal
[riví:l]

■ revelation 누설, 폭로

(비밀 등을) 누설하다, 드러내다, 나타내다

[re(back) 빌 → 뒤에서 빌다] 나쁜 짓을 모의하는 조직에서 빠져나와 경찰서에 가서 몰래 뒤에서 빌며 모두 누설해 버리는 모습

He was jailed for **revealing** secrets to the Russians.
그는 러시아에 비밀을 누설해서 감옥에 갔다.

revere
[rivíər]

- reverence 존경, 숭배
- reverend 숭상할 만한, 거룩한

숭배하다, 존경하다

[re(back) 비어(beer, 맥주) → 맥주를 뒤로] 어른 앞에서 맥주를 뒤로 돌아서서 마시며 예의를 갖춰 존경하는 모습

The leader of the political crisis was **revered** by the people of the nation.
정치적 위기에서의 그 지도자는 그 나라 국민들에게 존경받았다.

reverse
[rivə́ːrs]

- reversible 뒤집을 수 있는, 취소할 수 있는
- irreversible 거꾸로 할 수 없는, 취소할 수 없는

거꾸로 하다, 파기하다, 뒤집다; 반대의

[re(back) 버스] 버스가 뒤로 뒤집혀있는 모습

Technology has had **irreversible** impacts on society.
기술은 되돌릴 수 없는 영향을 사회에 끼쳤다.

review
[rivjúː]

복습, 재검토; 복습하다, 정밀하게 살피다

[re(again) + view(봄)] 다시 봄

He **reviewed** his options before making a final decision.
그는 마지막 결정을 하기 전에 그의 선택을 재검토했다.

reward
[riwɔ́ːrd]

보수, 보상; 보답하다, 보상하다

[re(back) + 워드] 워드를 쳐준 대가로 아르바이트생에게 보수를 주는 모습

What is the **reward** for it?
그것에 대한 보상은 무엇입니까?

55강 toeic voca

접두어 SUB

접두어 sub(suc, sup, sus)는 under(~의 아래에)의 의미로 쓰인다. 대표적인 예로 subway(지하철, 지하도←아래에 있는 길)이 있다.

subject
[sʌ́bdʒikt]

백성, 부하; 지배를 받는, (영향을) 받기 쉬운, (동의 등을) 조건으로 하는

> [sub(under) 직 트(찍 트)] 밑에서 찍! 하고 숨죽이고 명령을 받는 부하를 연상

The area is **subject** to drought and floods and earthquakes. 그 지역은 가뭄, 홍수, 지진 등을 받기 쉽다.

> ★ 토익 출제 표현
> 1. **be subject to ~** ~당하기 쉽다
>   The schedule **is subject to** change. 그 스케줄은 변동될 수 있습니다.
> 2. **be subject to approval** 승인을 받아야 하다
>   The plan **is subject to** the director's **approval**.
>   그 계획은 이사의 승인을 받아야 한다.

substance
[sʌ́bstəns]

물체, 본질, 실체

> [sub(under) + stance(stones, 돌들) → 밑에 있는 돌들] 집 밑에 있는 주춧돌 즉, 건물 등의 본질이나 물체

Polluting **substances** are found in many rivers.
오염물질들이 많은 강에서 발견된다.

> ★ 토익 출제 문제
> 1. **substantial amount** 상당한 양
> 2. **substantial increase** 상당한 증가
> 3. **substantially exceed** 상당히 초과하다
> 4. **substantial sum** 총액
>   A **substantial sum** in cash was demanded as payment.
>   상당한 현금 총액이 지불되도록 요구되어졌다.

▣ substantial 상당한, 본질적인, 실질적인
substantially 실질적으로, 상당히

submissive
[səbmísiv]

복종하는, 유순한

> [sub(under) + miss(send) + ive → 밑으로 보내는] 다른 사람의 발밑으로 자신을 보내 복종하는

He was looking for a quiet **submissive** wife who would obey his every wish.
그는 그의 모든 바람을 따라줄 조용하고 복종하는 부인을 찾고 있었다.

▣ submission 복종, 항복

subordinate
[səbɔ́ːrdənət]

부하; 종속적인, 지위가 낮은

[sub(under) 오더(order, 명령) + nate] 밑에서 명령을 받는

insubordinate 반항하는, 복종하지 않는

He humiliated his senior staff before their **subordinates**.
그는 그들의 부하들 앞에서 그의 상관을 모욕했다.

subside
[səbsáid]

가라앉다, 진정되다, 침몰하다

[sub(under) + side(면)] 밑면으로 가라앉다

Last winter's price upswing in the volatile oil and food sector is **subsiding**.
지난겨울의 휘발유와 식품 부문의 가격 상승이 진정되고 있다.

succulent
[sʌ́kjulənt]

즙 많은, 맛 좋은

[suc(under) 큐런트(꿀런트) → 밑에 꿀을 넣은] 빵 밑에 꿀을 넣어 맛좋고 즙도 많은

The meat looked red and **succulent** when it was taken from the refrigerator.
그 고기가 냉장고에서 꺼내졌을 때 빨갛고 즙이 많은 것처럼 보였다.

susceptible
[səséptəbl]

감정에 좌우되기 쉬운, ~에 걸리기(영향 받기) 쉬운, 민감한

[sus(under) 새터(새타, 스웨터) + ble(불)] 새타(스웨터) 밑에 불이 붙자 "아 뜨거!"하며 민감하게 뜨거움을 느끼는 모습

susceptive 감수성이 강한
susceptibility 민감함, 감수성, 병에 걸리기 쉬움

I'm **susceptible** to colds, when the weather changes.
나는 환절기에 감기에 잘 걸린다.

접두어 SUPER, SUR

접두어 super, sur는 over(~위에), exceedingly(초과하여)의 의미로 쓰인다.

superabundance
[sjùːpərəbʌ́ndəns]

과다, 매우 풍부함

[super(over) + abundance(풍부함)] 초과하여 풍부함

abundant 풍부한

We've had such a **superabundant** crop of apples this year.
우리는 올해 그토록 풍부한 사과 수확을 얻었다.

supercilious
[sùːpərsíliəs]

거만한, 깔보는

1. [super(over) + cili(cilia, 속눈썹) + ous] 다른 사람들을 눈썹 밑으로 깔봐서 자신은 눈썹 위에 있는
2. [super(슈퍼) 실리없으(살 리 없어)] 돈이 많다고 값비싼 백화점에서만 사고 슈퍼같이 싸구려인 곳에서는 물건을 살 리 없는 거만한 사람 연상

His **supercilious** attitude offends many.
그의 거드름을 피우는 태도는 많은 사람을 화나게 한다.

superior
[səpíəriər]

뛰어난, ~보다 나은, 우수한

[super(over) + or(비교급 어미)] ~보다 위에 있는

★ 토익 출제 문제
She is clearly superior ____ the other candidates.
그녀는 분명히 다른 후보자들보다 우수하다.
→ **to** (O), **than** (X)
- be superior to ~: ~보다 우수하다
  be inferior to ~: ~보다 열등하다

반 inferior 열등한, 하위의
   inferiority 하위, 열등

superficial
[sùːpərfíʃəl]

피상적인, 허울 좋은

1. [super(over) + ficial(피셜)] 위에 피어놓은(덮어놓은) 껍데기의
2. [슈퍼 + 피셜 → 슈퍼맨이 피하셔] 깡패를 피하는 이름만 슈퍼맨인 실질 없는 사람 연상

They've only got a **superficial** knowledge of linguistics.
그들은 언어학에 대해 단지 피상적인 지식을 갖고 있다.

surface
[sə́ːrfis]

표면, 수면; 표면의, 지상의

[sur(over) + face(얼굴)] 물건의 윗부분(겉 부분)인 얼굴, 즉 표면

There are indications that the **surface** temperature of the Earth is increasing.
지구 표면의 온도가 증가중이라는 징후들이 있다.

★ 토익 출제 표현
surface mail 육·해상 우편
Airmail or **surface mail**? = Would you like to send it by air or by surface? 항공우편으로 보내시겠습니까 아니면 보통우편으로 보내시겠습니까?
- surface mail은 air mail(항공우편)과 대조되는 육상(또는 해상)우편을 뜻한다.

surmount
[sərmáunt]

극복하다, 이겨내다

[sur(over) + mount(mountain, 산)] 산과 같이 앞에 가로막힌 장애물 위를 올라서 넘다, 즉 고비를 이겨내다

Journalists are accustomed to **surmounting** all sorts of obstacles to meet their deadlines.
저널리스트들은 그들의 마감시간을 지키기 위해 모든 종류의 방해물을 이겨내는 데 익숙하다.

surpass
[sərpǽs]

능가하다, 뛰어나다

[sur(over) + pass(통과하다, 합격하다)] (합격선을) 넘어서 통과하다

His qualifications **surpass** the job requirements.
그의 자격은 그 일자리의 자격조건을 능가한다.

surplus
[sə́:rplʌs]

나머지, 잔여, 잔액, 잉여, 흑자

[sur(over) + plus(~을 더한, +)] ~위에 더한

In a market economy, a **surplus** of wheat results in a decrease in the wholesale price of flour.
시장 경제에 있어서 과잉의 밀은 밀가루의 도매가격 하락을 초래한다.

★ 토익 출제 표현
1. **surplus products** 잉여 생산품
2. **budget surplus** 예산 흑자

surveillance
[sərvéiləns]

감시, 감독

[survei(survey, 둘러보다, 조사하다) + llance] 둘러보며 감독하는 모습

The police have kept the nightclub under **surveillance** because of suspected illegal drug activity.
경찰들은 의심이 가는 불법 마약 거래 때문에 그 나이트클럽을 감시해왔다.

superb
[supə́:rb]

최고의, 훌륭한

[super(over) + b]

I have heard much about your **superb** management of the corporation. 귀하의 탁월한 기업 경영능력에 대해서 많이 들었습니다.

ad superbly 최고로, 훌륭하게

surcharge
[sə́ːrtʃɑ̀ːrdʒ]

추가요금

[**sur**(over) + **charge**(요금; 요금을 부과하다)] 부과된 요금을 넘는 추가요금

Residents are protesting about the 5% **surcharge** on their local tax bills.
주민들은 지방세 청구서에 5% 부가세가 붙은 것에 항의하고 있다.

접두어 SYM, SYN

접두어 sym, syn은 the same(같은)의 의미로 쓰인다.

symbiosis
[sìmbióusis]

공생

[**sym**(same) + **bio**(life: 어근 bio 참조) + **sis**] 같이 삶

New England's wealth was created by a **symbiosis** between the region's universities, its financiers and its high-tech manufacturers.
뉴잉글랜드의 부는 그 지역의 대학과 금융업자들과 첨단 기술의 공장들 간의 공생에 의해 창출되었다.

sympathy
[símpəθi]

동정, 공감

[**sym**(same) + **pathy**(feel)] 같은 느낌

A bond of **sympathy** developed among members of the group.
그 단체의 회원들 간에 공감대가 발달했다.

symmetry
[símətri]

좌우대칭, 균형

[**sym**(same) + **밑으리**(밑으로)] 같이 천칭 밑으로 대칭을 이루고 있는 모습

This piece of sculpture has perfect bilateral **symmetry**.
이 조각품은 완벽한 좌우대칭을 이룬다.

synchronize
[síŋkrənàiz]

동시에 발생하다

[**syn**(same) + **chron**(time: 어근 chron 참조) + **ize**] 같은 시간에 일어나다

The sound in a movie must **synchronize** with the action.
영화의 음향은 액션과 동시에 진행되어야 한다.

synthesizer
[sínθəsàizər]

전자음향 합성 장치, 신써싸이저

[syn(same) + thes(put을 의미하는 어근) + izer] 모두 한 곳에 같이 넣다

■ synthesis 종합, 합성
synthetic 종합적인, 합성의, 인조의

During twentieth century, many **synthetic** products have replaced the natural products.
20세기 동안 많은 합성물들이 자연물들을 대신해왔다.

접두어 TRANS, TRENS

접두어 trans, trens는 across(가로질러), through(통하여)의 의미로 쓰인다.

transaction
[trænsǽkʃən]

거래, 취급, (업무의) 처리

[trans(across) + action(활동)] 바이어들이 업무처리를 위해 서로 나라 사이를 건너서 활동하여 거래하는 모습

I made a profit of a thousand dollars on the **transaction**.
나는 그 거래에서 1,000달러의 이익을 보았다.

★ 토익 출제 표현
1. a cash transaction 현금 거래
2. a commercial transaction 상업 거래

transform
[trænsfɔ́ːrm]

변형시키다, 바꾸다

[trans(across) + form(형태)] 형태가 가로질러서 변하다

That area of wasteland was **transformed** into a park.
그 황무지가 공원으로 바뀌었다.

■ transformation 변형

transparent
[trænspɛ́ərənt]

투명한, 비치는

[trans(across) + parent(파란트)] 바다 물이 파랗게 투명하게 비치는 모습

Material that we can see through is called **transparent**.
우리가 꿰뚫어 볼 수 있는 물질은 투명하다고 한다.

trespass
[tréspəs]

침입하다, 침범하다

[tres(across) + pass(지나가다, 통행하다)] 국경선을 가로질러 지나가다

These are private grounds and you are all **trespassing**.
이곳은 개인 땅이며, 여러분은 모두 불법 침입한 것이다.

transfer
[trænsfə́:r]

옮기다, 이동하다, 갈아타다

[trans(across) + fer(to carry)] 가로질러 나르다

★ 토익 출제 표현
1. **transfer a call to ~** ~에 전화 연결을 시켜 주다
   Would you **transfer** this **call to** his office?
   이 전화를 그의 사무실로 돌려주시겠습니까?
2. **transfer to ~** ~로 전근 가다, 갈아타다, 전화를 바꿔주다
   You should **transfer to** the green line at city hall.
   시청에서 2호선으로 갈아타야 합니다.
3. **wire transfer** 온라인 이체[송금]

🔲 transferable 양도할 수 있는, 옮길 수 있는

translate
[trænsléit]

번역하다, 해석하다

[trans(across) + 쓸 래이트] 책에 있는 것을 가로질러 다른 곳으로 옮겨 쓰다

He didn't understand Greek, so I offered to **translate**.
그는 그리스어를 이해하지 못해서 내가 번역을 해주겠다고 제의했다.

🔲 translation 번역
translator 번역가

toeic voca

접두어 TRI

접두어 tri는 three(셋)의 의미로 쓰인다.

triple
[trípl]

세배로 하다, 세배가 되다

[tri(three) + ple]

The workforce has **tripled** in size since the new factory opened. 새 공장이 열린 이래로 직원수가 세 배가 되었다.

> ★ 토익 출제 문제
> The yield of the mine has more than _____ since last year.
> 광산 생산량이 작년 이래로 3배 이상이 되었다.
> → **tripled** (O), **three times** (X)
> • have more than tripled: 3배 이상이 되다
> • 전치사 since 때문에 현재완료시제가 되어야 하므로 빈칸에는 동사인 tripled가 와야 한다. 따라서 부사인 three times는 올 수 없다.

tripod
[tráipɑd]

(사진기 등의) 삼각대

[tri(three) + pod(foot을 의미하는 어근)] 다리가 셋인 기구

The iron **tripod** held the tea kettle.
철제 삼발이가 차 주전자를 받치고 있었다.

접두어 UN-

접두어 un은 not(~이 아닌)의 의미로 쓰인다.

unalterable
[ʌnɔ́ːltərəbl]

변경할 수 없는

[un(not) + alter(수정하다) + able] 수정할 수 없는

The rocket's course was **unalterable**.
로켓의 진로는 수정할 수 없었다.

unavoidable
[ʌnəvɔ́idəbl]

불가피한

[un(not) + avoid(피하다) + able(할 수 있는)] 피할 수 없는

Such inequalities are the **unavoidable** result of liberty itself. 그러한 불공평은 자유 그 자체의 불가피한 결과이다.

unconcern
[ʌnkənsə́ːrn]

무관심, 태연, 냉정

[un(not) + concern(관계, 관심)] 자신과 관계없다며 무관심함

She regards such a matter with complete **unconcern**.
그녀는 그런 문제엔 전혀 무관심하다.

unlimited
[ʌnlímitid]

무제한의

[un(not) + limited(한정된, 제한된)] 제한되지 않은, 즉 무제한의

★ 토익 출제 표현
unlimited mileage
무제한 마일리지(무제한의 거리를 사용해도 렌트 요금이 동일한 옵션)
Our car hire rates include **unlimited mileage**.
저희 회사의 자동차 임대료에는 무제한 주행 거리가 포함됩니다.

unload
[ʌnlóud]

짐을 내리다

[un(not) + load(짐을 싣다)]

The ship is **unloading** containers at the pier.
배가 부두에서 컨테이너를 내리고 있다.

unruly
[ʌnrúːli]

다루기 힘든

[un(not) + rul(rule, 규칙; 지배하다) + y] 지배할 수 없는

An **unruly** crowd of demonstrators suddenly turned riotous as the police appeared.
다루기 힘든 시위 군중들이 경찰이 나타나자 갑자기 폭동으로 변하였다.

unseemly
[ʌnsíːmli]

(행동 등이) 어울리지 않는, 부적당한

[un(not) + seem(~처럼 보이다) + ly] 적당하게 보이지 않다

She later apologized for her **unseemly** outburst.
그녀는 무례하게 격분한 것에 대해 후에 사과했다.

untold
[ʌntóuld]

셀 수 없는, 막대한, 이야기되지 않은

[un(not) + told(tell의 과거분사)] 말도 안 될 정도의

Words alone do not convey the **untold** misery endured by people in these refugee camps.
이 난민촌 사람들이 견디는 막대한 고통은 말로는 다 표현할 수 없다.

접두어 UNDER

접두어 under는 '~아래', '~보다 못한'의 의미로 쓰인다.

underbrush
[ʌ́ndərbrʌ́ʃ]

덤불, 잔풀

> [under(아래에) + brush(브러쉬, 솔)] 아래, 즉 땅에 브러쉬처럼 돋아있는 풀을 연상

They made their way cautiously through the **underbrush**.
그들은 덤불을 헤치며 그들의 길을 주의 깊게 나아갔다.

underlie
[ʌ̀ndərlái]

~의 밑에 있다, 기초가 되다

> [under(아래에) + lie(놓이다)] 아래에 놓이다

The social problems **underlying** these crises are unsolved.
이 위기 밑에 놓여있는 사회 문제들은 해결되지 않고 있다.

undermine
[ʌ̀ndərmáin]

약화시키다, ~의 밑을 파다

> [under(아래에) + mine(광산; 채굴하다)] 밑을 파다 또는 건물 밑의 땅을 파서 기반을 약하게 하다

My father's health was **undermined** by drink.
아버지의 건강은 술로 손상되었다.

underprivileged
[ʌ̀ndərprívəlidʒd]

특권이 적은, 혜택을 받지 못하는

> [under(아래에) + privilege(특권이 있는)] 특권 아래에 있는

They sometimes care for **underprivileged** children.
그들은 때때로 불우한 어린이들을 돌본다.

underscore
[ʌ̀ndərskɔ́ːr]

밑줄을 긋다, 강조하다

> [under(아래에) + 스코어(슥 그어)] 글씨 밑에 선을 슥 그어 강조하다

This very difference **underscores** our break with past traditions. 바로 이 차이는 과거의 전통을 우리가 깼다는 것을 강조한다.

undersell
[ʌ̀ndərsél]

~보다 싸게 팔다

> [under(아래에) + sell(팔다)] ~보다 아래로 팔다

A big supermarket can usually **undersell** a small local store. 대형 슈퍼마켓은 대체로 소규모 지역 상점보다 싼 값에 물건을 팔 수 있다.

undersigned
[ʌ̀ndərsáind]

서명자; 서명한

[under(아래에) + signed(서명된)] 밑에 서명된 사람

We, the **undersigned**, strongly object to the closure of St. Mary's Hospital.
서명자인 우리들은 St. Mary's의 병원을 닫는 것에 대해 강력하게 반대한다.

underwrite
[ʌ̀ndərráit]

아래에 서명하다

[under(아래에) + write(쓰다)] 아래에 이름을 쓰다

The race-track owners have so far failed to find anyone who will **underwrite** the event.
그 경주장 소유주들은 지금까지 그 행사에 서명해줄 누군가를 찾는 데 실패했다.

접두어 UP

접두어 up은 up(위로), close(가까이)의 의미로 쓰인다.

upcoming
[ʌ̀pkʌ́miŋ]

다가오는, 앞으로 곧 생길

[up(가까이) + coming] 가까이 오고 있는

★ 토익 출제 문제
Tickets are selling well for the group's **upcoming** concert tour.
그 그룹의 다가오는 콘서트 투어 티켓이 잘 팔리고 있다.

📖 coming 다가오는

update
[ʌ̀pdéit]

(기사 따위를) 참신하게 하다, 최근의 일까지 취급하다

[up(위로) + date] 날짜를 현재까지 끌어올리다

With the introduction of new tourist attractions, this traveler's guide is entirely **updated**.
새로운 관광명소를 소개하며 이 여행 가이드는 완전히 최신의 것까지 취급하고 있다.

upkeep
[ʌ́pkiːp]

유지(비), 보존

[up(위로) + keep(유지하다)] 위의 수준으로 유지하다

I can't afford the **upkeep** of a large house and garden.
나는 큰 집과 정원을 유지할 능력이 없다.

upright
[ʌ́pràit]

정직한, 수직의

[up(위로) + right(올바른)] 위로 바르게 서 있는

She sat **upright**, holding her handbag to her chest.
그녀는 핸드백을 가슴에 안고서 똑바로 앉아 있었다.

uproot
[ʌprúːt]

뿌리째 뽑다

[up(위로) + root(뿌리)] 뿌리를 위로 잡아당겨 뽑아내다

Hundreds of mature trees were **uprooted** in the gale.
수백 그루의 성숙한 나무들이 폭풍에 뿌리째 뽑혔다.

upturn
[ʌ́ptəːrn]

상승, 향상

[up(위로) + turn(방향을 돌리다)] 위로 방향을 돌리는 것

Investors should not expect a sharp **upturn** in the economy.
투자자들은 경제의 갑작스런 상승을 기대해서는 안 된다.

접두어 UNI

접두어 uni는 one(하나)의 의미로 쓰인다. 대표적인 예로 uniform(한결같은, 유니폼)은 하나를 뜻하는 uni와 형태를 의미하는 form이 합쳐져서 만들어진 말이다.

unanimity
[jùːnəníməti]

만장일치

[un(one) + anim(mind) + ity] 모두 한마음으로 의견이 일치

★ 토익 출제 문제
Editors were unanimous in their condemnation of the proposals.
논설위원들은 그 제안에 대한 비난에 있어서 만장일치였다.

🔲 unanimous 만장일치의
   unanimously 만장일치로

unify
[júːnəfài]

하나로 하다, 통합하다

[uni(one) + fy(동사형 어미)]

If the new leader does manage to **unify** his dissident party it will be quite an achievement.
만약 새 지도자가 그의 반대파를 어떻게 해서든지 통합한다면 그것은 엄청난 성과일 것이다.

🔲 unification 통일, 단일화

unique
[juːníːk]

유일한, 독특한

[uni(one) 크] 다른 사람은 다 작은데 유일하게 혼자만 크다

It represents a **unique** partnership between the business community and the education system.
이것은 산업계와 교육계간의 보기 드문 협력관계를 나타낸다.

union
[júːnjən]

결합, 합동, 조합, 노동조합

[uni(one) + on] 하나로 합침

★ 토익 출제 문제

Our meeting with the union turned out to be more beneficial than expected.
노조 측과의 모임은 예상했던 것보다 유익한 것으로 판명되었다.

unite
[juːnáit]

📖 united 결합된, 연합한

결합하다, 화합하다

After three years in prison, he was **united** with his wife and family.
감옥에서 3년을 보낸 후 그는 다시 아내와 가족들과 결합했다.

unity
[júːnəti]

통일, 조화

The president made a call for national **unity**.
대통령은 국민의 단결을 요구했다.

III

어근 +
해마학습법
57강 - 67강

toeic voca

어근 AQUA

어근 aqua는 water(물)의 의미로 쓰인다.

aqua
[ǽkwə]

물, 액체

[aqua(water)] 물

☞ aquatic 물의, 물속의, 물에서 사는

I don't enjoy **aquatic** sports. 나는 수중 스포츠를 즐기지 않는다.

aquarium
[əkwɛ́əriəm]

수족관

[aquar(water) + ium(장소의 접미어)] 물이 있는 장소, 즉 수족관

I have a gold fish in my **aquarium**.
난 수족관에 금붕어를 키우고 있어요.

aqueduct
[ǽkwədʌ̀kt]

수로

[aque(water) + duct(lead: 어근 duce, duct 참고)] 물을 이끄는 것, 즉 수로

Citizens living in the island requested government to construct an **aqueduct**.
그 섬에 사는 시민들은 정부에게 수로를 건설하라고 요구했다.

어근 ANIM

어근 anim은 mind(마음), life(생명, 삶)의 의미로 쓰인다.
대표적인 예로 animation(애니메이션, 만화영화, 생기)은 그림에 생명을 불어넣은 것이다.

animate
v. [ǽnəmèit] a. [ǽnəmət]

활기를 불어넣다; 활기 있는, 살아 있는

[anim(life) + ate] 생명을 주다

☞ animation 생기, 활기, 만화 영화

I have rarely seen him so **animated**.
난 그가 그처럼 생기 있는 모습을 거의 본 적이 없다.

equanimity
[ìːkwəníməti]

고요, 침착

[equ(the same) + anim(mind)] 마음이 변동하지 않고 한결같은, 즉 고요하고 침착한

He received the news of his mother's death with remarkable **equanimity**.
그는 어머니의 사망 소식을 매우 담담하게 받아들였다.

inanimate
[inǽnəmət]

활기 없는, 생명 없는

[in(not) + anim(life) + ate] 생명이 없는 것 같은

They see the whole world, regardless it's animate or **inanimate**, as God's creation.
그들은 생물이든 무생물이든 전 세계를 신의 창조물로 본다.

magnanimous
[mægnǽnəməs]

관대한, 도량이 큰

[magn(great) + anim(mind) + ous] 마음이 큰

He was **magnanimous** toward our mistakes.
그는 우리의 잘못에 대해 관대했다.

unanimous
[juːnǽnəməs]

만장일치의

[un(one) + anim(mind) + ous] 모두 한 마음으로 일치하는

He was elected president by a unanimous vote.
그는 만장일치로 의장으로 선출되었다.

🔁 unanimity 만장일치

어근 AUDI

어근 audi는 hear(듣다)의 의미로 쓰인다.
대표적인 예가 audio(오디오), audience(청중)이다.

inaudible
[inɔ́ːdəbl]

들을 수 없는

[in(not) + audi(hear) + ible(~할 수 있는)] 들을 수 없는

These very high frequency sounds are **inaudible** to the human ear.
이 매우 높은 주파수의 소리는 인간의 귀에는 들리지 않는다.

audible
[ɔ́ːdəbl]

들을 수 있는

[audi(hear) + ible(~할 수 있는)] 들을 수 있는

The lecturer spoke so quietly that he was barely **audible** at the back of the hall.
강사가 너무 조용하게 말을 해서 강당의 뒤편에서는 거의 들리지 않았다.

auditorium
[ɔ̀:ditɔ́:riəm]

강당

[audi(hear) + tor + ium(장소의 접미어)]

A great multitude of students assembled in the **auditorium**.
아주 많은 수의 학생들이 강당에 모였다.

어근 BIO

어근 bio는 life(생명, 삶)의 의미로 쓰인다.
대표적인 예로 바이오 싱싱 냉장고, 바이오 세라믹 등이 일상생활에서 쓰인다.

antibiotic
[æntibaiátik]

항생의; 항생물질

[anti(against) + bio(life) + tic] 생명에 대항하는, 즉 항생의

I'm taking **antibiotics** for a throat infection.
나는 인후염으로 항생제를 복용중이다.

autobiography
[ɔ̀:təbaiá:grəfi]

자서전

[auto(self) + bio(life) + graphy(write)] 자신의 삶을 쓴 것

The famous film star wrote her **autobiography**.
그 유명한 영화 배우는 자서전을 썼다.

biochemistry
[bàioukémistri]

생화학

[bio(life) + chemistry(화학)]

She has applied for a professorship in **biochemistry** at Warwick University.
그녀는 Warwick 대학의 생화학 교수직에 지원했다.

biography
[baiágrəfi]

전기, 일대기

[bio(life) + graph(write) + y] 어떤 사람의 삶을 쓴 것

Michael Jackson is the subject of a new **biography**.
Michael Jackson이 새 전기의 대상이다.

어근 CEDE, CESS

어근 cede, cess는 go(가다)의 의미로 쓰인다.

accede
[æksíːd]

동의하다

[ac(to) + cede(go)] 두 단체 중 동의하는 쪽으로 가는 모습

They will not lightly **accede** to his request.
그들이 그의 요청에 쉽게 동의하지는 않을 것이다.

access
[ǽkses]

접근, 출입, 접근[이용] 권한, 진입로, 입구; ~에 접근하다

[ac(to) + cess(go)] ~쪽으로 가다

★ 토익 출제 문제
1. The publisher of a magazine for the disabled unveiled a new Web site and tools Thursday to make the Internet more _____ to the blind and other disabled users.
   장애인을 위한 한 잡지 출판사가 시각장애인 및 기타 장애인 사용자들이 인터넷을 훨씬 쉽게 이용할 수 있도록 새로운 웹 사이트와 장치들을 목요일 선보였다.
   → **accessible** (O), **accustomed** (X), **accomplished** (X), **accepted** (X)
2. The hotel has direct _____ to a small beach.
   그 호텔은 작은 해변으로 가는 직선로를 갖고 있다.
   → **access** (O), **approach** (X)
   • have access to ~: ~에 대한 접근 권한이 있다, ~로 가는 길이 있다
   • approach는 가산명사로 an approach가 되어야 한다. approach는 단순히 가깝게 다가가는 것을 뜻하고 access는 장소, 자료, 권리 등에 접근하여 그것을 사용할 수 있는 것을 포함한 개념이다.

유 accessible 접근하기 쉬운, 이용할 수 있는
반 inaccessible 접근할 수 없는

antecedent
[æntəsíːdnt]

앞서는, 이전의; 조상, 선례, 경력

[ante(before) + cede(go) + nt] 앞에 가는

Little is known about his birth and **antecedent**.
그의 출생과 전력에 대해 거의 알려진 것이 없다.

concede
[kənsíːd]

동의하다, 양보하다, 인정하다

[con(together) + cede(go)] 같은 길을 함께 가는, 즉 뜻이 맞아 동의하여 함께 서로 앞서거니 뒤서거니 양보하며 가는 모습

We must **concede** that this is true.
우리는 이것이 사실임을 인정해야 한다.
The labor leaders realize they will have to make some **concessions** in their demands in order to reach an agreement.
그 노동계 지도자들은 합의에 이르기 위해서 그들의 요구에서 약간의 양보를 해야 한다는 것을 인정한다.

유 concession 양보, 용인

exceed
[iksíːd]

초과하다

> [ex(out) + ceed(go)] 밖으로 가다, 즉 그릇이 꽉 차서 그릇 밖으로 흘러나오는 모습

exceed the speed limit
제한 속도를 초과하다

> ★ 토익 출제 문제
> 1. Working hours must not exceed 42 hours a week.
>   업무시간은 주당 42시간을 초과해서는 안 된다.
> 2. Luggage in **excess** of 100kg will be charged extra.
>   100kg이 넘는 화물에 추가 요금이 붙습니다.
>   • in excess of ~: ~을 초과하여

町 excess 초과, 과잉

incessant
[insésnt]

끝없는

> [in(not) + cess(go) 선(서있는) 트] 추석 귀향길에서 차가 끊임없이 막혀 가지 못하고 서있는 모습

It has been suggested that people who watch television **incessantly** may become overly passive.
텔레비전을 끝없이 보는 사람들은 지나치게 수동적이 될 수 있다고 시사되어 왔다.

町 incessantly 끝없이, 끊임없이

precede
[prisíːd]

~보다 앞서다

> [pre(before) + cede(go)] 앞서 가다

A recession like this has been **unprecedented**.
이런 불황은 지금까지 유래가 없다.

> ★ 토익 출제 표현
> 1. the preceding chapter 앞 장
> 2. the preceding steps 이전 단계들

町 precedent 앞서는, 앞서 일어난; 전례, 판례
町 unprecedented 사상 유래 없는

predecessor
[prédəsèsər]

전임자, 선조, 선배

> [pre(before) + de(강조) + cess(go) + or(~하는 사람)] 앞에 먼저 갔던 사람

proceed
[prəsíːd]

전진하다, 계속하다

[pro(forward) + ceed(go)] 앞으로 가다

★ 토익 출제 표현
1. hiring procedures 채용 절차
2. the standard procedure 일반적인 절차

★ 토익 출제 문제
The construction project was _____ as planned.
공사는 계획대로 진행되고 있었다.
→ **proceeding** (O), **completing** (X), **marching** (X)
- proceed as planned: 계획대로 진행되다
- complete는 타동사로 뒤에 목적어가 나와야 한다.

ⓟ procession 행진, 행렬
procedure 진행, 수속, 절차

process
[práses]

진행, 경과; 처리하다

1. [pro(forward) + cess(go)] 앞으로 나가는 진행
2. [컴퓨터 프로세서] 컴퓨터 프로세서(processor)에서 processor란 처리 장치로서 어떤 것의 진행을 처리하는 것

★ 토익 출제 문제
The computer is useful for data _____.
컴퓨터는 데이터 처리에 유용하다.
→ **processing** (O), **process** (X), **procession** (X)

ⓟ processing 처리, 가공
processor 처리기, 가공업자

recess
[rísés]

휴식, 휴가

[re(back) + cess(go)] 전쟁 시 뒤로(후방으로) 가서 휴식을 취하는 모습

Congress goes into **recess** between session.
국회는 회기 사이에 휴회한다.

recession
[riséʃən]

퇴거, 후퇴, (일시적인) 경기 후퇴

[re(back) + cess(go) + sion(명사형 어미)] 뒤로 물러남

★ 토익 출제 문제
Many jobs in manufacturing were lost during the _____.
경기 침체 때 제조업 부문에서 많은 일자리가 없어졌다.
→ **recession** (O), **recess** (X)

secede
[sisí:d]

탈퇴하다

[se(apart: '따로 떨어져'란 의미의 접두어) + cede(go)] 따로 떨어져 가다

Latvia **seceded** from the Soviet Union in 1991.
라트비아는 1991년에 소비에트 연방에서 탈퇴하였다.

■ secession 탈퇴, 분리

어근 CHRON

어근 chron은 time(시간)의 의미로 쓰인다.

chronic
[kránik]

만성적인

1. [크러닉 → 그러니?] 만성기침을 계속하고 있는 사람에게 "아직도 그러니? 오래 가는구나." 하는 모습
2. [chron(time) + ic] 시간이 오래 지난

Chronic stress can lead to heart disease.
만성적인 스트레스는 심장질환을 유발할 수 있다.

★ 토익 출제 표현
1. a chronic disease 만성 질환
2. a chronic problem 만성적 문제

chronology
[krənálədʒi]

연대기, 연표

[chron(time) + ology] 시간의 순서로 된 것

His report was organized **chronologically**.
그의 보고서는 연대순으로 구성되었다.

★ 토익 출제 표현
in chronological order 시간 순으로

■ chronological 연대순의, 시간 순의
chronologically 연대순으로

synchronous
[síŋkrənəs]

동시에 일어나는

[syn(same) + chron(time) + nous] 같은 시간에 일어나는

The show was designed so that the lights **synchronized** with the music.
그 쇼는 조명이 음악과 동시에 작동되도록 디자인되었다.
synchronized swimming
수중 발레

■ synchronize 동시에 일어나다

toeic voca

어근 cide는 kill(죽이다)의 의미로 쓰인다.
대표적인 예로 suicide(자살하다)는 self를 뜻하는 sui와 kill을 뜻하는 cide가 합쳐져서 형성된 것이다.

어근 CIDE

genocide
[dʒénəsàid]

민족말살

[geno(race) + cide(kill)] 종족을 죽이다

The secret police have been accused of a campaign of **genocide** against the immigrant population.
그 비밀경찰들은 이주민들에 대한 민족말살 캠페인을 한 혐의로 고소되었다.

germicide
[dʒə́ːrməsàid]

살균제

[germ(세균: 점처럼 작게 보이는 세균으로 연상) + cide(kill)] 세균을 죽이는 것

Manufacture of household **germicide** and insecticide
가정용 살균제 및 살충제 제조업

herbicide
[ə́ːrbəsàid]

제초제

[herb(허브, 풀) + cide(kill)] 풀을 죽이는 것

There is a lot of concern over the amount of **herbicides** and pesticides used in farming.
농업에 이용되는 제초제 및 살충제의 양에 대해 많은 우려가 있다.

homicide
[háməsàid]

살인

[hom(human, '인간'이란 의미의 어근: ex. homo sapiens) + cide(kill)] 인간을 죽이는 것

The number of **homicides** in the city has risen sharply.
그 도시에서의 살인의 수는 급속도로 증가해 왔다.

insecticide
[inséktəsàid]

살충제

[insect(곤충) + cide(kill)] 곤충을 죽이는 것

All **insecticides** should be available from big stores, ironmongers or some do-it-yourself shops.
대형 상점이나 철물점, DIY 상점에 가면 어떤 살충제건 다 살 수 있다.

어근 CLUD, CLUS, CLOSE

어근 clud, clus, close는 close(닫다)의 의미로 쓰인다.

conclude
[kənklúːd]

- conclusion 결정, 결론
  conclusive 결정적인, 단호한
- inconclusive 결정적이 아닌, 결론에 이르지 못하는

결정하다, 결말짓다

> [con(together) + clude(close)] 다 같이 닫다, 즉 회의 등을 끝내다(결정짓다)

In **conclusion**, I would like to support the diplomatic policy for the reasons I have mentioned so far.
결론적으로, 나는 지금까지 말한 이유로 그 외교 정책을 지지합니다.

enclose
[inklóuz]

(편지 따위에) 동봉하다, 둘러싸다

> [en(in) + close(close)] 안으로 닫다, 즉 안에서 못 빠져나가게 둘러싸다

I'll **enclose** your application with mine.
당신의 원서를 내 것과 동봉하겠습니다.

★ 토익 출제 표현
fill out the enclosed form 동봉된 양식을 작성하다

include
[inklúːd]

- inclusion 포함
  inclusive 포함하는, 포괄적인

포함하다

> [in(in) + clude(close)] 병이나 상자 안으로 닫아서 그 안에 포함시키다

The price of the table does not **include** the delivery charge.
이 식탁 가격에는 운송비가 포함되어 있지 않다.

disclose
[disklóuz]

- disclosure 폭로, 발각, 발표

노출시키다, 드러내다

> [dis(not) + close(close)] 닫지 않다, 즉 노출하다

Disclosing a patient's private information is a violation of the law.
환자의 개인 정보를 유출하는 것은 위법이다.

exclude
[iksklúːd]

- exclusive 배타적인, 제외하는
  exclusively 오로지, 전적으로

제외하다

> [ex(out) + clude(close)] 밖을 닫아 차단하다

Women are still often **excluded** from positions of authority.
아직은 여성들이 흔히 권위 직에서 배제되고 있다.

preclude
[priklú:d]

제외하다, 막다

[pre(before) + clude(close)] 앞을 닫아 가로막다

That **precludes** them from entering the labour market.
그것이 그들이 노동 시장에 들어가는 것을 막고 있다.

■ preclusion 제외, 배제, 방해, 저지

seclude
[siklú:d]

격리시키다, 제외하다

[se(apart) + clude(close)] 따로 떨어뜨려 닫아버리다

For centuries little was known about Antarctica, the most **secluded** continent in the world.
수세기 동안 세상에서 가장 외딴 대륙인 남극에 관해서 거의 알려지지 않았었다.

■ seclusion 격리, 은둔

어근 CRED

어근 cred는 believe(믿다)의 의미로 쓰인다.
대표적인 예로 credit card(신용카드)가 있다.

credible
[krédəbl]

신용할 수 있는

[cred(believe) + ible(~할 수 있는)] 믿을 수 있는

They haven't produced any **credible** policies for improving the situation.
그들은 상황을 호전시키기 위한 믿을만한 어떠한 정책을 내놓지 못했다.

incredible
[inkrédəbl]

믿을 수 없는, 엄청난, 놀라운

[in(not) + cred(believe) + ible(할 수 있는)] 믿을 수 없는

The latest missiles can be fired with **incredible** accuracy.
최근의 미사일들은 믿을 수 없는 정확성을 갖고 발사될 수 있다.

credulous
[krédʒuləs]

잘 속는, 쉽게 믿는

1. [credul(그래줄) + ous] 다른 사람의 말을 항상 믿고 "그래 줄게" 하면서 쉽게 믿고 따르는 사람 연상
2. [cred(believe) + ulous]

Children are usually more **credulous** than adults.
아이들은 보통 어른들보다 더 잘 속는다.

discredit
[diskrédit]

의심하다, 신용을 떨어뜨리다; 의심, 불명예

[dis(not) + cred(believe) + it] 믿지 않다

Evidence of links with drug dealers has **discredited** the President. 마약 거래자들과 연류된 증거는 대통령의 신용을 떨어뜨렸다.

incredulous
[inkrédʒuləs]

의심 많은, 잘 속지 않는, 믿어지지 않는

[in(not) + credulous(잘 속는)] 잘 속지 않는

The scientists were **incredulous** when they heard that research funding was to stop.
그 과학자들은 연구 지원비가 중단된다는 소식을 들었을 때 믿어지지 않았다.

credit
[krédit]

(과목의) 학점, 신용

[cred(believe) + it] 학생이나 사람을 믿을 수 있게 해주는 기준

The bank refused further **credit** to the company.
그 은행은 그 회사에 더 이상의 신용대부를 거절했다.

creditable
[kréditəbl]

훌륭한, 칭찬할 만한, 신용할 수 있는

[credit(신용) + able(~할 수 있는)] 신용할 수 있을 정도로 맡은 일을 잘 수행하고 훌륭한

She won a **creditable** 16 percent of the vote.
그녀는 명예롭게 16%의 표를 얻었다.

creed
[kriːd]

신조, 교리

The destruction of public monopolies was an indispensable part of his **creed**.
공공연한 독점 판매의 파괴는 그의 신조 중 필수 불가결한 부분이었다.

어근 CUR

어근 cur은 run(달리다)의 의미로 쓰인다.

concur
[kənkə́ːr]

동의하다, 동시에 일어나다, 일치하다

[con(together) + cur(run)] 같이 뜻이 맞아(동의하여) 손잡고 달리는 모습

파 concurrent 동시에 일어나는
concurrently 동시에

When the strike is settled, there will probably be an increase in wages and a **concurrent** increase in prices.
파업이 해결될 때 아마도 임금의 상승과 그와 동시에 가격의 상승이 있을 것이다.

excursion
[ikskə́ːrʒən]

소풍, 수학여행

[ex(out) + cur(run) + sion] 교외로(밖으로) 즐겁게 달려 나가는 모습

You could go on a day **excursion** to the nearby island of Aegina. 당신은 Aegina섬 근처로 하루 소풍을 갈 수 있다.

precursor
[prikə́:rsər]

선구자, 선임자, 전조

[pre(before) + curs(run) + or] 앞서 달려간 사람

Experience has shown that an increase in housing construction is the **precursor** of a general economic upturn. 주택건설의 증가는 일반적인 경제 호전의 전조임을 경험이 보여주었다.

recur
[rikə́:r]

재발하다, 되풀이되다

1. [re(again) 커 → 다시 커지다] 치료했던 종양이 다시 커져서 재발하다
2. [re(back) + cur(run)] 뒤로 다시 달려가다

ⓔ **recurrent** 재발하는, 순환하는
recurrence 재발, 순환

This theme **recurs** several times throughout the book. 이 주제가 그 책 전반에 걸쳐 여러 차례 되풀이된다.

어근 DEMO

어근 demo는 people(군중)의 의미로 쓰인다.
대표적인 예로 democracy(민주정치)는 사람들이 하는 정치라는 의미에서 나온 말이다.

epidemic
[èpədémik]

유행성의, 전염성의, 널리 퍼진

1. [epi(on) + dem(people) + ic] 사람들에게 퍼져있는
2. [애피데믹 → 아프데믹?] 너도 아프고 쟤도 아프다며? 유행병이구나

The flu **epidemic** has struck down thousands of people in the south of England. 그 유행성 감기는 영국 남부지방의 수천 명을 강타했다.

pandemic
[pændémik]

전국적으로 유행하는

[pan(all: 접두어 pan 참조) + dem(people) + ic] 모든 사람에게 퍼져있는

In some parts of the world malaria is still **pandemic**. 세계의 몇몇 지역에서는 말라리아가 아직도 전국적으로 유행한다.

demonstrate
[démənstrèit]

데모하다, 증명하다

1. [demo(people) + strate] 사람들이 모여서 데모하다
2. [데먼스트레이트 → 대면 스트리트(street, 거리)] 거리에서 일어난 사건에 관련된 사람들을 대면시켜서 유죄임을 증명하는 모습

ⓔ **demonstration** 논증, 시위운동

The speaker **demonstrated** his knowledge of the subject by his excellent lecture. 그 연사는 그의 훌륭한 강의로 그 주제에 대한 그의 지식을 증명했다.

어근 DIC, DICT

어근 dic, dict는 speak(말하다)의 의미로 쓰인다.
대표적인 예로 dictate(명령하다), dictator(구술자, 명령자, 독재자), dictionary(사전) 등이 있다.

benediction
[bènədíkʃən]

축복

[bene(good) + dict(speak) + tion] 좋은 것을 말하다

The appearance of the sun after the many rainy days was **benediction**.
여러 날 동안 비가 내린 뒤 해의 등장은 축복이었다.

contradict
[kàntrədíkt]

논박하다, 반박하다

[contra(against) + dict(speak)] ~에 대항하여 말하다

The manager wouldn't listen to any **contradiction** of his opinions.
그 매니저는 그의 의견에 대한 어떠한 반박도 들으려하지 않았다.

🔁 contradiction 반박

malediction
[mælədíkʃən]

저주

[male(bad) + dict(speak) + ion] 나쁘게 말하는 것

The witch uttered **maledictions** against her captors.
그 마녀는 자기를 체포한 사람에게 저주를 퍼부었다.

predict
[pridíkt]

예언하다, 예보하다

[pre(before) + dict(speak)] 미리 예기하다

Experts are **predicting** that unemployment rate will fall slowly next year.
전문가들은 내년에 실업률이 서서히 떨어질 것이라고 예상하고 있다.

🔁 prediction 예언

verdict
[vé:rdikt]

(배심의) 평결, 판단

[벌 + dict(speak)] (형)벌을 말하는 것, 즉 배심원이 벌을 말하여 평결하다

After listening to the testimony, the members of the jury delivered their **verdict**.
증언을 들은 후 그 배심원들은 그들의 판결을 내렸다.

59강 toeic voca

어근 DUCT, DUCE

어근 duct, duce는 lead(이끌다)의 의미로 쓰인다.
대표적인 예로 introduce(소개하다, 도입하다)는 '안으로'란 의미의 접두어 intro와 duce가 결합되어 '외부의 것을 안으로 끌어와서 소개하다'란 의미가 된다.

abduct
[æbdʌ́kt]

유괴하다

1. [ab(away) + duct(lead)] 사람을 멀리 이끌다
2. [앱 덕트 → 애 떡트] 애를 떡으로 유인하여 유괴하다

The **abduction** of pets has become a national problem.
애완동물들의 유괴는 국가적 문제가 되어왔다.

🔲 abduction 유괴

conduce
[kəndjúːs]

도움이 되다, 공헌하다, (어떤 결과로) 이끌다

[con(together) + duce(lead)] 수레를 같이 이끌어 도움을 주는 모습

War **conduces** to subsequent miseries.
전쟁에는 참상이 뒤따른다.

🔲 conducive 도움이 되는, 공헌하는

deduct
[didʌ́kt]

빼다, 공제하다

[de 덕트(떡트) → 아래로 떡을 끌어당기다] 사또에게 백성이 떡을 바칠 때 밑에서 이방이 떡 하나를 아래로 끌어당겨 자기 몫으로 공제하는 모습

We made a small profit on the sale of our house, but after we'd **deducted** our expenses, it turned into loss.
우리는 우리 집을 팔아서 약간의 이익을 남겼다. 그러나 비용을 공제하니 손실로 바뀌었다.

🔲 deductible (보험의) 자기부담금, 공제액; 공제 가능한

ductile
[dʌ́ktəl]

(금속 등이) 늘이기 쉬운, 연성이 있는, 유순한

[duct(lead) + ible(~하기 쉬운)] 금속 등을 잡아 늘리기 쉬우나 사람을 이끌기 쉬운

Pure silver is really white, lustrous, soft, and very **ductile**.
순수한 은은 정말로 하얗고 광택이 나고 부드럽고 매우 연성이 있다.

induce
[indjúːs]

권유하다, 설득하여 ~하게 하다, 유발하다, 야기하다

> 1. [in(in) + duce(lead)] 손님을 설득하여 가게 안으로 이끌고 들어가는 모습
> 2. [in(in) + 듀스(쥬스)] 안에 들어가 쥬스 한 잔 하고 가라고 권유하고 설득하는 모습

Sedatives calm a person without actually **inducing** sleep.
진정제들은 실제로 잠을 유도하지도 않으면서 사람을 평온하게 한다.

seduce
[sidjúːs]

꾀다, 유혹하다

> [se(apart, 따로 떨어뜨려) + duce(lead)] 아이를 꾀어서 집이나 학교에서 떨어뜨려 이끌고 나쁜 곳으로 가는 모습

📖 seducible 유혹할 수 있는
seduction 유혹, 매혹

He **seduced** her into an affair that had tragic consequences for both of them.
그는 그녀를 꾀어서 그들 둘 모두에게 비극적 결말을 주는 일에 끌어들였다.

traduce
[trədjúːs]

비방하다, 중상하다

> [틀어(비틀어) + duce(lead)] 사람의 평판을 비틀어 꽈서 이끌다, 즉 비방하다

Clark claimed that he had been **traduced** by the press.
Clark은 그가 신문에 의해 중상모략 당했다고 주장했다.

어근 EQUI, EQUA

어근 equi, equa는 the same(같은)의 의미로 쓰인다.
대표적인 예로 equal(같은, 동등한)이 있다.

equality
[ikwáləti]

평등, 동등

In high school she was taught about **equality**.
그녀는 고등학교에서 평등에 대해 배웠다.

equanimity
[iːkwəníməti]

마음의 평정, 고요, 침착

> [equ(same) + anim(mind) + ity] 마음이 같은 상태로 지속되는 것

Three years after the tragedy, she has only just begun to regain her **equanimity**.
그 비극적인 사건이 일어난 지 3년이 지나서야 그녀는 겨우 평정을 되찾기 시작했다.

equilibrium
[iːkwəlíbriəm]

평형, 평균

For one, it was difficult to maintain **equilibrium** in his life.
우선 그의 삶에 균형을 유지하는 것은 어려웠다.

equitable
[ékwətəbl]

공평한, 공정한

[equi(same) 터블(double, 둘)] 두 사람에게 똑같이 대접하는

No one believed that the Supreme Court decision was **equitable**.
어떠한 사람도 대법원의 판단이 공평하다고 믿지 않았다.

equivalent
[ikwívələnt]

동등한, 같은
This whole sandwich has the **equivalent** number of calories as a small chocolate bar.
이 샌드위치 하나 전체는 작은 초콜릿 막대과자와 같은 양의 칼로리를 갖고 있다.

어근 FID, FED

어근 fid, fed는 trust(믿다)의 의미로 쓰인다.
대표적인 예로 confident(믿을 수 있는, 자신하는)이 있다.

confidential
[kànfədénʃəl]

비밀의, 신뢰할 수 있는

[con(together) + fid(trust) + ential] 같이 믿고 비밀로 지키는

I must stress that what I say is **confidential**.
제가 말하는 것은 극비임을 강조하는 바입니다.

★ 토익 출제 표현
confidential access number 비밀번호

confide
[kənfáid]

신뢰하다, (비밀 등을) 털어놓다

[con(together) + fid(trust)] 같이 믿고 신뢰하다

He **confided** (to me) that he had applied for another job.
그는 또 다른 직업에 지원을 했다고 (내게) 털어놓았다.

confidence
[kánfidəns]

신임, 신뢰, 자신, 확신, 비밀

[con(together) 피 돈쓰] 같이 피로써 맹세하며 돈을 쓰고 갚겠다고 확신하며 서로를 신뢰하는 모습

★ 토익 출제 문제
This gave me confidence in my ability as a web site designer.
이로 인해 저는 웹사이트 디자이너로서의 능력에 대한 자신감을 가지게 되었습니다.
• confidence in ~: ~에 대한 신뢰, 확신
• in confidence: 비밀리에

🔲 confident 신뢰하는, 자신 있는
confidential 비밀[기밀]의

diffident
[dífidənt]

자신 없는, 소심한, 부끄러워하는

[dif(dis, not) + fid(trust) + ent] 자신을 믿지 못하는

The twins will accept the invitation to the party with **diffidence**.
그 쌍둥이는 부끄러움을 갖고 그 파티의 초대를 받아들일 것이다.

📖 diffidence 자신 없음, 망설임, 수줍음

overconfident
[òuvərkánfidnt]

너무 자신하는, 자부심이 강한

[over(~을 넘어서) + confident(자신 있는)] 자신감이 너무 넘쳐나는

This is what comes after being **overconfident**.
이것은 자만이 낳은 결과이다.

어근 FIN

어근 fin은 end(끝나다)의 의미로 쓰인다.
대표적인 예로 finish(끝내다)가 있다.

definitive
[difínətiv]

결정적인, 최종적인

[de(강조) + fini(end) + tive] 완전히 끝내는, 즉 결정적인

The police have no **definitive** proof of her guilt.
경찰은 그녀의 유죄를 입증할 결정적 증거를 갖고 있지 않다.

finale
[fináeli]

대단원, 결말, 피날레
All the dancers come on stage during the **finale**.
대단원에서 모든 무용수는 무대로 나온다.

infinite
[ínfənət]

무한한, 끝없는, 완벽한

[in(not) + fin(end) + ite]

You need **infinite** patience for this job.
당신은 이 일을 위해서 무한한 끈기가 필요합니다.

어근 FLU, FLUC, FLUX

어근 flu, fluc, flux는 flow(흐르다)의 의미로 쓰인다.
대표적인 예로 fluid(액체, 유동성의)가 있다.

influenza
[ìnfluénzə]

독감

[in(in) + flu(flow) + enza(안져)] 몸 안으로 흘러들어 항체와 싸워 안지는 지독한 독감의 병원균을 연상

Millions died in the Spanish **influenza** pandemic.
독감의 전국적인 전염으로 스페인에서 수백만 명이 죽었다.

fluent
[flúːənt]

유창한, 거침없는

[flu(flow) 언(言) + t] 말이 흐르듯이 유창한

She was **fluent** in her own language by the age of two, and in French by the time she was five.
그녀는 두 살 때까지 그녀의 모국어에 유창했고 5살 때에는 불어에 능통했다.

🔘 fluency 능변, 유창함

fluctuate
[flʌ́ktʃuèit]

변동하다, 오르내리다, 동요하다

1. [플럭츄에잇 → 풀럭이다] 깃발이 바람에 풀럭이듯 오르내리며 흔들리는 모습
2. [flu(flow) + ctuate] 파도가 흐르듯이 오르내리는 모습

It is not wise to invest in stocks and shares when shares prices are **fluctuating** so violently.
주식 값이 그렇게 심하게 변동할 때 주식에 투자하는 것은 현명하지 못하다.

★ 토익 출제 표현
1. **fluctuating stock prices** 불안한 주식 시세
2. **fluctuating temperatures** 변화가 심한 기온

🔘 fluctuation 파동, 동요, 변동

flux
[flʌks]

흐름, 유동, 변화

Our plans are in a state of **flux** at the moment.
우리의 계획은 현재 유동적인 상태이다.

influx
[ínflʌks]

유입, 쇄도, 흘러 들어옴

[in(in) + flux(flow)] 안으로 흘러 들어오는 것

Newly constructed Kimpo International Airport Terminal 2 is so helpful to accommodate the **influx** of visitors.
새로 건설된 김포 국제공항 제 2 청사는 방문객들의 쇄도를 수용하는 데 도움이 된다.

🔘 influent 흘러드는, 유입하는

superfluous
[supə́ːrfluəs]

여분의, 과잉의

[super(over) + flu(flow) + ous] 넘쳐흐르는

Your writing is full of **superfluous** expression.
당신의 글은 과잉의 표현으로 가득 차 있다.

어근 FRA

어근 fra는 break(깨다)를 뜻한다.

frail
[freil]

약한, 연약한

1. [fra(break) + il] 깨지기 쉬울 정도로 약한
2. [후라일] 연약한 아이에게 영양 많은 계란 후라이를 먹이는 모습

He's already over 80, **frail** and in poor health.
그는 이미 80세가 넘어 약하고 건강이 나쁘다.

fracture
[fræktʃər]

골절, 파손

1. [후랙쳐 → 후려쳐] 후려쳐서 뼈를 부수는 모습
2. [fra(break) 쳐] 뼈가 깨지도록 쳐

a **fracture** of the leg 다리 골절

fragile
[frædʒəl]

부서지기 쉬운, 깨지기 쉬운, 약한

1. [프래절 → 뿌러질] 부러지기 쉬운
2. [fra(break) + gile]

His overall condition remained **fragile**.
그의 전체적인 건강상태는 여전히 약했다.

fraction
[frækʃən]

파편, 단편, 작은 부분

[fra(break) + ction] 깨져서 생긴 작은 파편

They can produce it at a **fraction** of the cost of traditional methods.
그들은 전통적 방법에 들어가는 비용의 극히 일부만으로 그것을 생산할 수 있다.

fragment
[frægmənt]

파편, 조각

[fra(break) + 먼트(많다)] 깨진 조각들이 많다

The road was covered with **fragments** of glass from the shattered window.
도로는 부서진 창문에서 나온 유리 조각으로 덮여 있었다.

60강 toeic voca

어근 FUSE

어근 fuse는 pour(붓다)의 의미로 쓰인다.
대표적인 예로 confuse(마구 뒤섞다, 혼란시키다)는 together를
뜻하는 접두어 con과 fuse가 합쳐진 것이다.

confuse
[kənfjúːz]

혼란시키다, 혼동하다, 당황하게 하다

1. [con(together) + 퓨즈(피우즈)] 사무실의 모든 남자들이 같이 담배를 피워 대서 머리가 지끈거리고 혼동되는 여사원을 연상
2. [con(together) + fuse(put)] 함께 놓아서 마구 뒤섞어 혼란시키다

Many times people **confuse** a cold with the flu.
사람들은 흔히 감기를 독감과 혼동한다.

🔲 confusion 혼란, 혼동

diffuse
[difjúːz]

(빛·열·냄새 등을) 방사하다, 발산하다, 퍼뜨리다

[dif(dis: away) + fuse(pour)] 멀리 쏟아 붓다

The curtains did not keep out the **diffused** lamplight from the street below.
그 커튼은 거리 아래쪽에서 퍼져 나오는 가로등 불빛을 차단하지 못했다.

🔲 diffused 확산된, 널리 퍼진
diffusion 방산, 확산, 보급

effuse
[ifjúːz]

발산하다, 스며 나오다, (심정을) 토로하다

[ef(ex: out) + fuse(pour)] 심정을 밖으로 붓다

They gave us such an **effusive** welcome, and it was quite embarrassing.
그들은 우리에게 너무나도 거창한 환영을 해 주어서 매우 당황스러웠다.

🔲 effusive 심정을 토로하는
effusion 발산, 유출, (감정) 토로

fuse
[fjuːz]

녹이다, 융합하다; 퓨즈

[fuse(붓다)] 한데 부어서 융합하다 또는 녹여서 붓는 모습

The rate at which nuclei **fuse** is much greater when the plasma is hotter.
핵융합 비율은 플라즈마가 뜨거울수록 훨씬 더 커진다.

🔲 fusion 용해, 융합

suffuse
[səfjúːz]

(빛·색·눈물 등이) 뒤덮다, 가득하게 하다

[suf(sub: under) + fuse(pour)] 밑에까지 쏟아 부어 가득하게 하다

It was nearly dawn, and the room was already **suffused** with light.
그때는 거의 새벽이었고 방에는 벌써 빛이 가득했다.

📖 suffusion 뒤덮음

infusion
[infjúːʒən]

주입, 불어넣기

[in + fus(pour) + ion] 안으로 붓기

In spite of a massive **infusion** of research capital, major questions remain unanswered.
막대한 연구비를 투입했지만 주요 의문점들에 대한 해답은 나오지 않았다.

📖 infuse 주입하다, 불어넣다

어근 GEN

어근 gen은 race(종족), birth(태어남), origin(기원)의 의미로 쓰인다.

congenial
[kəndʒíːnjəl]

같은 성질의, 취미가 같은, 친근한

[con(together) + geni(birth) + al] 같이 태어난

She moved to the French Riviera to be in more **congenial** company.
그녀는 더욱 취향에 맞는 회사에서 일하기 위해 French Riviera로 옮겼다.

congenital
[kəndʒénətl]

타고난

[con(with) + geni(birth) + tal(탈)] 재능들을 가지고(타고서) 태어난

The brain damage was **congenital**.
그 뇌 손상은 타고난 것이었다.

degenerate
[didʒénərèit]

퇴보하다

[de(down: not) + generate(발생시키다)] 발생을 거꾸로 퇴보시키다

The British economy might **degenerate** into permanent recession.
영국 경제가 영원한 경기 후퇴 상태로 퇴보할지도 모른다.

engender
[indʒéndər]

발생시키다, 낳다

[en(make) + gen(birth) + er] 태어나게 하다

To receive praise for real accomplishments **engenders** self-confidence in a child.
진정한 성과에 대해 칭찬을 받는 것은 어린이에게 자신감을 생기게 한다.

gene
[dʒiːn]

유전자

[gen(birth) + e] 태어나게 하는 요소

Scientists are trying to find the **gene** responsible for the disease.
과학자들은 그 질병에 원인이 되는 유전자를 발견하기 위해 노력하고 있다.

genealogy
[dʒìːniǽlədʒi]

가계, 혈통

[gene(birth) + alogy(알려지)] 태어난 내력을 알려주는 것

I've been studying the **genealogy** of my family.
나는 우리 집안의 혈통을 연구해 오고 있다.

generate
[dʒénərèit]

발생시키다, 야기하다

[gen(birth) + erate] 태어나게 하다

If you burn wood, it **generates** carbon dioxide.
나무를 태우면 이산화탄소가 발생한다.

genesis
[dʒénəsis]

발생

In her autobiography, she describes the song's **genesis** late one night in a Dublin bar.
그녀의 자서전에서 그녀는 더블린 술집에서 어느 날 저녁 그 노래의 기원에 대해 얘기한다.

indigenous
[indídʒənəs]

타고난, 고유의, 국산의

1. [인디(인디언) + gen(birth) + ous → 인디안으로 태어난] 인디언은 미국의 고유의 인종이다?
2. [in(in) + di(강조) + gen(birth) + ous] 그 나라 안에서 완전히 태어난

Tobacoo is one of the indigenous plants which the early explorers found in this country.
담배는 일찍이 탐험가들이 이 나라에서 발견한 고유 식물들 중의 하나이다.

regenerate
[ridʒénərèit]

개선하다, 새로 고치다

[re(again) + generate(발생시키다)] 다시 발생시키다, 즉 개선하다

We are looking for ways in which community participation could help **regenerate** the inner cities.
우리는 공동체의 참여로 도심 빈민가를 개선하는 것을 도울 수 있는 방법을 찾고 있다.

어근 GRAPH, GRAM

어근 graph, gram은 write(쓰다)의 의미로 쓰인다.

autograph
[ɔ́:təgræf]

자필서명

[auto(self, 자신) + graph(write)] 자신이 직접 쓰는 것

Would you send me your **autograph**?
당신의 자필서명을 저에게 보내주시겠습니까?

autobiography
[ɔ̀:təbaiɑ́:grəfi]

자서전

[auto(self, 자신) + bio(life) + graph(write)] 자신의 삶을 쓴 것

She describes in her **autobiography** a visit to Russia in 1909.
그녀는 그녀의 자서전에서 1909년에 러시아를 방문한 것을 묘사하고 있다.

telegraph
[téligræf]

전보(= telegram)

[tele(away) + graph(write)] 멀리 있는 곳으로 써서 보내는 것

We sent them a message of congratulations by **telegram**.
우리는 그들에게 전보로 축하의 메시지를 전했다.

paragraph
[pǽrəgræf]

(문장의) 절, 단락, 짧은 기사

[패로 gragph(write)] 한 패로, 즉 어휘의 한 묶음으로 쓴 한 단락

This **paragraph** is too long to follow.
이 단락은 너무 길어서 이해가 잘 안 된다.

어근 GRAT

어근 grat는 thank(감사, 감사하다), please(즐겁게 하다)의 의미로 쓰인다.

grateful
[gréitfəl]

고맙게 생각하는, 즐거운

[grat(thank) + ful(형용사형 어미)]

If you could get that report finished by Thursday I'd be very **grateful**.
만약 당신이 그 보고서를 목요일까지 끝내 준다면 나는 매우 감사하겠습니다.

gratify
[grǽtəfài]

만족시키다, 즐겁게 하다

1. [grat(please) + ify(동사형 어미)]
2. [그래라 파이] 파이를 먹어도 좋다고 허락하여 아이들을 기쁘게 만드는 모습

It is extremely **gratifying** to see one's efforts rewarded.
자신의 노력이 보상받는 것을 보는 일은 정말 기쁜 일이다.

▣ gratification 만족, 희열

gratis
[grǽtis]

무료로, 공짜로

[grat(thank) + tis(티s) → 그래 이 티s] "고맙게도 이 티들을 공짜로 얻었다"하며 기뻐하는 불우이웃 연상

There is no fee for the visa; it is issued **gratis**.
비자에는 어떠한 수수료도 없다; 그것은 공짜로 발급된다.

gratuitous
[grətjú:ətəs]

공짜의, 이유 없는, 까닭 없는

1. [grat(thank) 튜이 터스(탔어)] "고맙게도 공짜로 탔어"하며 기뻐하는 불우이웃 연상
2. [그러튜이터스 → 그런 추위 탔어] 그런 추위가 강한 나라에서 이유 없이 까맣게 탔어

She had no wish to wound his feelings **gratuitously**.
그녀는 이유 없이 그의 감정을 상하게 할 이유가 없었다.

▣ gratuity 팁, 선물, 퇴직금
gratuitously 무료로, 공짜로

★ 토익 출제 문제

The guides sometimes receive <u>gratuities</u> from the tourists which supplement their salaries.
안내인들은 때로 관광객들로부터 월급을 보완할 만한 팁을 받는다.

ingratitude
[ingrǽtətjùːd]

배은망덕, 은혜를 저버림

[in(not) + grati(thank) + tude] 고마움을 모르는 행위

Tim's parents were rather hurt by his **ingratitude**.
Tim의 부모님들은 그의 배은망덕에 다소 상처를 받았다.

🔄 gratitude 감사

어근 GREG

어근 greg는 group(무리), gather(모이다)의 의미로 쓰인다.

---

aggregate
v. [ǽgrigèit] n. [ǽgrigət]

모이다, 합계가 ~가 되다; 총액, 총계

[ag(to) + greg(gather) + ate] ~로 모이다

I have **aggregated** all the figures, and the grand total is 5 million.
나는 모든 수치를 모았다. 총합계는 5백만이다.

🔄 aggregation 집합, 집단

congregate
[káŋgrigèit]

모이다, 집합하다

[con(together) + greg(gather) + ate] 같이 모이다

Jazz musicians **congregate** in the park and give free concerts.
재즈 음악가들은 공원에 모여 무료 음악회를 연다.

gregarious
[grigɛ́əriəs]

사교적인, 군거하는

[greg(gather) + arious]

Reindeer are highly **gregarious** and travel in herds.
순록은 매우 군집성이 강해 무리로 이동한다.

segregate
[ségrigèit]

차별하다, 분리하다

[se(apart) + greg(gather) + ate] 그룹에서 따로 떨어뜨려 놓다

In all our restaurants, smoking and non-smoking areas are **segregated** from each other.
저희의 모든 식당에서는 흡연 구역과 비흡연 구역이 서로 분리되어 있습니다.

🔄 segregation 인종차별, 차별, 분리
🔄 desegregate 인종차별을 폐지하다

어근 GRESS

어근 gress는 go(가다)의 의미로 쓰인다.

egress
[íːgres]

밖으로 나감, 출구

[e(out) + gress(go)] 밖으로 가다

Please be aware of the location of an **egress** in case of a fire.
화재시를 대비해서 출구의 위치를 숙지하시기 바랍니다.

ingress
[íngres]

입장, 입구, 입장권

[in(in) + gress(go)] 안으로 들어가는 곳

The **ingress** of drugs into prisons was dreadful.
감옥으로의 마약 유입은 끔찍했다.

progress
v. [prəgrés] n. [prɑ́gres]

전진하다, 진전하다; 진전, 진행

[pro(forward) + gress(go)] 앞으로 가다

★ 토익 출제 문제

I believe we can make progress at our next talks.
다음 협상에서는 더 진전되리라고 믿습니다.
- make progress: 진보하다
- 위 문제 이외에도 make를 넣는 문제가 시험에 종종 출제된다.
  make a telephone call: 전화하다
  make a decision: 결정하다
  make a request: 요청하다
  make a reservation: 예약하다

regress
[rigrés]

퇴행하다, 되돌아가다

[re(back) + gress(go)] 뒤로 가다

She suffered brain damage from the car accident and **regressed** to the mental age of a five-year-old.
그녀는 차 사고로 뇌 손상을 겪었고 5살의 정신 연령으로 되돌아갔다.

回 regression 퇴행, 퇴보

transgress
[trænsgrés]

위반하다, 벗어나다

[trans(across) + gress(go)] 도로를 그냥 가로질러가며 교통법규를 위반하는 모습

Those are the rules, and anyone who **transgresses** will be severly punished.
그것들이 규칙이다. 위반하는 어느 누구도 엄중하게 처벌될 것이다.

回 transgression 위반, 범죄

61강

toeic voca

어근 HERE, HES

어근 here, hes는 stick(달라붙다)의 의미로 쓰인다.

adhere
[ædhíər]

달라붙다, 고수하다

1. [어드(어디) + here(여기)] 파리가 '어디에 앉을까?'하고 생각하다가 '그래, 여기!'하며 그곳에 딱 달라붙는 모습
2. [ad(to) + here(stick)] ~에 달라붙다

That glue does not **adhere** to the wall.
그 접착제는 벽에 잘 붙지 않는다.

★ **토익 출제 표현**
1. **adhere to** the regulations 규정을 충실히 지키다
2. **adhere to** ~ ~을 고수하다, ~에 달라붙다
   I will **adhere to** this opinion until proof that I am wrong is presented.
   나는 내가 잘못되었다는 증거가 제시될 때까지 이 견해를 고수할 것이다.
   • adhere는 '~을 고수하다'란 뜻으로 타동사처럼 보이지만 자동사로 뒤에 전치사 to와 함께 쓰인다는 점을 명심하자.

圖 adherent 부착하는, 신봉하는; 추종자
adhesive 떨어지지 않는, 접착의

cohere
[kouhíər]

밀착하다, 결합하다, 조리가 서다

[co(together) + here(stick)] 앞뒤가 딱 달라붙다

We found the professor's talk on nuclear reactors quite **coherent**.
우리는 핵 원자로에 관한 그 교수의 이야기가 꽤 조리있다는 것을 발견했다.

圖 coherence 밀착, 일관성
cohesion 결합, 결합력
cohesive 접착력 있는, 부착성
coherent 조리 있는, 일관성 있는
凹 incoherent 모순된, 일관성 없는

inherent
[inhíərənt]

고유의, 타고난, 본래의

[in(in) + here(stick) + nt] 안에 딱 달라붙어 있어왔던

★ **토익 출제 문제**
Small internet businesses are <u>inherently</u> risky investments.
소규모의 인터넷 사업은 본질적으로 위험한 투자 대상이다.

圖 inherently 본질적으로, 나면서부터 원래

어근 JUD, JUR, JUS

어근 jud는 law의 의미, jur는 swear, jus는 right, law의 의미를 각각 가지고 있는데 모두 law(법), right(올바른), judge(판단하다)의 의미로 알아두면 편리하다. 대표적인 예로 judge(판사, 판단하다), jury(배심원), justice(공정, 정의)가 있다.

adjust
[ədʒʌ́st]

조정하다, 적응시키다

[ad(to) + just(올바른, 정당한)] 올바른 쪽으로 조정하다

If the chair is too high you can **adjust** it to suit you.
만약 의자가 너무 높으면 당신은 그것을 당신에게 맞추어 조정할 수 있다.

★ 토익 출제 표현
1. **adjust** volume 볼륨을 조절하다
2. **adjust** the camera 카메라를 조절하다

⑪ adjustment 조정, 조절
  adjustable 조절할 수 있는

judicious
[dʒu:díʃəs]

판단력 있는, 현명한

[judi(judge) + cious] 판단력 있는

She made a **judicious** decision to save money for her old age.
그녀는 노후를 위해 저축하겠다는 현명한 결정을 내렸다.

jurisdiction
[dʒùərisdíkʃən]

재판권, 사법권

[juris(jury's 배심원의) + dict(speak) + ion] 배심원이 말하는 권리, 즉 재판권

The court has no **jurisdiction** over foreign diplomats.
그 법원은 외국 외교관에 대하여 사법권이 없다.

justify
[dʒʌ́stəfài]

정당화하다

[jus(right) + tify] 옳게 만들다

She was trying to **justify** herself.
그녀는 자신을 정당화하려고 노력했다.

⑪ justification 정당화

prejudice
[prédʒudis]

편견, 선입관

[pre(before) + judi(judge) + ce] 미리 판단하는 것

Many women still encounter deep-seated **prejudice** in the workplace which prevents them from achieving top positions.
많은 여성들은 여전히 직장에서 가장 높은 자리에 오르는 것을 방해하는 깊이 자리 잡은 편견에 직면한다.

⑪ prejudicial 편견을 갖게 하는, 편파적인

어근 LATERAL

어근 lateral은 side(면)의 의미로 쓰인다.

bilateral
[bailǽtərəl]

양면이 있는, 양측의, 쌍무적인

> [bi(two) + lateral(side)] 양측면의

The extent of capacity will be negotiated in the **bilateral** agreement.
용량의 범위가 쌍무 협정에서 협의될 것이다.

collateral
[kəlǽtərəl]

나란히 있는, 부수적인, 담보로 내놓은; 담보물

> 1. [col(together) + lateral(side)] 같은 면에 나란히 있는
> 2. [콜레 터럴] 은행 빚을 갚지 못하자 은행에서 걸레를 포함해서 담보로 잡은 모든 것을 털어가는 모습

★ 토익 출제 문제
The sum you wish to borrow is so large that it must be secured by **collateral**.
당신이 빌리고자 하는 금액은 너무 커서 담보물로 보증되어야만 한다.

multilateral
[mʌltilǽtərəl]

다변의, 다수 국가가 참가하는

> [multi(many) + lateral(side)] 많은 면의

Seven countries are taking part in the **multilateral** talks.
일곱 나라가 그 다국 회담에 참여하고 있다.

unilateral
[jùːnilǽtərəl]

일방적인, 한쪽만의

> [uni(one) + lateral(side)] 한 면으로의

I am opposed to this kind of **unilateral** contract.
나는 이러한 종류의 일방적인 계약에 반대한다.

어근 LITER

어근 liter는 letter(글자)의 의미로 쓰인다.

literate
[lítərət]

읽고 쓸 줄 아는, 학식 있는

> [liter(letter) + ate(먹다)] 글자를 먹어서 머리에 소화되어 있는

People who are computer **literate** have a better chance of finding a job. 컴퓨터를 쓸 줄 아는 사람들은 직업을 얻는 데 좋은 기회를 갖고 있다.

⊞ illiterate 문맹의

literal
[lítərəl]

글자 그대로의, 문자 그대로의

> [liter(letter) + al(all)] 글자 하나하나 모두의

Her translation is too **literal**, resulting in heavy, colorless prose.
그녀는 너무 글자 그대로 번역을 하여 무겁고 색깔 없는 산문이 된다.

literary
[lítərèri]

문학의, 학문의

> [liter(letter) + ary] 글자로 쓴 문학의

She has contributed several poems to **literary** magazines.
그녀는 문학잡지에 몇 편의 시들을 투고하였다.

🔗 literature 문학

obliterate
[əblítərèit]

지우다, 흔적을 없애다

> [ob(against를 뜻하는 접두어) + liter(letter)] 글자를 대항하여 없애다

The missile strike was devastating; the target was totally **obliterated**.
그 미사일 공격은 파괴적이었다; 그 목표물은 완전히 사라졌다.

🔗 obliteration 말소, 삭제

어근 MAN, MANU

어근 man, manu는 hand(손)의 의미로 쓰인다.
대표적인 예로 manicure(메니큐어)가 있다.

manual
[mǽnjuəl]

손의, 손으로 하는; 소책자, 안내서

> 1. [manu(hand) + al(형용사형 어미)] 손의
> 2. [매뉴얼] 컴퓨터나 어떠한 기계를 사면 그것의 사용법을 알려주는 작은 책자가 들어있는데 그것을 매뉴얼이라고 하죠?

I didn't look into the **manual** hard enough.
안내서를 꼼꼼히 들여다보지 않았어요.

★ 토익 출제 표현
manually operated 수동으로 작동되는

🔗 manually 손으로, 수동으로

manage
[mǽnidʒ]

경영하다, 관리하다, 다루다

1. [man(hand) + age] 손으로 다루다
2. [매니저] 경영자를 매니저(manager)라고 하죠?

manage to ~ 이럭저럭 ~해내다, 용케 ~해내다
I think he will **manage to** accomplish the task.
그는 어떻게 해서든지 그 일을 해낼 겁니다.

management 경영, 관리, 경영진
managerial 관리의

manufacture
[mæ̀njufǽktʃər]

제조, 제품, 제조 공업

[manu(hand) + fact(make, '만들다'란 의미로 쓰이는 어근: ex. factory, 공장) + ure(명사형 어미)] 손으로 만드는 것

I'm the owner of glass **manufacture** company.
나는 유리 제조업 공장의 사장이다.

manufacturer 제조업자, 제조회사

emancipate
[imǽnsəpèit]

해방하다, 풀어주다

[e(out) + man(hand) + cipate] 손을 밖으로 놓아주다

Newly **emancipated** states in Eastern Europe want to join the European Community.
새롭게 해방된 동유럽 국가들은 유럽 연합에 가입하기를 원한다.

manacle
[mǽnəkl]

수갑, 구속

1. [man(hand) + acle] 손을 묶는 것
2. [매너클 → 매놔 클릭] 수갑으로 매놔! 하며 '클릭'하고 수갑을 채우는 모습

The police immediately **manacled** the prisoner so he could not escape.
경찰이 죄수에게 즉시 수갑을 채웠기 때문에 그는 도망칠 수 없었다.

mandate
[mǽndeit]

위임통치, 명령, 지령, 강제성

1. [man 데이트] 남자보고 "man, 우리 딸과 데이트해"라며 딸을 남자친구에게 위임 통치시키는 아버지 연상
2. [man(hand) + date] 정권을 손에 쥠

★ 토익 출제 문제
He was appointed managing director with a <u>mandate</u> to reverse the company's decline.
그는 회사의 쇠락 기조를 되돌리라는 명령과 함께 전무이사에 임명되었다.

mandator 명령자, 위임자

manipulate
[mənípjulèit]

(솜씨 있게) 다루다, 처리하다

[머니펄레이트 → 머니(money) 펄 레이트] 능숙한 은행원이 돈(money)을 펴면서 솜씨 있게 세고 처리하는 모습 연상

Everyone agreed that two weeks is enough to learn to **manipulate** the apparatus.
모든 사람들은 그 기구를 다루는 것을 배우기에 2주면 충분하다고 동의했다.

manuscript
[mǽnjuskrìpt]

원고, 사본

[manu(hand) + script (write)]

The **manuscript** will go to press early this month.
원고는 이 달 초 인쇄에 들어갑니다.

어근 MED

어근 med는 middle(중간)의 의미로 쓰인다.
대표적인 예로 medium(중간)이 있다.

mediate
[míːdièit]

조정하다, 화해시키다

[medi(middle) + ate] 사람들 중간에서 조정하는 모습

The two envoys have succeeded in **mediating** an end to the war.
그 두 명의 특사는 전쟁의 종식을 조정하는 데 성공했다.

🔳 mediation 조정, 화해
　mediator 중재인, 조정자

medieval
[mìːdíːvəl]

중세의

[medi(middle) + val] 중간 시대의

On each page are little pictures of **medieval** peasants carrying out daily tasks.
페이지마다 일상적인 일을 하고 있는 중세 농부들의 작은 그림들이 있다.

meddlesome
[médlsəm]

간섭하기 좋아하는

[med(middle) + dle + some(몇 번)] 사람들 중간에 몇 번씩 나타나 간섭하려 하는

He felt his marriage was suffering because of his **meddlesome** mother-in-law.
그의 결혼 생활은 간섭 심한 장모 때문에 힘들었다.

🔳 meddle 간섭하다, 쓸데없이 참견하다

mediocre
[mìːdióukər]

과히 좋지 않은, 이류의, 평범한

[medi(middle) 아커(안커) → 중간 크기로 안 크다] 아파트가 크지도 않고 그냥 중간크기로 평범한

He got into a **mediocre** university in Seoul.
그는 서울에 있는 중위권 대학에 들어갔다.

어근 METER

어근 meter는 measure(측정하다)의 의미로 쓰인다.

barometer
[bərámitər]

기압계, 척도, 기준

[bar(기압의 단위) + meter(measure)] 기압을 재는 것

The recent press statements have been the most telling **barometer** of the government anxiety.
최근 언론 성명들은 정부의 근심을 가장 잘 드러내는 척도였다.

speedometer
[spidámitər]

속도계

[speed(속도) + meter(measure)] 속도를 재는 것

The **speedometer** was indicating 95 mph.
속도계가 시속 95마일을 나타냈다.

thermometer
[θərmáːmitər]

온도계

[thermo(heat) + meter(measure)] 열을 측정하는 것

When **thermometer** is below zero, water will freeze.
온도계가 0도 이하로 내려가면 물이 얼 것이다.

toeic voca

어근 MINI, MINU

어근 mini, minu는 small(작은)의 의미로 쓴다.

diminish
[dimíniʃ]

감소하다, 줄이다, 감소시키다

[di(강조) + mini(small) + sh] 완전히 작게 하다

The snow will **diminish** in the south.
남부 지방에서는 눈이 점점 줄어들겠습니다.

minimum
[mínəməm]

최소의; 최소한도

[mini(small) + mum(명사형 어미)] 작은 것

My boss promised me the moon but only paid the **minimum** wage.
나의 상사는 엉터리 약속을 해 놓고, 최저 임금 밖에 지불하지 않았다.

반 maximum 최고점; 최대의, 극대의

minuscule
[mínəskjùːl]

아주 작은, 소형의

[minu(small) + cule(small을 의미하는 접미어)]

He had to live in this **minuscule** room.
그는 이런 작은 방에서 살아야 했다.

minute
[mainjuːt]

미세한, 하찮은, 아주 작은

1. [minu(small) + te]
2. [/minit/으로 발음하면 시간에서 '분'을 뜻함]

I've never seen a man with such tiny hands - they're **minute**!
나는 그렇게 작은 손을 가진 사람을 본 적이 없다. 그것들은 아주 작다!

어근 MISS, MIT

어근 miss, mit은 send(보내다)의 의미로 쓴다.
대표적인 예로 missile(미사일), miss(놓치다←그냥 보내버리다) 등이 있다.

commit
[kəmít]

위탁하다, 맡기다, (죄·과실을) 범하다, 전념하다

> 1. [com(together) + mit(send)] 돈이나 편지 등을 심부름꾼과 같이 보내어 부탁하는 모습
> 2. [커밑 → 코 밑] 코 밑에 코피가 나도록 때리는 죄를 범하다

Muslims **commit** themselves fully to Allah.
무슬림들은 알라에게 모든 것을 맡긴다.
About 17% of all crime in 1938 was **committed** by people under 21.
1938년의 모든 범죄의 약 17%가 21살 이하에 의해 저질러졌다.

🔲 commission 위탁, 대리수수료

demise
[dimáiz]

서거, 별세, 소멸

> [de(down) + mise(send)] 밑(땅속)으로 보내다

On the **demise** of my father, the family house will go to my brother and me.
아버지가 돌아가실 경우, 가족이 살던 집은 나와 내 동생에게 넘겨질 것이다.

emit
[imít]

(빛·열·냄새 등을) 내다, 발산하다

> [e(ex, out) + mit(send)] 밖으로 보내다. 즉 보석 등에서 밖으로 빛을 보내는 모습

Some satellites **emit** signals almost continually.
몇몇의 위성들은 거의 계속적으로 신호를 보낸다.

★ 토익 출제 표현
CO_2 **emissions** 이산화탄소 배출
emissions of greenhouse gases 온실가스 배출

🔲 emission 방출, 배출가스

intermit
[íntərmít]

잠시 중단하다, 일시 멈추다

> [inter(between) + mit(send)] 중간에 보내다. 방송을 일시 멈추고 막과 막 사이에 선전을 내보내려고 스포츠 중계를 중간에 잠시 중단하는 모습

Tomorrow will be sunny in the south, but there will be **intermittent** rain in the north.
내일 남쪽은 맑겠으나 북쪽은 간헐적으로 비가 올 것이다.

🔲 intermission 중지, 막간
 intermittent 때때로 중단되는, 간헐적인

remit
[rimít]

(돈을) 송금하다, (죄를) 면하다

> [re(back) + mit(send)] 되돌려 보내다. 돈을 되돌려 보내서 송금하거나 사람을 경찰서에서 되돌려 보내 죄를 면하는 모습

Please **remit** the money you owe her.
당신이 그녀에게 빌린 돈을 송금해 주세요.

🔲 remittance 송금, 송금액
 remissive 사면하는, 관대한, 경감하는
 remission 용서, 사면

submit
[səbmít]

제출하다, 굴복하다, 복종하다

[sub + mit(send)] 다른 사람의 발밑으로 자신을 보내다. 또는 아래 부서에 문서 등을 보내다

★ 토익 출제 문제
Enclose your resume in this envelope and submit it to the personnel department.
이력서를 이 봉투에 넣어 인사부에 제출하시오.
• submit A to B: A를 B에게 제출하다

transmit
[trænsmít]

보내다, 전송하다, 파견하다

[trans(across) + mit(send)] 가로질러 보내다

Cholera is **transmitted** through contaminated water.
콜레라는 오염된 물을 통해 전염된다.

miss
[mis]

그리워하다, 놓치다

[miss(send)] 님을 멀리 보내고 그리워하는 모습

I speak for everyone when I say, "We'll **miss** you."
모든 이들을 대표해서 내가 말할게. "우린 자네가 그리울 거야."

dismiss
[dismís]

해고하다, 면직시키다

[dis(away) + miss(send) → 멀리 보내버리다] 먼 섬 등으로 유배 보내면서 파직시키는 모습

workers who have been unfairly **dismissed** from their jobs
직장에서 부당 해고된 노동자들

▣ dismissal 해고, 면직

omit
[oumít]

생략하다, ~을 빠뜨리다

[오 밑 → 오 미터] 운동장이 좁아서 100m 달리기 트랙을 5m를 생략해서 만드는 모습

He made many mistakes in spelling by **omitting** letters.
그는 글자들을 빠뜨려 철자 실수를 많이 했다.

▣ omission 생략

어근 MAGN, MEGA

어근 magn, mega는 great(큰)의 의미로 쓰인다.
대표적인 예로 mega(10의 6승)은 '크다'의 의미에서 온 것이고 megaphone(확성기, 메가폰)은 phone이 sound의 의미로서 크게 소리를 내는 것이라는 의미이다.

magnanimous
[mægnǽnəməs]

관대한, 도량이 큰

[magn(great) + anim(mind: 어근 anim 참조) + ous] 마음이 큰

The manager of the soccer team was **magnanimous** in victory, and commended the losing team.
그 축구팀의 매니저는 승리에 있어서 도량이 넓었고 진 팀을 칭찬했다.

📖 magnanimity 아량, 관대함

magnate
[mǽgneit]

고관, 거물, 유력자

[magn(great) + ate] 큰 사람

He was once a well-known shipping **magnate**.
그는 한때 잘 알려진 해운업계의 거물이었다.

magnify
[mǽgnəfài]

확대하다, 과장하다

[magni(great) + fy] 크게 하다

I want to **magnify** this picture.
나는 이 사진을 확대하기를 원한다.

magnificent
[mægnífəsnt]

웅장한, 장엄한, 훌륭한

[magni(great) + ficent] 거대해서 웅장한

The town is renowned for its **magnificent** abbey.
그 마을은 그곳의 장엄한 사원으로 유명하다.

magnitude
[mǽgnətjùːd]

크기, 용적, 중요성

[magni(great) + tude(명사형 어미)]

They don't seem to grasp the **magnitude** of the problem.
그들은 이 문제의 중대함을 파악하지 못하고 있는 것 같다.

어근 MERG, MERS

어근 merg, mers는 dip(담그다)의 의미로 쓰인다.

emerge
[imə́ːrdʒ]

떠오르다, 나타나다, 드러내다

1. [e(out) + merge(dip)] 담궈진 물속에서 밖으로 나오다
2. [이 머지?] 떠오르는 괴물을 바라보며 사람들이 '이게 머지?' 하고 궁금해 하는 모습

★토익 출제 표현
emerge as a leader 지도자로 부상하다
He **emerged as a leader** at the age of thirty.
그는 나이 30세에 지도자로 부상했다.

emergence 출현, 발생

immerse
[imə́ːrs]

담그다, 잠기게 하다, 몰두시키다

1. [im(in) + merse(dip)] 안에 담그다
2. [임머 스 → 임마 속] 임마를 물에 속 담그다

She got some books out of the library and **immersed** herself in Jewish history and culture.
그녀는 도서관에서 약간의 책들을 얻어서 유대인의 역사와 문화에 몰두하였다.

immersion 액체 속에 담금, 열중, 몰두

submerge
[səbmə́ːrdʒ]

물 속에 담그다, 침수시키다

[sub(under) + merge(dip)] 밑으로 담그다

The ship was **submerged** under a hundred feet of water.
그 배는 수백 피트의 물속으로 가라앉았다.

어근 NOV

어근 nov는 new(새로운)의 의미로 쓰인다.

innovate
[ínəvèit]

쇄신하다, 혁신하다

1. [in(강조) + nov(new) + ate] 완전히 새롭게 하다
2. [이노 베이트 → 이 노인을 베라] 이 노인을 베고 새 인물로 혁신하라

Too many rules tend to stifle **innovation**.
너무 많은 규율들은 혁신을 억제하는 경향이 있다.

innovation 혁신, 쇄신
innovative 혁신적인

novice
[návis]

초심자, 풋내기

1. [노비s → 노비들] 회사의 노비들, 즉 말단사원들과 같은 풋나기
2. [nov + ice] 새로운 사람

This text book is suitable for a **novice**.
이 교과서는 초심자에게 알맞다.

renovate
[rénəvèit]

새롭게 하다, 혁신하다

[re(again) + nov(new) + ate] 다시 새롭게 하다

He **renovates** old houses and sell them at a profit.
그는 오래된 집을 새롭게 고치고 그들을 이익을 얻고 판다.

★ 토익 출제 표현
be temporarily closed for renovation 개조 때문에 일시적으로 문을 닫다

▣ renovation 수선. 혁신, 원기 회복

어근 NUMER

어근 numer는 number(숫자)를 뜻한다.

numerous
[njúːmərəs]

다수의, 수많은

[numer(number) + ous(형용사형 어미)] 숫자가 많은

★ 토익 출제 문제
Numerous attempts to persuade him have been made.
그를 설득하기 위한 많은 시도가 이루어졌다.

▣ numerously 수없이 많이

innumerable
[injúːmərəbl]

무수한, 헤아릴 수 없는

[in(not) + numer(number) + able] 숫자를 헤아릴 수 없을 정도로 무수히 많은

The whole project has been beset by **innumerable** problems.
그 프로젝트 전체가 수많은 문제로 곤경에 처했다.

어근 ONYM

어근 onym은 name(이름)의 의미로 쓰인다.

acronym
[ǽkrənim]

약어, 약자

[acr(head) + onym(name)] 머리글자만 딴 이름

AIDS is an **acronym** for Acquired Immune Deficiency Syndrome.
AIDS는 후천성 면역 결핍증의 약어이다.

anonymous
[ənánəməs]

무명의, 작자불명의, 익명의

[an(not) + onym(name) + ous] 진짜 이름이 아닌

The money was donated by an **anonymous** benefactor.
그 돈은 익명의 기부자에 의해 기증되었다.

🔲 anonymity 익명, 무명, 작자 불명

antonym
[ǽntənìm]

반의어, 반대말

[ant(opposit, against)) + onym(name)] 반대 이름

'Life' is the **antonym** of 'death.'
'생명'은 '죽음'의 반의어이다.

synonym
[sínənìm]

동의어

[syn(same) + onym(name)] 같은 이름

He sought a **synonym** to help explain the word's meaning.
그는 그 단어의 뜻을 설명하는 데 도움이 될 동의어를 찾았다.

어근 PASS, PATH

어근 pass, path는 feel(느끼다)의 의미로 쓰인다.
대표적인 예로 telepathy(텔레파시)는 away란 의미의 tele와 path가 합쳐진 단어다.

apathy
[ǽpəθi]

무감각, 냉담, 무관심

[a(not) + pathy(feel)] 느끼지 못함

He has an **apathy** to all that concerns others.
그는 다른 사람과 관계된 모든 것에 대해 무관심하다.

⏵ apathetic 무감정한, 냉정한

antipathy
[æntípəθi]

반감, 혐오

[anti(against: 접두어 anti 참조) + pathy(feel)] 대항하여 느낌

Declarations of racial **antipathy** against ethnic minorities will not be tolerated.
소수 민족들에 대한 인종적인 반감에 대한 선언은 허용되지 않을 것이다.

compassion
[kəmpǽʃən]

연민, 공감

[com(together) + pass(feel) + ion] 같이 느끼다

"I understand how difficult it must be for you," she said with **compassion**.
"나는 당신에게 그것이 얼마나 어려울까 하는 것을 이해한다."라고 그녀는 연민을 갖고 말했다.

⏵ compassionate 인정 많은, 동정적인

impassive
[impǽsiv]

감정이 없는, 무감동의

[im(not) + pass(feel) + ive] 느끼지 못하는

We wanted to see how long he could maintain his **impassive** expression.
우리는 그가 얼마나 오래 무표정한 표정을 유지할 수 있는지 보고 싶었다.

pathetic
[pəθétik]

애처로운, 감상적인

[path(feel) + ethic] 감정어린

He was often cast as a **pathetic** little man because his pathetic looks fit in the part.
그는 애처롭고 작은 남자 배역을 맡는 경우가 많았는데 그의 애처로운 외모가 그 부분에서 잘 어울렸기 때문이었다.

passion
[pǽʃən]

열정

[pass(feel) +ion(명사형 어미)] 강한 느낌을 갖고 있음

Another **passion** of my youth was photography.
젊은 시절 저는 사진에도 열정을 가졌습니다.

passionate 열정적인, 정열적인, 격렬한

sympathy
[símpəθi]

동정, 공감

[sym(same) + pathy(feel)] 같은 느낌

She was very **sympathetic** when I told her my pet dog died.
내가 그녀에게 나의 애완견이 죽었다고 말했을 때 그녀는 매우 동정적이었다.

sympathetic 동정적인, 공감을 나타내는

어근 PEND, PENS

어근 pend, pens는 hang(매달다)의 의미로 쓰인다.

append
[əpénd]

덧붙이다, 첨부하다, 추가하다

[ap(to) + pend(hang)] ~에 매달다

He **appends** a brief note on this subject to his report.
그는 그의 보고서에 이 주제에 관한 짧은 기록을 첨부했다.

appendix 부록, 부속물

impending
[impéndiŋ]

긴박한, 곧 일어날 듯한

[im(in) + pend(hang) + ing] 목 안에 가시 등이 걸린 긴박한 순간

People out at sea had been warned of the **impending** storms.
밖의 해변에 있는 사람들은 곧 일어날 듯한 폭풍에 대한 경고를 받았었다.

pendant
[péndənt]

(목걸이에 다는) 장식

[pend(hang) + ant(~것)] (목걸이 줄에) 매달린 것

It's a pin that may be worn as a **pendant**.
이건 펜던트로도 쓸 수 있는 핀인데요.

pending
[péndiŋ]

미정의, 미결의

[pend(hang) + ing] 아직 걸려있는 중의

The lawsuit is still **pending** in the state court.
그 소송은 주 법원에서 여전히 미결의 상태로 있다.

pension
[pénʃən]

연금

> 1. [pens(hang) + ion] 퇴직에 매달려 따라오는 연금 연상
> 2. [펜션 → 편이쉬언] 연금을 갖고 편이 쉬어

The company offers a **pension** scheme and three weeks paid holiday.
회사 측은 연금제도와 3주간의 유급휴가제도를 제안한다.

suspend
[səspénd]

매달다, 중지시키다, 보류하다

> [sus(sub: under) + pend(hang)] 밑에 매달다

That hotel has a beautiful chandelier **suspended** from the ceiling.
그 호텔은 천장에 매달려 있는 아름다운 샹들리에를 갖고 있다.
The store has been ordered to **suspend** business.
그 가게는 영업정지 명령을 받았다.

🔲 suspension 매달기, 미결, 정직, 정학, 중지

어근 PED

어근 ped는 foot(발)의 의미로 쓰인다.

biped
[báiped]

두발 동물

> [bi(two) + ped(foot)] 발이 두 개인

Man is a featherless **biped**.
인간은 깃털이 없는 두발 동물이다.

centipede
[séntəpìːd]

지네

> [centi(100) + pede(foot)] 발이 100개인 것

Tropical **centipedes** can be very poisonous.
열대 지방의 지네는 강한 독을 가질 수 있다.

expedient
[ikspíːdiənt]

편리한, 유리한; 수단, 방편

> [ex(out) + pedi(foot) + ent(언트) → 밖에 발을 (펴고) 앉다)] 극장 등에서 밖으로 발을 쭉 펴고 앉을 수 있는 편리한 좌석을 연상

We thought it **expedient** not to pay the builder until he had finished the work.
우리는 그 일이 끝날 때까지 그 건축업자에게 돈을 지불하지 않는 것이 유리하다고 생각했다.

expedite
[ékspədàit]

촉진시키다, 진척시키다

[ex(out) + ped(foot) + ite] 발을 썰매 밖으로 내어 눈을 뒤로 구르며 속도를 촉진시키는 모습

I'd be grateful if you could do something to **expedite** a reply to my query.
당신이 내 질문에 대한 답변을 빨리 해 줄 수 있는 어떤 것을 해줄 수 있다면 감사하겠습니다.

🅐 expeditious 급속한, 신속한

impediment
[impédəmənt]

방해, 장애

[im(in) + pedi(foot) + ment] 발을 다른 사람 발안에 넣어서 넘어뜨려 방해하는 모습

Nobody knows what **impeded** his ability.
누구도 무엇이 그의 능력을 방해하는지 알지 못한다.

🅥 impede 방해하다, 훼방하다

pedestrian
[pədéstriən]

보행자, 도보자

[pede(foot) + str(street, 거리) + ian] 발로 거리를 걷는 사람

In fact, about 40 percent of all people who died from car accidents were **pedestrians**.
실제로 교통사고로 사망한 사람들 중의 약 40%가 보행자들이었다.

quadruped
[kwádrupèd]

네발 짐승

[quadru(4를 의미하는 접두어: ex. quarter 4분의 1) + ped(foot)]

A dog is a **quadruped**.
개는 네발 짐승이다.

어근 PLE

어근 ple는 fill(채우다)의 의미로 쓰인다.

complement
v. [kámpləmènt]
n. [kámpləmənt]

보충하다, 보완하다; 보충

[com(강조) + ple(fill) + ment] 모자란 부분을 보충하여 완전히 채우다

Kim proposed Plan A and Lee, Plan B, but these two are **complementary**.
김씨는 계획 A를 그리고 이씨는 계획 B를 제안했다. 그러나 이 두 제안은 상호 보충적이다.

🅐 complementary 보충적인, 보완적인

ample
[ǽmpl]

많은, 풍부한

1. [am + ple(fill)] 채워 넣어서 많은
2. [앰프] amp(amplifier의 약자로 흔히 스테레오 등의 앰프 소리를 풍부하게 확대하는 것)

You will have **ample** opportunity to ask questions after the talk. 당신은 강연 후에 질문할 수 있는 많은 기회를 가질 것이다.

★ 토익 출제 문제
The boy was _____ rewarded for his work.
소년은 그의 일에 대하여 충분히 보수를 받았다.
→ **amply** (O), **largely** (X)
- largely: 주로, 대부분, 크게

⑪ amplify 확대하다, 증대하다
amplifier 증폭기, 앰프
amply 널리, 충분히

deplete
[diplí:t]

고갈시키다, 비우다

[de(not) + ple(fill) + te → 채우는 것의 반대] 다 써버리는 것

If we continue to **deplete** the Earth's natural resources, we will cause serious damage to the environment.
만약 우리가 계속해서 지구의 천연 자원을 고갈시킨다면 우리는 환경에 심각한 손상을 입힐 것이다.

⑪ depletion 소모, 고갈
depletive 고갈시키는

plenty
[plénti]

풍부한, 충분한; 풍부

[ple(fill) + nty] 가득 채운

We've got **plenty** of time before we need to leave for the airport. 공항으로 떠나야 하기 전에 우리는 시간이 많다.

⑪ plentiful 풍부한

plethora
[pléθərə]

과다, 과잉

[ple(fill) + thora(쏟어)] 채우다가 흘러넘친 것을 쓸어 담는 모습

He stood there, surrounded by the **plethora** of microphones, amplifiers, speakers, and reporters.
그는 수많은 마이크와 앰프와 스피커와 기자들에 둘러싸인 채로 거기에 서 있었다.

replenish
[riplénɪʃ]

다시 채우다, 보충하다

[re(again) + plen(fill) + ish] 다시 채우다

We have to import an extra 4 million tons of wheat to **replenish** our reserves.
우리는 우리의 예비량을 다시 채우기 위해 추가로 4백만 톤의 밀을 수입해야 한다.

replete
[riplí:t]

가득 찬, 충만한

[re(강조) + ple(fill) + te] 완전히 채운 즉 가득 찬

This car has an engine **replete** with the latest technology.
이 차는 최신의 기술로 충만한 엔진을 갖고 있다.

⑪ repletion 충만, 과다, 포식

supplement
n. [sʌ́pləmənt]
v. [sʌ́pləmènt]

보충; 보충하다

[sup(sub, under) + ple(fill) + ment] 아래에 채워서 보충하다

Safety deposit boxes are available at a **supplement**.
추가 요금을 내시면 안전 금고를 이용하실 수 있습니다.

어근 PRIN, PRIM

어근 prin, prim은 first(첫째의, 처음의)의 의미로 쓰인다.
대표적인 예로 prince(왕자←처음으로 중요한 사람)가 있다.

principle
[prínsəpl]

원리, 원칙, 주의

1. [프린씨풀 → 뿌린 씨 풀] '콩 심은 데 콩 나고 팥 심은 데 팥 난다'라는 원리 즉 원래 **뿌린 씨의 풀**(콩 풀, 팥 풀)이 난다는 **원리**
2. [prin(first) + ciple] 첫째로 지켜야할 것

She could not educe a **principle** that would encompass all the data. 그녀는 모든 자료를 망라할 수 있는 하나의 원리를 이끌어 낼 수 없었다.

prime
[praim]

제 1의, 주요한, 으뜸가는

1. [프라임] 프라임 영한사전은 제 1의 영한사전이란 뜻
2. [prim(first) + e] 첫째의

관 primary 첫째의, 초기의, 주요한, 으뜸가는
primarily 첫째로, 주로, 원래

★ 토익 출제 문제
The earliest soaps were made <u>primarily</u> of raw materials.
가장 초창기의 비누는 주로 천연 물질들로부터 만들어졌다.

principal
[prínsəpəl]

주요한, 제일의; 우두머리, 교장, 원금

[prin(first) + cipal] 첫째가는

The **principal** aim of the scheme is to bring employment to the area. 그 계획의 주된 목적은 그 지역에 고용을 창출하는 것이다.

★ 토익 출제 표현
principal sum (예금 통장의) 원금

primitive
[prímətiv]

원시의, 초기의, 태고의

[prim(first) + ive] 처음 시기의

The museum displayed the tools of **primitive** men.
그 박물관은 원시인들의 연장을 전시했다.

437

64강

toeic voca

어근 PON, POS

어근 pon, pos는 put(놓다, 두다)의 의미로 쓰인다.

depose
[dipóuz]

면직시키다, 폐위시키다

[de(down) + pose(put) → 윗자리에서 아래로 놓다] 강등시키거나 면직시키다

The army attempted to **depose** the king and set up a military government.
군대는 왕을 퇴위시키고 군사 정부를 세우려고 했다.

🔲 deposal 폐위, 면직, 파면

expose
[ikspóuz]

드러내다, 진열하다, 노출하다

[ex(out) + pose(put)] 밖으로 놓다

★ 토익 출제 표현
1. **exposure to ~** ~에 대한 노출
2. **be exposed to ~** ~에 노출되다
In fact, the inhabitants have **been exposed to** radioactive rays.
사실 그 주민들은 방사선에 계속 노출되어 왔다.

🔲 exposition 설명, 박람회
　exposure 노출

postpone
[poustpóun]

연기하다, 미루다

[post(after) + pone(put)] 날짜 등을 뒤로 놓다

They decided to **postpone** their holiday until the autumn.
그들은 가을까지 그들의 휴가를 연기하기로 결심했다.

★ 토익 출제 표현
postpone the deadline 마감일을 연기하다

transpose
[trænspóuz]

바꾸어 놓다

[trans(across) + pose(put)] 서로 엇갈리어 놓다

The confusion was caused when two numbers were accidentally **transposed** by a social security clerk.
사회 보장 요원에 의해 두 숫자가 우연히 바뀌어졌을 때 혼란이 일어났다.

🔲 transposition 바꾸어 놓음, 전위

어근 PORT

어근 port는 carry(나르다)의 의미로 쓰인다.
대표적인 예로 import(수입하다), export(수출하다)가 있다.

portable
[pɔ́ːrtəbl]

휴대할 수 있는, 휴대용의

[port(carry) + able(할 수 있는)] 나를 수 있는

a **portable** radio/computer/telephone 휴대용 라디오/컴퓨터/전화기

porter
[pɔ́ːrtər]

짐꾼, 운반인

[port(carry) + er(~사람, ~것)]

The expedition was made up of ten professional climbers and thirty **porters** from local villages.
그 원정은 10명의 전문 등반인과 그 지역 주민 30인의 짐꾼으로 구성되었다.

portfolio
[pɔːrtfóuliòu]

서류첩, 서류가방, 자산 구성, 각종 금융 자산의 집합

[port(carry) + folio] 가지고 나르는 서류가방

My stockbroker manages my **portfolio** for me.
내 증권 중개인이 날 위해 내 투자 자산을 관리한다.

transport
[trænspɔ́ːrt]

수송하다, 나르다

[trans(across) + port(carry)] 가로질러 나르다

The pipeline was constructed to **transport** oil across Alaska to ports on the coast.
그 수송관은 기름을 알라스카를 가로질러 해안의 항구로 수송하기 위해 건설되었다.

★ 토익 출제 표현
public transportation 대중교통

📖 transportation 수송, 운송

어근 PRESS

어근 press는 push(밀다, 누르다)의 의미로 쓰인다.
대표적인 예로 pressure(압력)이 있다.

compress
[kəmprés]

압축하다

[com(together) + press(push)] 함께 누르다

Firmly **compress** the soil in the pot so that the plant is secure.
그 식물이 쓰러지지 않게 화분의 흙을 단단히 눌러라.

📖 compression 압축

depressed
[diprést]

- depress 풀이 죽게 하다
  depression 의기소침, 침울, 불황

풀이 죽은, 의기소침한

[de(down) + press(push) + ed] 기분 등이 아래로 눌린

I realized I was becoming increasingly **depressed** and apathetic.
내가 점점 의기소침해지고 냉담해짐을 깨달았다.

oppress
[əprés]

- oppression 압박, 억압, 압박감
  oppressive 압제적인, 중압감을 주는

압박하다, 억압하다

[op(강조) + press(push)] 완전히 누르다

For years now, the people have been **oppressed** by a relentless dictator.
현재 수년 동안 사람들은 무자비한 독재자에게 압박을 받아왔다.

repress
[riprés]

- repressible 진압할 수 있는
  repression 진압, 억제, 억압

억누르다, 억제하다, 저지하다

[re(back) + press(push)] 뒤에서 눌러서 억압하다

I could not **repress** my anger.
나는 분노를 억누를 수 없었다.

suppress
[səprés]

- suppressant (약물 등이 반응을) 억제하는; 억제제
  suppression 억압, 억제

억압하다, 진압하다, (하품·기침 등을) 억누르다

[sup(sub, under) + press(push)] 아래로 누르다

Sometimes the fear is conscious, but very often we **suppress** it entirely.
가끔 우리는 두려움을 의식하기도 하지만 대체로 그걸 완전히 억눌러 버리곤 한다.

impression
[impréʃən]

- impressed 감명을 받은, 깊은 인상을 받은
  impressive 인상적인, 감명 깊은

인상

[im(in) + press(push) + ion(명사형 어미)] 마음속을 누르는 느낌

I had the distinct **impression** that I was being watched.
나는 누군가가 나를 지켜보고 있다는 뚜렷한 느낌을 받았다.

> ★ 토익 출제 문제
>
> Her story is absolutely amazing and very _____.
> 그녀의 이야기는 극도로 놀랍고, 매우 감동적이야.
>
> → **impressive**(O), **impressed**(X)
> - impressive는 사람이나 사건, 상황 등이 사람에게 감동을 준다는 의미이고 impressed는 사람이 사건, 상황 등에 의해 감동을 받는다는 의미이다.

어근 QUIRE, QUEST

어근 quire, quest는 ask(질문하다, 요구하다)의 의미로 쓰인다.
대표적인 예로 question(질문)이 있다.

acquire
[əkwáiər]

- acquirement 획득, 취득
  acquisition 획득
  acquisitive (부귀영화·지식 등을) 얻으려고 하는, 욕심 많은

얻다, 획득하다

[ac(억) + quire(ask)] 억을 요구해서 얻다

Children have an outstanding ability to **acquire** a language.
아이들은 뛰어난 언어 습득 능력을 가지고 있다.

inquire
[inkwáiər]

- inquiry 문의, 질문, 조사
  inquisitive 호기심 많은, 질문하기를 좋아하는

묻다, 질문하다

[in(~안에) + quire(ask)] 마음속에서 묻다

They called to **inquire** about our exchange policy.
그들은 우리 가게의 반품 규정에 대해 문의하려고 전화했다.

request
[rikwést]

요청, 요구; 부탁하다, 요구하다

[re(강조) + quest(ask)] 완전히 요구하다

★ 토익 출제 표현
on request 요청하는 대로 곧, 신청에 의하여
Catalogues are available **on request**. 카탈로그는 요청하시면 드립니다.

require
[rikwáiər]

- requirement 필요물

요구하다, 필요로 하다

[re(강조) + quire(ask)] 완전히 요구하다

★ 토익 출제 표현
required documents 구비 서류

prerequisite
[priékwəzit]

선행조건, 전제조건

[pre + requi(ask) + site] 미리 요구하는 조건

If you want to play golf, club membership is a **prerequisite**.
당신이 골프를 치기를 원한다면 클럽 회원의 지위가 선행되어야 한다.

quest
[kwest]

탐색, 탐구, 추구; 탐색하다

In his **quest** for physical perfection, he spends hours in the gym.
그는 육체적 완벽을 추구하며 체육관에서 많은 시간을 보낸다.

어근 RECT

어근 rect는 straight(똑바른), right(올바른)의 의미로 쓰인다.

correct
[kərékt]

- correctly 올바르게, 정확하게
- correction 정정, 수정, 교정
- incorrect 부정확한, 틀린

정정하다, 바로잡다; 올바른

[cor(강조) + rect(right)] 완전히 바르게 하다

Several attempts to **correct** the problem met with failure.
문제 해결을 위한 몇몇 시도가 실패로 돌아갔다.

erect
[irékt]

- erection 직립, 기립, 건설, 발기

똑바로 선, 직립의; 똑바로 세우다

[e(강조) + rect(straight)] 완전히 똑바르게 하다

It takes us about half-an-hour to **erect** our big tent.
우리의 커다란 텐트를 세우는 데 반시간이 걸린다.

direct
[dirékt]

지시하다, 관리하다, ~에게 길을 가리키다; 직접적인, 똑바른

1. [디(뒤) + rect(straight)] 뒤로 똑바로 쭉 가라고 지시하다
2. 축구에서 직접 슈팅을 '다이렉트 슛'이라고 하죠?

★ 토익 출제 문제
1. All representatives report <u>directly</u> to the sales manager.
   모든 영업사원들이 영업부장에게 직접 보고한다.
   - report directly: 직접 보고하다
   - contact directly: 직접 연락하다
   - call directly: 직접 전화 연락하다
2. Can you <u>direct</u> me to Gate 70, please?
   70번 출구는 어느 쪽입니까?
   - direct A to B: A를 B로 안내하다

- direction 방향, 지시
  directly 바로, 직접, 곧장, 똑바로
  director 지휘자, 감독
- indirect 간접적인

rectangle
[réktæŋgl]

- rectangular 직사각형의, 직각의

장방형, 직사각형

[rect(straight) + angle(각)] 똑바른 각이 4개 있는 것

The school playground was a large **rectangle**.
학교 운동장은 커다란 직사각형이었다.

rectify
[réktəfài]

- rectification 개정, 수정, 조정

개정하다, 고치다

[rect(right) + ify] 옳게 하다

The tenant will be held responsible for **rectifying** any damage.
그 세입자는 어떠한 손상에 대해서도 수리할 책임을 갖게 될 것이다.

rectitude
[réktitjùːd]

정직, 청렴, 정확

[rect(right) +tude(명사형 어미)] 똑바르게 사는 것

He is renowned for his **rectitude** and integrity.
그는 그의 정직함과 성실함으로 유명하다.

어근 RUPT

어근 rupt는 break(부서지다)의 의미로 쓰인다.
대표적인 예로 bankrupt(파산시키다; 파산자)는 'bank(은행이) 부서지다'란 의미에서 유래했다.

abrupt
[əbrʌ́pt]

- abruptly 갑자기, 뜻밖에
- abruption 중단, 종결, (갑작스런) 분리, 분열

갑작스러운, 뜻밖의

[ab(away) + rupt(break) → 부러져 멀리 날아가다] 갑자기 폭탄이나 건물이 폭발하여 멀리 파편들이 날아가는 모습

His car came to an **abrupt** halt. 그의 차가 갑자기 멈추었다.

bankrupt
[bǽŋkrʌpt]

- bankruptcy 파산, 도산

파산자; 파산한; 파산시키다

[bank(은행) + rupt(break)] 은행이 돈이 없어 다 파괴되다. 즉, 파산시키다

He went **bankrupt** after only a year in business.
그는 사업을 한 지 불과 1년 만에 파산했다.

corrupt
[kərʌ́pt]

- corruption 타락, 퇴폐, 매수, 부패
- corruptive 타락시키는, 부패성의

타락한, 부도덕한; 타락시키다

[cor(together) + rupt(break)] 같이 부서져 망가지다. 즉, 정치인과 경제인이 부도덕한 방식으로 서로 연결되어 같이 부서져 망가지다

It's pitiful what those **corrupt** politicians are doing to us.
그러한 부패한 정치가들이 우리에게 하고 있는 것들은 경멸할 만하다.

disrupt
[disrʌ́pt]

- disruption 붕괴, 분열, 중단, 방해
- disruptive 분열적인, 파괴적인

분열시키다, 와해시키다

[dis(away) + rupt(break)] 부서져 서로 멀리 흩어지다

A heavy fall of snow had **disrupted** the city's transport system.
폭설이 그 도시의 운송 시스템을 와해시켰다.

★ 토익 출제 문제

Officials warn of possible disruptions to rail services over the holiday weekend.
역원들은 휴가가 낀 주말에 철도 운행이 중단될 가능성을 경고한다.

erupt
[irʌ́pt]

(화산 등이) 분화하다, 폭발하다

[e(out) + rupt(break)] 밖으로 부서져 나오다

They dread that the volcano may **erupt** again.
그들은 화산이 다시 폭발하지 않을까 무서워하고 있다.

■ eruption 분화, 폭발
　eruptive 폭발적인, 분출성의

interrupt
[intərʌ́pt]

막다, 훼방하다, 중단하다, 끊다

[inter(between) + rupt(break)] 대화 중인 사람과 사람 사이를 깨트려 훼방하다

I wish you wouldn't keep **interrupting** me. Let me finish what I'm saying.
나는 당신이 나의 말을 끊지 않았으면 합니다. 내가 말하고 있는 것을 끝낼 수 있게 해주세요.

★ 토익 출제 표현
1. **be temporarily interrupted** 잠시 중단되다
2. **without interruption** 중단 없이

■ interruption 중단, 방해

rupture
[rʌ́ptʃər]

파열, 파괴, 불화

[rupt(break) + ture(명사형 어미)]

John's telephone call to Peter caused a **rupture** in their four-year friendship.
John이 Peter에게 건 전화가 그들의 4년간의 우정을 깨트렸다.

444

65강 toeic voca

어근 SCRIB, SCRIPT

어근 scrib, script는 write(쓰다)의 의미로 쓰인다.

describe
[diskráib]

묘사하다, 설명하다

[de(down) + scribe(write)] 아래에 쓰면서 설명하다

The book vividly **describes** the area's mountain scenery.
그 책은 그 지역의 산 경치를 생생하게 묘사하고 있다.

★ 토익 출제 문제
The scenery was beautiful beyond description.
그 경치는 형언할 수 없이 아름다웠다.
- beyond description: 이루 다 말할 수 없이
- job description: 직무 내용

■ description (제품 등의) 설명서, 묘사, 해설

inscription
[inskrípʃən]

비명, 새긴 문자

[in(in) + script(write) + ion] 돌이나 나무 안에 새겨서 쓴 것

Centuries of wind and rain had worn away the **inscriptions** on the gravestones.
수백 년간의 바람과 비는 그 묘비 위의 비문들을 닳아 없어지게 했다.

■ inscribe (비석 등에) 새기다, 파다, 기입하다

prescribe
[priskráib]

규정하다, (약·치료법 등을) 처방하다

[pre(before) + scribe(write)] 의사가 약국에 가기 전에 미리 처방전을 써주거나 규정을 앞에 써서 붙여놓다

The doctor **prescribed** painkillers for my headache.
의사는 내 두통에 대해 진통제를 처방했다.

★ 토익 출제 표현
fill a prescription 처방전을 조제하다
I'd like to have this **prescription filled**.
이 처방대로 약을 지어 주십시오.

■ prescription 규정, 법규, 처방

script
[skript]

원본, 대본, 각본
The two writers collaborated on the **script** for the film.
두 작가는 공동 작업으로 영화의 대본을 썼다.

445

subscriber
[səbskráibər]

서명자, 기부자, 신청자

[sub(under) + scribe(write) +er(~사람)] 신청서나 기부증서 등의 아래에 이름을 써 놓는 사람

Cable television companies have launched major campaigns to increase their number of **subscriber**.
케이블 TV 회사들은 그들의 가입자 수를 증가시키기 위해 주요 캠페인을 시작했다.

Ⓝ subscription (정기 발행물의) 구독, 기부, 응모

어근 SENS, SENT

어근 sens, sent는 feel(느끼다)의 의미로 쓰인다.
대표적인 예로 sense(감각, 느낌), sentimental(감상적인)이 있다.

---

assent
[əsént]

동의하다; 동의

[as(to) + sent(feel)] ~쪽으로 (같이) 느끼다

Will you give your **assent** to my proposal?
내 제안에 동의해 줄거니?

Ⓝ assentation 동의

consensus
[kənsénsəs]

의견의 일치, 합의

[con(together) + sens(feel) + us] 같이 느끼다, 같은 느낌

The general **consensus** in the office is that he's useless at his job.
그가 그의 직책에 쓸모가 없다는 것을 그 사무실 내에서 일반적으로 동의한다.

> ★ 토익 출제 표현
> 1. general consensus 여론
> 2. reach a consensus on ~ ~에 대해 합의를 보다
> We didn't **reach a consensus on** this matter.
> 우리는 이 문제에 대해 합의에 이르지 못했다.

consent
[kənsént]

동의하다; 동의

[con(together) + sent(feel)] 같이 느끼다

> ★ 토익 출제 문제
> Such action is only permitted with the prior <u>consent</u> of the committee.
> 그러한 행동은 위원회의 사전 동의가 있어야만 허용된다.

Ⓝ consentaneous 일치한, 적합한

dissent
[disént]

의견을 달리하다

[dis(not) + sent(feel)] 그렇게 느끼지 않다

There is some **dissent** within the committee on this issue.
이 문제에 대해서는 위원회 내부에서 약간의 이견이 있다.

- **dissension** 의견의 차이, 불화
- **dissenting** 의견을 달리하는

insensitive
[insénsətiv]

무감각한, 둔한

[in(not) + sensitive(민감한)] 민감하지 않은, 느끼지 못하는

The police have been criticized for being **insensitive** to complaints from the public.
경찰은 대중의 불만에 무감각하다고 비판받아왔다.

nonsense
[nánsens]

무의미한 말, 허튼 소리

[non(not) + sense(쎈스, 분별력)] 분별력 없는 말

He said that the report was **nonsense** and nothing but a waste of paper.
그는 그 보고서가 말도 안 되는 소리이며 종이 낭비일 뿐이라고 말했다.

presentiment
[prizéntəmənt]

예감, 육감

[pre(before) + senti(feel) + ment] 미리 느끼는 것

I've a strong **presentiment** that it'll prove a failure.
나는 그것이 실패할 것 같은 예감이 자꾸만 든다.

resent
[rizént]

분개하다

[re(against) + sent(feel)] 대항하여 느끼다

I **resent** his being too arrogant. 그가 너무 오만한 것이 불쾌하다.

- **resentment** 분개, 분노, 원한

sensible
[sénsəbl]

분별력 있는, 합리적인, 느낄 수 있는 정도의

[sens(feel) + ible(~할 수 있는)]

We believe that this is **entirely** sensible.
우리는 이것이 완전히 합리적이라고 믿는다.

sensitive
[sénsətiv]

민감한

[sens(feel) + tive] 느끼는 정도가 심한

Sex education and birth control are **sensitive** issues for the anti-abortion movement.
성교육과 피임은 낙태 반대 운동의 민감한 논점이다.

- **sensitivity** 민감성, 민감도, 느끼기 쉬움

sensuous
[sénʃuəs]

감각적인, 오감에 의한

[sens(feel) + uous] 느낌으로의

Her fingers **sensuously** stroked his neck.
그녀의 손가락이 감각적으로 그의 목을 어루만졌다.

sensual
[sénʃuəl]

관능적인

[sensu(feel) + al(all)] 온 몸으로 느끼는

A woman with a **sensual** voice answered the phone.
관능적인 목소리를 가진 여자가 전화를 받았다.

어근 SECU, SEQU

어근 secu, sequ는 follow(따르다)의 의미로 쓰인다.

consecutive
[kənsékjutiv]

연속적인

[con(together) + secu(follow) + tive → 같이 따라오다] 길게 계속 꼬리를 물며 같이 따라오는 연속적인 행렬을 연상

He said that agricultural exports went up for twelve **consecutive** years.
그는 농업 수출이 12년간 연속적으로 향상되었다고 말했다.

> ★ 토익 출제 표현
> for three consecutive years 3년 연속으로

sequence
[síːkwəns]

연속, 순서, 차례

1. [시퀀스 → 식권 쓰(다)] 식권을 쓰고 밥을 타려는 학생들이 차례대로 연속해서 서 있는 모습
2. [sequ(follow) → ence] 계속 뒤따름

The tasks had to be performed in a particular **sequence**.
그 작업은 특정한 순서대로 수행되어야 했다.

🔁 sequential 연속의

subsequently
[sʌ́bsikwəntli]

나중에, 그 후에

[sub(under) + sequ(follow) + ently → 밑에 따라와서] 원인
밑으로 따라와서

These changes **subsequently** left the people worse off.
이러한 변화들은 결과적으로 사람들을 더욱 비참하게 했다.

📘 subsequent 다음의, 뒤따르는

어근 SIMUL, SIMILI

어근 simul, simili는 like(~같은)의 의미로 쓰인다.
대표적인 예로 실제와 거의 같게 컴퓨터로 꾸며 놓은 모의 게임을 시뮬레이션 게임(simulation game)이라고 한다.

---

simultaneous
[sàiməltéiniəs]

동시에 일어나는

[simul(like) + taneous] 같은 시간에 일어나는

There was a **simultaneous** broadcast of the concert on the radio and the television.
그 연주회는 라디오와 텔레비전에서 동시 중계되었다.

📘 simultaneously 동시에

---

simulate
[símjulèit]

가장하다, ~인 체 하다

[simul(like) + ate(동사화 어미)] 비슷하게 하다

In cheap furniture, plastic is often used to **simulate** wood.
값이 싼 가구에서 플라스틱은 나무처럼 보이게 사용되는 경우가 많다.

📘 simulation 꾸밈, 가장, 흉내

---

similar
[símələr]

같은, 유사한

[simil(like) + ar] 같은

The decent lady bought some new shoes which are very **similar** to a pair I had before.
그 점잖은 숙녀는 내가 전에 가졌던 것과 유사한 몇 개의 새 신을 샀다.

📘 similarly 유사하게, 비슷하게
similarity 유사성

어근 SOLU, SOLV

어근 solu, solv는 release(풀다)의 의미로 쓰인다.
대표적인 예로 solution(해답, 용해)이 있다.

dissolve
[dizálv]

용해하다, 해체시키다, 해산하다

[dis(away) + solve(release)] 풀어서 멀리 보내 해체시키다

Keep stirring the tea until the sugar has **dissolved**.
설탕이 녹을 때까지 차를 계속 저어라.
The society was **dissolved** due to lack of members.
그 단체는 회원 부족으로 해체되었다.

回 dissolution 분리, 분해, 해산

soluble
[sáljubl]

녹는, 용해되는, 풀 수 있는

[solu(release) + ble(~할 수 있는)] 풀 수 있는

I find **soluble** aspirins easier to take than the ones you have to swallow whole.
나는 통째로 삼켜야 하는 것보다 녹는 아스피린이 먹기에 더 편하다는 것을 안다.

回 insoluble 녹지 않는, 해결할 수 없는

어근 SPEC, SPECT, SPI(C)

어근 spec, spect, spi(c)는 look(보다)의 의미로 쓰인다.
대표적인 예로 spectacle(광경), spectacles(안경)이 있다.

circumspect
[sə́:rkəmspèkt]

신중한, 주의 깊은

[circum(around) + spect(look) → 주위를 보다] 길을 건널 때나 어떠한 상황에서 항상 주위를 살피는 주의 깊은 모습

As it was, she was **circumspect** enough not to accept his proposal.
사실상 그녀는 그의 제안을 받아들이지 않을 정도로 신중했다.

回 circumspection 세심한 주의, 신중

despise
[dispáiz]

경멸하다, 멸시하다

[de(down) + spi(look) + se] 아래로 깔아서 보다

I hate and **despise** that kind of obsequious behaviour.
나는 그러한 종류의 아첨하는 행동을 싫어하고 경멸한다.

inspect
[inspékt]

조사하다

[in(in) + spect(look) → 안을 보다] 경찰이 차 안을 보면서 용의자가 있는지 조사하는 모습

After the crash, both drivers got out and **inspected** their cars for damage.
그 충돌 후에 두 운전자들 모두 밖으로 나와 그들의 차의 손상을 조사하였다.

> ★ 토익 출제 표현
> 1. conduct an inspection 검열을 실시하다
> 2. routine inspections 정기적인 검사

🔟 inspection 정밀 검사, 점검, 시찰

prospect
[práspekt]

(앞으로의) 전망, 경치, 전망

[pro(forward) + spect(look)] 앞으로 보이는 것

With not much **prospect** of settling the dispute, the talks were halted. 그 논쟁이 해결될 전망이 많지 않은 채로 그 회담은 끝났다.

🔟 prospective 예기된, 기대되는, 가망 있는

retrospect
[rétrəspèkt]

회고; 회고하다

[retro(backward) + spect(look)] 되돌아 보다

In **retrospect** I think my marriage was doomed from the beginning. 회고해 볼 때 나는 나의 결혼이 처음부터 운명 지어져 있었다고 생각한다.

🔟 retrospective 회고의
retrospection 회고

specific
[spisífik]

명확한, 뚜렷한, 특정한, 특이한

[speci(look) + fic(픽)] 눈에 픽 하고 잘 보일 정도로 명확하고 뚜렷한

Unless you are more **specific**, we do not know which one to send you.
당신이 명확하게 하지 않는다면 우리는 어떤 것을 당신에게 보내야 할지를 모른다.
Remember to **specify** your size when ordering clothes.
의류를 주문할 때에는 잊지 말고 치수를 명시하세요.

> ★ 토익 출제 표현
> **specifically for ~** 특히 ~을 위해
> These jeans are designed **specifically for** women.
> 이 바지들은 특히 여성을 위해 디자인된 것이다.

🔟 specification 명세서, 설명서, 상술
specify (구체적으로) 명시하다
specifically 특히, 명확하게, 구체적으로 말하면

speculate
[spékjulèit]

사색하다, 투기하다

[spec(look) 키울래이트] 먼 산을 바라보면서 생각을 키우는 모습과 주식이나 땅값 등을 보면서 재산을 키울 생각을 하는 모습, 즉 투기를 하려고 하는 모습

★ 토익 출제 문제
Government has tried to eradicate property **speculation**.
정부는 부동산 투기를 근절하기 위해 노력해왔다.
• property speculation: 부동산 투기

speculative 사색적인
speculation 사색, 투기

어근 SPIRE

어근 spire는 breathe(숨쉬다, 호흡하다)의 의미로 쓰인다.

expire
[ikspáiər]

숨을 거두다, 만기가 되다

1. [ex(out) + pire(파이어) → 밖에 땅이 파이어] 사람이 죽어서 밖에 무덤을 파 놓은 모습
2. [ex(out) + xpire] 밖으로 마지막 숨을 내쉬다

I have to renew my passport because it's due to **expire** soon.
곧 만기가 되기 때문에 여권을 갱신해야 해요.

★ 토익 출제 표현
1. expired food 유통기한이 지난 식품
2. expiration date 만기일, 유통기한
This product is passed its **expiration date**.
이 제품은 유통기한이 지났습니다.

expiration 숨을 내쉼, (기간·임기 등의) 만료

inspire
[inspáiər]

영감을 주다

[in(in) + spire(breathe)] 마음속에 숨을 불어넣다

Myths have **inspired** many of the world's greatest poets, musicians, and scientists.
신화는 세상의 많은 훌륭한 시인과 음악가와 과학자들에게 영감을 주었다.

inspiration 영감, 고무
inspiring 영감을 주는, 고무하는

perspire
[pərspáiər]

땀을 흘리다

[per(through) + spire(breathe) → ~를 통해서 숨쉬다] 피부를 통해서 숨 쉬다, 즉 땀을 흘리다

He was **perspiring** in his thick woollen suit.
그는 그의 두꺼운 양모로 만든 옷을 입고 땀을 흘리고 있었다.

perspiration 땀

respire
[rispáiər]

호흡하다, 한숨 돌리다

[re(back) + spire(breathe)] → 뒤로 숨 쉬다] 뒤를 바라보고 휴우~ 하고 숨 쉬다

One of the accident victims was given artificial **respiration** by a member of the ambulance crew.
그 사고 피해자들 중에 한 사람은 구급 대원에 의해 인공호흡을 받았다.

🔁 respiration 호흡, 단숨

transpire
[trænspáiər]

누설하다

[trans(across) + spire(breathe)] 사람의 귀를 가로질러 숨을 쉬다

In spite of all our efforts to keep the meeting a secret, news of our conclusions **transpired**.
그 회의를 비밀로 하려고 하는 우리의 노력에도 불구하고 우리의 결정에 대한 소식이 누설되었다.

66강 toeic voca

어근 STA, STIT

어근 sta, stit는 stand(서다, 세우다)의 의미로 쓰인다.
대표적인 예로 stand(서다)가 있다.

institution
[ìnstətjúːʃən]

학원, 협회, 제도, 설립

1. [in(in) 스타(스타) 튜션(뜨션) → 안에서 스타가 뜨션] 자신의 학원 안에서 스타가 떴다며 연기 학원을 홍보하는 모습
2. [in(in) + stit(stand) + ution] 안에 세워둔 것

Oxford and Cambridge universities are internationally respected **institutions**.
옥스퍼드와 캠브리지 대학은 국제적으로 높이 평가되는 교육기관이다.

⊞ institute 설립하다; 협회

constitute
[kánstətjùːt]

구성하다, 형성하다, 제정하다

1. [con(together) 스타(스타) 뜨션] 스타들이 같이 밤하늘에 떠서 오리온과 같은 별자리를 형성하는 모습
2. [con(together) + stit(stand) + ute] 같이 (헌법이나 임원진 등을) 세우다, 즉 구성하다

These 75,000 men **constituted** the whole strength of the Dutch Army. 이 7만 5천명의 사람들이 네덜란드 전체의 군사력을 구성했다.

⊞ constitution 구성, 헌법, 구조

substitute
[sʌ́bstətjùːt]

대신하다, 대리하다; 대리인

1. [sub(under) 스타(스타) 튜션(두션) → 스타의 밑에 대리를 두다] 스타는 너무도 스케줄이 많아서 밑에 대리로 사람을 두는 모습
2. [sub(under) + stit(stand) + ute → 아래에서 세워둠] 자신의 빈자리를 대신하게 하려고 자신의 밑에 있는 조수를 대신 세워둔 모습

A neighbor may be able to **substitute** until one of the parents comes home.
부모 중에 한 사람이 집에 올 때까지는 이웃이 대신할 수 있을 것이다.

★ 토익 출제 문제

When you don't have butter, You can _____ oil for it in this recipe.
버터가 없을 때 이 요리법에서는 식용유를 그것 대신 써도 됩니다.
→ **substitute** (O), **replace** (X)
- substitute A for B: B를 A로 대신하다
  replace A with B: A를 B로 대신하다
  substitute for ~: ~를 대신하다, 대리하다

⊞ substitution 대리

estate
[istéit]

재산, 자산, 부동산, 소유지

[이 스태이트] 갑부가 미국의 한 주의 땅을 가리키며 "이 스태이트(state, 주) 모두 우리 재산이야"하며 보여주는 모습

She left her all **estate** to her niece.
그녀는 그녀의 조카딸에게 그녀의 모든 재산을 남겼다.

establish
[istǽbliʃ]

(학교·기업 등을) 설립하다, 확립하다

[e(out) + sta(stand) + blish] 밖에 건물 등을 세우다

We have decided to **establish** a new department.
우리는 새로운 부서를 설립하기로 결정했다.

★ 토익 출제 표현
1. **established company** 안정된 중견 기업(오랜 역사의 기반이 확립된 기업)
2. **an established fact** 기정 사실

🔲 established 확립된, 확정된, 기정의

statue
[stǽtʃuː]

조각상

[sta(stand) + tue(추) → 추운데 서 있는] 눈발이 날리는 추위에도 아랑곳없이 계속 서 있는 시청의 이순신 장군 조각상을 연상

Statues are usually found in public places such as parks and churches.
조각상들은 보통 공원이나 교회와 같은 공공장소에서 발견된다.

stance
[stæns]

입장, 태도

[-stan(stand) + ce] 서있는 입지나 상태, 즉 입장, 태도

★ 토익 출제 문제
The party leaders have adopted an unpopular **stance** on the deficit. 당 지도자들은 적자 문제에 대해 대중적이지 못한 태도를 취했다.
• stance on ~: ~에 대한 입장, 태도

어근 STRAIN, STRICT

어근 strain, strict는 draw(잡아당기다)의 의미로 쓰인다.

constrain
[kənstréin]

강제하다, 강요하다, 속박하다

[con(together) + strain(draw) → 같이 잡아당기다] 행패를 부리는 술주정뱅이를 같이 끌고서 경찰서에 감금하는 모습

★ 토익 출제 문제
There are no _____ on your choice of subject for the essay.
에세이 주제 선정에는 제한이 없다.
→ **constraints** (O), **inhibition** (X)
- inhibition은 '금지, 방해'란 의미로 쓰이며 '강제적인 제한'의 뜻으로는 constraint가 쓰인다.

ⓝ constraint 제한, 강제, 압박

constrict
[kənstríkt]

압축하다, 수축시키다

[con(together) + strict(draw)] 같이 잡아당기다

Cold air causes the arteries around the heart to **constrict**.
차가운 공기는 심장 주의의 동맥이 수축하게 한다.

ⓝ constriction 압축, 수축

restrain
[ristréin]

제지하다, 억제하다

[re(back) + strain(draw) → 뒤로 당기다] 앞으로 못 가게 뒤로 잡아당겨 억제하다

She tried to **restrain** her feelings in our presence.
그 여자는 우리들 앞에서 감정을 억제하려고 했다

ⓐ restrained 삼가는, 자제된, 억제된
restraint 억제, 구속, 속박

strain
[strein]

긴장; 잡아당기다, 긴장시키다

1. [신경을 당기는 것] 긴장
2. [st(stress) + rain(비)] 스트레스로 땀이 비 오듯 하는 현상

The judge was exhausted from the nervous **strain**.
판사는 신경 과로로 기진맥진해 버렸다.

어근 TEN, TAIN

어근 ten, tain은 hold(유지하다, 쥐다)의 의미로 쓰인다.
대표적인 예로 contain(포함하다), obtain(얻다, 획득하다) 등이 있다.

abstain
[æbstéin]

삼가다, 끊다, 그만두다

[abs(ab: away를 뜻하는 접두어) + tain(hold)] 잡고 있던 것을 멀리하다

He **abstained** from eating for six days.
그는 6일 동안 먹는 것을 삼갔다.

ⓝ abstinence 금욕, 절제
cf. abstain from ~ ~을 삼가다

detain
[ditéin]

억류하다, 감금하다

[de(down) + tain(hold) → 아래에 유지하다] 범인을 잡아서 땅바닥에 엎드리게 하고 못 도망가게 아래로 눌러서 잡고 있는 모습

n detention 억류, 감금
detainment 억류, 지체

The police **detained** him for questioning.
경찰이 그를 심문한다고 억류했다.

pertain
[pərtéin]

속하다, 부속하다, 적절하다

[per(강조) + tain(hold) → 완전히 가지고 있는] ~에게 속하는

n pertinent 적절한, 관계있는, 속하는

The witness said that he had **pertinent** information that was relevant to the case.
목격자는 그가 그 사건에 관계된 적절한 정보를 갖고 있다고 말했다.

retain
[ritéin]

보유하다, 유지하다

[re(back) + tain(hold)] 뒤에 쥐고 있다

n retention 보류, 유치, 감금

Please **retain** these documents for future reference.
앞으로 참고할 수 있도록 이 문서들을 간직하고 계십시오.

sustain
[səstéin]

떠받치다, 지탱하다, 견디다

[sus(under) + tain(hold)] 밑에서 유지하다

We do not have sufficient resources to **sustain** our campaign for long.
우리는 오랫동안 우리의 캠페인을 지탱시켜줄 충분한 재원을 갖고 있지 않다.

tenacious
[tənéiʃəs]

끈질긴, 집요한

1. [띠내이 셨으 → 떼어 내셨으] 끈질기게 물고 있는 개를 떼어내려고 하는 모습
2. [ten(hold) + acious] 꽉 쥐고 있는

The conservation group was **tenacious** in its opposition to the new airport.
환경보존 집단은 새로운 공항건설에 대해 끈질기게 반대의 입장을 취했다.

tenure
[ténjər]

(부동산의) 보유, 보유기간, 재임기간

[ten(hold) + ure] 유지하고 있는 기간

Your **tenure** will not commence until the new term.
당신의 임기는 새 학기가 되어야 시작됩니다.

어근 TOR, TORT

어근 tor, tort는 twist(비틀다, 꼬다)의 의미로 쓰인다.
대표적인 예로 tornado(토네이도, 회오리바람←비틀리는 바람)이 있다.

distort
[distɔ́ːrt]

(얼굴 등을) 찌푸리다, 왜곡하다, (소리·화상 등을) 일그러뜨리다

[**dis**(강조) + **tort**(twist)] 완전히 비틀다

The airport announcements were so **distorted** that I couldn't understand what was said.
공항 안내방송 소리가 너무 일그러져서 무슨 말을 하는지 알아들을 수가 없었다.

▣ distortion 찌그러짐, 뒤틀림, (소리·화상의) 일그러짐, 왜곡

extort
[ikstɔ́ːrt]

강제로 탈취하다, 쥐어 짜내다

[**ex**(out) + **tort**(twist)] 밖으로 비틀어 짜내다

He had been **extorting** money from the old lady for years.
그는 수년 동안 노부인으로부터 돈을 뜯어냈었다.

▣ extortion 강요, 강탈

retort
[ritɔ́ːrt]

말대꾸하다, 맞받아 응수하다, 쏘아 붙이다

[**re**(back) + **tort**(twist)] 비꽈서 되돌려 주다

He **retorted** that it was my fault as much as his.
그는 그 일은 그에게 잘못이 있는 만큼 나에게도 잘못이 있다고 반박하였다.

torment
[tɔ́ːrment]

고통, 고뇌, 고문

1. [토먼트 → 또 멍 투] 또 멍이 들게 때리며 고문하거나 고통을 주는 모습
2. [**tor**(twist) + **ment**(명사형 어미)] 비틀어 꼬집어 고통을 주는 모습

He has never suffered the **torment** of rejection.
그는 결코 거절당하는 고통을 겪어보지 못했다.

torture
[tɔ́ːrtʃər]

고문, 고통; 고문하다, 괴롭히다

[**tor**(twist) + **ture**] 비틀어서 꼬집어 고통을 주는 모습

Torture of prisoners is a colonial legacy.
죄수들을 고문하는 것은 식민지시대의 잔재다.

어근 TRACT

어근 tract는 draw(끌어당기다)의 의미로 쓰인다.
대표적인 예로 tractor(트랙터, 견인차)가 있다.

abstract
a. n. [ǽbstrækt]
v. [æbstrǽkt]

추상적인; 발췌하다; 발췌

[abs(ab: away) + tract(draw)] 저쪽 멀리 심원하게 끌어당겨 **추상적으로** 설명하거나 멀리 끌어내어 **발췌하다**

▥ abstractive 추상적인, 발췌의
　abstraction 추상적 개념, 추출

Two other points must be **abstracted** from the argument.
그 논의에서 다른 두 가지 관점이 추출되어야 한다.

attract
[ətrǽkt]

유혹하다

[at(to) + tract(draw)] ~로 끌어당기다

These flowers are brightly colored in order to **attract** butterflies.
이 꽃들은 나비들을 유혹하기 위해 밝은 색을 낸다.
The vivacious and colorful street life of Bangkok was tourist **attraction** in itself.
방콕의 활기넘치고 다채로운 거리 생활은 그 자체로 관광 명소였다.

★ 토익 출제 표현
tourist attraction 관광 명소
• attraction이 '관광명소, 인기거리'라는 뜻으로 토익에 출제되었다.

▥ attraction 관광명소,
　인기거리, 유혹, 매력

contract
n. [kántrækt]
v. [kəntrǽkt]

계약; 계약하다, (근육 등을) 수축시키다, (병 등에) 걸리다

[con(together) + tract(draw)] 같이 계약서류 등을 잡아당기거나 근육을 잡아당기다

When a muscle **contracts** it becomes smaller and tighter.
근육이 수축할 때 그것은 더 작고 팽팽해진다.

★ 토익 출제 표현
1. **contract out** 하청주다
　The work was **contracted out** to several local firms.
　그 일은 계약에 의해 몇몇 지역 회사에 맡겨졌다.
2. **win a contract** 수주하다
　The company has **won a contract** to supply books and materials to schools.
　그 회사가 학교들에 도서와 교재를 공급하는 계약을 획득하게 되었다.
3. **contract a disease** 병에 걸리다
　Why does he **contract a fatal disease**?
　그가 왜 치명적인 병에 걸렸나요?

detract
[ditrǽkt]

(명성·가치 등이) 떨어지다, 떨어뜨리다

[de(down) + tract(draw)] 명성 등을 밑으로 끌어내리다

She wears so much make-up that I think it actually **detracts** from her prettiness.
그녀는 너무 많이 화장을 해서 그녀의 미를 사실상 떨어뜨린다고 나는 생각한다.

distract
[distrǽkt]

혼란시키다, (주의를) 딴 데로 돌리다

[dis(away) + tract(draw)] 마음을 멀리 끌어당기다

I can't wait until they finish constructing the building! The noise is very **distracting**!
그 건물 완공이 빨리 되었으면 좋겠어요! 소음 때문에 집중을 할 수가 없어요!

n. **distraction** 주의 산만, 정신이 흐트러짐, 마음의 혼란

★ 토익 출제 표현
cause distractions to ~ ~의 주의를 산만하게 하다

extract
v. [ikstrǽkt]
n. [ékstrækt]

추출하다, 발췌하다; 추출물

[ex(out) + tract(draw)] 밖으로 당기다

The oil which is **extracted** from olives is used for cooking.
올리브에서 추출하는 기름은 요리를 위해 쓰여진다.

protract
[proutrǽkt]

(시간을) 오래 끌다, 연장하다

[pro(forward) + tract(draw)] 날짜를 앞으로 끌어당기다

Please don't **protract** the suspense - tell me if I passed or not.
긴장감을 오래 끌지 말아 주세요. - 제가 합격했는지 아닌지 말해 주세요.

retract
[ritrǽkt]

취소; 철회하다

[re(back) + tract(draw)] 계약서 등을 뒤로 끌어당기다

The company **retracted** its disciplinary action against him.
회사 측은 그에 대한 징계 방침을 철회했다

a. **retractable** 취소할 수 있는
n. **retraction** 취소, 철회

subtract
[səbtrǽkt]

빼다, 공제하다 (= deduct)

[sub(under) + tract(draw)] 밑에서 세금 등을 떼서 끌어당기다

You have to **subtract** 25% tax from the sum you receive.
당신은 당신이 받은 합계에서 25%의 세금을 빼야 한다.

n. **subtraction** 뺄셈, 공제

tractable
[træktəbl]

유순한, 다루기 쉬운

[tract(draw) + able(하기 쉬운) → 끌어당기기 쉬운] 소가 말을 잘 들어 끌어당기는 데로 잘 따라오는 유순한 모습

He has a highly **tractable** personality easily influenced by suggestion.
그는 제안에 쉽게 영향을 받는 매우 유순한 성격을 갖고 있다.

toeic voca

어근 VAC

어근 vac는 empty(빈)의 의미로 쓰인다.

vacuum
[vǽkjuəm]

진공; 진공의; 진공청소기로 청소하다

> [vac(empty) + um(명사형 어미)] 비어 있는 것

Sound waves cannot travel through a **vacuum**.
음파는 진공을 통과할 수 없다.

★ 토익 출제 표현
vacuum cleaner 진공청소기

vacant
[véikənt]

빈, 공허한

> [vac(empty) + ant(형용사형 어미)] 비어 있는

I found a **vacant** place for my meal at one of the tables in the dining hall.
나는 식당에서 내가 식사할 수 있는 빈자리 하나를 발견했다.

evacuate
[ivǽkjuèit]

피신시키다, (건물 등을) 비우다

> [e(out) + vac(empty) + ate(동사형 어미) → 밖으로 비우게 하다] 화재가 난 건물 등에서 사람들을 모두 빠져나오게 하여 건물을 비우며 피신시키는 모습

Families in the area were urged to **evacuate** their homes immediately.
그 지역에 사는 가족들은 집에서 즉시 대피하도록 재촉 받았다.

⊞ evacuation 비움, 대피

vacate
[véikeit]

집을 비우다, 퇴거하다, 자리를 비우고 물러나다

> [vacate-vacation(방학)] 방학을 맞아 집을 비우고 바캉스를 가는 모습

Passengers are offered money to **vacate** their seats when planes are overbooked.
승객들은 비행기가 초과 예약될 때 그들의 자리를 비우기 위해 돈을 제공받는다.

vacuous
[vǽkjuəs]

빈, 공허한, 얼빠진

[배 꾸었으 → 배속의 방귀를 꾸었어] 가스로 빵빵했던 배가 방귀를 뀌고 공허하게 비는 모습

The universe was quiet, **vacuous** but very slowly moving together creating a collision.
우주는 조용하고 텅 비었지만 충돌을 일으키면서 아주 천천히 움직인다.

🔲 vacuity 공허, 진공

어근 VARI

어근 vari는 diverse(다양한)의 의미로 쓰인다.
대표적인 예로 variety show(다양한 쇼)의 variety(다양성)이 있다.

variable
[vέəriəbl]

변하기 쉬운; 변수

1. [vari(diverse) + able(~하기 쉬운)] 다양한 모양을 취하기 쉬운
2. [vari(베리) + able(하기 쉬운) → 베리기 쉬운] 음식이나 옷 색깔 등이 잘 변해서 버리기 쉬운

In the tropics, rainfall is notoriously **variable** and unreliable.
열대 지방에서 강수량은 악명 높을 정도로 변하기 쉽고 믿을 수 없다.

★토익 출제 문제
The hotel offers its guests a wide variety of amusements.
그 호텔은 손님들에게 아주 다양한 오락을 제공한다.
• a wide variety of = a large variety of: 매우 다양한

🔲 variety 변화, 다양

invariable
[invέəriəbl]

불변의, 바꿀 수 없는

[in(not) + vari(diverse) + able] 다양하게 될 수 없는

It was her **invariable** habit to pray before going to bed.
잠자리에 들기 전에 기도하는 것이 그녀의 어김없는 습관이었다.

🔲 invariant 변하지 않는, 한결같은

vary
[vέəri]

변화를 주다, 변경하다

The charges **vary** according to the type of call you make.
요금은 거시는 전화 종류에 따라 다릅니다.

★토익 출제 표현
a varied selection of candies 다양하게 정선된 캔디

🔲 varying 가지각색의
  various 가지각색의
  variation 변화, 변이
  varied 다양한, 다채로운

어근 VENE, VENT

어근 vene, vent는 come(오다)의 의미로 쓰인다.

advent
[ǽdvent]

출현, 도래

[ad(to) + vent(come)] ~로 왔음

Life in Britain was transformed by the **advent** of the steam engine.
영국에서의 삶은 증기 엔진의 출현에 의해 변했다.

🔲 adventitious 우연의, 외래의

circumvent
[sə̀ːrkəmvént]

회피하다, 우회하다

[circum(around) + vent(come) → 주위로 오다] 주위로 돌아서 오다

The politician **circumvented** the problem.
그 정치가는 그 문제를 회피했다.

🔲 circumvention (계략으로) 속임, 모함, 우회

convene
[kənvíːn]

모임을 갖다, 회합하다

[con(together) + vene(come) → 같이 오다] 같이 와서 모이다

The Prime Minister **convened** a meeting of his ministers to discuss the matter.
그 수상은 그 문제에 대해 논의하기 위해 그의 장관들의 모임을 소집했다.

🔲 convention 모임
🔲 convention 모임, 관습, 전통

contravene
[kàntrəvíːn]
🔲 contravention 위반, 위배

위반하다, 모순되다

[contra(against) + vene(come)] ~에 대항하여 오다

The company was found guilty of **contravening** safety regulations.
그 회사는 안전 규정 위반죄를 범한 것으로 밝혀졌다.

intervene
[ìntərvíːn]

중재하다, 조정하다

[inter(been) + vene(come) → 사이에 오다] 사람 사이에 와서 중재하는 모습

🔲 intervention 중재, 조정, 간섭

They refused to **intervene** in the quarrel.
그들은 그 분쟁의 중재를 거절했다.

어근 VID, VIS

어근 vid, vis는 look(보다)의 의미로 쓰인다.
대표적인 예로 television, video(비디오)가 있다.

avid
[ǽvid]

갈망하는, 열렬한

[a(애) + vid(look) → 애가 보이길 갈망하다] 애를 잃어버린 엄마가 애가 빨리 눈에 뜨이길 갈망하며 애타게 찾는 모습

The dictator had an **avid** desire for power.
그 독재자는 권력에 대한 불타는 욕망을 가지고 있었다.

🔸 avidity 욕망, 갈망, 탐욕
(← 애비가 탐욕으로 더티(dirty)해 졌어!)

envision
[invíʒən]

상상하다, 마음속에 그리다

[en(in) + vis(look) + ion] 마음속에 보이게 하다.

They **envision** an equal society, free of poverty and disease.
그들은 가난과 질병이 없는 평등한 사회를 마음속에 그리고 있다.

improvise
[ímprəvàiz]

즉흥 연주하다, 즉석에서 하다

[im(not) + pro(before) + vise(look) → 앞에 보지 않고] 앞에 악보를 보지 않고 즉흥적으로 연주하다

I forgot the words of my speech, so I had to **improvise**.
나는 내 연설에서 말할 것을 잊어버렸다. 그래서 나는 즉석에서 지어서 해야 했다.

invisible
[invízəbl]

보이지 않는, 눈에 띄지 않는

[in(not) + vis(look) + ible(할 수 있는)] 볼 수 없는

Many stars are **invisible** to human sight.
많은 별들은 사람의 눈에 보이지 않는다.

provident
[prάvədənt]

선견지명이 있는, (미래를 내다보고) 절약하는

[pro(forward) + vid(look) + ent] 앞으로 내다보는

🔸 improvident 선견지명이 없는, 앞일을 생각하지 않는

In his usual **provident** manner, he had insured himself against this type of loss.
그는 늘 미래에 대비하는 태도로 이런 종류의 손해로부터 자신을 지켰다.

proviso
[prəváizou]

단서, 조건

[pro(before) + viso(look) → 앞에 보여줘!] 집을 수색하려는 경찰에게 "수색영장을 앞에 보여 줘야 수색을 허락할거야!"하며 조건을 붙이는 모습

At last she consented, with the **proviso** that he should repay her as soon as he could.
마침내 그녀는 그가 가능한 한 빨리 그녀에게 되갚아야 한다는 전제로 동의했다.

revise
[riváiz]

교정하다, 수정하다, 검토하다

1. [re(again) + vise(look)] 다시 보면서 검토하고 고치다
2. [리바이스] 리바이스 청바지가 찢어져 수선하는 모습

His publishers forced him to **revise** his manuscript three times.
그의 출판업자는 그에게 그의 원고를 세 번 고치게 했다.

★토익 출제 표현
1. revised premium rate 개정된 할증요금
   • premium rate: 할증요금
2. a revised edition of the dictionary 사전의 개정판
3. make a revision 수정하다

🅜 revision 개정, 교정, 수정
revised 개정된

supervise
[súːpərvàiz]

감독하다

[super(over) + vise(look) → 위에서 보다] 노동자들을 위에서 지켜보며 감독하는 모습

★토익 출제 문제
He is reporting to his _____.
그분은 지금 그의 감독관에게 결재중입니다.
→ **supervisor**(O), supervision(X)

🅜 supervision 감독, 감시
supervisor 감독관

visual
[víʒuəl]

시각의

[vis(look) + ual] 눈에 보이는

These animals have excellent **visual** ability.
이 동물들은 뛰어난 시각 능력을 갖고 있다.

visionary
[víʒənèri]

환영의, 환상적인, 공상적인

[vis(look) + ion + ary] 눈에 보이는 듯한

She was given to **visionary** schemes which never materialized. 그녀는 실현될 수 없는 공상적인 계획을 부여받았다.

어근 VIV, VITA

어근 viv, vita는 live(살다)의 의미로 쓰인다.
대표적인 예로 revival(재생, 부활)은 again이란 의미의 접두어 re와 viv가 합쳐진 것이고, vitamin(비타민)은 살기 위해 필요한 것에서 온 것이라고 생각할 수 있다.

devitalize
[diːváitəlàiz]

생명을 빼앗다

[de(not) + vita(live, 어근 viv, vita 참조)] 살아있지 않게 하다

Many of our foodstuffs are **devitalized** by the processing operations that they lose both taste and nutritional value.
우리 식료품들 가운데 많은 것들이 그 가공과정에서 생명력을 빼앗기기 때문에 맛도 영양가도 상실한다.

revitalize
[riːváitəlàiz]

소생시키다, 부활시키다

[re(again) + vita(live) + lize] 다시 생명을 부여하다

The reform is being undertaken in attempt to **revitalize** the country.
그 나라를 재건하기 위한 시도로 개혁이 착수되고 있다.

survive
[sərváiv]

살아남다, 생존하다, ~보다 더 오래 살다

[sur(over) + vive(live)] ~을 넘어서 살다

Few buildings **survived** the bombing raids intact.
그 폭격에 아무 피해도 입지 않고 무사한 건물은 거의 없었다.

🔲 survival 생존, 살아남음
　survivor 생존자

vital
[váitl]

생명의, 절대로 필요한, 치명적인

[vita(live) + al(형용사형 어미)]

It is **vital** to get medical supplies to the area as soon as possible.
가능한 한 빨리 그 지역에 의약품 공급이 필요하다.

🔲 vitality 생명력, 활기
　vitalize 활력을 주다

vivid
[vívid]

생생한, 활기 있는

[viv(live) + id] 생명력 넘치는

Parts of my childhood are so **vivid** to me that they could be memories of yesterday.
내 어린 시절의 부분들은 너무도 생생하여 그들은 어제의 기억과도 같다.

🔲 vividly 생생하게, 선명하게

어근 VOC, VOKE

어근 voc, voke는 call(부르다, 소리치다)의 의미로 쓰인다. 대표적인 예로 vocal(소리의, 성악의; 보컬)이 있다.

advocate
[ǽdvəkèit]

옹호하다, 지지하다

[ad(to) + voc(call) + ate → ~에게 소리치다] 정치인에게 소리를 질러 환호하며 지지하는 모습

Do you **advocate** banning cars in the city centre?
당신은 도심에서 자동차 통행을 금하는 것을 지지하십니까?

📖 advocacy 옹호, 지지

convoke
[kənvóuk]

(회의 등을) 소집하다, 불러 모으다

[con(together) + voke(call)] 모두 같이 모이라고 소리 질러 소집하다

They have called for an early **convocation** of an international conference to discuss the issue.
그들은 그 문제를 논의하기 위해 일찍 국제회의를 소집하기를 요청했다.

📖 convocation 소집, 집회

equivocal
[ikwívəkəl]

애매한

[equi(same) + voc(call) + al → 눈(目)과 눈(雪)처럼 똑같이 불리는] 똑같이 불려 어떤 것을 말하는지 애매한

I received an **equivocal** reply from her.
나는 그 여자로부터 애매한 대답을 받았다.

📖 equivocate 얼버무리다, 애매하게 말하다

evoke
[ivóuk]

(기억·감정 등을) 불러일으키다

[e(out) + voke(call)] 밖으로 불러내다

The poetry **evoked** a feeling of love in the reader.
그 시는 독자들에게 사랑의 감정을 불러 일으켰다.

📖 evocation 불러일으킴, 환기

invoke
[invóuk]

기원하다, (법 등에) 호소하다

[in(in) + voke(call) → 속에서 소리치다] 마음속에서 제발! 제발! 하고 소리치며 기원하는 모습

Because of the heavy snow storm, the city had to **invoke** emergency measures.
심한 폭설로 그 도시는 비상 대책에 호소해야 했다.

irrevocable
[irévəkəbl]

돌이킬 수 없는, 취소할 수 없는

[ir(not) + re(again) + voc(call) + able(할 수 있는) → 다시 부를 수 없는] 이미 떠나버린 사람을 다시 부를 수 없는, 즉 돌이킬 수 없는

The decision will not be **irrevocable** until everyone concerned has been consulted.
관계된 모든 사람에게 의견을 물을 때까지는 그 결정은 돌이킬 수 없을 것이다.

provoke
[prəvóuk]

- provocative 약 올리는, 도발적인, 일깨우는
- provocation 성나게 함, 자극

(감정 등을) 일으키다, 성나게 하다

[pro(프로) + voke(call) → 프로에게 소리치다] 쓰러진 프로권투 선수에게 소리 질러 다시 일어나게 정신을 일깨우는 코치를 연상

I am not easily **provoked**, but this behaviour is intolerable!
나는 쉽게 성을 내지 않는데 이런 행동은 참을 수 없다!

revoke
[rivóuk]

- revocation 취소, 철회
- irrevocably 취소할 수 없이, 결정적으로

취소하다, 철회하다

[re(again) + voke(call) → 다시 부르다] 심부름 보낸 아이를 다시 불러 취소시키는 모습

His license was **revoked** for six months.
그는 6개월의 면허취소를 받았다.

IV

숙어 및 관용어
68강 - 76강

toeic voca

take steps	조치를 취하다 We should **take steps** to conserve the environment. 우리는 환경을 보존하기 위해서 조치를 취해야 한다.	
hang on	꽉 붙잡다, 잠깐 기다리세요 **Hang on** to that rope and don't let go. 그 밧줄 꽉 붙잡고 놓치지 마. **Hang on** a minute—I'll just get my coat. 잠깐 기다려. 내 외투만 좀 가져올게.	
at one's earliest convenience	형편이 닿는 대로 빨리 Please write me **at your earliest convenience**. 형편이 닿는 대로 조속히 회답해 주십시오.	
under construction	건설 중인 This road is **under construction**. 이 도로는 공사 중입니다. → 전치사 under를 고르는 문제로 출제되었다.	
congratulate A on B	A에게 B에 대해 축하하다 My relatives congratulated me on my graduation. 친척들이 나의 졸업을 축하해 주셨다. → 전치사 on을 고르는 문제로 출제되었다.	
in honor of	~을 기념하여, ~에게 경의를 표하여 An immense monument was erected **in honor of** the eminent philosopher. 그 저명한 철학자에게 경의를 표하는 거대한 기념비가 세워졌다.	
run out of	~이 다 떨어지다 I **ran out of** pocket money. 나는 내 용돈을 다 써버렸다.	
run short	~이 떨어지다, ~이 부족하다 Please hurry up! The time is **running short**. 제발 서두르세요! 시간이 거의 다 되어 가니까요.	
run short of	~이 떨어지다 (= be short of) We've **run short of** oil. 기름이 거의 다 떨어졌다.	

narrow down A to B	A를 B의 범위까지 좁히다	
	We've **narrowed down** the list **to** three possible candidates.	
	우리는 세 명의 가능한 후보자들로 그 명단을 축소했다.	
come to an agreement	합의에 도달하다 (= reach an agreement)	
	The two companies have **come to an agreement** on the plan.	
	그 두 회사는 그 계획에 대한 합의에 이르렀다.	
fill up	(자동차에) 기름을 가득 채우다	
	Fill it **up**, please.	
	휘발유를 가득 채워 주십시오.	
a good deal	유리한 거래	
	I'll give you **a good deal**.	
	거래조건을 잘 해드리겠습니다.(싸게 드릴게요)	
bring to a halt	~을 중지시키다, 중단시키다	
	The strike **brought** industry **to a halt**.	
	파업으로 산업이 정지 상태가 되었다.	
take off	이륙하다, 벗다, 떼어내다	
	An airport is a place where planes land and **take off**.	
	비행장은 비행기가 착륙하고 이륙하는 곳이다.	
	Take off those muddy shoes. 그 진흙투성이가 된 신 좀 벗어라.	
take a day off	하루 휴가를 얻다	
	I think I'll **take a day off** next week.	
	다음 주에 하루 쉬려고 생각해요.	
turn down	(음량 등을) 줄이다, 거절하다	
	Please **turn down** the volume.	
	볼륨을 좀 줄이세요.	
	Did they **turn down** my request?	
	제 요구가 거절 되었습니까?	
up to ~	최고 ~	
	The famous hotel can accommodate **up to** 500 guests.	
	그 유명한 호텔은 손님을 500명까지 수용할 수 있다.	
pay off	값을 하다, 성과를 거두다, ~를 갚다	
	I'm sure someday all these efforts will **pay off**.	
	언젠가는 이 모든 노력이 성과를 거둘 날이 올 겁니다.	

be stuck	꼼짝 못하다	
	I **was stuck** in the traffic jam.	
	나는 교통체증 때문에 꼼짝 못했다.	
make the bed	침상을 정돈하다	
	Please **make the bed**.	
	침대 좀 정리해주세요.	
get on	타다 (= board)	
	Get on the bus from the other side of the street.	
	길 반대편에서 버스를 타세요.	
hang up	전화를 끊다	
	Excuse me. I have to **hang up** now.	
	죄송합니다만, 이제 전화를 끊어야 하겠습니다.	
in service	사용 중인	
	That number's no longer **in service**.	
	그 번호는 사용되지 않는 번호입니다.	
take a bath	목욕하다	
	I will **take a bath** after a walk.	
	나는 산책을 한 후 목욕을 할 것이다.	
in a row	연이어, 계속해서	
	It rained for three days **in a row**.	
	3일 동안 내리 비가 왔다.	

toeic voca

leaf through — 쭉 페이지를 넘기다, 쭉 훑어보다
She is **leafing through** a magazine.
그녀는 잡지를 쭉 훑어보고 있다.

hard copy — 인쇄된 자료

soft copy — 보관할 수 없는 컴퓨터 화면 등에 나타내는 자료
Get a free **soft copy** or order a hard copy for $10.
무료 소프트카피를 받거나, 10달러에 하드카피를 주문하십시오.

lay off — (일시) 해고하다, 해직시키다
The company intends to **lay** some of the employees **off** next year.
회사는 내년에 사원 일부를 해고할 계획을 하고 있다.

Cash or charge? — 현금으로 하시겠습니까, 카드로 하시겠습니까?

be supposed to — ~하기로 되어 있다, ~해야 한다
He must have forgotten that he **was supposed to** pick me up at lunch time.
그는 점심시간에 나를 데리러 오기로 했던 것을 잊어버렸음에 틀림없다.

overhead bin — 비행기나 버스 실내에 있는 머리 위 짐칸 (= overhead compartment)
Helped by a flight attendant, he finally managed to stuff it in the **overhead bin**.
승무원의 도움을 받아 그는 그것을 머리 위의 보관함에 겨우 밀어 넣었다.

break down — 고장 나다
The computer system has **broke down**.
컴퓨터가 망가졌어요.

call off — 취소하다
The meeting was **called off** because of bad weather.
일기가 나빠 그 회의는 취소되었습니다.

confirm a reservation — 예약을 확인하다
I'd like to **confirm my reservation**.
제 예약을 확인하고 싶습니다.

drop in	잠깐 들르다, 찾아가다 When you happen to pass by, **drop in** and see us. 지나는 길에 한번 들르세요.
fill the order	주문대로 일을 끝내다 You should get all theses **orders filled** on time. 당신은 제 시간에 이 주문량을 끝내야 한다.
fill the position	공석을 메우다 **The position** has been **filled**. 그 자리는 채용되었습니다.
finished product	완제품 More than one-third of our **finished products** are exported to South America. 완제품의 1/3 이상이 남미로 수출된다.
foreign currency	외화 Do you exchange **foreign currency**? 환전해 줍니까?
full-time job	전임직 (cf. part-time job: 시간제 근무, 아르바이트) Is it a **full-time job** or a part-time job? 전임제 일자리예요, 아니면 시간제 일자리예요?
give a hand	도와주다 Thank you for **giving** me **a hand**. 도와 주셔서 감사합니다.
give someone a big hand	박수갈채를 보내다 Let's **give** him **a big hand**. 그에게 큰 박수를 부탁드립니다.
give (someone) a ring	전화하다 Please ask him to **give** me **a ring**. 그에게 저한테 전화 좀 해 달라고 전해 주세요.
let up	(비 · 바람 등이) 누그러지다, 완화되다 The rain didn't **let up** until late this morning. 그 비는 오늘 아침 늦게까지 멈추지 않았다.

lock oneself out
열쇠를 안에 두고 잠그다
I have **locked myself out** of my room.
열쇠를 안에 둔 채 문이 잠겨버렸어요.

look forward to
~를 기대하다, 기다리다
We **look forward to** hearing from you soon.
조속한 답장을 기다리겠습니다.

cellular phone
이동전화, 휴대전화
The sound of the **cellular phone** echoed in the concert hall.
휴대폰 소리가 연주회장에 울려 퍼졌다.

look through
철저하게 조사하다
I was amazed when I **looked through** the microscope and saw the intricate pattern of blood vessels in the body of that tiny animals.
현미경을 통해서 그 작은 동물의 몸에 있는 혈관의 복잡한 모형을 보았을 때 나는 몹시 놀랐다.

police officer
경찰관, 경관
The **police officer** asked to see my driver's license.
경찰관이 나의 운전 면허증을 보여 달라고 했다.

head up
(부서 등을) 이끌다, 책임지다
She **heads up** our sales division. 그녀는 우리 영업부를 책임진다.

hold on
잠시 기다리다, 고정시키다, 계속 붙잡고 있다
Hold on a second. I got another call. 잠깐만요, 다른 전화가 왔군요.
Keep a good **hold on** the rope. 밧줄을 꽉 붙들고 있어라.

in time
이윽고, 시간에 맞춰
You'll be **in time** if you hurry. 서두르면 시간에 맞출 수 있을 것이다.
In time, we learned to respect each other's views.
이윽고 우리는 상대방의 견해를 존중하는 법을 배웠다.

Judging from
~으로 판단하건대
Judging from the sky, it looks like it's going to be good weather today.
하늘 모양새를 보아하니, 오늘은 날씨가 좋을 것 같아요.

look up
(사전·컴퓨터 등에서 정보를) 찾아보다
Look up their number in the telephone directory.
전화번호부에서 그들의 번호를 찾아보세요.

70강 toeic voca

in conclusion
결론적으로
In conclusion, I would like to thank everybody who helped.
끝으로 도와주신 모든 분들께 감사드리고 싶습니다.

pass out
배포하다, 의식을 잃다
"**Pass** them **out**, please." 그걸 죽 돌려 나눠 갖도록 하세요.
I'm going to **pass out**. 기절할 것 같아요.

be about to
막~하려고 하다
The sun **was about to** set.
태양이 막 지려고 하고 있었다.

out of business
망한
The restaurant on the corner has gone **out of business**.
모퉁이에 있는 식당은 장사가 안 돼 문을 닫았죠.

get off
내리다 (= descend from)
I **get off** at the next stop.
다음 정류장에서 내립니다.

take a break
잠깐 휴식하다
Let's **take a break** for ten minutes.
10분간 쉽시다.

deliver[make] a speech
연설하다
He **delivered an** emotional **speech** on the horrors of war.
그는 전쟁의 공포에 대해 감동적인 연설을 했다.

put off
연기하다
Never **put off** till tomorrow what can be done today.
오늘 할 일을 내일로 미루지 말라.

in person
몸소, 직접
You should apply immediately, **in person** or by letter.
직접 오시거나 서면으로 즉시 신청하셔야 합니다.

running shorts
러닝 팬츠, 육상 반바지
She wears a tank top and **running shorts** when she jogs.
그녀는 조깅할 때 탱크톱 상의와 육상 반바지를 입는다.

pull over	차를 길가에 대게 하다, 길가에 세우다, 체포하다 **Pull over** the car in front of the red building. 빨간 건물 앞에서 세워주세요.
put in for	요구하다, 신청하다 I will **put in for** a pension. 나는 연금을 신청할 것이다.
out of print	(책이) 절판된 This book is **out of print**. 이 책은 절판입니다.
payable to	~에게 지불해야 하는, 지급할 수 있는 Please make your check **payable to** Seoul Trading Corporation. 그 수표를 서울 무역 회사 앞으로 써주시기 바랍니다.
look over	검토하다, 조사하다 I must **look over** the examination papers. 나는 시험지를 검토해야만 한다.
no later than	~시점까지, ~이전에 Please submit your visa application **no later than** Tomorrow. 늦어도 내일까지는 비자 신청서를 제출해주시기 바랍니다.
pick up	(물건을) 가지러 가다, (사람을) 마중 나가다, 도중에서 태우다 You can **pick up** your visa anytime after two o'clock this afternoon. 오늘 오후 두 시 이후 아무 때라도 비자를 찾아가실 수 있습니다. What time are you going to **pick up**? 몇 시에 태우러 올래?
put away	치우다 You should **put** these toys **away**. 이 장난감들을 치워야 한다.
take away	치우다 I'll **take** my old books **away**. 나는 옛날 책들을 모두 치울 것이다.
put on	입다, 신다, 걸치다 He took off his shoes, and **put on** his slippers. 그는 신발을 벗고 슬리퍼를 신었다.

tune up	조율하다	
	The orchestra was **tuning up** for its regular Sunday afternoon broadcast.	
	그 관현악단은 일요일 오후 정규 방송을 위해 조율하고 있었다.	
turn on	켜다	
	Do you mind if I **turn on** the radio?	
	라디오 켜도 괜찮지?	
turn off	끄다	
	Please **turn off** your cellular phones.	
	핸드폰은 꺼주세요.	
put down	내려놓다, 적다, (선금·착수금 등을) 지불하다	
	Will you **put down** the message on a paper?	
	전할 말씀을 종이에 써 주시겠어요?	
	We **put** a 5% deposit **down** on the house.	
	우리는 그 집에 대해 5%의 보증금을 지불했다.	
waiting room	대기실	
	When we are having fun, time rushes by, but even five minutes in the dentist's **waiting room** may seem interminable.	
	재미가 있을 때 시간은 빨리 지나가지만 치과 대기실에서는 5분도 지루하게 보일 수 있다.	
aside from	~을 별도로 하고, ~을 제외하고, ~뿐만 아니라	
	He doesn't watch television, **aside from** the news.	
	그는 뉴스 이외에는 TV를 보지 않는다.	
	Global Warming, **aside from** pollution is one of scientists biggest concerns.	
	환경오염 뿐만 아니라 지구온난화는 과학자들의 가장 큰 걱정거리들 중 하나이다.	
keep in touch	연락을 유지하다	
	Let's **keep in touch**.	
	계속 연락하고 지냅시다.	
on a weekly basis	매 주, 주 단위로	
	He gets paid **on a weekly basis**. 그는 주급을 받고 있다.	
over the past year	지난 1년간	
	Over the past year, the North Korean nuclear issue has been one of the biggest problems facing the nation.	
	지난 1년 동안, 북한의 핵 문제는 북한이 당면한 가장 큰 문제 중의 하나가 되어왔다.	

71강 toeic voca

at one's expense
~의 비용으로, ~를 희생시켜
We would like to return the equipment **at your expense** in accordance with your guarantees.
귀사의 보증조항에 따라 그쪽의 경비부담으로 이 기계를 반품하고 싶습니다.

from now on
이제부터, 앞으로는
From now on, let's discuss the matter.
지금부터는 그 문제를 논의해 보자.

get through with
마치다, 완성하다
I just **got through with** my homework.
지금 막 숙제를 끝냈어.

interested parties
이해 관계자, 당사자
Interested parties should contact the address below.
관심 있는 분들은 아래 주소로 연락하십시오.

pay phone
공중전화
Is there a **pay phone** near here?
이 근처에 공중전화가 있습니까?

tear down
부수다, 무너뜨리다
Before the new housing project could be started, it was necessary to **tear down** the old houses.
새 주택 건설 사업을 시작하기 전에 옛날 집을 허무는 것이 필요했다.

real estate agent
부동산 중개업자
I'll call a **real estate agent** tomorrow afternoon.
내일 오후에 부동산 중개인에게 전화를 걸 것이다.

start out
출발하다, (일 등을) 시작하다
He **started out** his business from nothing.
그는 무일푼으로 사업을 시작했다.

stick to
달라붙다, ~를 고수하다
Stick to the topic, please.
주제와 부합되는 말만 해 주십시오.

be fed up with

~에 싫증나다, 물리다
I **am fed up with** hamburgers.
저는 햄버거에 질렸어요.

fail to

~하지 못하다, ~하지 않다
Those who **fail to** attend will be disqualified.
불참자는 불합격으로 간주된다.

file a lawsuit

소송을 제기하다(cf. file a complaint: 불만을 제기하다)
Sixteen Japanese companies will **file a lawsuit** against the insurance company.
16개 일본 회사들이 그 보험회사를 상대로 소송을 제기할 것이다.

get on with

~을 진척시키다, ~와 사이좋게 지내다
Let's **get on with** the matter in hand.
지금 당면한 일부터 진행을 하자.
It is hard to **get on with** a suspicious man.
의심 많은 사람과 사이좋게 지내기는 힘들다.

get over

극복하다, 잊다
He soon **got over** his illness.
그는 병에서 곧 회복되었다.
I'll never **get over** missing and loving my husband.
저는 남편에 대한 사랑과 그리움을 지울 수 없을 것입니다.

in advance

미리, 사전에
We better purchase tickets **in advance**.
표를 예매해 두는 것이 좋겠어요.

take out

꺼내다, 제거하다, 데리고 나가다
Can't you **take out** this stain? 이 얼룩 뺄 수 없습니까?
Let's **take** him **out** to dinner. 저녁 식사에 그를 데리고 나갑시다.

chop up

잘게 썰다, 난도질하다
She is **chopping up** a cabbage. 그녀는 양배추를 잘게 썰고 있다.

business card

명함
Can I have your **business card**? 명함 한 장 주시겠습니까?

run after

쫓아가다, 추적하다, 따라다니다
He had the courage to **run after** the thief.
그는 용감하게도 도둑을 쫓아갔다.

in use

사용 중인
The escalator is **in use**.
에스컬레이터는 사용 중이다.

along the way

도중에
I dropped my wallet somewhere **along the way** back.
나는 돌아오는 도중에 어디선가 지갑을 잃었다.

within reason

타당성 있는
His complaint about the punishment is **within reason**.
징계에 대한 그의 불만은 타당성이 있다.

72강 toeic voca

get a car started
차에 시동을 걸다
Please **get my car started** for me. 제 자가용 시동을 걸어주세요.

get in touch with
~와 연락하다
How can I **get in touch with** you? 당신과 어떻게 연락하면 됩니까?

driver's license
운전면허증
Can I see your **driver's license** and car registration?
운전 면허증과 자동차 등록증 좀 볼 수 있을까요?

figure out
이해하다, 발견해내다
I can't **figure out** what the writer is trying to say.
나는 작가가 무엇을 말하려고 하는지 이해할 수 없다.
Did you **figure out** how to get there?
그 곳에 어떻게 가는지 그 방법을 알아냈나요?

hold the line
전화를 끊지 않고 있다
Will you **hold the line**, please. I'll go get him.
전화 끊지 말고 기다리세요. 제가 가서 그분을 데려올게요.

come up with
제안하다, 생각해 내다, 답을 알아내다
I **came up with** a nice idea. 저에게 좋은 생각이 떠올랐습니다.

count on
~에 의지하다, 기대다
When I get down, I **count on** my mother.
내가 절망할 때 난 나의 어머니에게 의지합니다.

down payment
(할부금의) 계약금, 첫 불입금
How much **down payment** do we have to make?
계약금으로 얼마나 내야 하죠?

Please find enclosed
~을 동봉합니다 (= Enclosed please find)
Please find enclosed our current price list.
저희 현 가격표를 동봉합니다.
Enclosed please find a check for 500 dollars.
500달러짜리 수표를 동봉합니다.

in one's place
~대신에
I will attend the meeting **in his place**.
나는 그 대신에 모임에 참석할 거야.

move around
이리저리 옮기다, 이사 다니다
A car allows a person to **move around** freely.
차가 있으면 자유롭게 이동할 수 있다.

take over
맡다, 인수하다
He will be able to **take over** for you.
그가 당신 일을 인수인계 할 수 있을 거예요.

trade show
상품 전시회, 시사회
Comdex in Las Vegas is the world's largest computer **trade show**.
라스베가스 컴덱스 쇼는 세계 최대 규모의 컴퓨터 무역박람회이다.

at the end of
~의 끝에서, ~의 마지막에
Your room is **at the end of** this hall.
당신의 방은 복도 맨 끝에 있습니다.
I'm leaving Korea **at the end of** this month.
저는 이번 달 말에 한국을 떠납니다.

be faced with
~에 직면해 있다
Many developed countries **are faced with** financial crisis.
많은 선진국들이 재정 위기에 직면해 있다.

out of breath
숨이 찬
Why are you **out of breath**?
너 왜 숨을 헐떡이고 있니?

out of town
(주로 근무 중인 도시 밖으로 나가) 부재중인
Could you put a temporary hold on my milk delivery service while I'm **out of town**.
제가 휴가 가는 동안 우유배달을 끊어주시겠습니까?

place an order
주문하다
If you need it by next Monday, you'll need to **place an order** by Thursday.
만일 다음 주 월요일까지 필요하실 경우에는 목요일까지 주문을 하셔야 합니다.

public relation
홍보(PR)
She works in **public relations**.
그녀는 홍보부에서 근무한다.

work on

~을 작업하다, ~에 효험이 있다
He is **working on** a new novel.
그는 새 소설 작업을 하고 있다.
The medicine will **work on** her.
그 약은 그녀에게 효과가 있을 거예요.

double check

반복 확인하다
We should **double check** our schedule.
우리는 스케줄을 반복 확인해야 한다.

draw up

문서를 작성하다
You **draw up** the contract.
네가 계약서를 작성해.

user-friendly

사용하기 쉬운
The site is very **user-friendly**.
그 사이트는 매우 이용하기 쉽다.

make a living

생계를 꾸리다
I am determined to **make a living** as a playwriter.
나는 극작가로 먹고 살기로 결심을 했다.

keep track of

~를 기억하다, 따라가다, ~에 대해 끊임없이 정보를 얻어내다
The best way to **keep track of** the current events is to read newspapers.
시사에 뒤지지 않기 위한 가장 좋은 방법은 신문을 읽는 것이다.

73강

toeic voca

go up — 값이 오르다
Prices of commodities are **going up**. 물가가 오르고 있어요.

go down — 값이 내리다
Prices of commodities are **going down**. 물가가 내리고 있어요.

one by one — 한 사람씩, 차례로
The passengers got off the bus, **one by one**.
승객들이 한 명씩 버스에서 내렸다.

in demand — 수요가 있는
That magazine is really **in demand**. 그 잡지는 날개 돋친 듯 팔려요.

take apart — 분해하다
A mechanic **took apart** the engine to replace one part.
기계공이 부품 하나를 교체하기 위해 엔진을 분해했다.

take place — 개최하다
Do you happen to know where the meeting will **take place**?
당신은 회의가 어디에서 열리는지 알고 있습니까?

right away — 즉시, 곧장
I'll put him through **right away**.
(전화에서) 지금 당장 연결해 드리겠습니다.

slip ones mind(memory) — 깜박 잊다
It **slipped my mind**. 깜박 잊었다.

except for — ~를 제외하고
I like all the animals **except for** snakes.
뱀을 제외하고 나는 거의 모든 동물들을 좋아한다.

take advantage of — 이용하다, ~을 기회로 이용하다
You shouldn't **take advantage of** his generosity.
당신은 그의 너그러움을 이용해서는 안 된다.

come close to ~ing

거의 ~할 뻔하다

We didn't win, but we **came close to** winning.
우리가 우승은 못했지만 거의 할 뻔했다.

close the deal

거래를 매듭짓다

I hope to **close the deal** within the next two days.
나는 그 거래를 다음 이틀 만에 마무리 짓기를 바란다.

above[beyond] one's expectation

기대 이상으로

This year's sales figures have gone **beyond all our expectations**.
올해의 판매고는 우리의 모든 기대를 넘어섰다.

→ 전치사 above, beyond를 묻는 문제로 출제된다.

tax on

~에 대한 세금

The government will impose a new **tax on** cigarettes.
정부는 담배에 새로운 세금을 부과할 것이다.

→ 전치사 on을 묻는 문제로 출제되었다.

in the coming year and beyond

앞으로 1년간 그리고 그 후로도

Even if you should fail this time, you would have another chance **in the coming year and beyond**.
비록 그가 지금 실패했더라도, 내년에 다시 기회가 있습니다.

→ 토익 시험에 coming과 beyond 각각이 출제되었다.

get through

(시험 등에) 합격하다, ~을 무사히 마치다

I tried to **get through** the homework in an hour.
숙제를 한 시간 안에 끝내려고 노력했다.
I don't think he will **get through** the course.
나는 그가 그 과목을 통과하지 못할 것이라고 생각한다.

lead to

(어떤 결과로) 이끌다

Vitamin deficiency can **lead to** illness.
비타민 결핍은 질병을 일으킬 수 있다.

→ 전치사 to를 묻는 문제가 출제되었다.

regardless of

~에 관계없이

In the eyes of law, anyone who commits euthanasia, **regardless of** the circumstances, is a murderer.
법의 입장에서 보면 상황에 관계없이 안락사를 시키는 사람은 누구라도 살인자다.

according to

~에 따라

According to latest figures, more than 1.2 billion people lack access to safe water and more than 2 billions lack adequate sanitation.
최근 통계에 의하면 12억 명 이상이 안전한 물 부족에 시달리고 20억 명 이상이 비위생적인 환경에 시달리고 있다.

follow up on

~에 대해 후속 조치하다

Will I have to **follow up on** other salesperson's leads?
다른 영업사원이 작업해 놓은 일을 사후 관리해야 할까요?

in one's absence

~이 부재 시에

The general countermanded the orders issued **in his absence**.
장군은 자신의 부재 시에 내려진 명령들을 취소했다.

in writing

서면으로

Please indicate concurrence in the agenda above **in writing** by return.
위 사항에 관해 동의를 즉시 문서로 알려주시기 바랍니다.

on one's own

혼자서, 혼자 힘으로

I wanted to complete the mission **on my own** without outside interference or help.
나는 그 일을 외부의 방해나 도움을 받지 않고 나 혼자서 하고 싶었다.

get along with

~와 사이좋게 지내다

I hope I'll **get along with** my classmates here.
나는 여기 반 아이들과 잘 지내기를 바란다.

74강 toeic voca

sign out
서명하여 외출을 기록하다
I forgot to **sign out** when I left the office today.
오늘 회사에서 나올 때, 서명하는 것을 깜박 잊었다.

take on
(역할·일을) 떠맡다
I'm not sure what to do. Creative Computer has asked us to **take on** another large project.
어떻게 해야 할지 모르겠어요. 크리에이티브 컴퓨터에서 또 다른 대규모 프로젝트를 의뢰했어요.

make sure
확인하다
Please **make sure** to take all your personal belongings with you as you deplane.
비행기에서 내리실 때 여러분의 개인 소지품들을 꼭 가져가십시오.

care for
~을 돌보다
She spent her entire life **caring for** other people as a nurse.
그녀는 간호사로서, 평생을 다른 사람들을 보살피며 보냈다.

have yet to do
아직 ~하고 있지 않다, 아직 ~해야 하다
I **have yet to** finish my rough draft.
저는 아직도 초안을 끝내야 할 일이 남았습니다.

do one's utmost[best]
전력을 다하다
I'll **do my utmost** in recommending some good business people for the position.
최선을 다해 그 직무에 맞는 적합한 사업가를 몇 명 추천해 보겠습니다.

focus A on B
A를 B에 집중시키다
President Kim **focused** himself **on** economic programs.
김 대통령은 경제 정책에 집중했다.

state-of-the-art
최신식의, 최첨단의
This factory has the **state-of-the-art** facilities.
이 공장은 최신 설비를 갖추고 있다.

for free
무료로
We deliver to anywhere in the country **for free**.
전국 어디나 무료로 배송해 드립니다.

round trip	왕복 여행	
	The **round trip** from Korea to America is very expensive.	
	한국에서 미국까지 왕복 여행은 비용이 많이 든다.	
touch down	착륙하다	
	The plane will **touch down** at the airport soon.	
	비행기가 곧 공항에 내릴 것이다.	
at the latest	늦어도	
	Ideally, the project should be completed at the end of the month **at the latest**.	
	이상적으로는, 그 프로젝트는 늦어도 이달 말까지 완료되어야 합니다.	
capitalize on	~을 이용하다, 기회로 삼다	
	They **capitalized on** the mistakes made by a rival firm.	
	그들은 경쟁 회사에서 저지른 실수를 기회로 이용하였다.	
do business with	~와 거래하다	
	If this order is satisfactorily executed, we shall **do** further **business with** you.	
	이 주문의 이행을 만족하게 해주신다면 금후 귀사와 거래하겠습니다.	
by hand	인편으로, 손으로	
	There's not much laundry, so I'll wash it **by hand**.	
	빨래가 많지 않으니까 손으로 빨 것이다.	
make up for	~을 만회하다, 보상하다	
	He has not said how he would **make up for** the revenues that would be lost.	
	그는 손해를 볼 수입을 어떻게 보전할 것인지 말하지 않았다.	
in the red	적자 상태인	
	The profit margin now is so thin that any further reduction would put us **in the red**.	
	현재로서는 이윤이 매우 적기 때문에 이 이상의 가격인하를 한다면 적자를 보게 될 것입니다.	
go through	(고난·경험을) 겪다	
	You must **go through** a lot of red tape to get a visa.	
	비자를 얻기 위해서는 까다롭고 복잡한 절차를 감수해야 한다.	

in common
공동으로, 공통으로
In common with many others, she is finding it hard to get a job.
다른 많은 사람들과 마찬가지로 그녀도 직장을 구하는 것이 어려운 걸 알아 가고 있다.

owing to
~로 인하여
The cost of living has soared **owing to** the inflation.
물가 상승으로 인해 생활비가 폭등했다.

hold back
자제하다, 억제하다
The police were unable to **hold back** the crowd.
경찰은 군중을 저지할 수가 없었다.

above all
무엇보다도
Think of your parents **above all** things.
무엇보다 부모님을 먼저 생각해라.

toeic voca

stand in for
~의 대리를 맡다, ~을 대신하다
My assistant will **stand in for** me while I'm away.
내가 없는 동안 내 조수가 날 대신할 겁니다.

at all times
항상, 언제나
The new one-way system permits the free flow of traffic **at all times**.
새 일방통행 체제 덕분에 차량의 자유로운 흐름이 항상 가능하다.

throughout the day
하루 종일
Trains run between London and Brighton **throughout the day**.
런던에서 브라이튼으로 가는 기차는 하루 종일 운행한다.

remain to be seen
두고 볼 일이다, 기다려봐야 하다
It **remains to be seen** whether you are right.
네가 옳은지는 두고 보면 알겠지.

safety standards
안전기준
The report is highly critical of **safety standards** at the factory.
그 보도는 공장의 안전 기준에 대해 매우 비판적이다.

→ safety standard (X)

every hour on the hour
매시간 정각에
The bus leaves **every hour on the hour**.
그 버스는 매시 정각에 출발한다.

at random
무작위로, 되는대로
People in the supermarket were chosen **at random** to try out the new products.
슈퍼마켓에 있는 사람들을 무작위로 뽑아서 신제품을 써 보게 했다.

at stake
위기에 처한
The future of this company is **at stake**.
이 회사의 장래가 위태롭다.

be based on
~에 토대를 두다
The calculations **are based on** the latest statistics.
그 계산은 최신의 통계에 근거를 둔 것이다.

493

be bound to do	반드시 ~하다 He argued that the new policy **was bound to** drive the economy into recession. 그는 그 새 정책이 반드시 경기를 후퇴시키고 말 것이라고 강하게 주장했다.
be bound for	~로 향하다 Where **is** this bus **bound for**? 이 버스는 어느 방향으로 가죠?
be noted for	~로 유명하다 The school **is noted for** its academic excellence. 그 학교는 학문적 탁월함으로 이름이 높다.
call on + 사람, call at + 장소	~을 방문하다 I will **call on** you at your office. 당신의 사무실로 찾아가 뵙겠습니다. He will **call at** your house tomorrow. 그는 내일 너의 집을 방문할 것이다.
come in 서수	~등수로 입상하다 She **came in** first in English. 그녀가 영어 과목에서 일등을 하였다.
rule out	~를 제외시키다, (가능성 등을) 배제하다 His age effectively **ruled** him **out** as a possible candidate. 그는 사실상 나이 때문에 예상 후보자에서 제외되었다.
stop by	~에 잠시 들르다 (= drop by) I'll **stop by** on my way home. 집으로 가는 도중에 잠시 들르겠습니다.
show up	나타나다, 참석하다 Why didn't you **show up** for the meeting? 왜 회의에 참석하지 않으셨어요?
out of service	사용하지 못하는, 퇴직하여 This elevator is temporarily **out of service**. 이 엘리베이터는 지금 작동되지 않습니다.
out of work	실직하여 (= unemployed) Mr. Kim has been **out of work** for three months. Kim 씨는 3개월 동안 무직상태입니다.

be made of

~로 만들어지다

Is this sweater **made of** pure wool?
이 스웨터는 순수한 양모로 만들어졌습니까?

Wine **is made from** grapes.
포도주는 포도로 만든다.

→ 화학적 변화를 일으키는 것은 전치사 from을 쓴다.

on business

사업차, 사업상

I'll be away **on business** next week.
다음 주에는 내가 출장을 가고 없을 것이다.

on behalf of

~를 대신[대표]하여

On behalf of the company, I welcome you.
회사를 대표하여 제가 당신을 환영합니다.

by bus/plane/train/subway

버스/비행기/기차/지하철로 (cf. on foot: 걸어서)

It takes at least 20 minutes to get there **by bus**.
버스로 거길 가려면 최소한 20분은 걸리는데.

It takes about fifteen minutes **on foot**.
걸어서 약 15분 걸린다.

→ 교통수단을 나타내는 전치사로 by를 쓴다. 단 걸어서란 표현으로는 전치사 on을 사용하여 on foot이라고 쓴다.

toeic voca

apart from	~외에는, ~을 제외하고	
	He has three brothers **apart from** sisters.	
	그의 누나들 외에 남동생 세 명이 있다.	
in favor of	~에 찬성[지지]하여	
	The workers voted **in favor of** the new contract.	
	노동자들은 새로운 계약에 찬성투표를 했다.	
Let's split the check/bill = Let's go Dutch	각자 계산하자	
	Let's split the bill. What do I owe you?	
	우리 나누어 계산하기로 합시다. 내가 얼마를 내면 되죠?	
take part in	~에 참가하다	
	Many people **took part in** the election campaign.	
	많은 사람들이 선거운동에 참가했다.	
would rather	차라리 ~하겠다, ~하는 편이 낫다	
	I **would rather** starve to death than steal.	
	나는 도둑질을 할 바에는 차라리 굶어 죽겠다.	
ahead of schedule	예정보다 먼저 (cf. behind schedule: 예정보다 늦게)	
	The plane arrived 20 minutes **ahead of[behind] schedule**.	
	비행기는 예정보다 20분 일찍[늦게] 도착했다	
ahead of time	시간보다 이르게, 미리(cf. behind time: 시간보다 늦게)	
	The train arrived ten minutes **ahead of time**.	
	기차가 10분 일찍 도착했다.	
around the clock	24시간 내내	
	He worked **around the clock** these days.	
	그는 요즘 밤낮으로 일했어.	
be caught in traffic	교통이 막히다	
	The taxi **is caught in traffic**.	
	택시가 교통 체증으로 꼼짝 못하고 있다.	
be good at	~을 잘하다, 능하다	
	You **are good at** everything! 넌 못 하는 게 없구나!	

be sold out	매진되다	
	The concert tickets have **been sold out**.	
	콘서트 표는 매진됐어.	
call a meeting	회의를 소집하다	
	I will **call a** sales **meeting** tomorrow.	
	제가 내일 판매회의를 소집할 것입니다.	
catch a cold	감기 걸리다	
	Please be careful not to **catch a cold**.	
	감기에 걸리지 않도록 조심하시기 바랍니다.	
do the dishes/ ironing	설거지하다 / 다림질하다	
	I'll **do the dishes** tonight, since you cooked.	
	네가 요리를 했으니까 오늘 저녁 설거지는 내가 할게.	
first come, first served	선착순의	
	Please line up and take your turn. It's **first come, first served**.	
	줄을 서서 기다려 주세요. 선착순입니다.	
go out of business	폐업하다	
	Some travel companies will probably **go out of business** this summer.	
	올 여름에 일부 여행사들이 아마 폐업을 하게 될 것이다.	
half off	반값의, 50% 할인의	
	Every item in the store is on a **half-off** sale!	
	전 품목이 50% 세일이에요!	
on sale	판매되고 있는, 할인중인	
	The latest model is **on sale** now.	
	최신 모델이 지금 판매되고 있다.	
provided that	만약 ~하면(= if)	
	He will go, **provided that** his friends can go also.	
	만약 그의 친구들 역시 갈 수 있다면 그도 갈 것이다.	
take turns	교대로 하다, 차례대로 하다	
	Let's **take turns** doing dishes every day.	
	설거지는 하루씩 교대로 하자.	

look after 맡다, 돌보다
He **looked after** his grandfather.
그는 그의 할아버지를 보살펴 드렸다.

on time 시간을 어기지 않고, 정각에
The flight from London will arrive **on time**.
런던에서 들어오는 비행기는 정시에 도착할 것이다.

out of order 고장난, 정리가 안 된 (어지러운)
It looks like the elevator's **out of order**.
엘리베이터가 고장이 났나 봐요.

throw a party 파티를 열다
I am going to **throw a party** tonight.
나는 오늘밤 파티를 열려고 한다.

부록

토익에 자주 나오는 혼동 어휘

토익에 자주 나오는 혼동어휘

001 **lie** [lai] 거짓말하다 자동사, lie-lied-lied, lying
lie [lai] 눕다, 놓여있다 자동사, lie-lay-lain, lying
lay [lei] 놓다, 눕히다, (알을) 낳다 타동사, lay-laid-laid, laying

> Q We couldn't perceive where the problem (lay / lied).
> 우리는 문제가 어디에 있는지를 알 수가 없었다.
> → '놓여 있었다'란 의미가 들어가야 하고 시제가 과거이기 때문에 자동사 lie의 과거형 lay가 들어가야 한다.

정답 lay

002 **affect** [əfékt] 영향을 주다, 감동시키다
effect [ifékt] 영향, 효과
affection [əfékʃən] 애정, 감정
effective [iféktiv] 효과적인, 유효한

> Q His laziness will truly (affect / effect) his school grades.
> 그의 게으름은 학교 성적에 영향을 크게 미칠 것이다.
> → affect는 '영향을 미치다'란 동사로 사용되고, effect는 '영향'이란 명사로 사용된다.

정답 affect

003 **desert** [dézərt] 버리다, 사막
dessert [dizə́ːrt] 후식

> Q They got lost in the (desert / dessert) and starved to death.
> 그들은 사막에서 길을 잃고 굶어 죽었다.
> → desert는 s자음 하나를 사막에 저버렸다고 생각하여 구별하자.

정답 desert

004 **adapt** [ədǽpt] 적응시키다. 조정하다
adopt [ədápt] 채택하다, 입양하다

> Q Sujan (adopted / adapted) a girl as his daughter and gave her all his love and care.
> Sujan은 여자아이 하나를 딸로 삼고 사랑과 관심을 쏟았다.

정답 adopted

005

beside [bisáid] ~의 옆에, 곁에

besides [bisáidz] 그 밖에, 따로, ~외에도

> **Q** Don't feel shy, just sit (beside / besides) me.
> 쑥스러워 하지 말고 내 옆에 앉으세요.
>
> **Q** Is there any other way to go (beside / besides) subway?
> 지하철을 타고 가는 것 외에 다른 방법은 없습니까?
>
> **Q** Everyone in the class misses your good-natured personality and sense of humor. (Beside / Besides), I have nobody to help me with my homework when you are away. We are all looking forward to your quick return.
> 모든 급우들이 너의 착한 품성과 유머 감각을 그리워하고 있어. 또한 네가 떠나 있으니, 나의 숙제를 도와줄 사람이 아무도 없구나. 우리 모두는 네가 어서 우리 곁으로 돌아오길 학수고대하고 있단다.
>
> → besides에는 beside외에 따로 s가 더 붙어있다고 구별

정답 beside / besides / Besides

006

childlike [tʃáildlàik] 어린애다운, 천진난만한

childish [tʃáildiʃ] 어린애 같은 앳된, 유치한

> **Q** That professor still has (childish / childlike) innocence.
> 그 교수는 아직도 어린아이 같은 순수함을 가지고 있다.
> → childlike에서 like가 있는 점을 이용하여 사람들이 좋아하는 사람은 순수한 사람이지 유치한 사람이 아니라고 구별하자.
>
> **Q** Crying for things you can't have is (childish / childiike).
> 가질 수 없는 것을 요구하는 것은 유치하다.

정답 childlike / childish

007

among [əmʌ́ŋ] ~의 사이에서 (셋 이상 사이)

between [bitwíːn] ~의 사이에서 (두 명 또는 두 그룹 사이)

> **Q** The teacher is popular (among / between) students because he has sense of humor.
> 그 선생님은 유머 감각이 있어서 학생사이에서 인기가 좋으시다.
>
> **Q** Love (among / between) parents and children is usually endless and unconditional.
> 부모와 자식간의 사랑은 무한하고 무조건적인 사랑이다.

정답 among / between

008

its [its] – it의 소유격

it's – it is 또는 it has의 준말

> **Q** Don't judge a book by (its / it's) cover.
> 겉만 보고 판단하지 마라.

정답 its

009

objective [əbdʒéktiv] 객관적인, 물질적인; 목적, 목표
subjective [səbdʒéktiv] 주관적인
object n. [άbdʒikt] v. [əbdʒékt] 물체, 목표; 반대하다
subject n. a. [sʌ́bdʒikt] v. [səbdʒékt] 주제, 과목, 국민; 영향 받기 쉬운, ~하기 쉬운(be subject to), 정복하다
objection [əbdʒékʃən] 반대, 반감
subjection [səbdʒékʃən] 정복, 복종

> **Q** Even though he was her son, she tried to be (subjective / objective) about his behavior.
> 비록 그는 그녀의 아들이었지만 그녀는 그의 행동에 대해서 객관적이려고 노력했다.

정답 **objective**

010

complement n. [kámpləmənt] v. [kámpləmènt] 보충; 보충하다
compliment [kámpləmənt] 칭찬; 칭찬하다

> **Q** People paid her (complement / compliment) on her pretty dress.
> 사람들은 그녀의 아름다운 옷에 대해 칭찬을 했다.
>
> → 어근 ple(to fill)로 구분하자.

정답 **compliment**

011

principal [prínsəpəl] 교장, 회장, 장관; 주요한
principle [prínsəpl] 원리, 원칙

> **Q** The student pilot studied the (principles / principals) of aeronautics.
> 그 학생조종사는 항공학의 원리들을 공부했다.

정답 **principles**

012

> **Q** One reason is (because / that) software is extremely easy and inexpensive to duplicate compared to the cost of developing and marketing the software.
> 한 가지 이유를 들면, 소프트웨어를 개발해서 시장에 내놓는 비용에 비해서 소프트웨어를 복제하는 것은 극히 쉬우며 비용도 싸다.
>
> → the reason이 주어일 경우 보어절로 that을 써야 한다. because를 쓰면 틀린다.

정답 **that**

013

because + 절
because of + 구

> **Q** I couldn't fall asleep (because of / because) the noise of mosquitoes.
> 모기가 윙윙거려 잠을 잘 수가 없었다.

정답 **because of**

014

rise [raiz] 일어서다, 일어나다　자동사, rise-rose-risen
raise [reiz] ~을 들어올리다, ~을 올리다　타동사, raise-raised-raised
arise [əráiz] 일어나다, 발생하다, 솟아오르다　자동사, arise-arose-arisen
arouse [əráuz] 깨우다, 자극하다, 각성하다　타동사, arouse-aroused-aroused

> **Q** The old man (raised / rose) from his chair in a deliberate way and left the room.
> 노인은 천천히 의자에서 일어나 방을 나갔다.

정답 rose

> **Q** His constant insults (aroused / arose) my anger.
> 그의 끊임없는 모욕이 나를 화나게 했다.

정답 aroused

015

few [fju:] 거의 없는 (가산명사에 쓰임)　few - fewer - fewest
little [lítl] 거의 없는 (불가산명사에 쓰임), 거의 ~않다 (부사)　little - less - least
a few 약간의, 조금의 (가산명사에 쓰임)
a little 약간의, 조금의 (불가산명사에 쓰임)

> **Q** As the wages were low, there were (little / few) applicants for the job.
> 임금이 낮아서 그 일자리에는 지원자가 거의 없었다.

정답 few

> **Q** I try to eat (less / fewer) meat and more vegetables.
> 고기를 덜 먹고 채소를 더 많이 먹어야겠다.

정답 less

016

die [dai] 죽다　die-died-died, dying
dye [dai] 염색하다　dye-dyed-dyed, dying

> **Q** Their son (dyed / died) of a mysterious illness.
> 그들의 아들은 알 수 없는 병으로 죽었다.

정답 died

017

find [faind] 발견하다　find-found-found
found [faund] 설립하다　found-founded-founded

> **Q** The American Academy of Poets, which was (found / founded) in the 1930's, provides financial assistance to support working poets.
> 미국시인학교는, 1930년대에 설립되었는데, 일하는 시인들을 원조하기 위한 재정적인 도움을 제공한다.

정답 founded

018 **wind** [waɪnd] (태엽 등을) 감다, 돌리다   wind-wound-wound
wound [wuːnd] 상처를 입히다   wound-wounded-wounded

> Q Those lions grow wild when the scent of blood from a (wound / wounded) creature reaches them.
> 그 사자들은 상처를 입은 동물에서 나오는 피 냄새가 그들에게 닿을 때 사나워진다.

정답 **wounded**

019 **result in** ~로 귀착하다, 끝나다
result from ~로부터 생기다

> Q Each year, landslides cause extensive damage to property, and they occasionally result (from / in) loss of life.
> 매년, 산사태는 엄청난 재산 피해를 가져오고, 때로는 인명손실을 가져온다.

정답 **in**

020 **late** [leit] 늦은, 늦게
lately [léitli] 최근에

> Q Since I was sick, I reached my company (late / lately).
> 나는 아파서 회사에 늦게 도착했다.

정답 **late**

021 **through** [θruː] ~를 통하여, ~을 관통하여
thorough [θə́ːrou] 철저한, 구석구석까지 미치는
thoroughly [θə́ːrouli] 철저히

> Q The mighty Amazon River flows (through / thorough) South America.
> 거대한 아마존 강은 남미를 관통하여 흐른다.

정답 **through**

022 **industrial** [indʌ́striəl] 산업의
industrious [indʌ́striəs] 근면한
industry [índəstri] 산업, 근면

> Q Although most honey bees are (industrial / industrious), some are like humans and take a lazy attitude toward work.
> 비록 대부분의 꿀벌은 부지런하지만, 일부는 사람과 비슷해서 일하는 것에 대해서 나태한 태도를 취한다.

정답 **industrious**

023
boost [buːst] 부양시키다, 증대시키다, 끌어올리다
burst [bəːrst] 폭발하다, 터뜨리다

> Q. In order to (boost / burst) sales of toys, manufacturers use many techniques.
> 장난감 판매를 증대시키기 위해서 제조업자들은 많은 방법을 사용한다.

정답 **boost**

024
generalize [dʒénərəlàiz] 일반화하다, 보편화하다
generate [dʒénərèit] 발생시키다, 낳다, 생기게 하다

> Q. Wind has been used to (generalize / generate) electricity in many parts of the world.
> 바람은 세계 여러 곳에서 전기를 발생시키기 위해 사용된다.

정답 **generate**

025
popular [pápjulər] 인기 있는, 유행하는
popularity [pàpjulǽrəti] 인기, 유행
population [pàpjuléiʃən] 인구, 주민

> Q. Before every presidential election in the United States, the statisticians try to guess the proportions of the (popularity / population) that will vote for each candidate.
> 미국에서는 매번 대통령 선거전에, 통계학자들이 각 후보자에게 투표할 인구의 비율을 추측해본다.

정답 **population**

026
invaluable [invǽljuəbl] 매우 귀중한
priceless [práislis] 매우 귀중한
valueless [vǽljuːlis] 가치가 없는, 하찮은

> Q. The ancient gold coin was so (invaluable / valueless) that they quarreled to possess it.
> 그 고대 금화는 너무도 가치가 있어서 그들은 그것을 소유하고자 싸웠다.

정답 **invaluable**

027
cheap [tʃiːp] 값 싼, 저렴한 (↔ expensive)
low [lou] 낮은, 저렴한 (↔ high)

> Q. The price is (cheap / low).
> Q. This doll is very (cheap / low).
> Q. This chair is very (expensive / high).
>
> → 물건의 가격을 나타낼 때는 expensive와 cheap을 쓰지만, price라는 단어가 들어가서 그 price의 높고 낮음을 말할 때는 high와 low를 쓴다.

정답 **low, cheap, expensive**

028
thank + 사람 + **for** + 고마워하는 내용
thank for + 고마워하는 내용
appreciate + 고마워하는 내용

> **Q** I (thank / appreciate) your kindness.
> 친절에 감사드립니다.
>
> → thank는 [thank + 사람 + for ~]형태로 쓰이고 appreciate와 thank for는 목적어 자리에 사람은 오지 않고 고마워하는 내용이 목적어로 나온다.
>
> **Q** The dinner was good. I really can't (thank / appreciate) you enough for your hospitality.
> 저녁 식사 잘 먹었어. 식사대접 해 줘서 매우 고마워.
>
> **Q** We (thank / appreciate) you for your inquiry and hope that you will follow it with an order.
> 귀하의 문의에 감사드리며, 주문이 뒤따를 것으로 기대합니다.
>
> 정답 appreciate / thank / thank

029
successful [səksésfəl] 성공한, 성공적인
successive [səksésiv] 잇따른, 연속적인
success [səksés] 성공
succession [səkséʃən] 연속, 상속

> **Q** Some of the most (successful / successive) people in the world are those who have failed the most.
> 세계에서 가장 성공한 몇몇 사람들은 실패를 가장 많이 겪은 사람들이기도 하다.
>
> 정답 successful

030
application [æpləkéiʃən] 지원, 적용
applicant [ǽplikənt] 지원자, 신청자

> **Q** As the wages were low, there were few (applications / applicants) for the job.
> 임금이 낮아서 그 일자리에는 지원자가 거의 없었다.
>
> 정답 applicants

031
clothes [klouz] 옷, 의복
cloth [klɔːθ] 헝겊, 천, 직물
clothe [klouð] ~에게 옷을 주다, 싸다

> **Q** On New Year's Day, we got up early in the morning and wore new (clothes / clothe / cloth).
> 설날에 아침 일찍 일어나 새 옷을 입었다.
>
> 정답 clothes

032 **imaginative** [imædʒənətiv] 상상력이 풍부한, 상상의
imaginable [imædʒənəbl] 상상할 수 있는
imaginary [imædʒənèri] 상상의, 가상의

> Q. I think you are showing bad judgement in telling such a frightful tale to a (imaginative / imaginable / imaginary) child.
> 상상력이 풍부한 어린이에게 그런 무서운 이야기를 들려주는 것은 당신의 판단이 잘못이라고 생각한다.

정답 **imaginative**

033 **momentary** [móuməntèri] 일시적인
momentous [mouméntəs] 중요한

> Q. The solution of the problem is very (momentary / momentous) to the development of our economy.
> 그 문제의 해결책은 우리 경제 발전에 있어서 매우 중요하다.

정답 **momentous**

034 **historic** [histɔ́ːrik] 역사상 유명한
historical [histɔ́ːrikəl] 역사에 기초를 둔

> Q. Lincoln made his (historic / historical) speech at Gettysburg.
> 링컨은 게티즈버그에서 역사상으로 유명한 연설을 했다.

정답 **historic**

035 **intelligible** [intélədʒəbl] 이해할 수 있는, 알기 쉬운
intelligent [intélədʒənt] 현명한, 지적인
intellectual [intəléktʃuəl] 지적인, 현명한

> Q. This book is (intelligible / intelligent / intellectual) to beginners.
> 이 책은 초보자들에게 알기 쉽다.

정답 **intelligible**

036 **respectable** [rispéktəbl] 존경할 만한, 훌륭한
respectful [rispéktfəl] 경의를 표하는, 공손한
respective [rispéktiv] 각자의
respectively [rispéktivli] 각자, 각기

> Q. He drove them to their (respective / respectful / respectable) homes.
> 그는 그들을 각자의 집까지 태워다 주었다.

정답 **respective**

037
indifferent [indífərənt] 무관심한
similar [símələr] 비슷한

> Q I bought new shoes which are very (similar / indifferent) to a pair I had before.
> 나는 전에 가지고 있던 신발과 유사한 것을 새로 샀다.

정답 similar

038
negligent [néglidʒənt] 부주의한, 태만한
negligible [néglidʒəbl] 무시해도 좋은, 무가치한, 사소한

> Q You're being (negligible / negligent) of your duties.
> 당신은 당신의 의무를 게을리 하고 있다.

정답 negligent

039
alternate [ɔ́ːltərnət] 번갈아 하는, 교대의
alternative [ɔːltə́ːrnətiv] 대안, 대안의, 선택적인, 양자택일의
ultimate [ʌ́ltəmət] 최후의, 궁극적인

> Q (Alternative / Alternate) energy sources will constitute half of global energy consumption by the mid-21st century, so Korea must increase its investment in this field.
> 대체 에너지원은 21세기 중반이 되면 세계 에너지 소비의 반을 차지할 것이므로, 한국은 이 분야에 대한 투자를 늘려야한다.

정답 Alternative

040
economic [èkənámik] 경제의, 경제학의, 재정상의
economical [èkənámikəl] 경제적인, 절약하는
economics [èkənámiks] 경제학
economy [ikánəmi] 경제, 절약

> Q She is very (economic / economical) and has saved much money.
> 그녀는 매우 검약하는 사람이며, 많은 돈을 저축했다.

정답 economical

041
practical [prǽktikəl] 실제의, 실용적인
practicable [prǽktikəbl] 실행할 수 있는, 사용할 수 있는

> Q He has acquired a (practical / practicable) knowledge of English.
> 그는 실용적인 영어 지식(산 지식)을 얻었다.

정답 practical

042

sit [sit] 앉다   자동사, sit-sat-sat
seat [siːt] 앉히다   타동사, seat-seated-seated, 좌석

> **Q** It makes my mind uncomfortable to (sit / seat) in the (sits / seats) for the old or the disabled.
> 노약자석이나 장애인석에 앉으면 마음이 불편하다.

정답 **sit, seats**

043

literate [lítərət] 읽고 쓸 수 있는, 학식 있는
literacy [lítərəsi] 읽고 쓸 줄 아는 능력, 교양
illiteracy [ilítərəsi] 문맹
literal [lítərəl] 글자 그대로의, 문자의
literature [lítərətʃər] 문학

> **Q** Poetry is a type of (literacy / literature) in which the sound and meaning of language are combined to create ideas and feelings.
> 시는 한 형태의 문학이고, 그 안에서 언어의 소리와 의미가 결합되어서 아이디어와 감정을 만들어낸다.

정답 **literature**

044

have been to ~에 가본 적이 있다
have gone to ~에 가버렸다 (지금 여기 없는 상태를 나타냄)

> **Q** Have you ever (gone / been) to New York?
> 뉴욕에 가본 적이 있습니까?

정답 **been**

045

sensible [sénsəbl] 분별 있는, 느낄 수 있는 정도의 (두드러진)
sensitive [sénsətiv] 민감한
sensational [senséiʃənl] 선풍적인
sensual [sénʃuəl] 관능적인

> **Q** It was very (sensible / sensitive) of her to follow his advice.
> 그녀가 그의 충고를 따르는 것은 매우 분별 있는 것이다.

정답 **sensible**

046

apply for ~에 지원하다
apply to ~에 적용되다, ~에 지원하다

> **Q** This rule applies (for / to) all cases.
> 이 규칙은 모든 경우에 적용된다.

정답 **to**

047
so far 지금까지는
so far as ~ 하는 한

> Q (So far/ So far as) he remains an anthropologist, he should not favor any one culture over another.
> 그가 인류학자로 남아있는 한 그는 다른 문화에 앞서 어떠한 한 문화를 선호해서는 안 된다.

정답 **So far as**

048
now that ~이기 때문에 (= since)

> Q (Now that/ That) the exams are over, I can relax a little.
> 시험이 끝나서 약간 휴식을 취할 수 있다.

정답 **Now that**

049
high [hai] 높은, 높게, 높이
highly [háili] 매우

> Q Isn't there a way that's more economical and at the same time (high / highly) effective?
> 더 경제적이면서도 동시에 매우 효과적인 방법이 없을까요?

정답 **highly**

050
most [moust] 대부분의, 최고의; 대개의 사람들
mostly [móustli] 대개, 주로
almost [ɔ́ːlmoust] 거의, 대체로

> Q (Almost / Most) people already know that.
> 알 만한 사람은 다 알아요.
> → most는 형용사나 대명사로 쓰이며 almost는 부사로 사용된다.

정답 **Most**

> Q Because of the traffic jam, I (almost / mostly) missed my plane.
> 교통정체 때문에 나는 거의 비행기를 놓칠 뻔 했다.

정답 **almost**

051
near [niər] 가까운, 가까이에
nearly [níərli] 거의

> Q Is there a public phone booth (near / nearly) here?
> 이 근처에 공중전화가 있습니까?

정답 **near**

052
passed [pæst] pass의 과거, 과거분사
past [pæst] 지나간 (형용사); 과거 (명사); ~을 지나 (전치사)

> **Q** I (past / passed) the day pleasantly.
> 유쾌하게 하루를 보냈다.

정답 **passed**

053
envious [énviəs] 질투심이 강한
enviable [énviəbl] 부러운, 탐나는

> **Q** She speaks English with (envious / enviable) fluency.
> 그녀는 부러울 만큼 유창하게 영어를 구사한다.

정답 **enviable**

054
be made from ~ ~으로 만들어지다 〈화학적 변화〉
be made of ~ ~으로 만들어지다 〈물리적 변화〉

> **Q** Butter is made (of / from) milk.
> 버터는 우유로 만들어진다.
> **Q** This desk is made (of / from) wood. 이 책상은 나무로 만들어져 있다.

정답 **from / of**

055
be known to ~ ~에게 알려지다
be known for ~ ~으로 유명하다, ~하다고 소문이 나다
be known by ~ ~에 의해 알 수 있다, 평가된다
be known as ~ ~로서 알려지다

> **Q** His name is known (as / for / to) all the people.
> 그의 이름은 모든 사람들에게 알려져 있다.
> **Q** These tales have become known (as / for / to) Aesop's fables.
> 이 이야기들은 이솝 우화로 알려지게 되었다.
> **Q** He is well known (as / for / to) his honesty.
> 그는 정직하기로 소문이 나 있다.
> **Q** A man is known (for / to / by) the company he keeps.
> 사람은 그의 친구를 보면 알 수 있다.

정답 **to / as / for / by**

056
if [if] ~인지 아닌지
whether [hwéðər] ~인지 아닌지
weather [wéðər] 날씨

→ 다음과 같은 경우 if는 안 되고 whether만 가능하다.
(a) 부정사가 이어질 때:
If you're not sure whether to buy something or not, don't buy it. Then you won't regret it later.
뭔가를 살까 말까 망설일 때는 사지 않아야 나중에 후회를 안 해.
(b) or not이 whether에 붙어서 바로 이어질 때(if절에서 or not이 if와 붙지 않고 뒤에 나오는 경우는 가능하다):
It depends on whether or not you have good credit.
그건 당신 신용이 좋으냐, 나쁘냐에 달려 있다.
(c) 주어절로 쓰일 때:
Whether it's true or not is hard to tell.
그것이 진실인지 아닌지 말하기는 어렵다.

057
aptitude [ǽptətjùːd] 경향, 소질, 능력
altitude [ǽltətjùːd] 고도
attitude [ǽtitjùːd] 태도

058
bold [bould] 용감한, 대담한
bald [bɔːld] 대머리의

→ 두 단어의 모음에 차이가 있다. bald를 소리 나는 대로 읽으면 발두, 즉 머리두 발두 다 털이 없다고 연상해서 구별하자.

059
sow [sou] 씨뿌리다 sow-sowed-sowed
saw [sɔː] 톱질하다 saw-sawed-sawed/sawn
sew [sou] 꿰매다 sew-sewed-sewed/sewn

→ 모두 모음에서 차이가 난다.
o는 씨앗처럼 둥근 모습으로 구별하고
saw는 철자대로 읽으면 싸우, 즉 톱을 들고 싸우는 모습으로 구별하자.
sew는 철자대로 읽으면 새우, 즉 새우 등 터진 부분을 꿰매는 모습으로 구별하자.

060
particle [pάːrtikl] 극소량, 미립자
particular [pərtíkjulər] 특별한
participate [pɑːrtísəpèit] 참여하다

061
absorb [æbsɔ́ːrb] 흡수하다, 빨아들이다
absurd [æbsə́ːrd] 불합리한, 이치에 맞지 않는

062 **advice** [ædváis] 충고, 조언
advise [ædváiz] 충고하다, 조언하다

063 **altar** [ɔ́:ltər] 제단
alter [ɔ́:ltər] 바꾸다, 변하다

064 **apprehensible** [æprihénsəbl] 이해할 수 있는
apprehensive [æprihénsiv] 염려하는, 우려하는

065 **art** [ɑ:rt] 예술, 기술, 인공
artistic [ɑ:rtístik] 예술적인
artificial [à:rtəfíʃəl] 인공적인, 인위적인

066 **attention** [əténʃən] 주의, 유의
attendance [əténdəns] 출석, 참석
attendant [əténdənt] 참석자, 안내자, 수행원
attendee [ətèndí:] 참석자

067 **bath** [bæθ] 목욕
bathe [beið] 목욕시키다

068 **blow** [blou] 불다, 바람에 날리다
brow [brau] 이마

069 **blush** [blʌʃ] 얼굴을 붉히다. 부끄러워하다
brush [brʌʃ] 솔, 붓

070 **collect** [kəlékt] 모으다, 수금하다
collected [kəléktid] 모은, 모인
collective [kəléktiv] 집합적, 집단적, 공동의; 공동체

071 **color** [kʌ́lər] 색, 빛깔
colored [kʌ́lərd] 색깔 있는, 채색된
colorful [kʌ́lərfəl] 다채로운

072 **compete** [kəmpíːt] 경쟁하다
competent [kámpətənt] 유능한
competence [kámpətəns] 적성, 능력

073 **confide** [kənfáid] 신뢰[신임]하다
confidant [kánfədænt] 막역한 친구, 절친한 친구
confident [kánfədənt] 확신하여, 자신 있는
confidential [kànfədénʃəl] 은밀한, 신임이 두터운

074 **luxury** [lʌ́kʃəri] 사치, 사치품
luxurious [lʌgʒúəriəs] 사치스러운
luxuriant [lʌgʒúəriənt] 풍부한, 화려한

075 **eminent** [émənənt] 저명한, 뛰어난
imminent [ímənənt] 절박한, 긴급한

076 **cite** [sait] 인용하다
site [sait] 위치, 장소
sight [sait] 시각, 봄, 조망

077 **compose** [kəmpóuz] 구성하다, 작곡하다, 작문하다
comprise [kəmpráiz] 함유하다, 포함하다

078 **include** [inklúːd] 포함하다
conclude [kənklúːd] 결론을 내리다
enclose [inklóuz] 둘러싸다, 동봉에 넣다
disclose [disklóuz] 노출시키다, 폭로하다

079 **collect** [kəlékt] 모으다, 수집하다
recollect [rèkəlékt] 회상하다
select [silékt] 선택하다, 발췌하다
elect [ilékt] 선출하다, 선발하다

080 **discreet** [diskríːt] 사려 깊은, 신중한, 분별 있는
discrete [diskríːt] 별개의, 따로따로의

081 imply [implái] 함축하다, 암시하다
comply [kəmplái] 따르다, 동의하다

082 break [breik] 깨뜨리다
brake [breik] 브레이크, 제동기

083 descend [disénd] 내리다, 하강하다
descendant [diséndənt] 자손, 후예
ascend [əsénd] 오르다, 올라가다
ascendant [əséndənt] 선조, 조상, 우위, 우세

084 pray [prei] 빌다, 기원하다
prey [prei] 먹이, 희생

085 conform [kənfɔ́ːrm] 따르다, 순응하다, 적응시키다
confirm [kənfə́ːrm] 확인하다, 확실히 하다
affirm [əfə́ːrm] 확언하다, 확인하다
perform [pərfɔ́ːrm] 실행하다, 공연하다
reform [rifɔ́ːrm] 개정하다, 개혁하다

086 portable [pɔ́ːrtəbl] 휴대용의, 들고 다닐 수 있는
potable [póutəbl] 마실 수 있는
edible [édəbl] 먹을 수 있는, 식용의

087 solve [salv] 풀다, 해결하다, 용해하다
solution [səlúːʃən] 해결, 해답, 용해
resolve [rizálv] 해결하다, 풀다, 용해하다, 결심하다
resolution [rèzəlúːʃən] 결심, 해결, 해답
revolve [riválv] 회전하다
revolution [rèvəlúːʃən] 혁명, 회전
evolve [iválv] 발전시키다, 진화하다
evolution [èvəlúːʃən] 발전, 진화

088 a number of ~ 많은 ~ (복수동사를 취함)
the number of ~ ~의 수 (단수 동사를 취함)

> **Q** (The / A) number of passengers affected by the delays was great.
> 지연으로 영향을 받은 승객의 수는 엄청났다.
>
> **Q** (The / A) number of planes were delayed. 많은 비행기들이 지연되었다.

정답 The / A

089   **reap** [riːp] 수확하다, 베어들이다
          leap [liːp] 껑충 뛰다, 도약하다

> ➜ r이 낫처럼 생긴 모양으로 구별

090   **attain** [ətéin] 달성하다, 달성되다
          contain [kəntéin] 포함하다

091   **to oneself** 자신에게
          for oneself 스스로, 혼자 힘으로
          by oneself 홀로
          of oneself 저절로
          beside oneself 제정신이 아닌, 미친

> Ⓠ His ultimate motive was not clear even (to / for) himself. 그의 궁극적인 동기는 그 자신에게도 분명하지 않았다.
> Ⓠ He built a new house (to / for) himself. 그는 혼자 힘으로 새로운 집을 지었다.
> Ⓠ He lives (by / of) himself in that mansion. 그는 그 저택에 혼자 살고 있다.
> Ⓠ Line is disconnected (to / of) itself. 회선이 저절로 끊겼다.
> Ⓠ She was (for / beside) herself with joy. 그녀는 기뻐서 어쩔 줄 몰랐다.
>
> 정답 to / for / by / of / beside

092   **command** [kəmǽnd] 명령하다, 지휘하다
          recommend [rèkəménd] 추천하다
          commence [kəméns] 시작하다
          demand [dimǽnd] 요구하다

093   **intend** [inténd] 의도하다
          extend [iksténd] 뻗다, 확장하다
          attend [əténd] 출석하다, 시중들다
          contend [kənténd] 다투다, 주장하다

094   **exhibit** [igzíbit] 전시하다
          inhibit [inhíbit] 금지하다
          prohibit [prouhíbit] 금지하다

095   **royal** [rɔ́iəl] 왕, 왕실의
          loyal [lɔ́iəl] 충신, 충성스러운

096 **physical** [fízikəl] 육체의, 물질적인, 물리학의
physicist [fízisist] 물리학자
physics [fíziks] 물리학
physician [fizíʃən] 내과의사

097 **observe** [əbzə́:rv] 관찰하다, 준수하다
observance [əbzə́:rvəns] 준수
observation [àbzərvéiʃən] 관찰

098 **allude** [əlú:d] 암시하다
elude [ilú:d] 피하다

099 **moral** [mɔ́:rəl] 도덕의, 윤리적인
morale [mərǽl] 사기

100 **stationary** [stéiʃənèri] 움직이지 않는, 정지된
stationery [stéiʃənèri] 문방구

101 **breathe** [bri:ð] 호흡하다, 숨쉬다 (동사)
breath [breθ] 호흡, 숨 (명사)

102 **patience** [péiʃəns] 인내
patient [péiʃənt] 환자, 끈기 있는

103 **acquire** [əkwáiər] 얻다, 획득하다
inquire [inkwáiər] 묻다, 질문하다
request [rikwést] 요청; 요청하다
require [rikwáiər] 요구하다, 필요로 하다

104 **institute** [ínstətjù:t] 학회, 협회; 설립하다
constitute [kánstətjù:t] 구성하다
substitute [sʌ́bstətjù:t] 대신하다; 대리인

105 **attract** [ətrǽkt] 매혹하다, 끌어당기다
contract n. [kántrækt] v. [kəntrǽkt] 계약; 계약하다, 수축하다
abstract [æbstrǽkt] 추상적인; 추출하다

부록

중요 고등학교 기초 어휘

중요 고등학교 기초 어휘 1360개

이 책은 토익에서 자주 출제되거나 중요한 고등학교 수준의 단어들을 거의 모두 담고 있다. 하지만 그 이외의 중요 수능 어휘들도 기본 단어로서 중요하다. 아래의 단어들은 "경선식영단어 초스피드암기비법 (수능)"의 표제어로 수록된 단어들이다. 이중 모르는 단어가 상당수라면 이 책과 함께 반드시 "경선식영단어 초스피드암기비법 (수능)"의 단어들도 책이나 강의를 통해 확실히 암기해야 한다.

abnormal 비정상의, 이상한
abroad 해외에, 널리
absently 멍하니
abuse 남용하다, 학대하다
academy 학원, 협회
achieve 성취하다, 얻다
admiral 해군 대장, 제독
adult 성인; 성숙한
advance 전진하다; 전진
advantage 유리, 이점
aeronautics 항공술, 항공학
affair 일, 직무
afresh 새로이, 다시
agony 심한 고통, 번뇌
aircraft 항공기
alarm 놀람, 경고
algebra 대수, 대수학
alienate 소외시키다, 양도하다
alike 서로 같은
alley 골목, 오솔길
already 이미, 벌써
altogether 함께, 다 합하여
amazing 놀랄 만한, 굉장한
ambitious 야심적인
amid ~의 한복판에
anatomy 분해, 해부, 해부학
ancestor 선조, 조상
anchor 닻; 정박하다
ancient 옛날의, 구식의
annihilate 전멸시키다
annoy 괴롭히다
antarctic 남극의; 남극
anterior 앞의, 이전의
anthropology 인류학
anxiety 걱정, 근심, 갈망
anxious 걱정하는, 열망하는

ape 원숭이, 유인원
apparatus 기구, 기계, 장치
appease 달래다, 만족시키다
appetite 식욕
approach 접근하다, 접근
approve 승인하다, 찬성하다
apron 앞치마
arch 아치, 활 모양
archaeology 고고학
arctic 북극의; 북극
aristocrat 귀족
arithmetic 산수, 계산
arms 무기, 병기
arrest 체포하다; 체포
arrow 화살, 화살표
artery 동맥
artillery 포, 대포, 포병대
ash 재, 담뱃재
ashamed 부끄러워하는
ashtray 재떨이
asleep 잠들어 있는
aspect 국면, 양상, 관점
assassination 암살
astonishing 깜짝 놀랄 만한
astray 길을 잃은
astrology 점성술, 점성학
astronaut 우주비행사
astronomy 천문학
attack 공격; 공격하다
attempt 시도하다; 시도
attic 다락(방)
attribute ~ 탓으로 돌리다
auditory 청각의
average 평균, 표준; 보통의
avoid 피하다, 회피하다
awake 깨어 있는; 깨다

awful 무서운, 대단한
ax 도끼
backward 뒤로, 뒤쪽으로
badly 나쁘게, 몹시
bait 미끼, 유혹
bamboo 대나무; 대나무의
banish 추방하다, 내쫓다
bar 막대기, 술집, 법정; 방해하다, 금지하다
bare 발가벗은, 노출된
barely 거의 ~않다, 간신히
barley 보리
barn 헛간, 광
basin 분지, 웅덩이
bay (작은) 만
beam 광선, 빛; 빛나다
beard 턱수염
beast 짐승, 야수
become ~이 되다, 어울리다
beep 삑 하는 소리
befall 일어나다
behalf 이익, ~을 위함
behold 보다, 바라보다
belly 배, 복부
belong (~에) 속하다
beloved 사랑하는, 소중한
bend 구부리다
beneficial 유익한, 이로운
bible 성경
bill 계산서, 법안, 지폐
billion 10억
bind 묶다, 매다, 감다
blacksmith 대장장이, 제철공
blame 비난; 비난하다
blaze 불꽃, 화재
bleed 출혈하다
block 블록, 장애물; 막다
bloom 꽃; 꽃이 피다
blossom 꽃; 꽃을 피우다
blunder 큰 실수
bomb 폭탄; 폭격하다
bone 뼈, (생선) 가시
boom 쿵 소리; 붐이 일다
booth 매점, (공중) 전화박스

border 가장자리, 국경, 경계
bosom 가슴, 유방
botany 식물학, 식물 생태
bounce (공 따위가) 되튀다
boundary 경계, 범위
bow 활, 경례
boycott 불매 동맹을 맺다, 참가를 거부하다
brag 자랑, 허풍; 자랑하다
brand 상표, 브랜드
brave 용감한
breast 가슴, 유방
breathtaking 깜짝 놀랄 만한
breed (새끼를) 낳다, 기르다
breeze 미풍, 산들바람
bride 신부
bridegroom 신랑
bright 빛나는, 영리한
brilliant 빛나는, 총명한
brink 가장자리
broadcast 방송하다, 방영하다
bronze 청동, 청동제품
bucket 물통, 양동이
bud 싹, 봉오리
buddy 동료, 친구; 여보게
buffalo 물소, 들소
bulky 부피가 큰, 거대한
bull 황소
bullet 탄알, 총알
bump 부딪히다; 충돌, 혹
bunch 다발, 송이
butcher 정육점 주인
bygone 과거의, 지난
bystander 방관자, 구경꾼
cabin 오두막집, 선실
calculate 계산하다
calf 송아지, 어린 짐승
calligraphy 서예, 달필, 능필
calm 고요한; 진정시키다
canal 운하, 수로
cancer 암
cannon 대포; 대포를 쏘다
canyon 깊은 협곡, 골짜기
carbon 탄소

cargo 화물
cart 짐마차, 손수레
carve 새기다, 조각하다
cast 내던지다, 배역을 정하다
casual 우연의, 평상복의
categorize 분류하다, 범주에 넣다
cathedral 대성당, 큰 예배당
cattle 소, 가축
cause 원인; 일으키다
ceiling 천장
celebrate 축하하다, 기념하다
cell 세포, 작은방, (전기) 전지
cemetery 공동묘지
centennial 100년마다의
cereal 곡식, 곡물
chamber 방, 침실
change 변하다, 변환하다
channel 해협, 수로, (방송) 채널
chant 노래, 성가
character 성격, 등장인물, 문자
charter 헌장, (버스 등의) 전세
chase 쫓다, 추적하다
cheap 값이 싼
cheat 속이다
check 조사하다; 꼬리표, 수표, 계산서
chemistry 화학
cherish 소중히 하다
chew 씹다, 깨물다
chivalry 기사도 (정신)
choir 합창단, 성가대
choke 질식시키다
chop 팍팍 찍다, 자르다
circumstance 환경, 상황
civilization 문명, 개화
clap 찰싹; (손뼉을) 치다
clarity 명료, 명확, 맑음
clatter 덜걱덜걱 소리
clay 점토, 찰흙
clean 깨끗한; 청소하다
clear 깨끗한, 분명한; 제거하다
client (소송) 의뢰인, 고객
cliff 절벽, 벼랑, 낭떠러지
climb 오르다, 기어오르다

clinic 병원, 진료소
clone 복제 생물, 복제품
clue 실마리, 단서
clumsy 볼품없는, 서투른
cluster 송이, 떼, 무리
coal 석탄
coffin 관; 관에 넣다
coherent 조리있는, 일관된
colony 식민지
column (신문 등의) 난, 칼럼
combat 전투, 결투; 싸우다
combustible 가연성의, 타기 쉬운
comet 혜성
comfort 위로, 안락; 위로하다
comment 논평; 논평하다
commonplace 평범한, 진부한
communism 공산주의
community 공동체, 공동사회
compass 나침반, 컴퍼스
compel 억지로 ~하게 하다
complete 완전한; 완성하다
complicate 복잡하게 하다
conceive 상상하다, 생각하다
concentration 집중, 집결
concrete 형태가 있는, 구체적인
cone 원뿔, 콘
confess 자백하다, 고백하다
Confucius 공자
congress 국회, 의회
connection 연결, 관계, 관련
conquer 정복하다, 공략하다
conscience 양심
consonant 자음; 일치하는, 자음의
constant 불변의, 끊임없는
constitution 구성, 형성, 헌법
construct 건설하다, 세우다
context 문맥, 정황, 배경
continent 대륙, 육지
copper 구리, 동, 동전
corps 군단, 단체
corpse 시체, 송장
cosmos 우주, 코스모스
costly 값비싼, 희생이 큰

cottage 오두막, 시골집	deck 갑판
cotton 목화, 솜	decrease 감소하다, 줄이다
couch 소파, 긴 의자	defeat 쳐부수다; 패배
council 평의회, 회의	defense 방어, 수비(= defence)
counsel 상담하다; 조언	definite 한정된, 명확한
count 세다, 중요하다	delight 기쁨, 즐거움
county (행정구역상) 주, 군	deliver 배달하다, (연설을) 하다
coverage 범위, 보상 범위	delude 속이다, 현혹하다
coward 겁쟁이; 겁 많은	demon 악마, 귀신
crab 게	depend 의존하다, 믿다
crack 갈라진 틈; 깨지다	deploy 배열; 배치하다
cradle 요람, 발상지	depress 풀죽게 하다
craft 기능, 교활, 비행기	deprive 빼앗다, 박탈하다
crane 학, 기중기	derive 이끌어내다, 얻다
crash 충돌하다, 추락하다	desire 바라다; 욕망
crater 분화구	despair 절망; 절망하다
crave 간청하다, 갈망하다	desperate 필사적인, 절망적인
crawl 기어가다; 기어가기	destruction 파괴
creep 기다, 살금살금 걷다	detect 발견하다, 탐지하다
crew 승무원, 선원	determine 결심하다, 결정하다
cripple 불구자, 절름발이	devil 악마, 마귀
crisis 위기	devise 고안하다, 발명하다
crook 굽은 것, 갈고리	devour 게걸스럽게 먹다
crusade 십자군, 개혁운동	dew 이슬, 신선함
crush 눌러서 뭉개다	diabetes 당뇨병
crust 빵 껍질, 겉 표면	diagram 도표, 도형
cue 신호, 암시	dialect 방언, 사투리
cunning 교활한, 간사한	diaper 기저귀
curious 호기심이 강한	dictation 구술, 받아쓰기, 명령
curly 곱슬곱슬한	dictator 독재자, 구술자
curriculum 교과 과정, 이수 과정	diet 음식, 식이요법
curse 저주하다; 욕설	digestion 소화
cynic 냉소적인 사람	dilemma 진퇴양난, 궁지
dairy 낙농장; 낙농의	dim 어둑한, 흐릿한
damp 축축한, 습기찬	dime 10센트짜리 은화
dare 감히 ~하다	dimension 치수, 차원, 넓이
dash 내던지다, 돌진하다	dinosaur 공룡
dawn 새벽; 날이 새다	dioxide 이산화물
deadly 치명적인; 몹시	diplomacy 외교, 외교술
deaf 귀머거리의	direction 방향, 지시
decay 부패하다, 타락하다	disaster 재앙, 불행, 재난
deceive 속이다, 기만하다	discount 할인하다; 할인
decent 고상한, 점잖은	disease 병, 질병

disgrace 불명예, 치욕
disguise 변장시키다, 위장하다
disgust 싫음, 혐오감
disharmony 부조화, 불협화음
dismal 음침한, 음울한
dismay 당황, 놀람
disorder 무질서, 혼란
disrespectful 무례한, 경시하는
distribute 분배하다, 배분하다
ditch 도랑, 배수구
divine 신의, 신성한; 신
divorce 이혼시키다; 이혼
dizzy 현기증 나는, 어지러운
do (일·행위 등을) 하다, (will과 함께) 충분하다
doctrine (종교의) 교리, 학설
doom 운명; 운명짓다
dot 점; 점을 찍다
dough 밀가루 반죽
drag 끌다, 끌고 가다
dragonfly 잠자리
dreadful 무서운, 끔찍한
drill 송곳, 훈련; 훈련하다
drop 떨어지다; 한 방울
drown 물에 빠뜨리다
dull 우둔한, 무딘
dumb 벙어리의, 우둔한
duration 지속
dusty 먼지투성이의
dynamic 동력의, 원동력
dynasty 왕조, 왕가
eager 열망하는, 열성적인
earthquake 지진
ease 편안함; 편하게 하다
Easter 부활절
echo 메아리; 울리다
education 교육
effort 노력, 분투
ego 자아, 자기, 자존심
electric 전기의, 전기장치의
element 구성, 요소
elementary 기초의, 초등학교의
elevation 높이, 고도, 해발
eloquent 웅변의, 달변인

embed 파묻다, 새겨 넣다
embryo 태아, 애벌레
empire 제국, 왕국
enable ~할 수 있게 하다
enchant 매혹하다
encyclopedia 백과사전
end 끝, 목표; ~을 끝내다
endure 견디다, 참다
enrollment 등록, 입학, 기입
ensure 보증하다, 확실하게 하다
entertain 즐겁게 하다
entire 완전한, 전체의
entrant 신입회원, 참가자
epic 서사시
epoch 신기원, 중요한 사건
equate 평균화하다, 동일시하다
equator 적도
equilibrate 균형잡다, 평형이 되다
equip (장비를) 갖추다, 채비하다
eraser 지우개
err 실수하다, 잘못하다
errand 심부름
escape 달아나다; 탈출, 도망
essence 본질, 핵심
esteem 존경하다, 존중하다
ethics 윤리학, 윤리
evaporate 증발하다, 증발시키다
even 심지어 ~조차도, (비교급을 강조하여) 더욱; 짝수의, 평평한, 공평한
evergreen 상록수
evil 나쁜, 사악한; 악
exactly 정확하게
exchange 교환하다
exertion 노력, 분발
exhibition 전시, 전시회
exist 존재하다, 생존하다
expedition 탐험, 탐험대
expensive 값이 비싼
explanation 설명, 해석
explode 폭발시키다
exploit 개척하다, 착취하다
explorer 탐험가
export 수출하다; 수출

express 표현하다, 발표하다	**fluid** 유동체; 유동성의
exterminate 근절하다, 박멸하다	**foam** 거품; 거품이 일다
external 외부의, 밖의	**focus** 초점; 집중시키다
extraordinary 이상한, 대단한	**foe** 적, 원수
eyebrow 눈썹	**fold** 접다, 덮다
fable 우화, 전설	**folk** 사람들; 대중의, 민속의
factor 요소, 요인	**footwear** (신발같이) 신는 것
fade 바래다, 시들다	**forbear** ~을 삼가다, 견디다
fairy 요정; 가공의	**force** 힘; 억지로 ~을 하게 하다
faith 신념, 믿음	**forearm** 팔뚝, 전박
false 그릇된, 틀린	**forefather** 선조, 조상
falter 말을 더듬다, 비틀거리다	**foretell** 예고[예언]하다
fame 명성, 평판	**forgive** 용서하다
fancy 공상; 화려한, 고급의	**formation** 형성, 대형
fashionable 유행의, 유행을 따르는	**fortress** 요새, 요새지
fatal 치명적인, 운명의	**forward** 앞으로, 전방으로
fault 결점, 과실, 잘못	**fossil** 화석; 화석의
favorite 매우 좋아하는	**fragrant** 향기나는, 향기로운
feast 축제, 향연	**frank** 솔직한, 명백한
fell (나무를) 베어 넘어뜨리다	**fresh** 신선한, 새로운
fellow 친구, 녀석	**frontier** 국경 지방, 최첨단
female 여성의; 여성, 암컷	**frost** 서리, 결빙
feminine 여자의, 여성의	**frown** 눈살을 찌푸리다
ferry 연락선, 나룻배	**fruitless** 결실 없는, 헛된
festive 축제의, 즐거운	**fumble** 손으로 더듬다
fetch (가서) 가지고 오다	**fume** 연기; 연기가 나다
fever 열, 열병, 열광	**function** 기능; 기능을 하다
fiction 소설, 허구	**funeral** 장례의; 장례식
fierce 맹렬한, 사나운	**fur** 모피; 모피의
fill 채우다, 가득 차게 하다	**fury** 격노, 격분
final 마지막의, 최후의	**fusion** 융해, 융합
fire 불; 발사하다, 해고하다	**fuss** 소란, 야단법석
fireplace 난로	**futile** 효과 없는, 쓸모없는
firsthand 직접의; 직접적으로	**gain** 얻다, 이익
flame 불꽃, 화염; 타오르다	**gallery** 미술관, 관중
flat 평평한, 단조로운	**gallon** 갤런(4.546리터)
flattery 아첨, 아부	**game** 경기, 사냥감
flavor 향기, 맛	**gasp** 헐떡거리다
flesh 살, 육체, 살점	**gaze** 응시하다
fling 내던지다, 내동댕이치다	**gear** 의복, 기어, 기구
flip (손가락으로) 튀기다	**gender** 성(性), 성별
florist 화초 재배가, 꽃장수	**generous** 관대한, 너그러운
flour 밀가루	**genetics** 유전학

genre 장르, 유형, 형식
geography 지리, 지리학
geology 지질학
geometry 기하학
germ 세균, 병원균
gifted 타고난, 재능 있는
gigantic 거인같은, 거대한
gill 아가미
glacier 빙하
glare 눈부신 빛
glide 미끄러지다, 활강하다
glitter 반짝거리다; 화려함
gloomy 우울한, 어둑어둑한
glow 백열(광); 작열하다
goat 염소
goods 물건, 물품
goose 거위
gossip 잡담, 남의 뒷말
gourd 조롱박, 호리병박
graduation 졸업식, 졸업
grand 웅대한, 장대한
grasp 붙잡다, 이해하다
grave 무덤; 진지한, 심각한
gravity 중력, 인력
gray 회색의, 잿빛의
graze 풀을 뜯어먹다, 방목하다
greed 욕심, 탐욕
greenery 푸른 잎, 푸른 나무
greet 인사하다, 환영하다
grief 슬픔, 비탄
grin 히죽 웃다, 방긋 웃다
groan 신음하다, 괴로워하다
groundless 근거 없는, 사실 무근의
growl 으르렁거리다
grumble 투덜거리다, 불평하다
guard 보호하다; 경호인
gulf 만
gull 갈매기
halt 정지; 정지하다
handle 손잡이; 조종하다
hang 교수형에 처하다, 걸다, 매달리다
hardship 고난, 곤란
harm 해, 손해, 손상

harness 고삐; 이용하다
harsh 거친, 가혹한
hasty 서두르는, 성급한
hatch (알을) 까다, 부화하다
haul 끌어당기다, 잡아채다
haunt 자주 가다, (유령 등이) 출몰하다
hawk 매
hay 건초; 건초를 만들다
head 머리; 이끌다, 향하다
heal 고치다, 낫게 하다
healthful 건강에 좋은
healthy 건강한, 건강에 좋은
heap (쌓아올린) 더미
heartfelt 진심에서 우러난
hedge 산울타리, 울타리, 장벽
heir 상속인, 후계자
helpless 무기력한, 의지할 곳 없는
hemisphere 반구(체)
hence 그래서, 따라서
herd 가축의 떼, 무리
heredity 유전, 세습, 전통
hierarchy 계급 제도, 계급 조직
hitch (지나가는 차를) 얻어 타다
hollow 속이 빈, 오목한
holy 신성한, 성스러운
hoop 테, 링
hop (깡총) 뛰다
horizon 지평선, 수평선, 범위
horn 경적, 뿔
horror 공포, 전율
housekeeper 가정부
hover (하늘을) 떠다니다
howl 울부짖다
humble 겸손한, 변변찮은
hummingbird 벌새
hydrogen 수소
hypocrisy 위선, 위선 행위
ideal 이상, 관념; 이상적인
ideology 신념체계
idiot 바보, 천치
ignore 무시하다
illumination 조명, 계몽
imitate 모방하다, 모조하다

imperial 제국의, 황제의
import 수입하다; 수입
imprison 감옥에 넣다
impulse 추진(력), 충동, 자극
impure 순수하지 않은
inactive 비활동적인
inborn 타고난, 선천적인
incentive 동기, 포상금, 자극
increase 증가하다; 증가
incurable 불치의
indeed 참으로, 정말로
individual 개인의; 개인
indubitable 의심할 여지 없는
inflict (구타·벌 등을) 가하다
influence 영향; 영향을 미치다
inhabit ~에 살다, 거주하다
inherit 물려받다, 유전하다
inn 여인숙, 여관
inner 안쪽의, 내적인
innovation 혁신, 쇄신
insane 제정신이 아닌, 미친
inscribe 새기다, 기입하다
insect 곤충, 벌레
insert 삽입하다, 끼워 넣다
insight 통찰력
insist 주장하다, 고집하다
inspiration 영감
instinct 본능
intellect 지성, 지능, 지식인
interior 내부의; 내부
intersect 가로지르다, 횡단하다
introspective 내성적인, 자기 성찰의
intrude 침입하다, 참견하다
intuition 직관, 통찰력
invade 침략하다, 침입하다
inward 안으로; 안의
irrigate 물을 끌어대다
isolate 고립시키다
itch 가려움
jag 들쭉날쭉하게 만들다
jar 항아리, 단지
jealous 질투심 많은
jellyfish 해파리

Jew 유대인
judge 재판하다, 판결하다
junior 손아래의; 손아랫사람
junk 쓰레기, 잡동사니
jury 배심원
justice 정의, 공정
keen 날카로운, 신랄한
kidnap 유괴하다, 납치하다
kindergarten 유치원
kindle 불붙이다, 자극하다
kneel 무릎을 꿇다
knight (중세의) 기사
label 상표, 라벨
labor 노동; 노동하다
lack 부족; 결핍되다
lad 소년, 젊은이
ladder 사다리
last 마지막의, 지난; 계속하다, 지속되다
latitude 위도
lawn 잔디, 잔디밭
layer 층, 놓는[쌓는] 사람
lead 납; 이끌다
league 연맹; 동맹시키다
lean 기대다, 기울이다
leather 가죽; 가죽의
leave 떠나다, 남겨두다
legal 법률상의, 합법의
legend 전설, 설화
leopard 표범
leper 나병환자, 문둥이
lessen 줄이다, 줄다
lest ~하지 않도록
lever 지레, 레버
liberal 자유로운
liberty 자유, 해방
lick 핥다, 날름거리다
lid 뚜껑, 덮개
lifelong 일생의, 평생의
lift 들어 올리다, 해제하다
limp 절뚝거리다
linear 선형의, 1차원의
linger 우물쭈물하다
lingual 말의, 언어의**

live	살아 있는; 살다	**mention**	언급하다, 말하다
livelihood	살림, 생계	**mercy**	자비, 용서, 인정
lively	생기 있는, 활기찬	**merely**	단지, 그저, 다만
liver	간	**merit**	장점
livestock	가축	**method**	방법, 수단
lizard	도마뱀	**micro**	아주 작은, 극소의
lodge	오두막집; 숙박하다	**midwife**	산파, 조산사
log	통나무	**might**	힘, 세력
logic	논리, 논리학	**military**	군의, 군대의
long	긴, 오랜; 열망하다	**mill**	제분기, 방앗간
longitude	경도	**millennium**	천년
loosen	느슨하게 하다	**millionaire**	백만장자
lord	지배자, 주인	**mine**	광산; 채굴하다
lore	민간전승, 교훈	**minister**	장관, 목사
lumber	목재, 재목	**minor**	덜 중요한, 소수의; 부전공 과목
lurk	숨다, 잠복하다	**mirage**	신기루, 망상
magnet	자석	**mischievous**	장난기가 있는
main	주요한, 주된	**misery**	고통, 불행
majesty	위엄, 폐하	**misfortune**	불행, 역경
male	남자의; 수컷	**misleading**	오해시키는, 오도하는
mall	쇼핑센터	**mission**	임무, 사명, 특명
mammal	포유동물	**misspell**	철자가 틀리다
marble	대리석	**mist**	안개
margin	가장자리, 차익, 마진	**mistrust**	의심하다; 불신
martial	전쟁의, 군의	**misunderstand**	오해하다
mass	큰 덩어리, 다량	**moan**	신음하다, 슬퍼하다
masterpiece	걸작, 명작	**mob**	폭도, 군중, 집단
mat	매트, 돗자리	**mode**	방법, 양식, 유행
mate	짝, 친구, 동료	**modern**	현대의, 근대의
material	물질; 물질적인	**moisture**	습기, 수분
maxim	격언, 금언	**mold**	주조하다; 틀
meadow	목초지, 초원	**mole**	(피부의) 사마귀, 점, 두더지
mean	의미하다; 비열한	**molecule**	분자
meantime	그동안	**monarchy**	군주정치
mechanic	기계공, 정비사	**monk**	수도사, 수도승
media	(신문·TV) 매체	**monotonous**	단조로운, 지루한
meditate	숙고하다, 명상하다	**monster**	괴물, 도깨비
Mediterranean	지중해; 지중해의	**monument**	기념비, 유물
medium	중간의; 매개물	**mortal**	죽어야 할 운명의
melancholy	우울; 우울하다	**moss**	이끼
memorable	기억할 만한	**moth**	나방
memorial	기념의; 기념비	**motto**	좌우명, 금언
mental	정신의, 마음의	**mount**	(산·말 등에) 오르다

mourn 슬퍼하다, 애도하다	**order** 명령, 질서; 주문하다
mud 진흙	**ordinary** 보통의, 평범한
multiple 복합적인, 다수의	**organ** (인체의) 장기, 오르간(악기)
mummy 미라	**origin** 근원, 기원, 태생
murder 살인; 살해하다	**ounce** 온스(1/16파운드)
murmur 중얼거림, 투덜대다	**outcast** 내쫓긴, 버림받은; 버림받은 사람
muscle 근육	**outer** 밖의
mushroom 버섯	**outing** 소풍, 나들이
Muslim 이슬람교도	**outlive** ~보다 더 오래 살다
mutual 서로의, 상호의	**output** 생산, 출력
myth 신화, 전설	**outward** 밖으로 향하는
naked 나체의, 벌거벗은	**oval** 타원형의
namely 즉, 다시 말하면	**overbearing** 거만한, 압도적인
nasty 불결한, 더러운	**overhead** 머리 위의
nationality 국적, 국가, 국민	**oyster** (해산물) 굴
native 출생지의, 토착의	**pale** 창백한
naughty 장난꾸러기의	**panel** 벽판, 토론자단
navigation 항해, 항공	**parachute** 낙하산
navy 해군	**paralyze** 마비시키다
needle 바늘; 바늘로 꿰매다	**parasitic** 기생하는
negro 흑인; 흑인의	**parliament** 의회, 국회
nevertheless 그럼에도 불구하고	**passage** (문장) 구절, 통행
nightmare 악몽	**passive** 수동적인, 활기 없는
noble 고귀한; 귀족	**paste** 풀, 밀가루 반죽
nod (머리를) 끄덕이다	**pastime** 오락, 기분 전환
normal 보편적인, 평균적인	**pasture** 목장, 목초지
notable 주목할 만한	**pat** 톡톡 두드리다
notate 기록하다	**patch** 얇은 조각
notion 관념, 개념, 생각	**patriot** 애국자
novel 소설, 진기한	**patrol** 순찰; 순찰하다
nowadays 오늘날에는	**paw** (동물의) 발
numb 마비된, 감각을 잃은	**pay** 지불하다, 이익이 되다
nursery 육아실, 탁아소	**peach** 복숭아
nurture 영양; 키우다	**pearl** 진주
oath 맹세, 서약	**pedal** 페달, 발판
obtain 얻다, 획득하다	**peel** 껍질; 벗기다
occasional 우연한, 때때로의	**penalty** 형벌, 벌금
odd 이상한, 홀수의	**pendulum** 진자, 추
offense 공격, 반칙	**penetrate** 꿰뚫다, 통과하다
ointment 연고	**peninsula** 반도
oral 구두의, 입의	**penny** 페니, 푼돈
orbit (천체의) 궤도	**perceive** 지각하다, 인지하다
ordeal 시련	**performance** 실행, 상연, 연주

perfume 향수, 향료	**postwar** 전쟁 후의
peril 위험, 위태	**poverty** 가난, 빈곤
period 기간, 주기	**prairie** 대초원, 목초지
permit 허락하다	**praise** 칭찬; 칭찬하다
perplex 당황케 하다	**preach** 설교하다, 타이르다
persecution 박해, 학대	**precious** 귀중한, 값비싼
persist 고집하다, 주장하다	**predator** 약탈자, 포식자
personality 개성, 성격	**preface** 머리말, 서문
perspective 시각, 전망, 원근법	**prefix** 접두사
perspiration 땀	**pregnancy** 임신
pest 해충, 흑사병	**prepare** 준비하다, 마련하다
pet 애완동물	**present** 현재의, 참석한; 선물; 증정하다, 상연하다
petal 꽃잎	**pressure** 압력, 압박
philosopher 철학자	**pretend** ~인 체하다
phrase 구, 간단한 말	**priest** 성직자
pier 부두, 방파제	**profess** 공언하다, 고백하다
pill 알약	**profit** 이익, 이득
pimple 여드름, 뾰루지	**progressive** 점진적인, 진보적인
pinch 꼬집다, 집다	**prone** ~하기 쉬운
pine 솔, 소나무	**proper** 적당한, 적절한
pioneer 개척자, 선구자	**property** 재산, 자산
pious 경건한, 독실한	**prose** 산문, 산문체
pistol 권총, 피스톨	**protect** 보호하다, 비호하다
pitch 던지다, 내던지다	**protein** 단백질; 단백질의
pity 동정, 애석한 일	**protest** 항의하다, 주장하다
plain 보통의, 쉬운, 명백한	**proverb** 속담, 격언
planet 행성, 유성	**provide** 주다, 제공하다
play 경기하다, 연주하다; 연극	**province** 지방, 분야, 영역
pledge 맹세; 맹세하다	**psychology** 심리학
plight 곤경, 궁지	**publish** 발표하다, 출판하다
plot 음모, 책략	**punish** 처벌하다, 벌하다
plunge 뛰어들다, 빠지게 하다	**pupil** 학생, 동공
plural 복수, 복수형	**purpose** 목적, 의도
pneumonia 폐렴	**puzzle** 퍼즐; 당황하게 하다
poisonous 유독한, 독이 있는	**quarters** 거처, 숙소
polar 극지방의, 남[북]극의	**queer** 기묘한, 괴상한
polite 공손한, 예의바른	**quit** 그만두다, 중지하다
politician 정치가	**radiation** 복사(열), 방사, 방사능
port 항구, 항만	**radioactive** 방사성[능]의
portion 일부, 몫	**raft** 뗏목, 고무보트
possess 소유하다, 지니다	**rag** 넝마, 누더기
postmodernism 포스트모더니즘	**rage** 격노, 분노
posture 자세를 취하다; 자세	**raid** 습격; 급습하다

ramp 진입로	**rent** 임차[임대]하다; 임대료
ranch 대목장, 대농장	**repent** 후회하다, 뉘우치다
rapture 황홀, 큰 기쁨	**reply** 응답; 답신하다
rare 진귀한, 드문	**republic** 공화국
rat 쥐, 시궁쥐	**repute** 평판; ~이라고 평하다
rather 꽤, 다소, 오히려	**rescue** 구출하다; 구출
raw 날것의, 가공하지 않은	**research** 연구; 연구[조사]하다
ray 광선, 빛	**resemblance** 유사, 닮음
razor 면도칼, 면도기	**reservoir** 저수지
ready 준비가 된	**resist** 저항하다, 반대하다
realm 왕국, 범위, 영역	**resort** 유흥지, 수단; 의존하다
rear 후방의; 기르다	**retain** 보유하다, 계속 유지하다
rebel 반역자; 반역하다	**reunion** 재회
rebuild 재건하다, 다시 짓다	**revive** 소생시키다
recede 물러가다, 감소하다	**revolt** 반란; 폭동을 일으키다
recently 최근에, 요즘에	**rhyme** 운, 운율
rechargeable 재충전할 수 있는	**rib** 늑골, (식물의) 엽맥
recital 낭송, 독주회	**rid** 제거하다, 없애다
recognize 알아차리다, 인정하다	**riddle** 수수께끼
record 기록, 음반; 기록하다	**ridiculous** 우스운, 어리석은
reed 갈대, 갈대밭	**rifle** 소총
referee 심판원; 심판하다	**right** 옳은, 오른쪽의; 권리
refine 정제하다, 제련하다	**righteous** 올바른, 정당한
refresh 상쾌하게 하다	**riot** 폭동, 소요
refuge 피난, 도피처	**ripe** 익은, 숙성한
refute 논박하다	**risk** 위험; 위태롭게 하다
regard 주목하다, ~으로 여기다	**ritual** 의식의; (종교적) 의식
regardless 무관심한, 부주의한	**roam** 돌아다니다, 거닐다
regime 정권, 정부	**roar** 으르렁거리다
region 지역, 범위	**robbery** 강도질, 강탈
rehabilitate 회복시키다, 복직시키다	**rod** 막대, 지팡이
rehearsal 예행연습, 리허설	**role** 역할, 할 일
rein 고삐; 억제하다	**room** 방, 공간, 여지
reindeer 순록	**root** 뿌리, 근원
reject 거절하다, 부인하다	**rot** 썩다, 부패하다
rejoice 기뻐하다	**route** 길, 노선, 항로
relate 관계시키다	**routine** 일상의; 일과
release 풀어주다, 석방하다	**rove** 헤매다, 배회하다
reluctant 마음이 내키지 않는	**row** 열, 줄; 배를 젓다
remote 먼, 외딴	**rub** 비비다, 문지르다
render ~하게 하다, 주다	**rubber** 천연 고무
renew 갱신하다	**rude** 버릇없는, 무례한
renovation 혁신, 쇄신	**ruin** 파멸시키다, 망치다

run 달리다, 흐르다, 가동시키다, 경영하다	**shellfish** 조개, 갑각류
ruthless 무자비한, 냉정한	**shelter** 피난처, 대피소
sacred 신성한, 종교적인	**shepherd** 양치기; (양을) 치다
sacrifice 희생(물); 희생시키다	**shield** 방패; 방패로 막다
saddle (말·자전거의) 안장	**shift** 이동하다, 바꾸다; 근무조
sage 현인; 슬기로운	**shine** 빛나다, 광내다
saint 덕이 높은 사람	**shorthand** 속기; 속기하다
sake 위함, 이익	**shovel** 삽, (삽으로) 파다
salmon 연어	**shrine** 성당, 사당
salute 인사하다, 경례하다	**shrub** 관목
sash 장식 띠, 머리띠	**shrug** 어깨를 으쓱하다
savage 야만적인, 잔인한	**shudder** 떨다, 전율하다
save 구하다, 저축하다	**shy** 수줍어하는
scar 상처, 흉터	**sideboard** 찬장
scarce 부족한, 드문	**sigh** 한숨 쉬다; 한숨
scenery 풍경, 경치	**silly** 어리석은, 바보같은
scent 향기, 냄새	**simplify** 단순화하다
score 득점, 20명[개]	**sin** 죄, 죄악, 잘못
scorn 경멸; 경멸하다	**sink** 가라앉다, 침몰하다
scorpion 전갈	**skeleton** 해골, 뼈대
scratch 긁다, 할퀴다; 찰과상	**skid** 미끄러지다
scream 비명을 지르다	**skip** 건너뛰다, 빼먹다
search ~을 찾다, 수색하다	**skylark** 종달새
seasoned 맛을 낸, 숙련된	**slam** 쾅 닫다, 내동댕이치다
secondhand 간접적인, 중고의	**slang** 속어, 속된 말
section 절단, 구분, 구역	**slave** 노예
secure 안전한; 안전하게 하다	**sled** 썰매
seed 씨, 종자	**sleep** 잠자다; 잠
seek 찾다, 구하다	**slender** 호리호리한
seizure 붙잡음, 체포	**slide** 미끄러지다
seldom 거의 ~않다	**slim** 가냘픈, 호리호리한
selfish 이기적인	**slip** 미끄러지다; 과실
selfless 사심 없는	**slogan** 모토, 구호
semester 학기	**slope** 경사면, 비탈길
senior 손위의; 연장자	**sly** 교활한, 음흉한
sensation 감각, 감동, 대사건	**smash** 때려 부수다, 세게 때리다
sentence 문장, 판결; 선고하다	**smother** 질식시키다
sentiment 감정, 감상, 의견	**snap** (찰칵) 소리 내다
sermon 설교, 훈계	**snatch** 잡아채다, 강탈하다
shatter 산산이 부수다	**sneer** 비웃다, 냉소하다
shave 면도하다	**sniff** 킁킁거리다, 냄새를 맡다
shed 흘리다, 발산하다	**sob** 흐느껴 울다
sheer 순수한, 완전한	**society** 사회, 단체

soil 흙, 땅	**starfish** 불가사리
sole 유일한, 독점적인	**starvation** 굶주림, 기아
solemn 엄숙한, 근엄한	**state** 말하다; 국가, 상태
solid 고체의, 단단한; 고체	**statesman** 정치가
somehow 어떻게든지, 어쩐지	**statistics** 통계, 통계학
sometime 언젠가	**steep** 가파른, 급경사의
sometimes 때때로, 이따금	**stem** 줄기; 유래하다
somewhat 어느 정도, 다소	**stick** 막대기; 붙이다
soothe 달래다, 진정시키다	**stiff** 뻣뻣한, 굳은
sore 아픈, 쓰린	**still** 조용한, 정지한; 아직
sorrow 슬픔; 슬퍼하다	**sting** 찌르다, 쏘다
soul 정신, 영혼	**stink** 악취; 악취를 풍기다
sound 소리; (잠이) 깊은, 건전한	**stitch** 한 땀; 꿰매다
sour 신, 시큼한	**stockpile** 비축, 재고
source 근원, 원천, 출처	**stout** 뚱뚱한, 튼튼한
spank 찰싹 때리다	**straightforward** 수월한, 정직한
spare 예비의, 여분의; 절약하다	**straw** 짚, 빨대
sparkle 불꽃, 번쩍임; 번쩍이다	**stride** 성큼성큼 걷다
sparrow 참새	**string** 끈; 묶다
spear 창, 투창	**strip** 벗기다, 빼앗다
species (분류상의) 종	**stripe** 줄, 줄무늬
spectacle 광경, 구경거리	**structure** 구조, 조직, 구조물
sphere 구, 천체; 지구의	**stubborn** 완고한, 고집 센
spice 양념, 향신료	**study** 공부하다; 서재
spill 엎지르다	**stuff** 물건, 재료; 채워 넣다
spire 나선, 소용돌이 모양	**stumble** 걸려 넘어지다
spirit 정신, 마음	**stunning** 놀랄 만한
splash 튀기다, 더럽히다	**stupid** 어리석은, 우둔한
splendid 화려한, 빛나는	**submarine** 잠수함; 해저의
spoil 망치다	**substitution** 대리, 대체
spread 펴다, 퍼지다	**subtle** 미묘한, 민감한
sprint 전력 질주하다	**suburban** 교외의, 교외에 사는
sprout 싹; 싹트다	**succeed** 성공하다, 뒤를 잇다
spur 박차; 박차를 가하다	**suck** 빨다, 빨아들이다
square 정사각형, 광장	**sufficient** 충분한, 흡족한
squash 짓누르다; 과즙	**suffix** 접미사
squeeze 쥐어짜내다, 꽉 쥐다	**suicide** 자살; 자살하다
stab 찌르다, 상처 입히다	**sum** 총계, 총액, 합계
stain 얼룩, 때; 더럽히다	**summon** 소환하다
stake 막대기, 말뚝	**superstition** 미신
stall 마구간; 오도가도 못하게 하다	**support** 지지하다, 떠받치다
stand 일어서다, 견디다	**surrender** 넘겨주다, 항복하다
standpoint 관점, 견해	**surround** 둘러싸다, 포위하다

swallow (꿀꺽) 삼키다; 제비	**throng** 군중; 떼지어 모이다
swan 백조	**thrust** 쑤셔 넣다, 밀치다
swarm (벌·개미 등의) 무리	**tickle** 간지럽게 하다
swear 맹세하다, 선서하다	**tide** 조수, 흥망성쇠
sweat 땀; 땀을 흘리다	**till** 경작하다; ~까지
swell 부풀다, 팽창하다	**timber** 재목, 목재
swing 흔들리다; 그네.	**tiny** 작은, 조그마한
swoop 급습하다, 급강하하다	**tip** 쓰러뜨리다; 끝, 팁, (유익한) 조언
sword 검, 칼	**tissue** 티슈, (근육 등의) 조직
synthetic 합성의, 인조의	**tomb** 묘, 묘지
tablet (약) 정제	**tongue** 혀, 말, 언어
taboo 터부, 금기	**torch** 횃불
tag 꼬리표, 가격표	**torrent** 급류, 억수
tan 햇볕에 태우다, 타다	**toss** (가볍게) 던지다, 뒹굴다
tangle 얽히게 하다	**toward** ~쪽으로, ~을 향하여
tap 두드리다; (수도) 꼭지, (병 등의) 주둥이	**trace** 자취; 흔적을 추적하다
tax 세금	**tradition** 전통, 전설
tease 괴롭히다, 조르다	**tragic** 비극적인, 비참한
temper 기질, 성질	**trail** 지나간 자국; 끌다
temperature 온도, 기온, 체온	**trait** 특성, 특징
tempo 속도, 박자, 템포	**traitor** 반역자, 배신자
tempt 유혹하다, 부추기다	**transgender** 성전환을 한 사람
tend ~하는 경향이 있다	**transplant** 이식; 이식하다
tendency 경향, 추세, 성향	**trap** 덫, 함정
tender 부드러운, 다정다감한	**treasure** 보물, 보배
tension 긴장, 긴박	**treatment** 취급, 치료법
terminal 끝의; 종점	**treetop** 나무 꼭대기
terrible 무시무시한, 엄청난	**tremble** 떨다, 진동하다
terrific 무시무시한, 아주 멋진	**trial** 시도, 재판
territory 영토, 지역, 분야	**tribe** 종족, 부족
textile 직물; 직물의	**trifle** 하찮은 것, 사소한 일
texture 직물, 질감, 감촉	**triumph** 승리, 대성공
theme 주제, 제목	**tropic** 열대지방
theory 이론, 학설	**trunk** 나무줄기, (코끼리) 코, 여행용 큰 가방
therapy 치료, ~ 요법	**turn** 돌리다, 뒤집다, ~이 되다; 차례
thereafter 그 후, 그 이래로	**twig** 작은 가지
therefore 그런 까닭에, 따라서	**twilight** 황혼, 쇠퇴기
thermometer 온도계	**twin** 쌍둥이의 한 사람
thieve 훔치다	**twofold** 2배의, 2중의
thigh 넓적다리, 허벅지	**typhoon** 태풍
thorn (동물·식물의) 가시	**tyrannical** 전제 군주적인, 무도한
thread 실; 실에 꿰다	**ultraviolet** 자외선의; 자외선
throne 왕위, 왕좌	**uncertain** 불명확한, 불확실한

unchangeable 변하지 않는, 불변의	**wander** 헤매다, 떠돌다
undergo 겪다, 경험하다	**ware** 제품, 상품
uniform 제복; 동일한	**warlike** 전쟁의, 호전적인
unit 단위, 구성	**warn** 경고하다
united 결합된, 연합한	**warrior** 전사, 용사
unlikely 있음직하지 않은	**wastebasket** 쓰레기통, 휴지통
unlock 자물쇠를 열다	**watchful** 주의 깊은, 경계를 하는
urban 도시의	**weapon** 무기, 병기
utter 전적인; 발언하다	**weary** 피곤한, 싫증이 난
vain 헛된, 허영의	**web** 직물; 거미집
vanish 사라지다, 없어지다	**weed** 잡초; 잡초를 뽑다
vanity 허영심, 자만, 허무함	**weep** 슬퍼하다, 울다
variety 다양성, 변화	**weigh** 무게가 나가다, 중요시하다
vegetarian 채식주의자; 채식주의의	**weird** 신비스러운, 기묘한
vegetation 식물, 초목	**wellbeing** 행복, 안녕, 복지
vein 정맥, (식물의) 잎맥	**wheat** (식물) 밀, 소맥
velocity 속력, 속도	**whereas** ~에 반하여
venture 모험, 모험적 사업; 과감히 ~하다	**whim** 변덕
verbal 말의, 구두의	**whisper** 속삭이다; 속삭임
verge 가장자리, 경계	**wicked** 사악한, 심술궂은
verse 운문, 시	**widespread** 넓게 펼쳐진, 광범위한
version (출판물의) ~판, 번역, 각색	**widow** 미망인, 과부
vertical 수직의, 세로의	**wild** 야생의, 황폐한, 거친
veteran 노련가, 노병; 노련한	**will** 의지, 의지력
vex 괴롭히다, 성나게 하다	**windshield** 바람막이 앞 유리
view 봄, 경치, 견해	**wingspan** 날개 길이, 날개폭
vine 포도나무, 포도덩굴	**witch** 마녀
virtually 실질적으로, 사실상	**wither** 시들다
virtue 선행, 미덕, 장점	**wizard** (남자) 마법사
visible (눈에) 보이는, 명백한	**woe** 비애, 고통, 고뇌
vision 시력, 통찰력, 환상	**work** 일; 일하다, 공부하다, 작동하다, 효과가 있다
vitamin 비타민	**worship** 숭배, 예배; 숭배하다
vocabulary 어휘, 단어집	**worth** ~의 가치가 있는
vocal 소리의, 구두의, 성악의	**worthwhile** 가치 있는, 보람 있는
voice 목소리, 음성	**wreck** 난파, 조난
volcano 화산, 분화구	**wretched** 비참한, 불쌍한
volume 책, 양, 부피, 음량	**yawn** 하품하다
vote 투표하다; 투표	**yearn** 동경하다, 그리워하다
vow 맹세; 맹세하다	**zealous** 열광적인, 열심인
vowel 모음; 모음의	**zip** 핑하고 소리내며 나아가다; 우편번호
voyage 항해; 항해하다	
wag (꼬리 등을) 흔들다	
wail 울부짖다; 통곡	

WORD LIST
—
INDEX

INDEX

A

a few	503
a good deal	473
a little	503
a number of ~	515
abandon	256
abate	190
abbreviate	200
abduct	405
aboard	149
abolish	232
abortion	286
above all	492
above[beyond] one's expectation	488
abrasion	213
abrupt	443
absolute	256
absolve	233
absorb	512
absorbing	123
abstain	456
abstract	459
abstract	517
absurd	221
absurd	512
abundant	22
accede	395
accelerate	243
accentuate	256
accept	181
access	395
accidentally	135
acclaim	313
accommodate	147
accompany	313
accomplish	154
accord	124
according to	489
accost	313
account	57
accountable	127
accountant	167
accrue	287
accumulate	176
accuracy	116
accuse	159
accustom	138
acid	39
acknowledge	164
acquaint	184
acquiesce	200
acquire	441
acquire	517
acquit	176
acronym	430
actually	59
actuate	100
adapt	162
adapt	500
add	49
addict	61
address	156
adept	213
adequate	286
adhere	418
adjacent	287
adjourn	290
adjust	419
administer	128
admit	16
admonish	157
adolescence	32
adopt	162
adopt	500
adore	108
adornment	282
advent	464
adversary	254
adversity	231
advertise	52
advice	513
advise	513
advocate	468
affect	500
affectation	313
affection	94
affection	500
affiliate	25
affinity	293
affirm	515
affirmative	125
affix	313
afflict	165
affluent	300
afford	10
afterward	246
agenda	8
agent	112
aggravate	244
aggregate	415
aggress	227
agitate	215
agreeably	72
agriculture	257
ahead of schedule	496
ahead of time	496
aid	30
ailment	268
aim	152
aisle	172
alert	257
alien	83
alignment	29

alive	68	animate	392	apprehensible	513
allege	73	annexation	211	apprehensive	513
alleviate	247	anniversary	70	apprentice	314
alliance	266	announce	24	appropriate	266
allocate	314	annual	108	approval	73
allot	149	annul	306	approximate	246
allowance	308	anomaly	312	apt	149
allude	299	anonymous	431	aptitude	115
allude	517	antecedent	395	aptitude	512
allure	166	antedate	316	aqua	392
almost	510	antibiotic	394	aquarium	392
along the way	483	antibody	317	aqueduct	392
alongside	246	anticipate	316	arbitrary	228
altar	513	antidote	317	arbitrate	259
alter	90	antifreeze	317	architecture	247
alter	513	antipathy	432	argue	53
alternate	508	antique	316	arise	503
alternative	272	antiseptic	317	armistice	275
alternative	508	antisocial	317	aromatic	237
altitude	512	antonym	431	around the clock	496
alumni	295	apart from	496	arouse	503
amalgamate	62	apathy	432	arrange	10
amass	298	apparel	283	array	35
ambiguous	315	apparent	139	arrogant	277
ambisextrous	316	appeal	61	art	513
amend	260	appearance	257	article	137
amenity	234	append	433	artificial	30
amnesty	290	applaud	277	artificial	513
among	501	appliance	8	artistic	513
amoral	312	applicant	506	ascend	515
amount	126	application	506	ascendant	515
amphibian	316	apply	22	ascertain	314
ample	436	apply for	509	ascribe	130
amuse	39	apply to	509	aside from	480
analogy	231	appoint	126	aspire	159
analyze	43	appraise	314	assault	147
anarchy	312	appreciate	152	assemble	90
anemia	92	appreciate+고마워하는 내용	506	assent	446
anesthesia	233			assertion	90
anguish	215	apprehend	19	assess	284

asset	48	
assign	315	
assist	160	
associate	56	
assortment	133	
assume	193	
assure	315	
astounding	175	
asymmetrical	312	
at all times	493	
at one's earliest convenience	472	
at one's expense	481	
at random	493	
at stake	493	
at the end of	485	
at the latest	491	
athlete	170	
atmosphere	210	
attach	154	
attain	516	
attend	199	
attend	516	
attendance	69	
attendance	513	
attendant	513	
attendee	513	
attention	513	
attentive	139	
attire	23	
attitude	512	
attorney	86	
attract	459	
attract	517	
attrition	211	
auction	94	
audible	393	
audience	257	
audit	97	
auditorium	394	
augment	288
authentic	318
author	132
authority	135
autobiography	394
autobiography	414
autocracy	318
autograph	413
automate	318
automation	318
autonomous	318
auxiliary	192
available	79
avalanche	46
avarice	273
avenge	209
avid	465
avocation	232
award	184
aware	113
awkward	14

B

baggage	15
balance	53
bald	512
ballot	291
ban	132
bankbook	43
bankrupt	443
banner	218
banquet	28
barbaric	235
bargain	85
barometer	424
barren	51
barrier	247
barter	119
bath	513
bathe	513
be about to	478

be based on	493
be bound for	494
be bound to do	494
be caught in traffic	496
be faced with	485
be fed up with	482
be good at	496
be known as~	511
be known by~	511
be known for~	511
be known to~	511
be made from~	511
be made of	495
be made of~	511
be noted for	494
be sold out	497
be stuck	474
be supposed to	475
bear	280
because+구	502
because+절	502
bedding	149
beforehand	146
belated	279
belonging	170
benediction	404
benefactor	319
beneficiary	319
benefit	319
benevolent	319
benign	319
bequeath	189
beside	501
beside oneself	516
besides	501
betray	214
between	501
beverage	158
beware	306
bewilder	297

biannual	320		brake	515		byproduct	36
bias	164		branch	157		**C**	
bicentennial	320		brand new	258		cab	128
bid	285		breach	277		calamity	280
biennial	320		break	515		call a meeting	497
bilateral	420		break down	475		call off	475
bilingual	320		breakdown	142		call on + 사람, call at + 장소	494
bimonthly	320		breakthrough	88			
binding	232		breath	517		cancel	62
biochemistry	394		breathe	517		candidate	176
biography	394		breathtakingly	150		capable	149
biology	149		bribe	276		capacious	306
biped	434		brief	126		capacity	26
bi-weekly	321		bring to a halt	473		capital	150
bleach	20		brisk	307		capitalize on	491
blemish	263		brittle	227		capricious	141
blend	40		broad	102		capsize	297
blink	16		brochure	248		capture	63
bliss	276		broom	241		care for	490
blizzard	275		brow	513		career	100
blockade	263		browse	48		carefree	141
blow	213		bruise	44		carpenter	143
blow	513		brunch	96		cash	87
blueprint	247		brush	513		Cash or charge?	475
blur	140		brutal	136		cash register	258
blush	248		budget	21		cashier	258
blush	513		bulb	218		casualty	155
board	78		bulk	277		catastrophe	278
boast	247		bull/bear market	17		catch a cold	497
bold	512		bulletin	77		cater	264
bond	295		burden	258		caution	24
book	120		burglary	288		cavity	26
bookkeeping	295		burst	505		cease	259
booklet	99		bush	33		celebrity	119
boost	112		business card	482		cellular phone	477
boost	505		bustle	42		centipede	434
borrow	20		by bus/plane/train/subway	495		certificate	19
bother	82					certify	19
box office	21		by hand	491		challenge	127
brainstorm	47		by oneself	516		chaos	165

charge	148		coincide	201		compartment	117
charity	176		collaborate	321		compassion	432
chat	206		collapse	234		compatible	322
cheap	505		collate	258		compensation	21
check in	123		collateral	420		compete	514
check out	123		colleague	155		competence	514
chef	142		collect	513		competent	514
chief	127		collect	514		competition	323
childish	501		collected	513		compile	323
childlike	501		collective	513		complacent	323
chill	6		collision	127		complain	109
chop up	482		color	513		complaisant	323
chore	9		colored	513		complement	435
chronic	398		colorful	513		complement	502
chronology	398		colossal	307		complex	63
circulate	97		combination	128		complicated	158
circumspect	450		come close to ~ing	488		compliment	502
circumvent	464		come in 서수	494		complimentary	115
cite	255		come to an agreement	473		comply	324
cite	514					comply	515
civil	218		come up with	484		compose	514
claim	41		command	516		compound	293
clarify	271		commemorate	321		comprehend	324
classify	29		commence	239		compress	439
clearance	105		commence	516		comprise	514
clearly	59		commend	202		compromise	324
climate	66		commensurate	204		compulsory	76
cling	121		commercial	110		conceal	217
close the deal	488		commiserate	214		concede	395
closely	7		commission	92		conceited	150
closet	99		commit	426		concentrate	325
cloth	506		commitment	321		concerned	38
clothe	506		committee	37		concierge	260
clothes	506		commodious	188		concise	65
clout	291		commodity	121		conclude	400
coalesce	275		commotion	322		conclude	514
coax	182		commute	115		concord	325
coerce	139		compact	116		concourse	325
cognition	280		companion	322		concur	402
cohere	418		compare	322		condemn	237

Word	Page
condense	325
condiment	117
conditional	195
condone	238
conduce	405
conduct	102
confederate	325
confer	141
confidant	514
confide	407
confide	514
confidence	407
confident	514
confidential	407
confidential	514
configure	225
confine	221
confirm	326
confirm	515
confirm a reservation	475
confiscate	326
conflict	178
conform	326
conform	515
confront	326
confuse	411
congenial	412
congenital	412
congestion	37
conglomerate	30
congratulate A on B	472
congregate	415
conjunction	301
connection flight = connecting flight = connection	209
connoisseur	238
conscious	214
consecrate	176
consecutive	448
consensus	446
consent	446
consequence	109
conservative	326
conserve	144
consider	124
consign	16
consist	212
consistent	327
console	201
consolidate	102
conspire	327
constitute	454
constitute	517
constrain	456
constrict	456
consult	327
consume	82
contact	215
contagion	19
contain	516
contaminate	11
contemplate	98
contemporary	327
contemptuous	224
contend	516
content	175
contentious	328
contestant	108
contiguous	328
contingent	304
contraband	96
contract	459
contract	517
contradict	404
contrary	104
contrast	143
contravene	464
contribution	6
contrive	151
controversy	97
convene	464
converge	239
converter	32
convey	41
convict	138
convince	183
convoke	468
convoy	211
cooperation	130
coordinate	122
cope	13
copyright	99
cordial	283
core	12
corporation	78
correct	442
correlate	328
correspond	46
corroborate	299
corrosive	291
corrupt	443
cosmetic	260
costume	41
count on	484
countenance	299
counterfeit	199
countermand	38
counterpart	260
courteous	279
covert	302
cozy	86
credible	401
credit	402
creditable	402
credulous	401
creed	402
criterion	283
critical	225
crop	121

crosswalk	41
crucial	153
crude	294
cryptic	298
cubicle	244
cuisine	212
culinary	212
culprit	214
cultivate	62
cupboard	261
curator	192
curb	34
currency	83
current	25
curtail	308
custody	25
customary	144
customize	244
customs	73
cutback	69
cutting edge	42

D

deadlock	276
deal	55
debate	87
debris	227
debt	98
decade	50
decadent	256
decease	134
declare	285
decline	179
decorate	183
decrepit	298
dedicate	98
deduct	405
defame	329
default	206
defect	95
defer	302
defiance	165
deficient	167
definitive	408
degenerate	412
degrade	329
degree	60
delay	52
delegate	240
deliberate	141
delicate	156
delicious	180
delinquent	329
deliver[make] a speech	478
delivery	75
delusion	298
demand	11
demand	516
demanding	250
demise	426
demolish	205
demonstrate	403
demotion	9
denote	330
denounce	329
dense	12
deny	107
department	30
departure	74
depict	329
deplane	117
deplete	436
deplore	330
depose	438
deposit	115
depreciate	196
depressed	440
deregulate	330
derelict	218
deride	204
descend	515
descendant	515
describe	445
desert	500
deserve	261
designate	7
desirable	261
desolate	191
despise	450
despite	261
dessert	500
destination	77
destiny	175
destitution	199
destroy	65
detach	242
detail	16
detain	457
deter	215
detergent	218
deteriorate	55
detour	65
detract	460
detriment	38
devastate	188
deviate	214
device	86
devitalize	467
devoid	229
devote	66
diagnose	15
diameter	49
die	503
differ	158
diffident	408
diffuse	411
digest	101
dignity	169
dilute	291
dimensions	81

diminish	425	distinguish	56	driver's license	484
diminutive	330	distort	458	drizzle	64
dine	212	distract	460	drop in	476
dip	63	distribution	209	drought	85
diploma	164	district	75	drowsy	216
direct	442	disturb	61	drudgery	68
directions	213	diverse	15	drug	92
disabled	330	divert	241	dubious	229
disarm	331	divest	202	ductile	405
discard	331	divide	123	due	190
discern	35	dividend	233	dump	91
discharge	120	division	233	duplicate	17
discipline	288	do business with	491	durable	12
disclose	400	do one's utmost[best]	490	duty	131
disclose	514			dwell	23
discontent	331	do the dishes/ironing	497	dwindle	206
discontinue	108			dye	93
discord	331	dock	36	dye	503
discredit	401	documentary	276	**E**	
discreet	179	domain	151	eccentric	336
discreet	514	domestic	93	ecology	94
discrepancy	210	dominant	221	economic	508
discrete	514	donation	6	economical	508
discriminate	106	dormitory	294	economics	508
dish	110	dose	25	economy	508
disinclined	331	double check	486	ecosystem	121
disinterested	331	down payment	484	ecstasy	236
dismantle	184	downsizing	32	edge	42
dismiss	427	draft	260	edible	230
dispatch	248	drain	261	edible	515
dispel	331	dramatically	33	edit	248
disperse	332	drape	300	effect	500
display	148	drastic	103	effective	69
disposal	29	draw up	486	effective	500
dispute	144	drawback	119	efficient	91
disrepair	332	dreary	75	effuse	411
disrupt	443	drench	262	egress	416
dissent	447	dress code	263	elaborate	336
dissolve	450	drift	134	elastic	126
distill	332	drip	47	elect	514

election	73	enmity	334	evaluate	337
electronically	122	enormous	143	eventually	76
elicit	183	enroll	335	every hour on the hour	493
eligible	161	entail	58		
eliminate	123	entangle	335	evict	339
elude	517	enterprise	119	evidence	219
emancipate	422	enthusiasm	335	evoke	468
embargo	332	entice	335	evolution	515
embark	59	entitle	335	evolve	153
embarrass	95	entreat	285	evolve	515
embassy	80	entry	263	exaggerate	225
embody	332	envelope	248	exceed	396
embrace	133	enviable	511	excel	85
emerge	429	envious	511	except for	487
emergency	43	envision	465	exception	118
emigrant	68	envoy	254	exceptional	163
eminent	53	epidemic	403	exclude	400
eminent	514	equality	406	excursion	402
emit	426	equanimity	392	execute	97
emphasize	136	equanimity	406	exemplary	167
employ	333	equilibrium	406	exempt	194
empower	333	equipment	336	exhalation	337
enact	243	equitable	407	exhaust	186
encircle	332	equivalent	407	exhibit	171
enclose	400	equivocal	468	exhibit	516
enclose	514	era	222	exhilarate	338
encompass	333	eradicate	181	exigency	78
encounter	131	erect	442	exile	293
endanger	333	erode	290	existing	63
endeavor	98	erupt	444	exodus	252
endorse	333	escalate	138	exonerate	304
endow	51	establish	455	exorbitant	230
enervate	273	estate	455	exotic	338
enforce	334	estimation	200	expand	337
engage	142	estrange	336	expedient	434
engender	412	eternal	86	expedite	435
engrave	334	ethnic	113	expel	337
engross	334	euthanasia	259	expendable	61
enhance	334	evacuate	462	expert	140
enlighten	334	evade	337	expire	452

explicit	338
expose	438
expressly	248
exquisite	235
extant	173
extend	516
extent	338
exterior	339
extinct	339
extinguish	339
extort	458
extra	145
extract	460
extraneous	339
extravagant	36
extreme	146

F

fabrication	208
face	60
facility	147
faction	292
faculty	289
fail to	482
failure	14
fair	60
fake	233
fallacious	278
fallout	275
familiar	48
famine	228
fantasy	114
fare	96
fascinate	186
fasten	187
fatigue	187
faucet	232
favorable	188
feasible	271
feature	125
fee	11
feed	60
feedback	157
fertile	27
few	503
fiber	112
figure	111
figure out	484
file a lawsuit	482
fill out the form = fill in the form = complete the form	28
fill the order	476
fill the position	476
fill up	473
filter	71
finale	408
finalize	139
finance	56
find	503
fine	73
finished product	476
fireworks	77
firm	164
first-aid	189
first-come and first-served	497
fiscal	32
fit	72
fix	18
fixture	18
flaw	37
flee	186
fleet	235
flexible	48
float	145
flood	60
flourish	150
fluctuate	409
fluent	409
flush	247
flux	409
focus A on B	490
follow up on	489
following	151
for free	490
for oneself	516
forbid	292
forebear	340
foreboding	340
forecast	340
forefront	340
foregoing	340
forehead	340
foreign currency	476
foremost	341
foresee	342
foreshadow	341
foresight	341
forewarn	341
foreword	341
forfeit	204
forge	240
form	28
formal	51
former	341
formidable	262
formula	249
fortitude	299
foster	173
found	503
foundation	217
fraction	410
fracture	410
fragile	410
fragment	410
frail	410
frame	182
fraud	124
free	31
freezing	12
frequent	74

freshman	294		get on with	482		hail	274
friction	301		get over	482		half off	497
frigid	194		get through	488		hamper	301
from now on	481		get through with	481		handout	170
frugal	274		give (someone) a ring	476		hang on	472
frustrate	187					hang up	474
fuel	91		give a hand	476		hard copy	475
fulfill	221		give someone a big hand	476		hard hat	271
full-time job	476					hardly	117
fund	184		glance	207		have been to	509
fundamental	211		global	54		have gone to	509
furnish	252		glossy	299		have yet to do	490
furthermore	249		go down	487		hazard	84
fuse	411		go out of business	497		hazy	103
fuzzy	281		go through	491		head up	477
G			go up	487		headquarters	128
gale	181		gorgeous	228		heavily	23
galore	274		gourmet	133		heavy traffic	187
garage	99		grab	235		hectic	187
garment	217		gradual	180		heedless	166
gas station	185		graduate school	171		herald	197
gather	134		grain	216		herbicide	399
gauge	240		grant	134		heritage	189
gene	412		grateful	414		hesitation	177
genealogy	413		gratify	414		heyday	286
generalize	505		gratis	414		hibernate	308
generate	413		gratuitous	415		hideous	297
generate	505		gravely	200		high	510
generic	198		gregarious	415		highly	14
genesis	413		grievance	242		highly	510
genius	50		grip	154		hindrance	294
genocide	399		gross	47		historic	507
genuine	205		grudge	204		historical	507
germicide	399		guarantee	129		hold	151
get a car started	484		guile	222		hold back	492
get along with	489		guilty	54		hold on	477
get in touch with	384		gust	278		hold the line	484
get off (= descend from)	478		**H**			homage	95
			habitat	55		homicide	399
get on (= board)	474		habitual	87		hospitality	34

hostage	105
hostile	301
humid	287
humiliate	286
hygiene	244

I

identity	21
idol	160
if	512
ignoble	229
illegal	179
illegible	219
illicit	208
illiteracy	509
illusion	244
illustrate	131
imaginable	507
imaginary	507
imaginative	507
immaculate	180
immediate	169
immense	153
immerse	429
imminent	231
imminent	514
immobile	343
immune	31
impact	343
impair	344
impartial	343
impassable	343
impasse	343
impassive	432
impediment	435
impel	344
impending	433
imperceptible	344
implant	344
implement	344
implicate	345
implore	345
imply	515
impose	345
impound	345
impression	440
improve	120
improvise	465
in a row	474
in advance	482
in common	492
in conclusion	478
in demand	487
in favor of	496
in honor of	472
in one's absence	489
in one's place	484
in person	478
in service	474
in the coming year and beyond	488
in the red	491
in time	477
in use	483
in writing	489
inadvertent	346
inalienable	346
inanimate	393
inaudible	393
inaugurate	166
incalculable	346
incessant	396
incident	346
incipient	346
inclement	347
incline	347
include	400
include	514
income	44
incorporate	190
incredible	401
incredulous	402
increment	275
incriminate	347
incumbent	308
incur	167
indecisive	347
independence	347
indicate	137
indict	348
indifference	348
indifferent	508
indigence	307
indigenous	413
indignant	266
indispensable	348
indoors	348
induce	406
indulge	348
industrial	504
industrious	504
industry	504
inert	295
inevitable	349
infamous	349
infancy	156
infection	141
infer	349
infinite	408
infirm	349
inflation	241
influenza	409
influx	409
inform	93
infrastructure	160
infringe	177
infusion	412
ingenious	349
ingratitude	415
ingredient	39
ingress	416

inhabitable	349	intensive	351	jaywalk	296
inherent	418	intention	352	jeopardy	161
inhibit	349	interaction	353	jet lag	15
inhibit	516	interest	44	jewel	172
initial	133	interested parties	481	join	181
inject	37	interfere	354	jostle	274
injure	110	interlock	354	journey	91
innate	350	intermediary	354	Judging from	477
innocent	54	intermission	354	judicious	419
innovate	429	intermit	426	jurisdiction	419
innumerable	430	international	354	justify	419
inordinate	350	interpret	355	juvenile	202
inquire	441	interrogate	352	**K**	
inquire	517	interrupt	444	keep in touch	480
inscription	445	intersection	355	keep track of	486
insecticide	399	intervene	464	knack	303
insensitive	447	intimate	352	**L**	
insolent	350	intolerable	351	laboratory	172
insolvent	350	intricate	352	lag	15
inspect	451	invaluable	505	lament	114
inspire	452	invariable	463	landfill	28
install	154	inventory	352	landmark	103
installment	46	investigate	353	landscape	145
instantaneous	31	investment	110	landslide	77
institute	517	invigorate	166	lapse	179
institution	454	invisible	465	last-minute	203
instruct	31	invoice	353	late	504
instrument	36	invoke	468	lately	504
insulate	280	involve	353	latest	91
insult	350	irrefutable	211	launch	54
insure	351	irrelevant	109	laundry	99
intact	351	irrespective	109	lavish	84
intake	351	irrevocable	469	lawsuit	128
integrate	281	irritable	208	lay	500
integrity	304	issue	108	lay off	475
intellectual	507	itinerary	10	lead to	488
intelligent	507	its	501	leaf through	475
intelligible	225	it's	501	leaflet	223
intelligible	507	**J**		leak	173
intend	516	jam	6	leap	516

lease	20
leftover	237
legacy	113
legitimate	205
leisurely	207
let up	476
lethal	300
Let's split the check/bill = Let's go Dutch	496
liable	170
liaison	263
libel	262
librarian	292
lie	500
lie	500
life expectancy	263
lift weights	146
limit	142
lineage	205
liquidate	279
literacy	509
literal	421
literary	421
literate	420
literate	509
literature	509
litigate	31
little	503
loan	116
loathsome	207
local	53
locate	74
lock oneself out	477
locomotion	307
lofty	88
longevity	246
look after	498
look forward to	477
look over	479
look through	477
look up	477
loot	245
lot	192
low	505
lower	52
loyal	516
lucrative	264
lure	166
luxuriant	514
luxurious	514
luxury	514

M

magnanimous	393
magnanimous	428
magnate	428
magnificent	428
magnify	428
magnitude	428
maid	293
maintain	168
maintenance	168
major	42
make a living	486
make sure	490
make the bed	474
make up for	491
makeshift	185
maladroit	355
malady	355
malediction	404
malefactor	355
malevolent	356
malfunction	357
malice	356
malignant	356
malingerer	356
malnutrition	356
maltreat	356
manacle	422
manage	422
mandate	422
mandatory	222
manipulate	423
manual	421
manufacture	422
manuscript	423
mar	267
marginally	249
markedly	78
marvel	101
mastermind	256
mastery	257
match	155
maternal	303
matinee	235
mature	114
meager	179
meal	71
means	58
meanwhile	250
measure	55
meddlesome	423
mediate	423
medical	107
medicine	107
medieval	423
mediocre	424
meet	106
memoir	238
menace	264
merchandise	173
merchant	111
merge	24
meteor	279
meticulous	286
metro	125
metropolis	195
microscope	203
microwave	264
milestone	103

mimic	174	
mindful	157	
minimum	425	
minuscule	425	
minute	425	
misapprehend	358	
misbelief	358	
mischance	358	
misdeed	358	
miser	304	
misfire	358	
misgiving	169	
mislay	358	
mislead	359	
misplace	359	
miss	427	
misstep	359	
mitigate	303	
mobile	183	
mock	220	
moderately	160	
modesty	161	
modify	174	
momentarily	102	
momentary	507	
momentous	507	
monetary	125	
monitor	265	
monologue	360	
monopoly	360	
monotone	360	
mop	185	
moral	517	
morale	245	
morale	517	
mortgage	116	
most	510	
mostly	510	
motivate	67	
mounting	103	
move around	485	

mow	265	
multilateral	420	
multilingual	359	
multiplicity	359	
multiply	359	
multitude	359	
municipal	251	
mustache	185	
must-see	108	

N

name	81	
nap	203	
narrate	95	
narrow down A to B	473	
narrowly	39	
nationwide	265	
nausea	292	
near	510	
nearby	101	
nearly	510	
neat	151	
negative	125	
neglect	158	
negligent	508	
negligible	508	
negotiate	87	
nervous	226	
neutral	158	
no later than	479	
nominate	138	
nonsense	447	
notice	105	
notorious	289	
nourish	209	
novice	429	
now that	510	
noxious	278	
numerous	430	
nutrition	92	

O

obey	265	

object	227	
object	502	
objection	502	
objective	502	
oblige	22	
obliterate	421	
oblivious	185	
obnoxious	278	
obscure	199	
observance	517	
observation	517	
observe	70	
observe	517	
obsolete	288	
obstacle	106	
obstruct	29	
obtrude	302	
obviate	305	
obvious	132	
occupation	36	
occupy	36	
occur	181	
odor	178	
of oneself	516	
offer	9	
official	113	
offset	182	
offspring	114	
omen	262	
ominous	196	
omit	427	
omnipotent	360	
omnipresent	360	
omniscient	361	
omnivorous	361	
on a weekly basis	480	
on behalf of	495	
on business	495	
on one's own	489	
on sale	497	
on time	498	

one by one	487	
onset	74	
open[close] an account	57	
opening	107	
openly	102	
operate	129	
opinionated	305	
opportunity	28	
oppose	136	
oppress	440	
optimal	223	
optimist	46	
option	67	
opulence	194	
oration	272	
organic	265	
organization	14	
out of breath	485	
out of business	478	
out of order	498	
out of print	479	
out of service	494	
out of town	485	
out of work	494	
outbreak	361	
outcome	361	
outdated	361	
outfit	361	
outgrow	362	
outlandish	362	
outlast	362	
outlay	362	
outlook	362	
outmoded	362	
outrage	362	
outright	363	
outrun	363	
outskirt	363	
outspoken	363	
outstanding	288	
outwardly	250	
outweigh	363	
outwit	363	
over the past one year	480	
overall	147	
overcharge	88	
overcome	242	
overconfident	408	
overdue	191	
overhead bin	475	
overlook	174	
overpass	122	
overprice	80	
overseas	92	
oversee	122	
oversight	171	
overt	171	
overtake	58	
overtime	250	
overwhelm	269	
owe	222	
owing to	492	
P		
painkiller	266	
palatable	208	
pandemic	403	
panic	129	
paragon	205	
paragraph	414	
parallel	198	
paramount	307	
parody	307	
partial	70	
participate	45	
participate	512	
particle	512	
particular	512	
partition	81	
party	142
pary	515
pass out	478
passed	511
passion	433
past	511
patent	259
paternal	303
pathetic	432
patience	517
patient	517
patron	302
pause	24
pave	34
pay off	473
pay phone	481
payable to	479
paycheck	61
payroll	238
peculiar	155
pedestrian	435
peer	135
penal	186
pendant	433
pending	433
pension	434
pensive	270
percentage	245
perceptive	203
perennial	364
perform	515
periodic	239
perish	214
perjury	304
permanent	223
persevere	364
personnel	236
perspire	452
persuade	23
pertain	457

pertinent	224	portable	515	preserve	68
pervade	364	portal	231	preside	366
pessimist	46	porter	439	press	194
petition	17	portfolio	439	prestige	366
petty	250	portray	227	presume	139
pharmacy	148	positive	68	prevail	367
phase	96	posterior	364	prevent	241
phenomenal	194	posthumous	365	preview	367
philanthropy	305	postnatal	365	previous	367
physical	517	postpone	438	prey	515
physician	104	postscript	365	priceless	505
physician	517	pot	253	prime	437
physicist	517	potable	217	primitive	437
physics	517	potable	515	principal	437
pick up	479	potent	96	principal	502
picturesque	191	potential	135	principle	437
pierce	213	pour	232	principle	502
pile	116	power	13	prior	145
pitfall	280	power outage	13	privilege	134
place an order	485	practicable	508	probable	251
plague	82	practical	508	probe	47
plausible	276	precaution	365	proceed	397
plead	94	precede	396	process	397
please find enclosed	484	precipitation	253	proclaim	367
plenty	436	precise	237	procrastinate	367
plethora	436	preclude	401	procure	189
plow	191	precursor	403	prodigal	185
plumber	7	predecessor	396	prodigious	174
plummet	29	predict	404	productivity	156
poise	163	predominant	365	profession	71
police officer	477	prefer	366	proficient	45
policy	121	prejudice	419	profitable	219
polish	206	premature	366	profound	282
poll	192	premier	366	progress	416
pollution	65	premises	217	prohibit	242
ponder	227	premium	163	prohibit	516
popular	505	premonitor	223	project	368
popularity	505	prerequisite	441	prolong	368
population	505	prescribe	445	prominent	368
portable	439	presentiment	447	promising	147

promotion	8	qualify	19	recipient	64
prompt	234	quality	42	reciprocal	80
promulgate	205	quantity	43	reckless	281
proofreading	240	quarantine	49	recollect	514
propagate	303	quarterly	37	recommend	76
propel	368	quench	10	recommend	516
proponent	161	quest	441	reconcile	369
proportion	132	questionably	145	recover	81
proprietor	232	questionnaire	284	recrimination	369
pros and cons	195	quota	71	recruit	150
prosecute	34	quote	159	rectangle	442
prospect	451	**R**		rectify	442
prosper	84	race	226	rectitude	443
protract	460	radiant	284	recur	403
prove	220	radical	118	recycle	81
provided that	497	raffle	231	redeem	203
provident	465	raise	66	reduce	100
provision	368	raise	503	refer	281
provisions	368	range	112	reflect	370
proviso	466	rapid	104	reform	370
provoke	469	rash	191	reform	515
proximity	305	rate	34	refrain	132
proxy	305	ratify	27	refreshments	296
prudent	136	ratio	234	refund	370
public relation	485	rational	101	refuse	144
publish	167	reaction	369	regal	220
pull over	479	readily	192	regardless of	488
pulse	144	real estate agent	481	regenerate	413
punctual	11	reap	209	register	67
punitive	184	reap	516	regress	416
purchase	163	reasonable	79	regulation	26
purify	271	rebate	369	reign	228
pursue	210	rebuke	308	reimburse	370
put away	479	recall	369	reinforce	371
put down	480	receptacle	273	relegate	262
put in for	479	receptionist	287	relieve	87
put off	478	receptive	120	rely	371
put on	479	recess	397	remain to be seen	493
Q		recession	397	remainder	65
quadruped	435	recipe	192	remarkable	371

remedy	105
remembrance	64
remind	64
reminder	64
remit	426
remodel	371
remove	110
remunerate	371
renewal	372
renounce	372
renovate	430
renowned	372
repair	119
repel	372
replace	82
replenish	436
replete	436
replica	372
represent	373
repress	440
reproduction	373
reprove	373
reptile	238
request	441
request	517
require	441
require	517
requisite	138
resent	447
reserve	373
reserved	374
reside	152
resign	374
resolute	374
resolution	515
resolve	515
resource	84
respect	57
respectable	507
respectful	507
respective	129
respective	507
respectively	507
respire	453
respond	374
responsibility	137
restore	374
restrain	456
restrict	375
result from	504
result in	504
resume	375
resuscitate	240
retail	375
retain	457
retaliate	375
retard	376
retire	376
retort	458
retract	460
retreat	376
retrieve	376
retrospect	451
reveal	376
revenue	112
revere	377
reverse	377
review	377
revise	466
revitalize	467
revoke	469
revolution	225
revolution	515
revolve	515
reward	377
right away	487
rigid	157
rigorous	50
rise	503
robust	196
round trip	491
royal	516
rule out	494
rummage	70
run after	482
run out of	472
run short	472
run short of	472
running shorts	478
rupture	444
rural	153
rush	177

S

safety standards	493
sagacious	191
salvage	186
sanction	283
sanctuary	82
sanitary	20
satellite	193
satire	308
satisfy	89
saw	512
scale	193
scan	177
scant	216
scatter	162
scheme	39
scoop	194
scorch	259
scramble	210
script	445
scrub	252
scrutinize	283
sculpture	100
seal	77
seasoning	196
seat	509
seating	72
secede	398

seclude	401	shrewd	249	solicitude	230
second-hand	25	shrink	306	solitude	177
security	85	shutdown	266	soluble	450
seduce	406	side effect	267	solution	178
segment	252	sight	514	solution	515
segregate	416	sign out	490	solve	515
select	514	significant	80	sophisticated	241
semicircle	219	signify	89	sophomore	295
sensatinal	509	similar	449	sort	253
sensible	447	similar	508	souvenir	8
sensible	509	simulate	449	sow	512
sensitive	447	simultaneous	449	spacious	253
sensitive	509	singular	156	span	254
sensual	448	sip	257	specialize	198
sensual	509	sit	509	specific	451
sensuous	448	site	514	specification	245
separate	163	situation	180	specimen	279
sequence	448	sizable	252	speculate	452
serious	133	skeptical	117	speculation	254
session	196	skyrocket	37	speedometer	424
settle	170	skyscraper	239	spine	156
sever	197	slice	241	split	198
severe	27	slight	219	spokesperson	239
sew	512	slip ones mind(memory)	487	spontaneous	130
sewage	79			sporadic	234
shabby	197	slovenly	88	spot	112
shallow	262	slowdown	242	sprain	243
share	13	smear	253	stable	226
sharply	220	smudge	253	stack	240
shelf	127	smuggle	32	staff	173
shiftless	198	sneak	193	staggering	67
shipment	297	sneeze	267	stagnant	230
shoal	222	so far	510	stalk	296
shortage	47	so far as	510	stance	455
shortcoming	224	soak	198	stand in for	493
shortcut	197	soar	38	stare	178
shortly	27	sober	216	start out	481
show up	494	soft copy	475	statement	229
showcase	197	sojourn	274	state-of-the-art	490
showroom	197	solicit	298	stationary	517

stationery	517	subsequently	449	surmount	381
statue	455	subside	379	surpass	381
status	206	subsidiary	148	surplus	381
steady	224	subsidize	270	surveillance	381
stealthy	274	subsist	272	survey	56
steer	94	substance	378	survive	467
sterile	197	substitute	454	susceptible	379
stern	171	substitute	517	suspend	434
stick to	481	subtract	460	suspicious	169
stifle	271	success	506	sustain	457
stimulus	178	successful	506	swamp	52
stingy	190	succession	506	swap	236
stipulate	180	successive	506	sweep	44
stir	63	succinct	243	sweeping	99
stock	86	succulent	379	swift	85
stop by	494	suction	98	symbiosis	382
stopover	284	sue	130	symmetry	382
store	223	suffice	174	sympathy	382
strain	456	suffrage	301	sympathy	433
strategy	18	suffuse	411	symptom	243
stream	226	suitable	43	synchronize	382
streamline	228	sultry	49	synchronous	398
strenuous	291	summary	83	synonym	431
strict	267	summit	282	synthesizer	383
strife	183	sumptuous	306	systematically	268
striking	267	superabundance	379	**T**	
stringent	277	superb	381	tablecloth	255
stroll	255	supercilious	380	tact	268
struggle	111	superficial	380	tactic	268
stun	187	superfluous	409	take a bath	474
sturdy	220	superior	380	take a break	478
subject	378	supervise	466	take a day off	473
subjection	502	supplement	437	take advantage of	487
subjective	502	suppress	440	take apart	487
subjective	502	supreme	284	take away	479
submerge	429	surcharge	382	take off	473
submissive	378	surface	380	take on	490
submit	427	surge	106	take out	482
subordinate	379	surgeon	55	take over	485
subscriber	446	surmise	160	take part in	496

take place	487		throw a party	498		tune up	480
take steps	472		tidy	62		turbulence	269
take turns	497		timely	17		turbulent	45
takeover	69		timid	140		turn down	473
tardy	268		to oneself	516		turn off	480
tariff	72		tolerate	225		turn on	480
task	269		toll	35		turnover	204
tax on	488		torment	458		tycoon	285
tear down	481		torture	458		typical	221
tedious	189		touch down	491		tyro	293
telegraph	414		tow	297		**U**	
telephone directory	89		toxic	140		ultimate	113
telescope	203		tractable	461		ultimate	508
teller	43		trade show	485		unalterable	385
temperate	158		traduce	406		unanimity	389
temporary	122		traffic light	269		unanimous	393
tenacious	457		tranquil	188		unavoidable	385
tenant	190		transaction	383		unconcern	386
tentative	246		transfer	384		under construction	472
tenure	457		transform	383		underbrush	387
term	71		transgress	417		undergraduate	171
terminate	212		transient	302		underlie	387
terrain	269		translate	384		undermine	387
terrestrial	136		transmit	427		underprivileged	387
testify	143		transparent	383		underscore	387
testimony	143		transpire	453		undersell	387
thank for+고마워하는 내용	506		transport	439		undersigned	388
thank+사람+for+고마워하는 내용	506		transpose	438		undertake	155
			treasurer	255		underwrite	388
the number of ~	515		treaty	66		unify	389
thermal	273		tremendous	287		unilateral	420
thermometer	424		trend	56		union	390
thorough	504		trepidation	226		unique	390
thoroughly	101		trespass	384		unite	390
thoroughly	504		trigger	159		unity	390
threat	57		trim	21		unlimited	386
thrift	88		triple	385		unload	386
thrive	162		tripod	385		unruly	386
through	504		trivial	250		unseemly	386
throughout the day	493		tuition	294		untold	386

unwillingly	80	
up to ~	473	
upcoming	388	
update	388	
upheaval	100	
uphold	243	
upkeep	388	
upright	389	
uproot	389	
upset	224	
upturn	389	
urbane	89	
urgent	44	
used car	200	
user-friendly	486	
usher	130	
utensil	239	
utility	51	
utmost	126	

V

vacancy	39
vacant	462
vacate	462
vaccinate	200
vacuous	463
vacuum	462
vague	89
valiant	282
valid	270
valor	282
value	152
valueless	505
vapor	235
variable	463
vary	463
vast	230
vehicle	164
vend	202
venerate	264
venous	299
ventilation	18
verdict	404
verify	245
versatile	231
versus	255
vessel	271
vest	254
veterinarian	7
veto	188
via	207
vibrant	220
vice president	201
vicious	202
victim	54
vigilance	300
vigor	165
violation	59
violence	216
visionary	466
visual	466
vital	467
vivid	467
vocation	59
vogue	284
volatile	281
volition	174
volunteer	52
vomit	199
voucher	265
vulgar	289
vulnerable	50

W

waiting room	480
waive	207
wake-up call	165
wane	249
warehouse	58
warrant	118
wary	236
waver	236
weather	512
weave	287
welfare	93
whether	512
whirl	229
wholesale	272
wide	114
wildlife	272
wind	504
wipe	50
withdraw	162
withhold	237
within reason	483
withstand	172
witness	273
work on	486
workforce	49
workload	76
workmate	95
workout	255
would rather	496
wound	218
wound	504
wrangle	300
wrap	62
wrinkle	52

Y

yield	131

Z

zealot	290
zenith	300
zip code	273

놀라운 해마학습법의 효과!
수강생이 말하는 100% 리얼 수강후기

·· 경선식에듀 홈페이지에 남겨진 수강생 강좌평입니다. ··

㈜ 경선식에듀는 과대 광고를 하지 않습니다. 오직 검증된 효과만을 보여드립니다. 아래의 수강후기는 실제 수강생들에 의해 작성된 내용입니다. 경선식에듀 홈페이지(www.kssedu.com)를 통해 확인 가능합니다. 조작된 글이라는 의심이 가는 것이 있다면 법이 허용하는 한도에서 직접 학생이 남긴 것임을 증명해 드릴 수 있습니다.

토익 2200단어를 4일 만에 100% 암기했어요! (이지중)

강의를 보면서 선생님 말씀대로 따라하니 단어를 한 번 읽으면 연상이 떠올라 바로 바로 암기를 할 수 있었습니다. 이렇게 단 시간에 암기 할 수 있다는 것이 놀라웠고 쓰면서 단어를 외울 때는 비슷한 단어들이 항상 헷갈렸었는데 연상법을 하면서 비슷한 단어들도 더 뚜렷하게 구분 할 수 있었습니다.

▶ 4일완성 다음날 회사 방문하여, 무작위로 추출한 100단어 TEST에서 100점

토익 2200단어를 6일 만에 100% 암기했어요! (이수정)

해마학습법으로 공부를 하니까 당연히 일반 암기법 보다 훨씬 더 빠르게 암기가 됐었던 것 같구요. 동작을 능동적으로, 적극적으로 따라 하면서 외웠더니 6일만에 암기할 수 있었던 것 같습니다. 6일이라는 시간이 너무 짧아서 이게 과연 외워질까 의심이 많이 됐는데 해마학습법으로 암기하니 가능했던 것 같습니다. 강의를 통해 시각적, 청각적으로 도움을 많이 받았고 발음도 하나하나 세심하게 짚어주시기 때문에 굉장히 좋았습니다. 강의 수강 전에는 외워도 금방 잊어버렸는데 해마학습법은 암기 효과가 오래 지속 되어 매우 만족합니다.

▶ 6일완성 다음날 회사 방문하여, 무작위로 추출한 100단어 TEST에서 100점

토익 2200단어를 7일 만에 100% 암기했어요! (김은진)

강의 덕분에 즐겁게 배웠어요. 하루에 11강씩 수강 후 단어테스트를 이용해 복습했어요. 강의에서는 시각자료를 풍부하게 제공해 주기 때문에 그림만 봐도 아 이 단어다! 라고 저절로 떠올라 쉽게 암기가 가능했어요. 연상법은 원발음을 고려해서 만든 것이기에 발음을 전혀 망치지 않아요. 토익 단어를 벌써 다 끝내서 문법, 독해 공부도 수월 할 것 같아요. 앞으로의 토익 점수가 기대되네요

▶ 7일완성 다음날 회사 방문하여, 무작위로 추출한 100단어 TEST에서 100점

토익 2200단어를 8일 만에 100% 암기했어요! (임승호)

1,8배속으로 강의를 들으며 하루에 10시간씩 공부했어요. 강의 수강 후 바로 복습하고 누적 복습까지 했습니다. 선생님께서 느껴라, 보고 따라해라 하시는데 처음엔 따라 하는 게 부끄러웠는데 계속 따라 하다 보니까 단어를 봤을 때 자연스럽게 그 느낌이 떠오르더라구요. 느낌 자체가 바로 생각 나면서 뜻도 바로 생각나구요.발음 때문에 혼동되는 일은 없었어요. 강의를 수강하기 전에는 어휘에 대한 자신감이 많이 없었는데 8일만에 외우고 독해할 때 훨씬 자신감이 붙을 것 같고 남들보다 좀 더 빨리 원하는 점수에 도달하지 않을까 싶습니다

▶ 8일완성 다음날 회사 방문하여, 무작위로 추출한 100단어 TEST에서 100점

토익 2200단어를 8일 만에 100% 암기했어요! (임효영)

수능 때 경선식 선생님 도움을 많이 받아 토익도 경선식 영단어로 대비하게 됐어요. 강의를 보면서 암기하면 단어가 거의 기억나기 때문에 8일만에 100% 암기 할 수 있었습니다. 혼자 공부하다 보면 지루하거나 해이해질텐데 선생님께서 계속 독려해 주시면서 같이 해주시니까 계획 짜기도 쉽고 시간 분배하기도 편해서 강의를 추천 드리고 싶어요. 특히 발음을 들을 수 있으니까 더 좋은 것 같습니다. 생소한 단어를 암기할 때는 시간이 정말 많이 걸렸는데 강의를 보면서 정말 재밌게 빨리 많은 단어를 습득할 수 있었어요. 너무 감사합니다.

▶ 8일완성 다음날 회사 방문하여, 무작위로 추출한 100단어 TEST에서 100점

토익 2200단어를 8일 만에 100% 암기했어요! (백대성)

암기력이 굉장히 안 좋은 편인데도 불구하고 해마학습법을 통해서 선생님이 시키신 대로만 따라 했더니 8일만에 가능했습니다. 선생님이 동작이나 그림을 통해서 설명하기 때문에 더 집중이 잘 됐고 강의를 봐서 더 효과적이었던 것 같습니다. 영어 지문을 접했을 때 찾아오는 막막함이 줄어들었구요 토익 어휘를 단기간에 끝냈기 때문에 이번에 고득점을 노려볼 수 있을 것 같습니다.

▶ 8일완성 다음날 회사 방문하여, 무작위로 추출한 100단어 TEST에서 100점

토익 2200단어를 8일 만에 100% 암기했어요! (박찬희)

성인이 된 이후로는 영어를 공부한 기간이 채 1년도 되지 않았기 때문에 8일 만에 단어 책 한 권을 다 외울 수 있다는 것은 생각도 못한 일이죠. 단기 완성이 가능했던 이유는 이미지를 확실하게 그려낼 수 있도록 연습하여 였던 것 같습니다. 선생님이 말씀 해주시는 것을 머리 속에 그려보고 이미지를 확실하게 떠올릴 수 있을 때까지 연습을 하는 게 포인트라고 생각합니다. 이번 강의를 통해 자신감을 얻었고 단어 암기에 있어서 좀 더 즐겁게 할 수 있는 계기가 되었습니다.

▶ 8일완성 다음날 회사 방문하여, 무작위로 추출한 100단어 TEST에서 100점

토익 990점 만점 ^^ (박은주)

공부하다 보니 토익이 만점이 나왔습니다. condone이란 단어의 연상법을 블로그에서 보고 시작하게 되었어요. 문법이나 독해 스킬도 중요하지만 일단 영어는 단어를 알아야 그 문제를 풀 수 있다고 보거든요. 독해 같은 경우에도 시간을 많이 단축 시킬 수가 있고요. 영어 시험에서 어휘가 한 80%정도 차지하지 않나 싶습니다. 그래서 어휘 공부만 했는데도 리스닝이나 독해, 문법 점수까지 함께 오르는 것을 경험해 봤습니다.

3개월만에 토익 745 → 910 해냈다! 어휘문제는 1개빼고 다 맞았어요. ㅎㅎ (정주희)

원래부터 듣기에는 조금 자신이 있었지만 파트5도 그렇고 파트6, 파트7까지 토익 같은 경우에는 어휘문제가 상당부분을 차지하고 있기 때문에 문제를 아무리 풀어봐도 딱히 이렇다 할만큼 점수가 오르지 않더라구요.ㅠㅠ 원체 단어가 약한 편이라 큰맘먹구 경선식 단어를 수강했습니다. 그렇게 20일정도 마음을 굳게 먹고, 복습하고, 집에서 읽어보고 하다보니까 어느 샌가 실력이 부쩍 늘었어요. 토익 RC에서만 115점을 올리게 되니까 너무 감개무량하네요! 이번 시험에 어휘 문제는 1개빼고 다 맞았구요.ㅎㅎ ! 와, 단어의 효과라는 게 무섭네요. ㅎㅎ 3개월만에 745점에서 910점으로! 중요한 점은 LC점수는 거의 그대로인데 RC점수만 수직상승이란 점입니다! 의심에서 믿음으로 !! 와,ㅎㅎ 선생님 정말 감사합니다!

600점에 머무르던 점수를 단박에 800점대로 올려준 공은 경선식 강의 때문! (임동규)

제가 토익 점수가 600점대 3~4달 정도를 머물다 보니 공부하고 싶은 마음도 자꾸만 없어지고 그러다 경선식 어휘강의를 알게 되어 참 신선한 충격을 받으며 다시금 마음을 다잡고 어휘공부를 시작하였습니다. 어휘 공부라는 게 사실 외워봐야 며칠 지나 그냥 까먹고 마는 거라 솔직히 소홀했었는데. 경선식 선생님 강의를 계기로 일단 외우는 방법에 있어서 너무 새로웠고, 일주일이 지나도록 연상이 머리 속에서 떠나지 않고, 시시때때로 생각나는 어휘들이 저를 더욱 토익 공부에 매진하도록 독려했던거 같습니다. 오며 가며 MP3 발음 들으며 복습을 했더니 오히려 리스닝 점수도 더 오르고 독해부분도 완전 좋습니다. 몇 달을 600점에 머무르던 제 점수를 단박에 800대초반으로 올려준 공은 뭐니 뭐니 해도 경선식의 토익보카 초스피드암기비법 강의 때문입니다

할 수 있는 테스트 다 해보셔도 됩니다. 온갖 의심 다 해보셔도 돼요. 결국은 경선식 하게 되실 거예요. (고은화)

강의를 들으면서도 이게 진짜 효과가 있는 건지 긴가민가를 여러 차례. 문제는 강의와 복습을 모두 끝낸 후에 나타났습니다. 하나도 빠짐없이 다 기억이 나는 거예요. 너무 쉬운 단어라 그런 건가 하다가도 아무 강의나 다 눌러서 학습해보고 다시 복습해보고 또 테스트를 해봐도 결과는 마찬가지였습니다. 정말 다, 모조리 외워졌습니다. 며칠 쉬고 다시 봐도 정확하게 외워지고 강의가 떠오르면서 생생하게 기억이 다 납니다. 이렇게 빠른 시간에, 확실하게, 하나도 빠짐없이 외 워지는 영단어 학습법이 처음이라 여기저기 홍보하고 다녀요. 이제 막 접하신 분들 솔직히 다들 이게 뭐야 반신반의 하며 시작하실 거예요. 할 수 있는 테스트 다 해보셔도 됩니다. 온갖 의심 다해보셔도 돼요. 결국은 경선식 하게 되실 거예요

혼자 하는 것과 확실히 차이가 있어요. 시간 효율성 면에선 진짜 최고인 것 같아요!!! (이수진)

중학교 1학년때 처음 경선식 단어 책을 알게 되어 책이 너무 괜찮아서 계속 이용했었어요. 많은 시간 이 책으로 공부하면서 강의가 있다는 걸 알게 되었지만 들어 보기전엔 믿지 않았어요. 강의료 만큼 효과를 볼 수 있을까 생각했었는데 들어보니 기대한 것보다 더 좋았어요. 혼자 하는 것과 확실히 차이가 있는 것 같아요. 단어라는 것이 그냥 외우기는 지루하고 다음날 되면 반절은 잊어버리는데 경선식 강의는 강의만 듣고 있으면 저절로 외워지는 것 같고 빨리 외워지는 데다가 기억에도 오래 남아요!! 확실한 건 시간 효율성 면에선 진짜 최고인 것 같아요!!! 정말로 다른 것과 비교가 안 되요!! 반신반의하고 들어본 사람으로서 추천합니다!!

예전 같으면 하루에 겨우 50개 외웠을 텐데 일주일 만에 1300개정도의 단어를 암기했어요 (최영미)

학창시절부터 암기과목은 젬병이었어요. 오죽했으면 암기과목이 싫어 그나마 제일 좋아했던 과목이 수학 이었으니까요.. 돌아서면 잊어버리고 돌아서면 까먹고..ㅠㅠ 그냥 지푸라기라도 잡는 심정으로 경선식 영어를 들었는데 강의를 듣고 일주일 아니 한달 지나고 나서도 단어테스트를 할 때 머리에서 팍팍 떠오르는 거에요^^ 영어지문을 읽을 때 단어가 무엇인지 아니면 공부하기가 훨씬 더 쉽고 이해도 잘되고요. 시간도 정말 많이 단축되었어요. 일주일 만에 1300개정도의 단어를 암기했으니깐요. 예전 같으면 하루에 겨우 50개 외우고 다음날이면 반 넘게 까먹었을 텐데.. 해마 학습이라는 거 정말 효과 있구나 싶네요ㅋ

파생어 합해서 4000단어가 넘는 것 같던데 너무 신기하게도 한달 뒤에 봐도 다 기억이 나더라구요! (오유진)

수강기간은 100일인데 그 전에 다 끝냈네요~ 정말 머리 속에 잘 들어오고 선생님께서도 설명을 너무 잘 해주시구요~~ 저희 동생 때문에 경선식에듀라는 곳을 들어와보게 되고 샘플강의 듣고 신청했어요~ 근데 생각보다 너무 맘에 들어요~ 파생어 합해서 4000단어가 넘는 것 같던데 너무 신기하게도 한달 뒤에 그 단어를 봐도 기억이 나더라구요! 원래 전 하루 만에도 잘 까먹어서 정말 바보 같았는데 이번 계기로 저도 할 수 있다는 것을 깨달았네요~ 암튼 경선식 에듀는 정말 짱짱쨍!!!!! 좋아요ㅎㅎ

200점 넘게 올랐습니다. 확실히 혼자 하는 것보다는 강의를 들으며 하는 것이 효과가 더 높더군요 (전한솔)

제가 대학에 다니면서 제일 많이 듣는 말이 '너 영어 잘하겠다' 였습니다. 하지만 저는 그냥 영어가 좋아서 영어과를 간 학생이었습니다. 수능도 경선식 초스피드 단어장으로 공부했고 그 덕에 영어단어도 많이 알게 되어 독해실력도 오르고 영어실력 자체가 많이 올랐습니다. 제일 중요한 흥미도 많이 붙었고요 ^^ 그렇게 영어에 자신이 좀 있었던 저는 600점 중반의 토익 점수에 큰 충격을 받았습니다. 그래서 고등학교 때의 기억을 되살리며 경선식 토익 책을 구입하였습니다. 열심히 한 덕분에 토익 성적이 200점 넘게 올랐습니다. 저는 모든 영어시험의 베이스는 단어라고 생각합니다. 확실히 혼자 하는 것보다는 강의를 들으며 하는 것이 효과가 더 높더군요. 물론 혼자 하셔도 자기 스스로 열심히 하면 충분합니다. 그만큼 좋은 교재입니다.

복습할 때마다 정말 0.1초 만에 단어 뜻이 바로 생각나는 게 신기합니다. (이종현)

단어를 잘 암기하는 방법이 없을까 인터넷을 뒤지다가 처음 알게 되었습니다. 처음에는 머 저런 게 있지 했는데 하루에 2강씩 듣고 1시간 복습 하고 나니 정말 90프로 이상이 생각이 납니다. 혼자 막 무작정 외웠을 때는 다음날 단어가 50프로도 생각이 안 났는데 연상 암기법은 정말 단어암기에 시간 단축하는데도 최고의 교재인 것같습니다. 혼자 책보면서 외우는 것보다 동강을 1.5배속 정도로 빠르게 보시는 게 저는 더 잘 외워졌습니다. 책을 복습할 때마다 정말 0.1초 만에 단어 뜻이 바로 생각나는 게 신기합니다. 하루 2시간씩 투자하는 보람이 있네요.

제가 어느 샌가 단어 100개, 200개가 우스울 정도로 줄줄 외우고 있네요ㅋㅋ (이은경)

처음 수강하기 전엔 사실 개인차라고 생각했어요~ 효과 본 사람만 글을 올렸을 거라고 생각하고 수강후기도 크게 믿지 않았는데 밑져야 본전이다 어차피 공부 할거면 한번 해보자 하는 마음에 덜컥 수강신청을 해놓고도 큰 기대하지 않았거든요. 근데 진짜 신기하게도 하루에 30단어 겨우겨우 외우고 또 며칠이면 금방 까먹고 그랬던 제가 어느 샌가 단어 100개 200개가 우스울 정도로 줄줄 외우고 있는 걸 보고 저도 신기했어요 ㅋㅋ 물론 연상법에만 너무 치중한 나머지 연상한 단어의 발음이나 뜻은 생각나는데 스펠링이 헷갈려서 고생이지만.. ㅋㅋ 그래도 이만큼 외운 게 어디예요ㅋ 요즘 좀 나태해져서 하루 정도 빼먹을 때도 많지만 ㅋㅋ 그래도 한 권 다 끝내고 나면 많이 뿌듯하고 자신감이 생길 것 같아요~^^

재미도 있고 암기가 쏙~되니 일석이조네요 이 강의는 지루할 틈이 단 1초도 없어요... ㅋㅋ (정희정)

수업이 너무 재밌어서 수업 들으면서 막 혼자 웃었네요...^^ 재미도 있고 머리 속에 암기가 쏙~되니 일석이조네요... 진짜 영어수업이 지루하면 온라인 강의이다 보니 틀어놓고 딴짓하기 일쑤인데 이 강의는 지루할 틈이 단 1초도 없어요...ㅋㅋ 진짜 혼자 많이 웃으면서 강의 들었더니 벌써 끝났네요...~~ 제가 듣는 수업 중에 영어선생님이 학습자료로 읽어주셨는데 심리학 자료 중에 공부를 할 때 웃으면서 수업을 들으면 더 머리에 잘 남고 공부가 더 잘된다고 했어요 그러니 수업들을 때 많이 웃으면서 수업 들으라고 하셨는데 이 수업은 너무 재밌어서 저절로 웃으면서 들었네요~~ 강의 유익하고 재밌습니다. 무엇보다 하나라도 알려주시려고 강의하시는 선생님이 인상적이였구요 다음강의가 기대됩니다. (드라마 보다 더...)

한번 듣고 90% 이상이 기억이 나더라구요... 아~~ 이거다 싶었습니다 (유은상)

10년 넘도록 토익이 담 쌓고 살다가 토익이 필요해서 다시 공부 시작하면서 단어가 가장 문제였습니다... 10년 넘게 영어 공부를 안 해서 아는 단어가 정말 없더라구요. 직장 생활하다 보니 단어 공부에 많은 시간을 투자할 수도 없고.... 검색하다가 우연히 경선식 영단어를 알게 됐어요. 호불호가 조금 갈리더라구요. 샘플 강좌를 한번 들어보고 결정하자 생각했습니다. 그 결과 정말 신기하더군요... 한번 듣고 90% 이상이 기억이 나더라구요... 아~~ 이거다 싶었습니다.. 바로 결제하고 지금 듣고 있어요... 그 전에 해커스보카 혼자 외울 때는 하루에 100개를 외우면 20%도 기억하기 힘들었는데... 경선식 토익과 함께라면 한달 안에 토익 단어 걱정은 안 해도 될 거라는 강한 믿음이 생겼습니다..

깜지 쓰던 내가 멍청했단 생각이 들 정도로 효율성 100프로 강의입니다. (권민욱)

믿고 보는 경선식 선생님 강의!! 독서실에서 친구들 영어단어 외운다고 끙끙대고 에이포 용지에 백 번씩 적으면서 외우다가 10단어도 못 외워서 지칠 때 나는 그 앞에서 노트북 켜놓고 영화 보듯이 쌤 강의 듣고 ㅎㅎ 친구들은 '야 뭔 단어를 인강으로 듣냐? 시간 아깝지 않음?' 결론은 나 수능 영어 1등급 친구 4등급 ㅜㅜ 대학 진학도 이번에 토익 준비 한다고 다들 영어단어 걱정부터 하길래 내가 경선식쌤 강의 추천 해줬는데 미리보기 한번 보더니 오글거린다....... 이래서 어느 세월에 외우나...... 멍청이들 진짜ㅋㅋㅋㅋ 그래 니들만 고생하지 뭐 내가 아쉽나? ㅋㅋ 진짜 모든걸 걸고 추천합니다. 경선식 선생님 모르던 고등학교 2학년 때까지 학원에 붙잡혀서 영어단어 깜지 쓰던 내가 멍청했단 생각이 들 정도로 효율성 100프로 강의입니다.

점수가 100점 정도 올랐습니다. (현주혜)

경선식 영단어는 고2, 수능 공부를 제대로 시작할 무렵에 친한 언니가 추천 해주셔서 알게 되었어요. 당시에는 강의 대신 책으로 공부했었는데, 책만으로도 너무 재밌어서 매일 들고 다니며 공부했어요. 내신 영어 점수도 많이 올라서 원하는 대학에 수시로 합격했었구요. 지금은 대학 3학년이 되면서 경선식 영단어 토익을 구입했고, 인강도 들으며 외우고 있습니다. 확실히 인강으로 하니까 더욱 빨리 외워지고, 선생님의 몸짓이나 목소리도 재밌으셔서 현재 듣는 토익 인강들 중에서 제일 즐겁게 듣고 있어요~ 모의 토익도 최근에 봤는데, 확실히 단어 공부를 병행하니 점수가 100점 정도 올랐습니다.

초등부터 중학, 수능, 토익, 공무원, 각종 시험대비까지
이제 경선식영단어로 쉽고! 빠르게 공부

초등 영단어

경선식영단어 초등-3,4학년
강의: 50강 (1강당 10분 내외)

경선식영단어 초등-5,6학년
& 중학대비
강의: 50강 (1강당 10분 내외)

중학 영단어

경선식영단어-중학

강의: 총 60강
(1강당 15분 내외)

수능 영단어

경선식 수능영단어 Vol1+2

강의: 총 99강
(1강당 15분 내외)

수능 영숙어

경선식 영숙어-수능

강의: 총 31강
본강의 1~29강 (1강당 25분 내외)
복습강좌 30~31 (1강당 1시간 내외)

토익 영단어

경선식 영단어-토익

본강좌 1~76강 (1강당 30분 내외)
복습강좌 77~86강 (1강당 1시간 내외)

공무원/편입/토플/텝스/SAT

경선식 영단어-공편토

강의: 총 80강
본강좌 1~74강 (1강당 20분 내외)
복습강좌 75~80강 (1강당 1시간 내외)

NEW 영문법 시리즈

기초 및 필수문법
경선식 영문법 시리즈

강좌: 4개 강좌
강의: 총 68강

NEW 수능독해 시리즈

무한적용 독해비법!
경선식 수능독해 시리즈

강좌: 11개 강좌
강의: 총 74강

저절로 내 것이 된다! 100% 암기보장
업계유일 복습시스템 무료제공

경선식에듀 회원이라면? 무료로 이용가능한 초단기완성 복습시스템!
교재가 없어도 언제 어디서든 쉽고 편한 반복학습을 누려보세요.

복습시스템

POINT 01
교재 & 강의 복습

교재 매 강의마다 복습문제 수록 동영상 매 강의마다
5분 복습 & 전체 복습강의 제공

POINT 02
모바일 스터디 무료제공

만화+단어+뜻+원어민 발음 암기효과 UP!

POINT 03
단어테스트 무료제공

챕터별 객관식, 주관식 QUIZ로 빈틈없는 실력점검

POINT 04
나만의 단어장

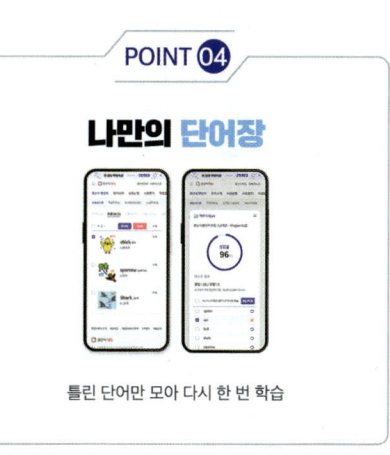

틀린 단어만 모아 다시 한 번 학습

 원어민 음성 복습을 통한 **최단시간 학습효과 UP!**

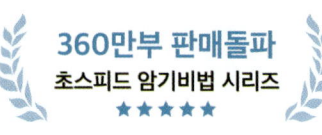 **360만부 판매돌파** 초스피드 암기비법 시리즈

베스트셀러 20년 연속 교재판매

경선식 수능영단어
15년 연속 수능어휘 적중률 **1위**

고등 1,2 수준의 어휘 구성   **고등 2,3** 수준의 어휘 구성

대대적 전면개정! 이렇게 바뀌었습니다!!!

 **연상만화 2,357개**
교재 내 연상만화 수록

 15분 30단어 암기
진짜 2시간 10일 완성!

 최신 수능경향에 맞춘
어휘 최적화

 복습문제 수록
반복학습으로 완벽하게

1위
대한민국 브랜드 만족도
(2019 온라인영어교육부문)

1위
한국 품질 만족도
(2018 온라인교육 영어부문)

공무원 편입 토플 영단어
온라인 서점판매 1위

대대적 전면개정! 이렇게 바뀌었습니다!!!

연상만화 1,480여 개
교재 내 연상만화 수록

20분 38단어 암기
진짜 6시간 7일 완성!

기출어휘 100% 수록
최근 20년 기출어휘 완벽분석

어휘적중률 100%~90%
최근 20년 기출어휘 완벽분석

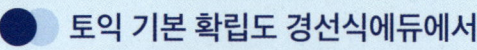

잠깐! 1:1 온라인으로 점수상승보장 케어까지 받자!

토익 기본 확립도 경선식에듀에서!

온라인케어

" 수강생의 50% 학생이 평균 4개월만에 20~67점 이상 상승! "

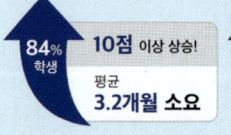
84% 학생 / 10점 이상 상승! / 평균 3.2개월 소요

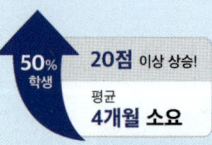
50% 학생 / 20점 이상 상승! / 평균 4개월 소요

9% 학생 / 40점 이상 상승! / 평균 4.3개월 소요

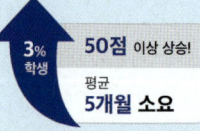
3% 학생 / 50점 이상 상승! / 평균 5개월 소요

6달만에	30점 → 97점	총 67점 상승 이*원
5달만에	34점 → 87점	총 53점 상승 임*지
4달만에	45점 → 95점	총 50점 상승 김*영
1달만에	27점 → 74점	총 47점 상승 강*정

대한민국 단기간 성적향상 1위
경선식에듀 1:1 온라인케어란?

경선식에듀의 1:1 온라인 관리 시스템은 각자 레벨에 맞는 커리큘럼 강의를 수강하여, **1:1 밀착관리를 통해 단기간 내 점수 수직상승이 가능한 프로그램** 입니다.

업계유일!

전국 1타
경선식 온라인 강의

차별화된
1:1 밀착관리

1:1
맞춤 커리큘럼

나에게 딱 맞춘
편리한 온라인학습

경선식에듀 1:1 Online-Care | 상담 가능 시간 평일 오후 2시~9시 | 문의 010-5727-1845